제2권
결록지 350선 간산기
訣錄地三百五十選 看山記

한국의 산맥

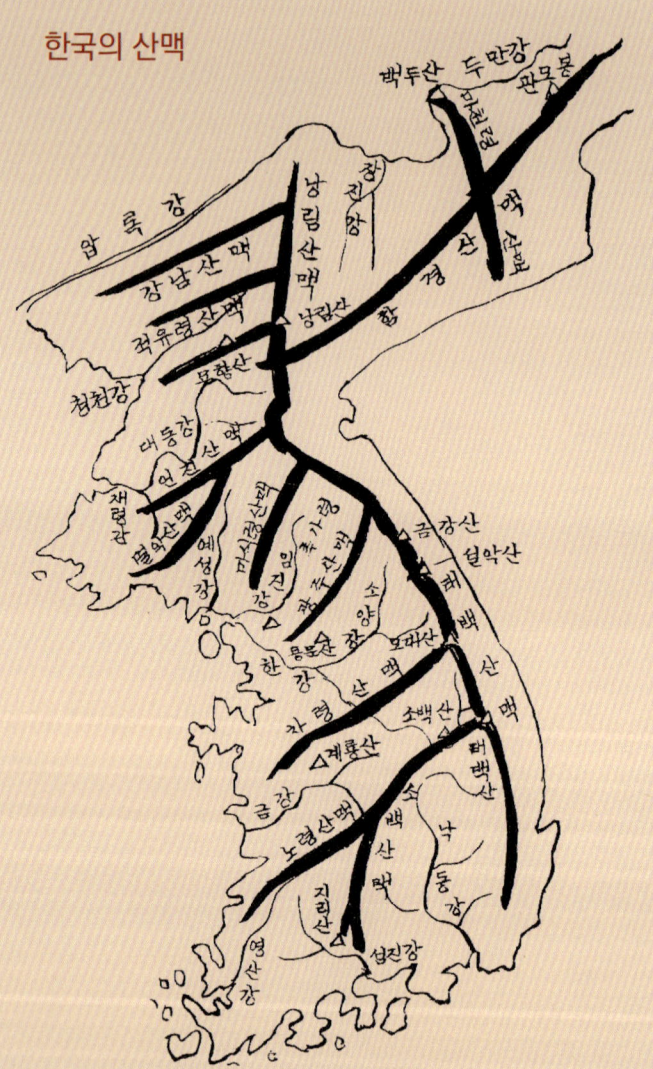

사택 방위

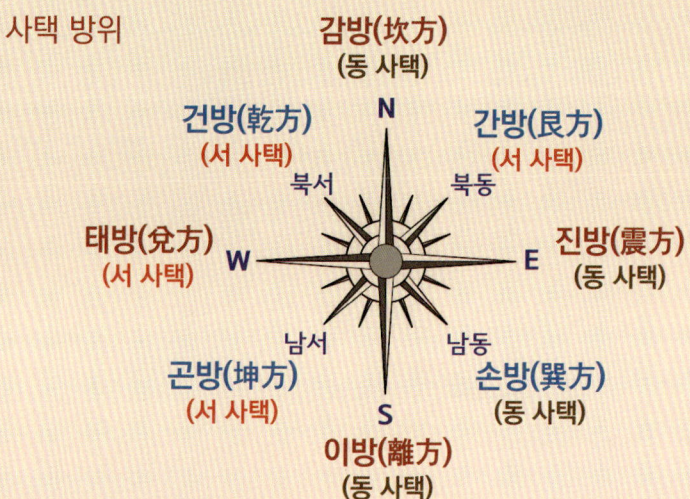

산경 지도

『결록지 350선 간산기』는 생지 중 제1권에서 게재한 생지 백대 명혈에 게재하지 못한 결록지에 대한 간산기이다. 발복은 혈이 대혈인가, 소혈인가의 문제가 아니고, 진혈이 확실한가, 당사자에게 적합한 혈인가의 문제이다. 그러므로 대혈만을 추구하는 것은 옳지 않다. 제1, 2권 합계 결록지 450선은 생지 대혈의 7~80 %를 포함한다고 말할 수 있다.

결록지 350선 간산기
訣錄地三百五十選 看山記

저 자 **하남촌장**
보조자 **의산**

제 2 권

목차

제1장. 결록지 350선 …………………… 17

1. 경기·강원 (7)
- 양평군 옥천면 백운봉 아래 대혈 · 19
- 양평군 용문면 삼성리 추음산 군신봉조 · 22
- 강원·춘천 유산록 5혈 · 23

2. 충북 (34)
- 괴산군 유산록 2혈, 무결록 1혈 · 25
- 보은군 고승리 옥마형 · 28
- 보은군 무봉귀소 · 29
- 보은읍 내 월변 산중 대혈 · 30
- 보은군 회인 선인독서 · 31
- 속리산 구룡쟁주 양택 · 33
- 연기군 계룡산 회룡은산형 · 34
- 영동군 귀룡음수 · 37
- 영동군 금구음수 · 38
- 영동군 무결록지 3혈 · 40
- 영동군 반월형 양택 · 41
- 영동군 백마산 금채형 · 42
- 영동군 수원리 비룡도강 · 46
- 영동군 와룡음수와 선인독서 · 47
- 영동군 유산록 3혈 · 48
- 옥천군 동이면 우산리 장군대좌 · 50
- 옥천군 청산 비룡농주 · 50
- 옥천군 청산면 비룡음수 · 52
- 옥천군 청산면 천금산 용마출동 · 53
- 음성군 비룡상천과 복호 · 55
- 진천군 갈룡음수 · 56
- 진천군 백마세족형 · 58

- 진천군 서룡상천형 · 59
- 진천군 초평면 갈마음수 · 60
- 진천군 초평면 장군대좌 · 61
- 청주시 저산리 비봉귀소 · 62

3. 충남·대전 (60)
- 공주시 선인격고 · 71
- 공주시 계룡산 수정봉 래맥의 2혈 · 73
- 공주시 연종리 반룡거두 · 74
- 공주시 사기리 비룡회주 · 75
- 공주시 약산 아래 작약반개화 · 76
- 공주시 유산록 5혈 · 77
- 공주시 태화산 아래 기룡형 · 79
- 금산군 길곡리 선인가창 · 80
- 금산군 다복리 대지 · 82
- 금산군 마수리 천마시풍인가, 선인망월인가? · 85
- 금산군 추부면 마전리 갈마음수 · 90
- 금산군 부리면 양각산 2혈 · 92
- 금산군 서대산 금방취적 · 93
- 금산군 수영리 학평 학정혈 · 96
- 금산군 진산면 방동 용마등공 · 100
- 금산군 진산면 언동룡 비룡등공 · 101
- 금산군 진산면 엄산동 비룡등공 · 102
- 금산군 진산면 인대산 장군대좌 외 2혈 · 103
- 금산군 금성리 회룡은산 · 104
- 논산시 귀명산 대지 · 106
- 논산시 양촌리 군신봉조와 성삼문 묘 · 107
- 논산시 항월리 와우 · 108
- 논산시 회룡고조 · 110
- 대전시 구봉산 남쪽 대혈 · 112
- 보령시 남면 향천리 음택풍수 · 115
- 보령시 두사충 3혈 · 116
- 보령시 오서산 장군대좌 · 117

- 보령시 주렴산 아래 무결록지 2혈 · 118
- 보령시 청라면 청천저수지 갈마음수 · 119
- 부여군 고군 상제봉조 · 119
- 부여군 두사충 결록지 10혈 · 119
- 부여군 삼십리 상제봉조 · 121
- 부여군 현북리 반월형 · 121
- 부여군 유산록 3혈 · 122
- 부여군 임천 장군대좌 격고안 · 123
- 부여군 임천 칠산리 하수출구형 · 126
- 부여군 주자만문 · 127
- 부여군 합정리 와룡심수 · 129
- 서천군 서면 장군패검출동과 서천 마복리 괴혈 · 129
- 서천군 이색 묘와 발복지 · 130
- 아산시 외암리 회룡고조 음택 · 138
- 예산군 광시면과 신양면 유산록 4혈 · 140
- 예산군 광시면 금반하엽, 장사추와 · 141
- 예산군 응봉면 구절비룡 · 142
- 청양군 명혈목록 · 143
- 청양군 문박산 쌍선 논학形 · 146
- 청양군 비봉산 비봉포란形 · 148
- 청양군 오룡취회형 양택 · 150
- 청양군 옥녀탄금 · 153
- 청양군 칠갑산 구룡쟁주형 · 155

4. 전북 (45)
- 고창군 유산록 4혈 · 158
- 김제시 연화도수 · 160
- 김제시 운중반룡형 · 163
- 남원시 4방 대혈 · 165
- 남원시 배덕리 비룡등공 외 2혈 · 166
- 무주군 적상산 아래 대혈 · 167
- 순창군 금반옥호 · 169
- 순창군 동계면 내령리 구룡쟁주 · 170

- 순창군 아미산 금경투지형 · 171
- 순창군 아미산 노서하전 · 173
- 순창군 용마입구 · 175
- 순창군 인계면 쌍암리 목단반개화 · 177
- 순창군 작은 회문산의 오선위기와 양택 · 181
- 완주군 고산 갈마음수(논산) · 184
- 완주군 고산 장군대좌 행군형 · 185
- 완주군 반룡형 · 186
- 완주군 성뫼산 장군대좌 행군 · 187
- 완주군 작약화심 · 188
- 완주군 장군격고형 · 192
- 완주군 장군대좌행군과 복치 · 193
- 완주 종리 장군대좌 · 194
- 용담과 무주의 경계 지소산 아래 비연형 · 197
- 익산시 모란반개 · 198
- 익산시 미륵산 연화반개 · 199
- 익산시 성남리 선인무수 · 201
- 익산시 연소혈 · 202
- 익산시 오산면 분록축군형 · 204
- 익산(함열) 웅포 장군대좌 · 205
- 임실군 강진 비봉귀소 · 207
- 임실군 군신조회 · 208
- 임실군 금암리 창오분수형 · 210
- 임실 南 비룡포란 · 211
- 임실군 용요산 노룡등공 · 212
- 장수군 장안산 화심 · 212
- 전주지역 사용불가한 일이승과 두사충 결록 · 216
- 정읍시 두승산 명금형 · 217
- 진안군 안천면 용담 지장산 장상지지 · 218
- 진안군 용담北 십리 금구결수형과 장군대좌형 · 219

5. 전남·광주 (93)
- 강진군 유산록 3혈 · 221

- 강진군 주석산 운중복월 · 222
- 강진군 황사출초 · 225
- 고흥군 가화리 주마격고 · 227
- 고흥군 곡척형 · 229
- 고흥군 과역리 대사당도 · 231
- 고흥군 과역면 해변 비룡망해 · 232
- 고흥군 관리 일이승 5혈 · 236
- 고흥군 군왕봉 군왕대좌 · 239
- 고흥군 대서면 취령산 장군대좌 · 241
- 고흥군 동강면 오월리 유두혈 · 243
- 고흥군 동강면 노동리 전갈형과 죽암리 청룡형 · 244
- 고흥군 복호산 복호형 · 247
- 고흥군 신송리 구사취회 · 249
- 고흥군 신안리 주마탈안 · 251
- 고흥군 양사리 반월침강 · 253
- 고흥군 와우형 · 254
- 고흥군 용반대해형 · 256
- 고흥군 우미산 암소교태형 · 262
- 고흥군 운람산 누선출협형 · 263
- 고흥군 점안면 신안리 옥녀직금 · 266
- 고흥군 진무대좌형 · 268
- 고흥군 포두면 운람산 송산리 상제봉조 · 269
- 곡성군 곤방산 약마부적 · 270
- 곡성군 생사축와 · 273
- 곡성군 신월리 곡성 제1의 양택지 · 274
- 곡성군 오산면 작천마을 갈용음수와 심청의 고향 · 278
- 광양시 가야산 비봉형 · 282
- 광양시 백운산 유산록 4혈 · 283
- 구례군 일이승 4혈 · 284
- 나주시 가야산 가학조천형 · 288
- 나주시 경헌동 금성산 봉황 귀소 · 289
- 담양군 고서면 주산리 황룡부주 · 290
- 담양군 도마산 아래 음양택 · 296

- 담양군 용구산 장군대좌 · 296
- 담양군 운중반룡 · 299
- 담양군 월평리 반월형 양택 · 301
- 무안군 몽탄면 대치리 창룡도강형 · 301
- 보성군 일이승 2혈 · 303
- 보성군 장익호 2혈 · 306
- 보성군 3혈, 순천 1혈 · 307
- 순천시 일이승 4혈 · 313
- 여수시 유산록 2혈 · 321
- 영광군 불갑산 부근 옥룡자 3혈 · 322
- 영암군 목란화함과 모란반개 · 325
- 영암군 상은적산 대혈 · 327
- 영암군 용당리 가제도 군왕지지 · 329
- 완도군 영구예미 입수형 · 332
- 완도군 산상 연소형 · 333
- 장성군 낭월산 옥녀산발 · 334
- 장성군 덕진리 와구형과 박주형 · 337
- 장성군 백암산 군신봉조 · 339
- 장성군 선인무수 · 341
- 장성군 남면 면구형과 금구음수형 · 344
- 장흥군 국세 · 345
- 장흥군 금장산 황사출림 · 346
- 장흥군 내동리 풍취라대 · 347
- 장흥군 만년리 노승배주 · 349
- 장흥군 안양면 수락리 옥녀직금 · 350
- 장흥군 봉미산 일이승 10혈은 어떻게 되었는가 · 351
- 장흥군 억불산 래용의 유산록 4혈 · 357
- 장흥군 억불산하 금계포란 · 359
- 장흥군 용산면(전남제일의 양택과 명당의 고장) · 361
- 장흥군 유치면 오룡쟁주 · 363
- 장흥군 유치면 노승진념과 보검출갑형 · 371
- 장흥군 장동면 만년리 옥녀직금 · 372
- 장흥군 제암산 극존 상제봉조 · 372

- 장흥군 장평면 천마시풍 · 375
- 장흥군 천관산 상제봉조 · 376
- 함평군 무결록지 음택 2혈, 양택1혈 · 380
- 함평군 상옥리 산81 철성산 맹호 출림 · 381
- 함평군 해보리 행주형 · 381
- 해남군 흑성산 군신봉조 · 382
- 화순군 갈룡음수 · 384
- 화순군 금장쾌은구 · 385
- 화순군 동면 대포리 양마희극 음양택 · 391
- 화순군 동복 연소형 · 392
- 화순군 동복 단봉함서 · 397
- 화순군 동복과 능주 행주형 · 398
- 화순군 앵무산 앵무봉충형 · 402
- 화순군 만수리 연운초월 · 409
- 화순군 옥녀탄금 · 411
- 화순군 종쾌산 현종형 · 412
- 화순군 한계리 비학심소 · 417

6. 경북·대구 (30)
- 경산군 자인면과 용성면 학비등공 3혈 · 419
- 경주시 남산 부근 고위봉 아래 명혈 · 420
- 경주시 산내면 내칠리 군신봉조형 · 422
- 경주시 음택 2혈(무결록지) · 422
- 경주시 천북면 서산 아래 대혈 · 422
- 경주시 효현동 선도산 선녀헌과형 · 425
- 구미시 유산록 2혈, 학조3혈 · 426
- 문경시 농암면 일이승 3혈 · 426
- 문경시 동로면 천주봉 장군대좌 · 430
- 문경시 왕의산 제왕지지 · 431
- 문경시 조령 남쪽 7대 장상지지 · 432
- 상주시 이안면 영구음수 외 1혈 · 435
- 영덕군 남산리 금반형 · 435
- 영양군 일월산 아래 양택 · 437

- 영주시 풍기읍 금계리 · 438
- 영천시 신녕면 화남3리 삼중옥계형 · 439
- 영천시 화북면 정각리 보현산 군신봉조 · 439
- 영천시 화남면 오공비천 · 440
- 의성군 화심혈 · 440
- 청도군 금계포란 2혈 · 441
- 청도군 매전면 3혈 · 441
- 청도읍 용각산 아래 안인리 웅장형 · 442
- 청도군 유호리 대운암 부근 장군대좌와 유산록 · 443
- 청도군 일이승 천마시풍 2혈 · 444
- 청도군 풍각면 차산리 호승예불형과 유지앵서 · 446
- 청도군 흥선리 옥녀탄금 · 446
- 대구시 달성군 행정리 갈마 음수형 외 · 447

7. 경남·부산 (90)
- 거제군 동부면 유산록 음택 3혈 · 448
- 거제군 둔덕면 유산록 음택 2혈 · 449
- 거제면과 둔덕면 양택 3혈 · 450
- 거창군 가조면 숙성산 장군대좌 · 450
- 거창군 대야리 상리부수 · 451
- 거창군 신원면 보록산 갈마음수 · 452
- 거창군 일이승 7혈 · 453
- 고성군 동해면 시루봉하 극귀혈 · 456
- 고성군 음양택 2혈(무결록지) · 457
- 고성군 하일면 좌이산 8혈 · 457
- 고성군 일이승 산도 2혈 · 459
- 고성과 울산의 손석우 소점지 3곳 · 461
- 김해군 상동 일이승과 성지결 · 464
- 남해군 덕신리 옥녀영랑 · 467
- 밀양시 만어산 삼랑진 방면 음택 5혈 · 468
- 밀양시 단장면 단장마을 양택 · 469
- 밀양시 산외면 엄광리 산66 옥촉조천 · 470
- 밀양시 산외면 희곡리 용암산 상제봉조 · 470

- 밀양시 삼랑진읍 행곡리 옥녀탄금 · 471
- 밀양시 청도면 호암산 장군대좌 · 471
- 밀양시 유산록 4혈 · 474
- 밀양시 일이승 산도 3혈 · 478
- 밀양시 초동 면사무소 동북 금계포란 · 481
- 사천군 서포면 비토 해안 음양택 3혈 · 481
- 사천군 와룡산 비룡도해 · 482
- 사천군 이명산 아래 유산록 2혈 · 484
- 사천군 진교면 고이리 蛇頭穴 · 485
- 산청군 경호강변 성인혈과 병오계주혈 · 487
- 산청군 단성면 음양택(무결록지) · 489
- 산청군 신안면 월명산 명월 · 489
- 산청군 왕산 황우앙천 외 2혈 · 489
- 울주군 치술령 래맥의 유산록 3혈 · 492
- 양산시 정족산 유산록 3혈 · 492
- 의령군 낙서면 무결록지 2혈 · 495
- 의령군 봉수면 신현리 비봉행운 · 495
- 의령군 유산록 6 穴(가혈과 진혈) · 495
- 의령군 상리 벽화산 금섬 · 503
- 의령군 일이승 음택 3, 양택 2 · 503
- 진주시 미천면 오방리 산166 하륜 묘 · 507
- 창녕군 길곡리 상길마을 양택 · 507
- 창녕군 남지읍 무결록지 3혈 외 · 507
- 창녕군 태백산 유산록 군신봉조 외 3 · 508
- 창녕군 영산면 선옹수각 · 510
- 창녕군 유어면 부곡리 마수원 갈마음수 · 511
- 창원시 북면 천주봉 부귀룡과 풍취나대 · 511
- 창원시 진동면 창원공원 묘원 오선위기 · 513
- 창원과 함안의 결록없는 2혈 · 514
- 통영시 도선면 도선마을 양택 · 515
- 하동군 감당리 군신봉조 · 515
- 하동군 정수리 명혈과 화정리 제왕지지 · 515
- 하동군 금오산 비룡 함주등공형 · 517

- 하동군 양보면 유산록 3혈 · 518
- 하동군 지리산 목단반개화 · 521
- 하동군 영구예미 · 525
- 함안군 주세봉 음양택 · 528
- 함양군 백전면 백운산 장군대좌 · 529
- 함양군 개평동 와룡은전형 · 530
- 함양군 병곡면 옥계리 양택 · 531
- 함양군 보산리 도숭산 아래 금오분수 · 531
- 함양군 음양택 각 1혈(무결록지) · 532
- 함양읍 삼산리 호전니형 · 533
- 함양군 오천리 보검장갑 · 534
- 함양군 휴천면 남호리 비룡은산 · 534
- 함양군 유림면 화장산 未개화와 旣개화 · 535
- 함양군 장항리 주장고모 · 537
- 함양군 휴천면 법화산 장군좌막형 · 539
- 합천군 가회면 매화낙지 · 540
- 합천군 가회면 오도리 호승예불 · 541
- 합천군 대병면 상비형 · 541
- 합천군 덕곡면 소학산 일이승 3혈 · 542
- 합천군 삼가 일이승 3혈 · 544
- 합천군 상현리 장군대좌 · 547
- 합천군 쌍백면 산성산 아래 금계추란형 · 548
- 합천군 용주면 월평리 연소형 · 549
- 합천군 오도산 선인독서 · 550
- 합천군 율곡면 소학산 학두혈 · 553
- 합천군 초계 황우도강 · 555
- 합천읍 이룡농주 · 557
- 부산시 다대포 3혈 · 558
- 부산시 연산동 배산 옥배형 · 563
- 부산시 온천장 금강공원 선인독서형 · 564
- 부산의 양택 6혈 · 565

제2장. 장익호 재혈(10개소) ·················· 567

- 전남 무안군 일로읍 인의산 매화낙지 · 569
- 경남 울산 울주군 치술령 아래 옥녀금반혈 · 571
- 경주시 강동면 도음산 비봉포란 · 576
- 경주시 양남면 조양산 아래 장군대좌 · 576
- 구미시 해평면 배틀봉 산하 상제봉조 · 577
- 전남 나주시 동강면 곡천리 백련산 비룡망운 · 579
- 전남 고창읍 방장산 동락 군신봉조 · 581
- 전남 담양군 삼인산 아독실모 · 582
- 어미 잃은 송아지는 삼인산에 있는가 삼각산에 있는가 · 585
- 전남 함평 군유산 손승배조격 · 587
- 장선생님의 재혈지 간산기 후기 · 588

제1권.『풍수의 근본문제와 생지백대명혈 간산기』

제1장. 풍수의 근본문제

제2장. 생지백대명혈 간산기
경기 (2) · 충북 (9) · 충남·대전 (17) · 전북 (24)
전남·광주 (25) · 경북·대구 (8) · 경남·부산 (12)

제3권.『조선백대명당 간산기』

제1장. 조선백대명당
명당 목록 · 각 성씨의 시조묘 (46) · 강원과 경기 (19)
충북과 충남 (21) · 전북과 전남 (24) · 경북과 대구 (23)
경남과 부산 (21)

제2장. 대통령 생가와 선영

제1장

결록지 350선(選)

경기·강원 (7)

경기 양평군 옥천면 백운봉 아래 대혈
(대혈을 애도하다)

* 유산록 전편 189p, "양근(楊根)東, 축간낙맥, 외병득(外丙得), 내손사득(內巽巳得), 경향(庚向), 제혈(臍穴), 일월한문(日月扞門)"

* 위의 결록에 대한 해설은, 1975년 간산한 바 용문산 남쪽 뾰족한 산이 하늘을 찌를 듯 백운봉이 솟았다. 양평에 도달하기 직전 강변에 석봉(石峯)으로 된 라성이 수구를 막고 섰다. 안대를 바라보니 양자산(712m, 양평군 강하면 성덕리)이 멀리서 찾아와서 절한다. 용문산의 정기가 옹축된 가혈(佳穴)이다.

* 답사한 바, 백운봉(양평군 옥천면)이 하늘을 찌를 듯 위엄있게 서 있다. 사나사까지 가보니 봉재산 아래 좋은 집장지(용천리 산82-6)가 있고 더 큰 음양택은 찾지 못했다. 양평읍으로 오면서 보니까 백운봉 아래 경치, 교통, 생활편의, 산림휴양지 등 모두 좋은 양택 명당이 백안리에 있더라. 요즘 같은 코로나, 미세먼지의 난세로부터 피난할 수 있는 십승지 대 명당이다.

* 양택 명당

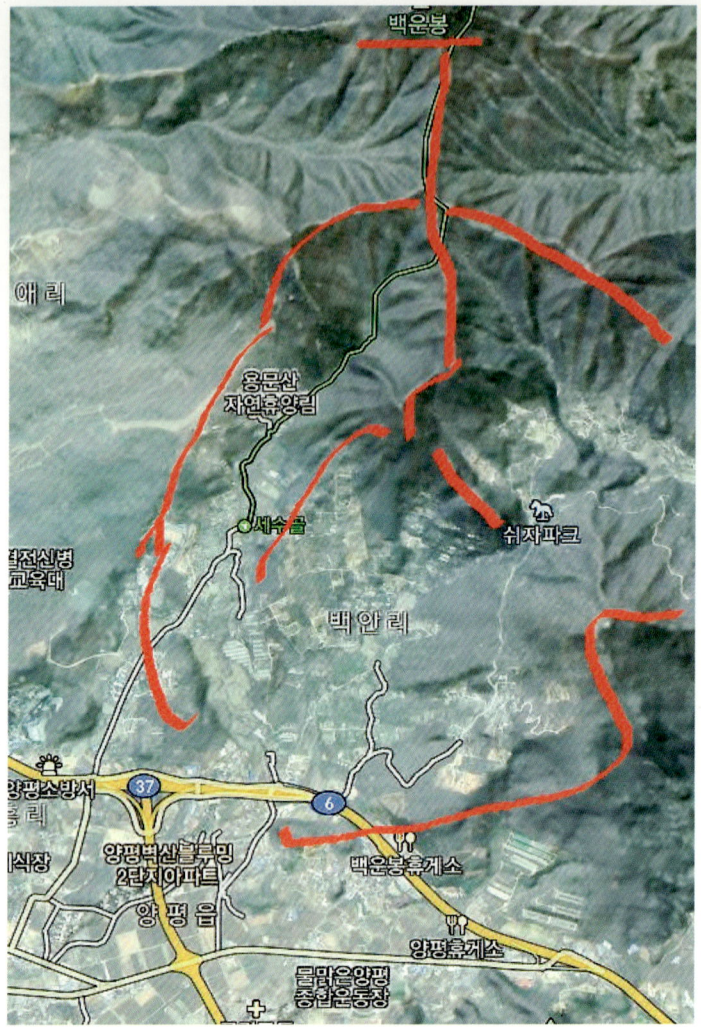

사진출처 : 카카오맵 스카이뷰(https://map.kakao.com)

* 음택 혈처 지도

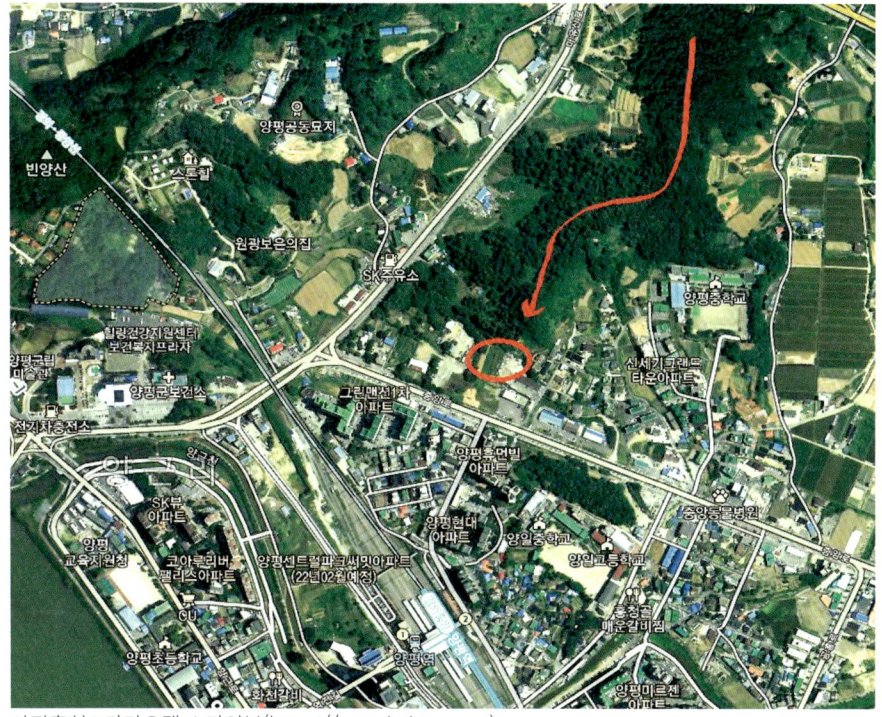

사진출처 : 카카오맵 스카이뷰(https://map.kakao.com)

* 현황-- 개발로 현무가 깎여서 반쯤 남았고 혈처는 평탄화되었다. 그래도 혈자리는 여전히 기운이 흐르더라. 의산과 술 한잔 올리고 대혈을 장사지냈다. 양근과 양주의 결록지는 파괴된 현장을 보게 되어 기분이 언짢았다.(2020.2.)

경기 양평군 용문면 추읍산 군신봉조
(결록에 없는 대혈)

* 백운산 아래 대혈을 찾아서 양평군 봉성1리 차돌봉(150m)에 갔더니 혈이 없고 동편에 크다란 사자 모양의 산등이 보여서 그 산의 전면으로 갔다. 뒷면은 사자인데 앞면은 예쁜 미인이었다.

* 양평군 용문면 삼성리 추읍산(583m)이다. 정상에서 보면 7개 읍이 보인다 하여 칠읍산이라고도 한다. 그러나 이 산의 서쪽에 칠읍산이라는 야산이 있다. 서울 근교에 위치한 덕으로 전국 인기 명산 300산 가운데 297 순위를 차지 한다. 흑천을 경계로 북서쪽은 용문산의 管轄이고 江 동쪽은 오대산의 말락지이다. 산의 전면에 있는 내리 마을은 산수유를 자랑 삼고 매년 축제를 개최한다.

* 혈처는 추읍산을 소조로 삼고 갑좌 경향이다. 청룡이 몇 겹을 굽이치면서 안산이 되었고 해가 질 무렵이 되니 조안산 중앙에 붉은 해가 걸려 있어 인상적이더라. 수구에 예쁜 동산이 있다. 중등 중급을 웃도는 대혈이고 부적격자가 들어갔다가 쫓겨난 흔적이 있었다.(2020.2.)

* 추읍산 뒤태

강원·춘천 유산록 5혈

1. 춘천 수구내 일대 괴혈(유산록 전편 253p)

＊대룡산-향노산-대룡대혈-- 壬子대수來朝-- 富貴榮華영세무궁-- 기괴하게 생겨서 알아볼 사람이 없고 訣錄에도 없다.

＊답사한 바, 춘천 삼천동 29@ 큰길 위의 언덕에서 의암호를 바라보고 있다. 현무봉에서 기운이 내려오지 않을 것 같은데 생기가 모여 있는 괴혈이다. 현무봉이 절토되어 원형은 알기 어렵다.

2. 계관산 장군대좌, 석봉산 복구(유산록 전편 251p)

＊장군대좌는 계관산(경기 가평군 개곡리 산)이 북한강변에 멈춘 곳으로 경춘공원 묘원 입구에 있다. 커다란 고총이 차지하였는데 제대로 썼다. 안보리 산25-1. 계좌.

＊복구는 춘천 고성리 산102 용화산의 오른쪽 가지가 南下하여 석봉(고성리 산23)을 만들고 개장한 뒤 오른쪽으로 내린 가지에 결혈되었다. 건해, 갑묘득 곤파, 축좌. 속발부귀겸전.-- 고탄리 28@, 전원주택지 부근.

3. 춘천 방하리 南 학비등공과 北 오천비공(전편 255p)

춘천 남면 가정리 봉화산이 소조산이고 새덕산(방하리 산95)이 주산이며 혈은 모두 방하리에 있다.

＊학비등공은 묘좌, 해수, 정미파이다.-- 남쪽 혈이다. 방하리 131-1에 정씨 부부 묘가 있는데 남편 묘(1986년 卒)가 정혈이다. 힘차게 날갯짓을 하면서 북한강을 날아 오르려고 한다. 묘역을 잘 치장하였다. 좋은 혈이다. 그 아래 131-2에는 장남부부의 假墓가 근사하게 만들어져 있다. 가묘의 비석을 보니 십자가 아래 "여기는 천학포란의 명혈이고 자손들의 번성

을 기대한다"라고 적혀 있다. 알이 없는데 무슨 포란인가? 날아오르는 학 다리에 해당된다. 아래에 방풍림을 심는 것이 도움이 될 것이다.

　＊오천비공은 비학으로부터 북방五里許, 계득 신파, 묘입수 을좌신향(남이섬 案)-- 북쪽 혈이다. 박석고개 길 아래?(2023.2.)

사진출처 : 카카오맵 스카이뷰(https://map.kakao.com)

충북(34)

충북 괴산군 유산록 2혈(상제봉조, 비룡상천)
무결록 1혈(와룡음수)

 장익호 유산록에 괴산의 혈로서 3혈이 게재되어 있는데 그 중 상제봉조와 와룡음수를 찾아 보았다.

2. 괴산 장암리 상제봉조

 * 유산록 전편 356p 괴산군 장암리, 소백산 일지맥이 회룡결국, 잠행낙맥, 만월이 안산, 38장 웅위하여 상제봉조, 대천은 혈전수와 합류하여 정미방으로 돌아간다, 와혈 자좌오향, 모씨 선산, 묘수기가 혈하에 영장.

 * 답사한 즉, 장안리 산36-1로 추측된다. 혈처가 전원주택지로 파괴되었다. 파괴된 자리에도 생기가 있었지만 파괴된 자리는 구첨의 조건이 달라지고 역량이 대폭 떨어질 수 있으므로 흥미가 없다. 괜찮은 자리인데 아깝다. 유산록의 지적지가 틀릴 수도 있고 만월을 안산으로 삼을 경우에는 다른 곳일 수도 있으므로 한번 더 답사할 생각이다. 2021년 10월 초에 다시 답사하여 생지 상제 봉조를 찾았다. 장암리에는 고저(高低) 2혈이 있는데 전원 주택지 개발지는 파괴되었고 하나는 남아 있다.

＊장암리 산 36-1

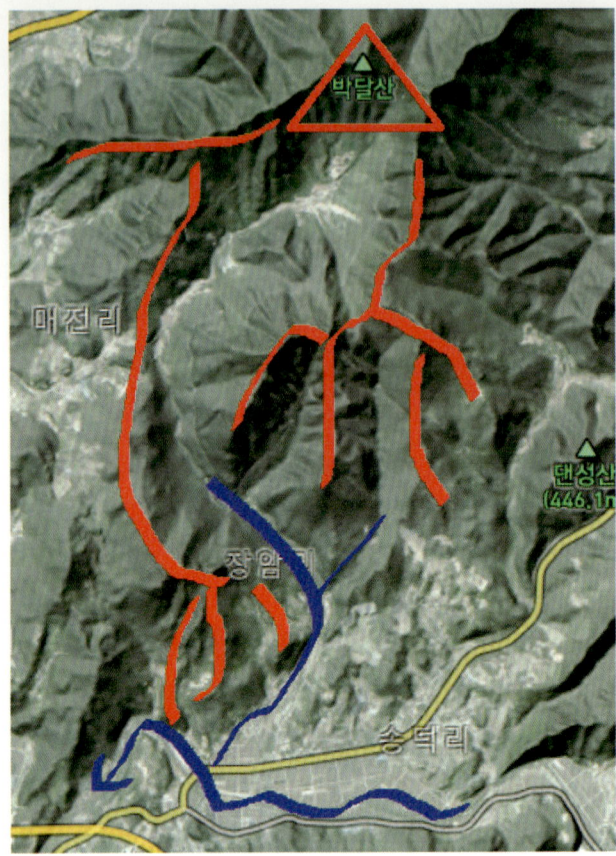

사진출처 :
카카오맵 스카이뷰
(https://map.kakao.com)

＊상제 안산

3. 괴산 박달산下 오가리 비룡형(결록 없는 곳)

＊장암리 상제봉조형을 찾아 가던 중 四方 산들이 웅장한 가운데 비룡혈을 보았다. 귀가하여 책을 찾아보니 결록에 없는 혈이었다.

＊박달산(825m)은 200대 명산 중 185位라고 한다. 석중토혈이고 웬만한 무골이 아니면 감당하기 힘들겠다.

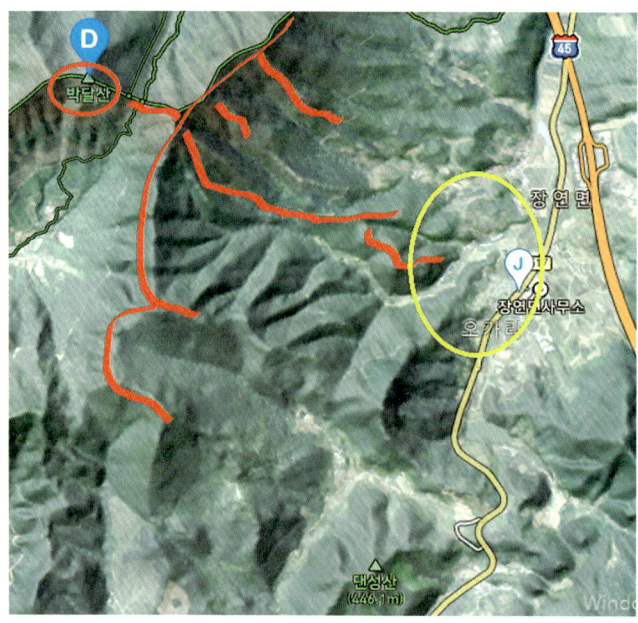

사진출처 :
카카오맵 스카이뷰
(https://map.kakao.com)

4. 오창리 와룡음수

유산록 전편 356p "박달산 간인낙맥 일지는 감물면 오창리 부근에 와서 와룡음수형, 銀河案 대부대귀"

＊혈처 지도-- 경주이씨 국당공파 납골묘 근처, 탄탄한 혈이다. 이 혈은 괴산 申方 20리 오창리 시루봉 아래에 있으므로 두사충결의 비룡음수(寅方십리)와는 다른 곳이다.(2021.9.)

충북 보은군 고승리 옥마형

* 산도

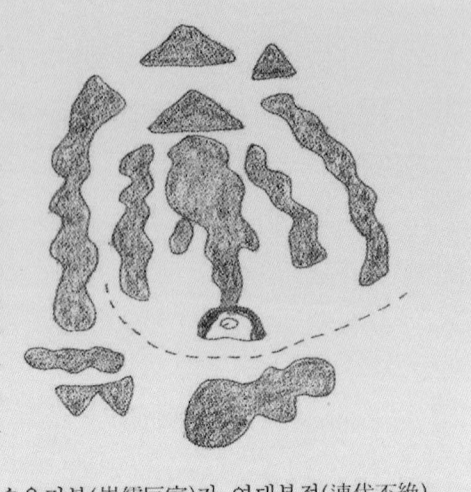

* 답사

장유로 생겼는데 풍천임씨가 위에 1기, 아래에 2기를 썼다. 3기 모두 생기가 감지되는 중상급 대혈이다.(2022.11.)

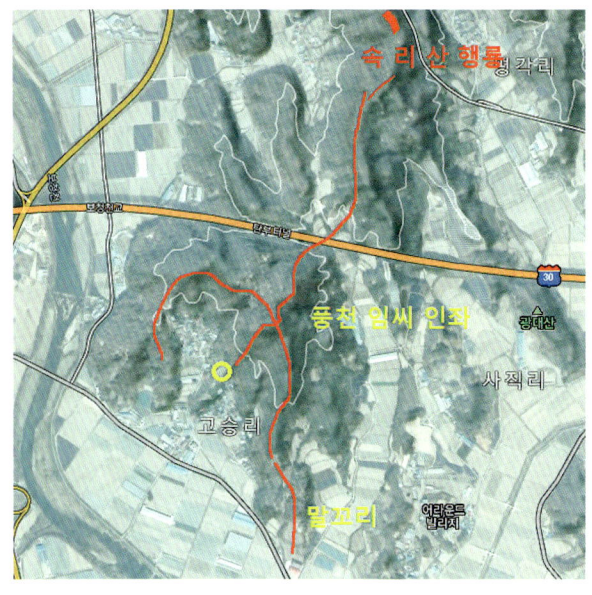

사진출처 :
카카오맵 스카이뷰
(https://map.kakao.com)

충북 보은군 무봉귀소

* 일이승 산도

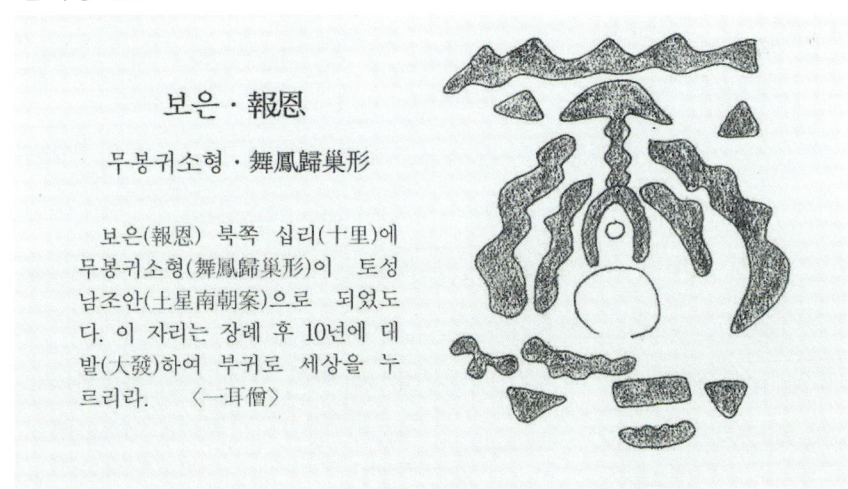

* 답사한 바, 보은 산외면 봉계리에 있고 술좌이다.(2022.11.)

충북 보은읍 내 월변 산중 대혈
(박씨가 백만금을 주고서라도 쓰겠다고 한 곳)

1. 산도와 결록

*산도-- 이명석의 "명산혈을 찾아서"에서 인용.(원작자 출처를 밝히지 않았다)

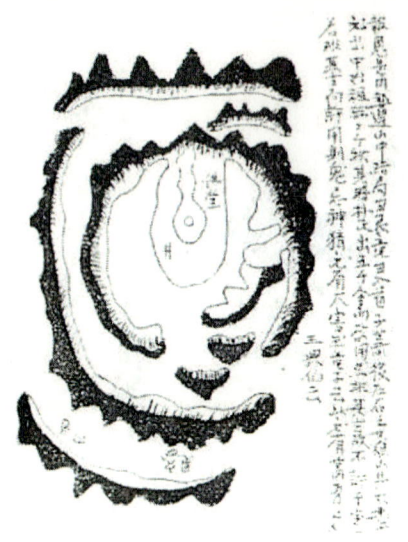 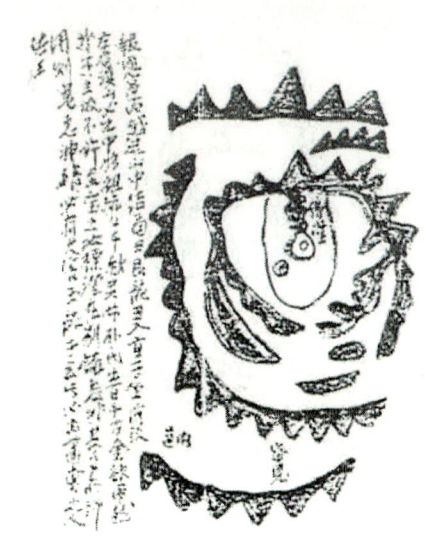

*산도(左)의 결록-- 報恩邑內 越邊 山中結局 丑艮龍 丑入首子坐 前後左右(之女)護山(具不盡)必出 中始祖赫赫千秋其時 朴氏出五千金(百千萬金이란 결록도 있다)而 欲用然 非其主 故 不許之寶玉 若非其主而 許容則 鬼忌紳猜 必有大害 玉龍子云 此必有 簫(萬)曹之人 王興伯云。

이름을 날릴 중시조가 배출될 자리이다. 박씨가 오천금을 내고서라도 용사하려 하였으나 주인이 아닌고로 차지하지 못했다. 주인이 아닌 자가 용사하면 귀신이 시기하여 큰 해를 입을 것이다.(대략 이런 뜻인 것 같다)

*산도(右)의 결록-- 報恩邑內 越邊 山中結局 丑艮龍 丑子坐 前後左右 護山

必出 中始祖赫赫千秋其時 朴氏出百千万金 欲用然 非其主 故 不許至宝之地標
○在別錄 若非其主而 許用則 鬼忌神猜 必有大害 玉龍子云 此必有 蕭曹之人。

2. 답사

 속리산 축간룡이 말티재를 넘어서 들판을 지배하는 자리에 앉았다. 小局명당이 다른 혈의 中局만큼이나 큰 원국(垣局)을 이루고 있다. 허름하여 지나가도 모를 자리이다.(2022.8.)

충북 보은군 회인 선인독서

*만산결과 완당 간산기

仙人讀書形-懷仁(今 報恩郡 懷北面)
懷仁 西 十里 墨峙 龍頭之間 仙人讀書形 掛燈案 壬來亥作 右水左流 丙 破 五筆相垣 力量極大 兒孫折桂 三代血食 忠賢 朱紫滿門 長久之地 不可 輕說乎 - 萬山訣

"회인 서쪽 십리지경 묵치 고개와 용머리 사이에 신선이 글을 읽는(독서)하는 형의 혈(穴)자리가 있으니 등잔을 걸어 놓은 것 같은 산이 안이 되었다. 임방에서 용맥이 와서 해로 작뇌하였다. 우수가 좌측으로 흐르며 병파이다. 다섯개의 필봉이 연이어 담을 쌓았다. 역량(힘)이 지극히 커서 어린 자손도 계수나무를 꺾는다.(공명을 이룬다) 삼대에 걸쳐 혈식군자가 나며 충성스러운 현인과 붉은 관복을 입는 벼슬하는 자손이 문중에 가득하다. 장구하게 발복이 이어질 자리이다. 가볍게 발설할 자리가 아니다."

 위 자리는 속리산 천황봉 간인 낙맥이 서진하다가 미원 서남 **披髮嶺**(피발령)과협 남행용 십여 리 후에 개국 작혈한 회인의 최대혈이다. 무일점 허기 장풍취기한 가운데 옥등하 선인이 서책을 펼쳐놓고 독서삼매에 빠졌다. 삼천분대 팔백연화 나열 모든 것을 구족하였으며 수구 중중관쇄 불통주격이다.

* 결록은 대혈로 소개하였고 실제로 묵직한 대혈이다. 회인 서남 십리, 피발령남 시오리(결록과 다소 차이가 있다), 불통주격(완당 간산), 十里開帳한 중출맥에서 임래해작이고 입수에 바위가 있다. 2020년 심씨가 화장 집장하고 산곡에 있는 시멘트 도로에서 비스듬히 혈처가 있는 산등으로 진입로를 개설하여 접근이 쉽다. 완당선생 말대로 회인 최대의 혈이므로 지나는 기회가 있으면 한번 구경할 만하다.(2022.8.)

* 회인 선인독서 지도-- 산도는 못 찾았다.

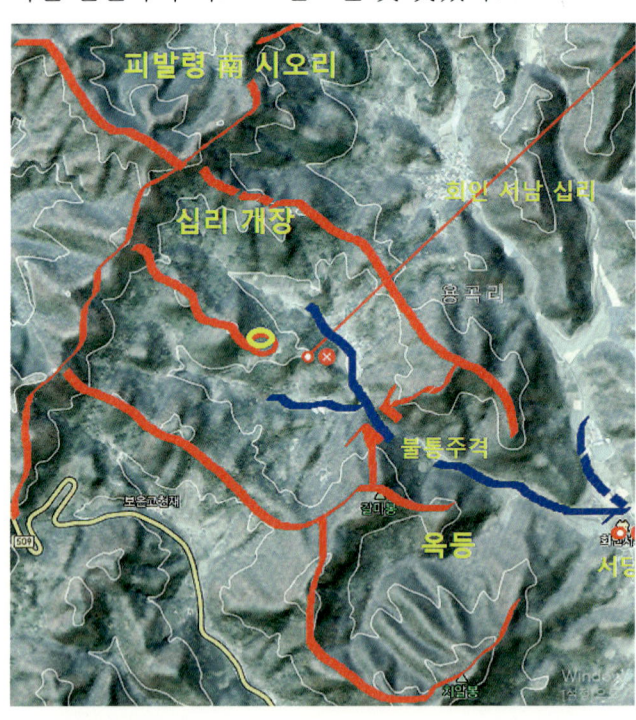

사진출처 :
카카오맵 스카이뷰
(https://map.kakao.com)

충북 속리산 구룡쟁주 양택
(속리산 제일의 사찰터)

＊우복동을 찾기 위하여 속리산을 한바퀴 둘러보는 과정에서 구룡쟁주형의 양택 대명당을 보았다. 속리산 법주사는 의신스님이 553년(신라 진흥왕) 창건하고 혜공왕 때 진표스님이 중창한 미륵사찰이다. 2018.6. 유네스코 세계문화유산에 등재되었으니 세계적 명당이다.

＊九龍의 힘이 혈처로 집중하고 있어서 기운이 왕성하다. 안산이 가까우나 외명당이 넓게 원국을 만들었다. 개인의 집터로는 너무 거세어 감당할 수 없겠고 사찰터로 딱이다. 기도도 효력이 있고 속발하며 富도 있겠더라. 요즘 세상에는 사찰도 재력이 있어야 상구보리(上求菩提 위로는 부처님의 진리를 탐구하고) 하화중생(下化衆生 아래로는 중생을 제도하다)를 할 수 있다.(2020.11.2.)

＊혈처 래룡

사진출처 : 카카오맵 스카이뷰(https://map.kakao.com)

＊구룡쟁주-- 혈처에서 본 모습

충북 연기군 계룡산 회룡은산형
(속사는 볼 수 없는 곳인가?)

1. 계룡산이 회룡하였다고 할 수 있는가?

＊다음지도에 계룡산을 검색하면 266개가 뜬다. 보통 계룡산이라 하면 공주시와 계룡시에 걸쳐 있는 천황봉(846m)을 중심으로 한 연봉을 말한다. 풍수상 4대 명산으로 능선이 닭 볏을 쓴 용과 같다 하여 붙인 이름이다.

＊계룡산 동학사 방면의 회룡은산형(유산록 전편 298p)은 산세가 험상궂은 대혈이고 간산기를 쓴 바 있다. 유청림 풍수기행(92p)은 연기군 금남면 영대리(지금은 세종시 금남면이고 예전엔 유성군, 그 뒤 공주에 속하였다)에 있는 이 혈을 공주 계룡산 회룡은산형이라 하였고 이명석의"명산의 혈을 찾아서"에 속사 눈에는 보이지 않는 혈(俗士不可見地) 중 72번으로 이 혈이 실려 있다.

＊그러나 결록은 공주 北 25里라고 하였을 뿐이고 계룡산이 회룡한다는

말은 없다. 연기군(지금은 세종시)의 회룡은산형은 계룡산이 태조산이고 주산은 세종시 금병산이다. 물형은 주산 또는 소조산에서 혈처까지의 모양을 보고 붙이기 때문에 풍수들이 이 혈에 대하여 계룡산 회룡은산형이라 부르는 것은 잘못이고 동학사 부근의 계룡산 회룡은산형(유산록 전편 289p)이 진짜 계룡산 회룡혈이고 엄청 대혈이다.

2. 산도와 결록

* 산도--『명산의 혈』(이명석 著) 458p에서 인용하였으나 현장과 맞지 않는다. 계룡산회룡이란 말이 없고 그냥 회룡은산이라 한다.

* 산도에 부기된 결록-- 公北二十五里回龍隱山形龍虎重 重武雀疊疊朝貧暮富之地而以窮谷 棄之可歎穴在栗寺洞中而金川里東 五里南至之地

＊공주 유성 北25리, 회룡은산형, 용호중중(龍虎重重), 무작첩첩(武雀疊疊), 조빈모부(朝貧暮富 아침에 가난해도 저녁이면 부자된다), 세인이궁곡기지(世人以窮谷棄之 세상 사람들은 궁핍한 골짜기라는 이유로 버리니) 선사가탄가탄(先師可歎可歎 선사가 탄식하다), 穴在寺洞之中(혈은 절동네 가운데 있고) 이금천동오리(而金川東五里 금천리 동쪽 5리) 달전남지근지지(達田南至近之地 달전리 남쪽 가까운 곳이다) 필사본-- 풍수기행 95p

3. 답사

　＊풍수기행 92P-- 태조 계룡산, 도덕봉 갑하산 우산봉 금병산이 宗山, 서대산(註 금산 서대산이 아니다)이 소조산, 연기군 금남면 영대리 명탄마을(註 명탄동은 찾을 수 없었는데 영대리 656 일대인 듯), 계좌원(註 결록에 없다), 내명당이 협착하고 귀사가 보이지 않아 속인은 버린다. 결록이 달전 南이라 한 것은 西의 오기이고 금천리 東이라 한 것은 北의 오기이다.

　＊혈처

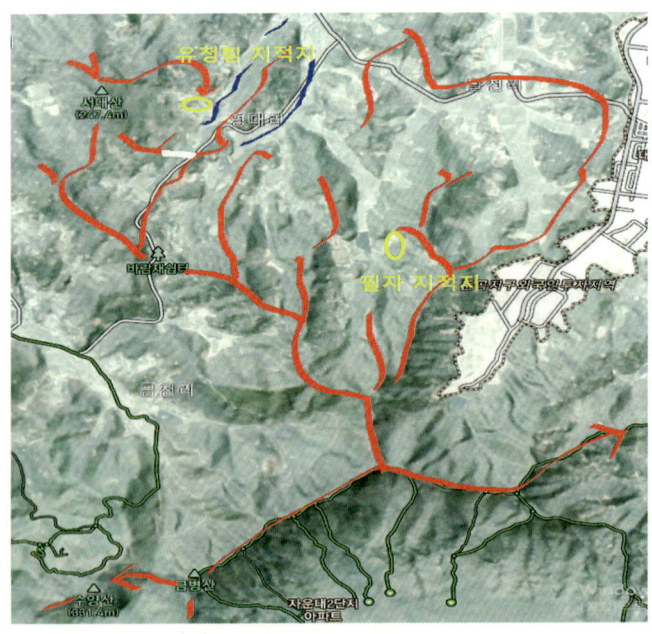

사진출처 :
카카오맵 스카이뷰
(https://map.kakao.com)

＊진혈-- 결록에 영대리 중 달전남 근접지이라 하였으므로 지도를 보고 달전리와 영대리 경계를 따라 올라가면서 찾으니 정각정사가 있는 골짜기가 유력하게 보였다. 정각정사(지금은 휴휴정사)를 찾아가 탐문하니 정각정사는 1985년에 창건하였다고 하고, 골짜기 일원이 밤골 또는 밤절골이며 서쪽 건너편 산등 밑에 율사(栗寺)가 있었고 부도탑과 당간석이 있는데 사찰이 언제 멸실되었는지 알지 못한다고 한다. 율사가 있던 곳에서 관망하여 혈처로 짐작되는 곳을 찾았다. 일대의 산들이 수성체이고 습기가 많은데 혈처만은 양명하고 건조하다. 풍수기행이 지적하는 곳은 가서 볼 필요도 없었다. 이 곳은 금천 東五里, 달전南지근과 회룡의 요건에 맞고 좋은 곳이다. 신안이 아니라도 이치대로 탐색하면 찾을 수 있는 중등중급혈이다.(2021.9.)

충북 영동군 귀룡음수

＊일이승 산도

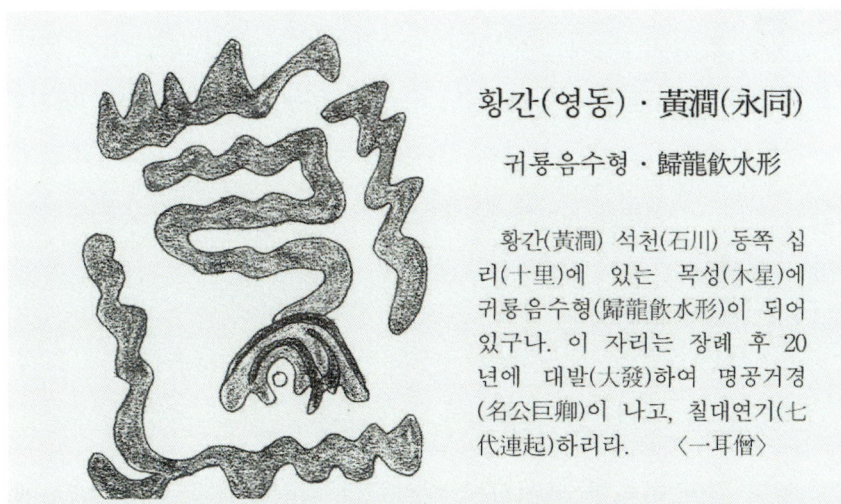

* 석천은 황간 東쪽이 아닌 北쪽 10리許에 있다. 석천을 기준으로 동쪽 10리에 있다는 뜻이라면 난곡리인데 혈이 맺힐 곳이 없다. 석천에 있다는 뜻이라면 우매리 산44인데 이미 묘가 가득하여 애써 찾을 필요가 없다.(2022.11.)

충남 영동군 금구음수
(좋은 혈인데 골프장에 편입)

1. 완당 유고
완당선생이 만산결에서 영동 금구음수형을 인용하고 간산기를 남겼다.

* 결록-- 영동 금구음수형
　永同 南 十里 天馬(혹은 麻)里 金龜飮水形 穴處暈中 長乳 繼葬三穴 左水右流 主案相對豊厚 十年發 名公巨卿 世世不絶 君子三人 血食千秋
　- 萬山圖訣
"영동 남쪽 십여 리 되는 천마리에 금거북이 물을 마시는 형의 혈이 있으니 혈처 주위에 혈운이 드러나고 길다란 유두혈에 세 개의 혈자리가 되었으니 3자리를 쓸 수 있다. 좌측 물이 우측으로 흐른다. 주산과 안산이 서로 대하여 둘 다 풍후하다. 용사 후 10년부터 발음하여 명공거경이 대대마다 나서 끊어지지 않으며 혈식군자 3인이 나서 천추에 길이 빛난다." - 만산도결

* 완당 간산기-- 유산록 전편 359p은 영구음수형
"충청도 뿐만 아니라 우리나라 대혈이다 백두대간상 千萬山에서 떨어

져 평지낙맥 수십리 천변만화 후 융융 결혈하였으니 흡사 거북이 형상이며 천지자연의 조화가 아니면 어찌 이런 자리를 만들 수 있겠는가. 천리개국하여 사면팔방이 조화를 이루어 치밀 웅장하게 둘러쌌으니 신비하다고 할 밖에 없다. 수십 년전 지금은 유명을 달리하신 J선생과 같이 가 본 이 바위산하의 자리는 금구음수가 아닌 것으로 판명되었다."

2. 답사

*금구음수의 대국-- 민주지산에서 각호산 천만산 이바위산을 거쳐왔다. 祖山인 천만산으로부터 10km를 위이기복하면서 北上한 것이다.

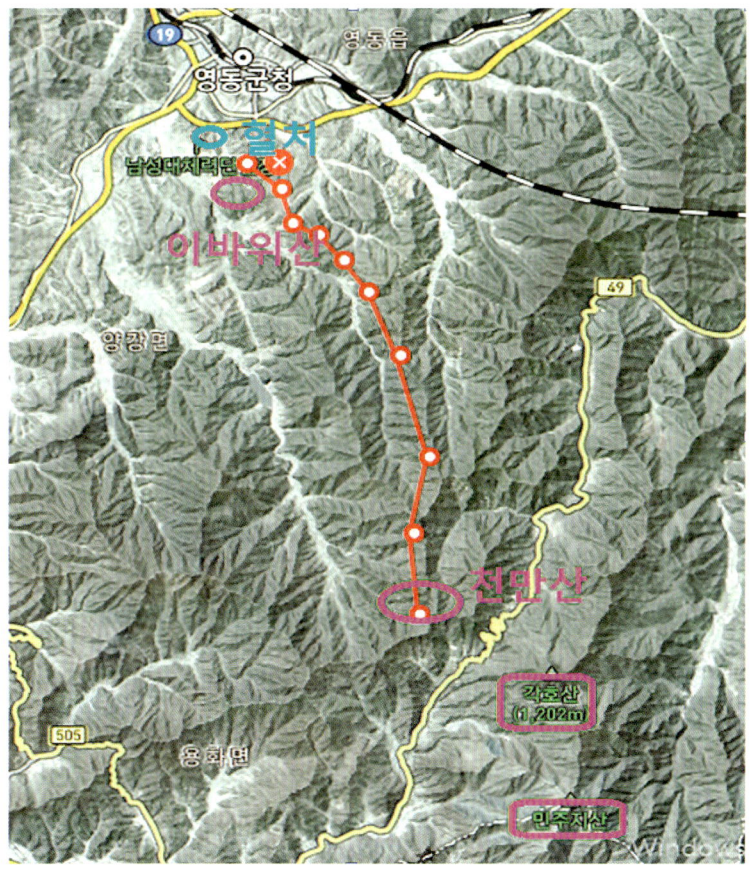

사진출처 : 카카오맵 스카이뷰(https://map.kakao.com)

＊금구음수 소국-- 이바위산이 주산이다. 지금은 남성대라는 이름의 軍 골프장이 되어 있다. 완당선생은 초기엔 이바위산 부근에서 혈처를 찾기도 하였던 것 같으나 바위산으로 가까이에 혈이 맺힐 모양새가 아니다. 선생이 보았을 때 남성대가 이미 생겨 있었다면 언급하였을 터인데 아무런 말이 없다. 이 혈은 골프장 입구 부근에 편입되어 사용할 수 없으나 장원하고 안산이 겹겹으로 좋다.(2021.12.)

충북 영동군 무결록지 3혈

＊만계리 703- 집장지-- 전원주택 부근

＊남성리 음택-- 중등중급

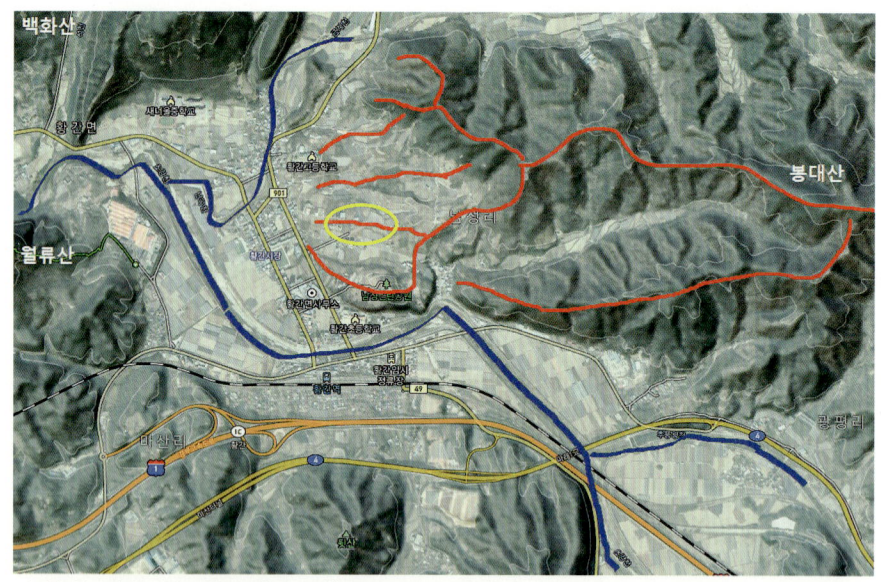

사진출처 : 카카오맵 스카이뷰(https://map.kakao.com)

＊용암리 음택-- 국도에서 멀지 않다. 묘좌, 속발, 중등중급.(2023.6.)

충북 영동군 반월형 양택

* 일이승 결

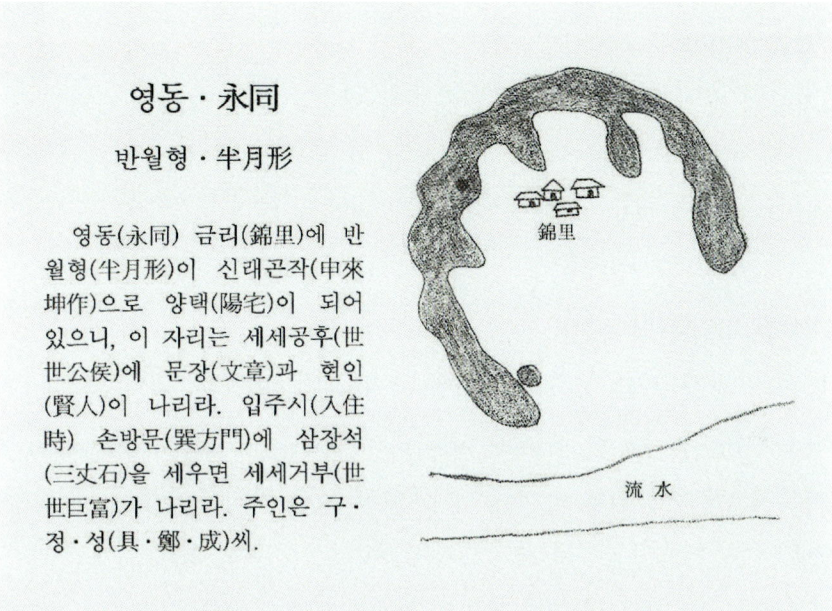

*답사한 바 충북 영동 계산리 417-2 영동 규당고택이다.

영동 규당고택(정읍 규당고택과 구별하기 위해 영동을 붙였다)으로 추정된다. 산도에 있는 금리는 없고 고택일원이 현재 금동마을이다. 담장 안의 토지가 7백 평 될 것 같아서 혈찾기가 쉽지 않을 터인데 정확히 잡은 것 같다. 대문 안방 부엌 방위를 기준으로 하는 東西사택이론은 이 고택과 같이 10여 동의 건물을 짓는 경우 허무한 이론이 될 것이다.(2022.11.)

충북 영동군 백마산 금채형
(氣탐지기를 사용하여 정확을 기하라)

1. 찾기 어렵다
성거사결에 있고 완당선생이 간산기를 남겼는데 대혈로 소개되고 있다. 1차 답사 때에는 못 찾았다. 여러 차례 가 보면 산에 익숙해지고 찾아야 할 범위도 좁혀지므로 자꾸 현장에 가 보아야 된다.

2. 성거사결과 완당 간산기

*결록-- 황간 곤방시오리, 금채형, 午來 卯作, 용短回 외백호長回, 건파을좌(美人案), 수구독산, 五峰이 내려와서 현무를 만들고, 앞에 大路, 우변에 거북석, 좌변에 와우석, 백호에 삼봉이 높고 외청룡에 獨山, 백자천손, 將相地.

　黃澗坤方 十五里許 金釵形 美人案 午來卯作 龍短回 外白虎長回 左水右流 乾破 乙坐 水口獨山 玄武 五峰來作 前有大路 後有小宗峰 穴右邊 有龜石 左邊 臥牛石 虎上三峰高屹 龍外有獨山 百子千孫 文武 科多出 將相代出之地 - 成居士訣。

*완당 선생의 간산기-- 백마산 아래
영동 동북시오리 백마산에 있다. 산진수회하는 곳에 유돌로 혈이 되어 명당이 관평하고 금성수가 회포하였다 수백 리 산천이 순순귀복하여 이 한 곳에 모여들었다. 좌우에 노종(奴從)을 다수 대동하여 귀룡임을 증명. 문필과 귀사들이 수려하다.

3. 답사

＊성거사결은 황간 곤방 시오리라 하였고, 완당 간산기는 영동 동북 시오리라 하였다. 두 곳은 같은 곳인데(황간과 영동의 중간지점이다) 혈처는 영동에 속하므로 영동 동북十五里가 옳다. 백마산(535m), 천지봉(408m)은 백두대간 삼도봉-석기봉-민주지산-각호산-천만산-삼봉산을 거쳐 왔다. 각호산 지맥이라 불리우고 동 지맥은 멀고 먼 남쪽에서 북상하여 백마산에서 천지봉을 떨구고 용담리 금강변까지 행진한다.

＊제1차로 심원 보건진료소가 만궁이고 다리목에 앞산에서 120도 각도로 꺾어져 거슬러 온 독산이 있기에 일대를 답사했다. 뒷산에 올라갔는데 큰 바위 다섯 개가 있었다. 풍수들이 다닌(?) 흔적만 찾고 헛걸음했다. 제2차로 도로와 골짜기를 오가면서 천지봉 래맥을 관찰하다가 어느 산줄기에서 필(感)을 느끼고 올라 가니 결록의 용혈사수향에 맞는 혈처가 있었다. 쌍분이 있는데 억지로 횡맥을 조성하여 상석은 건좌라고 쓰고 봉분은 축좌로 조성하였다. 묘좌라는 결록과 다르고 혈처를 7~8m 벗어났다. 상석에 2004년 묘를 쓴 것처럼 새겨 놓았으나 쌍분중 밑에서 보아 오른 쪽 묘는 그 이전에 쓴 것으로 보였다. 좋은 자리인데 안산인 미녀의 체구가 작은 것이 흠이다.

* 제1차 답사지-- 虛局

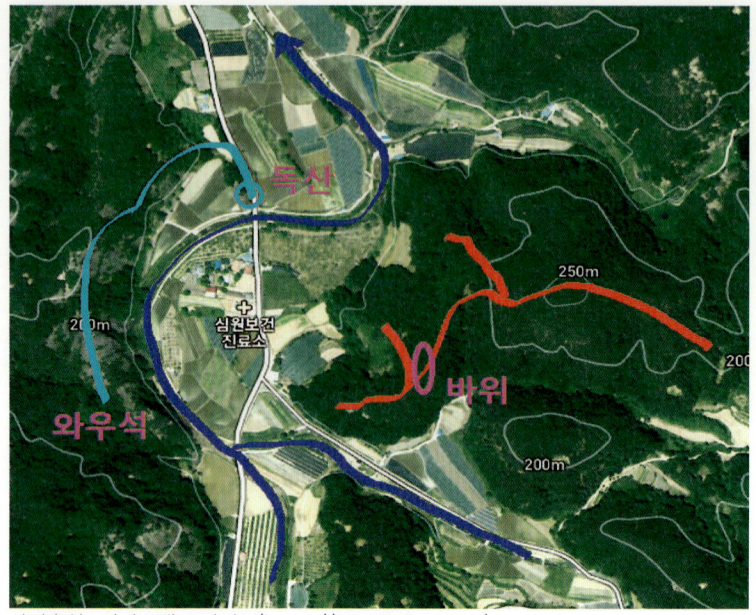

사진출처 : 카카오맵 스카이뷰(https://map.kakao.com)

* 제2차 답사지

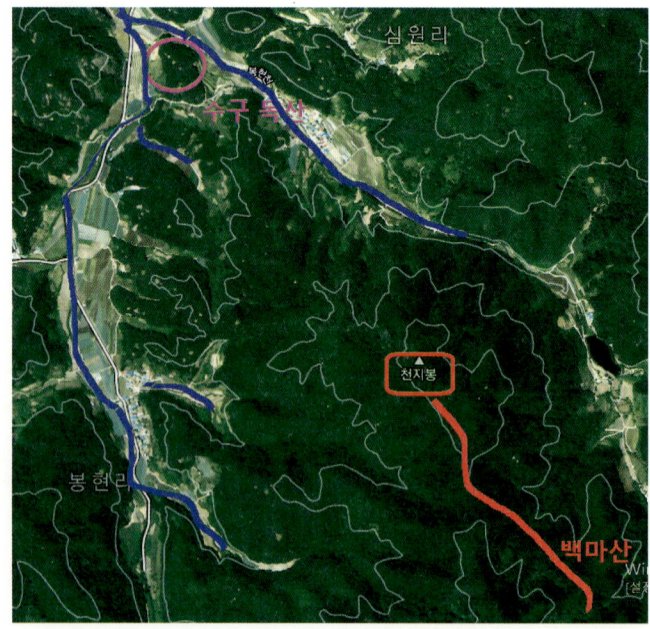

사진출처 :
카카오맵 스카이뷰
(https://map.kakao.com)

* 혈처를 벗어난 묘

　* 고수라고 자부하는 풍수 중에는 기탐지봉을 사용하는 사람들에 대하여 지적지가 서로 다른 경우가 많아서 믿지 않는다고 경시한다. 그러나 내가 알고 있는 10년 이상의 경력자들은 동일한 곳을 혈처로 지적하는 경우가 많더라. 엘로드는 예민하여 생기가 적은 곳에서도 작동하는 결함이 있으나 관룡자나 천기룡은 비교적 정확하다. 기기를 사용하지 않아도 생기 응집처를 짐작할 수 있지만 의외로 다른 경우가 간혹 있다. 자만하지 말고 氣탐지봉으로 확인해야 된다. 고총 중에는 몇 걸음 차이로 실혈하는 경우를 많이 보는데 옛 풍수들은 기탐지기를 사용하지 않은 탓이다. 이 곳도 정밀하게 탐사하였으면 명혈을 파손하는 일은 없었을 텐데 참 아쉽다.(2021.12.)

충북 영동군 수원리 비룡도강
(전순에 가서 찾기 쉽다)

1. 비룡도강 결록(완당 힐링카페에서 인용, 감사)

"황간 남 10리허에 비룡도강형(용이 날아 강을 건너는 형의 혈)이 있으니 앞에는 대야를 펼쳐 명당을 이루고 대천이 금성수를 이루어 은하 안이다. 을, 손, 정, 경유득 계축파이다. 장생향되었다. 백두대간상 千萬山에서 북락 80여 리 후 노천리에 이르러 차혈을 맺었으니 황학산 손방, 민주 삼도봉이 정미방 지장산이 간방이다. 삼십팔장 옹위하여 유두작혈하였다. 백자천손 번성하고 문무장상 대부 대발지지이다."

2. 답사

완당선생은 노천리에 있다고 하나 수원리에 있다. 비룡도강이므로 높은 곳에 있다. 일대는 순흥안씨 묘역인데 전순을 혈처로 착각하기 쉽게 되어 있다. 앞 강에 여러사람들이 사금을 캐고 있는 모양이 신기하더라.(2021.11.)

* 중국-- 건좌

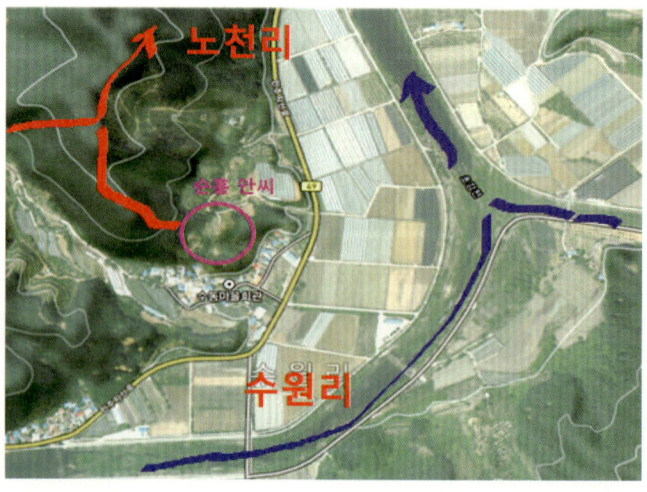

사진출처 :
카카오맵 스카이뷰
(https://map.kakao.com)

충북 영동군 와룡음수와 선인독서
(와룡은 사용되었고 선인은 공부 깜)

1. 결록

청산선생님이 자미원카페에 게재한 영동 2혈을 인용.(감사합니다)

(1) 乾方三十里 或二十里 臥龍飮水形 銀河案 坎來亥作 壬坐 龍長虎短 龍外高峰重疊 虎外高峰屹立 明堂廣闊 巽丙大川 丁得 大江坤未破 近案大路大江 遠案五峰 前朝羅列 穴處長厚 水口五峰屹 內水口立石 穴土寄岩 三穴左邊脈泉 文武將相 封君之地.

(2) 北十五里(北五十里) 仙人讀書形 玉冊案 北來山下 金山保有明穴 潛龍上天格 壬來亥作 龍虎短有 文筆高屹 龍頭立石 玄武九峰來作 左水右流 丁破 壬坐 前有大川中路 水得盤石三 穴上土石二 穴下盤石 五色溫氣 前後有高穴處 石山土穴 賢臣孝子孫出之地.

2. 답사

*와룡음수는 영동 乾방 20리 되는 심천리 산26-3에 있는데 이미 묘들이 넘쳐 났기에 답사를 생략하였다.

*선인독서는 결록에 영동 北시오리 또는 北오십 리라고 하는데 北오십리는 옥천이므로 시오 리가 맞다.

*속리산 남쪽 행룡의 일지맥은 팔음산 천관산을 거쳐 초강천에 이르러 박달산을 세우고 앉았고, 강 남쪽은 남덕유산 북쪽 행룡의 일지맥이 책상과 붓통을 차려서 선인을 맞이하였다. 초강천의 맑은 물과 주변의 건장한 행룡은 생기를 응집시켜 선인독서형의 큰 혈을 만들었다. 어떤 이가 박달산 등산로에 연결하여 통로를 만들고 7년 전(?) 쯤 묘를 쓰고 잘 관리하고

있다. 혈장이 넓고 풍부하여 혈처 찾기가 어려운데 지금의 묘는 적중하지 못한 것 같다. 좋은 공부감이다.(2022.11.)

사진출처 : 카카오맵 로드뷰(https://map.kakao.com)

사진출처 : 카카오맵 로드뷰(https://map.kakao.com)

충북 영동군 유산록 3혈

1. 영동 심천 쌍룡도강

유산록 전편 361p. 백마산에서 심천면에 도달하여 소조 금성에서 중심 낙맥한 곳에 1혈(主穴) 그리고 변각(邊角)낙맥 1혈(次穴)이 도강형으로 결혈되었다. 주혈인 중심낙맥혈은 평중에 산작이 날아올라 강을 건너는 형세. 손사입맥 을진 작혈 대와, 손득 경득, 건해파, 대강대천 환포하여 금대수, 차혈인 右便일맥은 을진입수 오정득 건해파 을좌신향-- 심천면 용당리산에 결혈되었다. 주혈은 중등중급.(2019.6.) 산도는 인용치 아니함.

2. 영동군 어유산 재낙막 상제봉조

 * 유산록 전편 362p. 금강이 금성수 제왕지지. 만세영화.
 * 마니산에서 어류산으로 오는 행룡은 거칠고 거대한데 어류산에서 옆으로 길게 행룡하여 탈살하고 혈처(기호리)는 순하기 이를 데 없다. 다만 안산이 단조로워 아쉽다. 음양택 모두 안산 때문에 좌향 잡기가 어렵다. 그 밑에 양택은 어떤 집의 창고더라. 음택은 중등중급, 양택은 중등초급. (2019.6.)

3. 영동 심천면 고당리 비룡심수

 * 유산록 전편 362p. 서대산이 대진(大盡)한 고당리에 비룡심수형이 결혈되었다, 서대산(904m 옥천군 금산리) 마니산, 국사봉, 손사방에서 금강득수, 을수가 구곡조당하여 합류하고 축간을 지나 현무를 돌아간다. 대부대귀. 결록에 누락되었으나 최고 갑지이다.
 * 답사한 바, 고당리에는 난계선생 생가가 유명하다. 마을 뒤 임도로 산등성을 따라 북쪽으로 가면서 길가의 오른쪽에 정부 지원금으로 만든 김씨 납골묘원이 있고 혈은 그 아래 있다. 금강 물이 들어오니 대부 속발지. 富외에는 별로 볼 것 없으니 최고 갑지란 엄청 과장되었다.(2019.6.)

충북 옥천군 동이면 우산리 장군대좌

＊유산록 후편 39p "금강 유원지 근처, 장군대좌, 大江은 보이기도 하고 숨기도 하면서 百餘里를 흘러오가니 그 굽이 몇 번이던고, 산자수명 천지동행"

답사한 바, 속리산 천황봉-봉황산-우산리. 금강은 굽이치기로 제일이다. 혈처 찾기가 쉽지 않다. 주변 산수(山水)가 굵직하게 생겼으나 북향(午坐)인 점이 불만이다. 중등중급.(2019.1.26.)

＊유산록 전편 290p. 계룡산 東轉 대간룡은 금남면 석교리 삼성천 回曲處, 반룡형. 공동묘지내 은장. 부귀영화가 지구와 동행한다. 대혈인 것은 분명하나 아파트단지로 개발되었다.(2018.5.)

충북 옥천군 청산 비룡농주

＊결록과 해설-- 완당

飛龍弄珠形(비룡농주형)-靑山(沃川)

靑山 東 二十里許 飛龍弄珠形 日月 馬上貴 한門 天太乙 層立 葬後八年 始發 將相 王侯(혹은 諸侯) 連不乏(世世不絶) 奇貨 愼勿浪傳 - 成居士訣

"청산 동쪽 이십리 허에 날으는 용이 여의주를 희롱하는 형의 혈이 있으니 일월과 마상귀인이 수구를 가로막고 있으며 천을 태을이 층층이 서있다. 장사 후 8년에 발음하기 시작하여 왕후장상이 대대로 이어진다 기이한 보배이니 삼가 함부로 전파하지 말라."

2004.2.1 청산에 도착하니 속리산 지맥이 흘러와 멈추는 곳이다. 조선시대는 고을 자리였으나 지금은 옥천군 청산면이다. 결록에는 동 이십리라고 되어 있으나 오늘 날과 같은 지도가 없던 시대라 거리와 방향

이 다소 차이가 나서 단순 계측으로는 찾기가 어려운 위치에 있다. 용세를 회고하면 속리산 줄기가, 천황봉 출맥 형제봉, 봉황산을 거쳐 천택산하, 뒤에는 석봉이요 앞에는 여의주 대야를 앞에 전개하며 금성수가 혈을 환포하는 가운데 대지작국 하였으니 유두혈이다. 남향이다.

＊완당선생은 봉황산을 거쳐 천택산 아래 뒤에 석봉, 앞에 여의주와 대야, 금성수환포, 유두혈, 南向이라고 하나 결록에는 그런 말이 없다. 천택산을 천탁산(상주시 중눌리 산70-1)으로 본다면 작은 팔음산에서 천금산 이르기 전에 서북으로 나간 의지리에 결혈되었다. 용이 여의주를 가지고 노는 형이니 여의주가 있어야 된다. 여기의 여의주는 논 가운데 있는데 두께가 빈약하므로 나무를 심어 가꾸어야 할 것이다. 다음지도는 2020년 이후의 현장 변화가 반영되지 않았다.(2022.8.)

＊비룡농주 지도

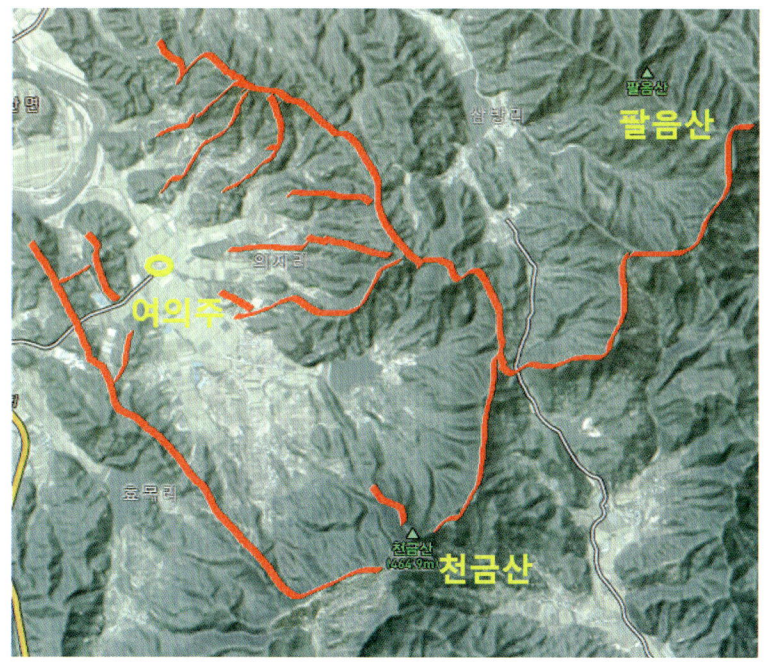

사진출처 : 카카오맵 스카이뷰(https://map.kakao.com)

충북 옥천군 청산면 비룡음수

1. 결록과 해설
＊청산 비룡음수 결록-- 靑山 寅方 十五里許 飛龍飮水形 銀河案 五龍聚會 格 左旋木局 艮甲卯 起落 위이以來 卯作腦 卯入首 飛龍作穴 卯坐 卯得水 庚破 水口未庫 龍 長虎短 外龍 起峰長回 天寬(關)闊 地縮 三台獨山 五峰遠案 九峰逆水來 轉 三十八方 雄高卓立 千峰萬水 大聚結局 百子千孫 文武將相 多出之地 - 成居士訣

  청산 동북방 시오리 비룡음수형, 은하안, 다섯룡이 모이는 격, 좌선목국, 간갑묘로 오르내리고 굽이쳐서(逶迤) 온다, 묘작뇌 묘입수, 묘득수 경파, 수구는 미방이다, 청용은 길고 백호는 짧다, 천관은 넓고 지호는 압축되어 있다. 3개의 독산이 있고 5개의 산봉이 원안이다, 9봉이 물을 거슬러 혈처로 오고 38장이 높이 솟았다, 천봉 만수가 모여 국을 만들었다. 백자천손, 문무 장상이 많이 배출된다.
 ＊완당선생은 속리산 천택산 래용(來龍)으로 돌혈이고 보은 관기에서 내려오는 물이 은하안이라 한다.

2. 답사
  복잡한 바 결록의 요건을 모두 충족시키는 곳을 찾으려면 어렵다. 보청천에서 삼태독산이 있는 곳, 오룡이 모여드는 곳, 묘입수 묘좌, 좌선에 맞는 곳은 대성리밖에 없다. 혈판이 풍후한 대혈이다. 중등 상급.(2022.8.)

* 대성리 비룡

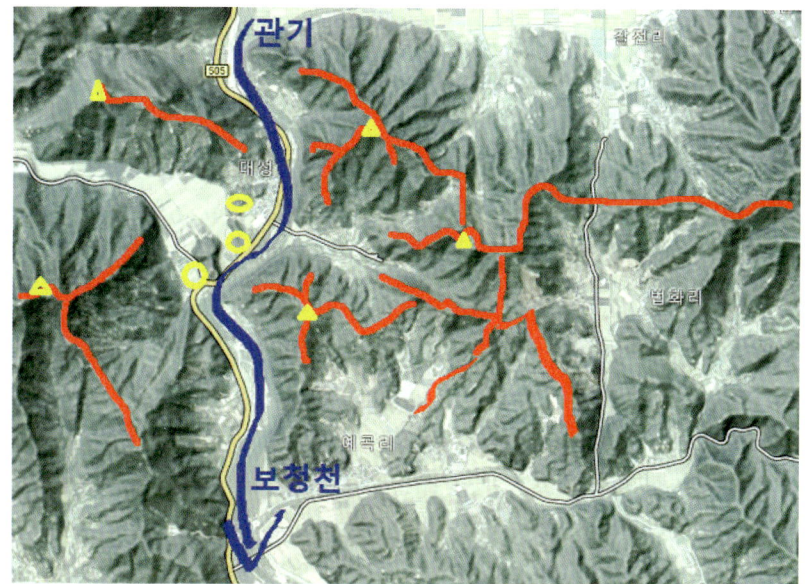

사진출처 : 카카오맵 스카이뷰(https://map.kakao.com)

충남 옥천군 청산면 천금산 용마출동
(천마가 올 수 있을까?)

1. 천금산 아래 용마출동형-- 만산도결

青山 東 千金山下 孝林里 龍馬出動形 午過峽 巽巳落 巳丙入首 巽坐 兩水合襟 右水左流 天乙太乙特立 双天貴屹後 掛榜橫空 五年發 出生子神童 壯元 九代將相 出將入相之地

"청산 동쪽 천금산 효림리에 용마가 나아가는 형, 남에서 북으로 과협하고 손사로 떨어져 사병입수 손좌건향이다. 양쪽 물은 오른쪽에서 왼쪽으로 흐르고 물은 빠르게 합친다. 천을태을이 우뚝하고 쌍천귀가 뒤에 솟았다. 장원급제 공고판이 공중에 옆으로 걸려 있다. 오 년 내에 발복하여 장원급제할 신동을 낳고 문무를 겸전하는 장상이 9대로 날 것이다."

＊완당선생의 간산기는 속리산 남락 팔십여리 후 천금산에 이르러 몸을 돌려 오로 과협하고 평지에 떨어져 손좌건향으로 작혈하였다. 신술파, 삼중안, 천산만수가 모여든다. 속발장원 대발지.

2. 답산

＊천금산 아래에 효림리(孝林里)는 없고 효목(木)리가 있다. 완당선생은 평지에 떨어졌다고 하나 용맹한 말이 앞으로 나아가는 물형이므로 약동하는 기상이 있어야 된다. 높은 곳이 아닌 낮은 곳으로 내려가서 결혈 되었다는 말이다. 효목리 산59가 눈에 뜨인다. 원래 묘가 흩어져 있든 곳인데 누군가 대지로 토목공사를 하고 건물을 건축하였다가 불법 산림훼손으로 철거되었다. 그러나 이곳은 수구가 시원찮아 결록지는 아니다. 청산논공단지가 진혈인 듯한데 파손되었다. 대혈인데 파괴되어 아깝다.(2022.8.)

＊청산 용마출동 지도-- 농공단지는 말의 발굽에 해당된다

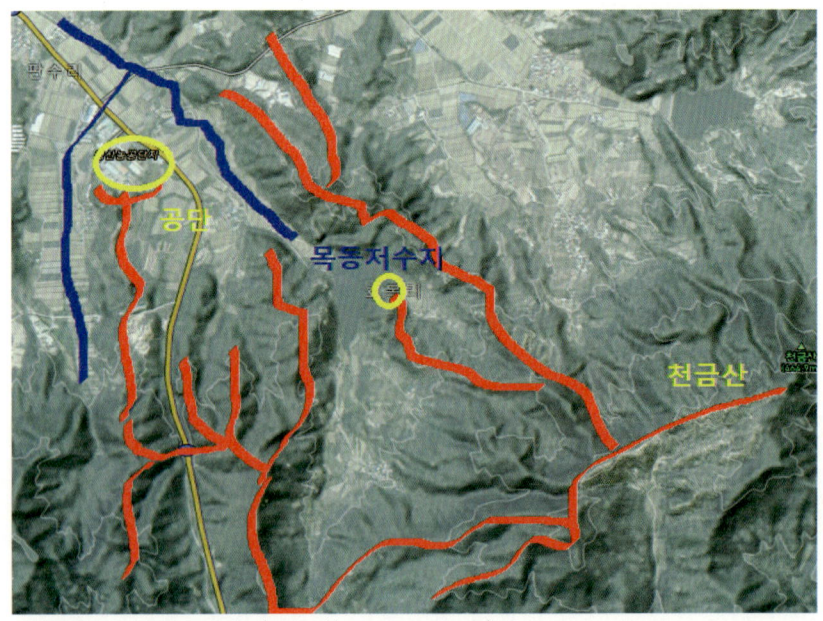

사진출처 : 카카오맵 스카이뷰(https://map.kakao.com)

충북 음성군 비룡상천과 복호

* 결록-- 성거사 訣

忠州 庚方 七十里許 小俗離山北 十里許 八聖山南 十里許 巽來 兌作 巽 兌 轉落 辛兌結脈 一局之內 上下 龍虎二形 結局 伏虎形 眠犬案 飛龍上 天形 雲梯案 龍虎拱門格 穴則 皆爲眉間 酉坐 上局內 丙巽得水 丑艮破 下局 丁 壬得水 卯方合流 甲破 丑流 大龍轉歇 腰落大地 內外靑龍 長回 結局 內外 白虎 長回盤絃 爲案 內外堂 平圓 巽方大川 灣環丑破 水口關 鎖 東-迦葉 山西-玉璋山 北-八聖山 南-頭陀山 乾-望夷山 巽-聖住山 坤-鹿山,涼川山 艮-國望山 華表 한門 文武科甲 州牧 將相 大富 兼全之地 - 成居士訣

의역을 해보면, 충주 서쪽(庚方) 칠십리, 小俗離山(음성군 소재) 北십 리, 팔성산 南십 리, 동남(巽)에서 와서 서쪽(辛兌)에서 동쪽으로 方向을 바뀌어 유좌로 앉았다. 하나의 중국안(中局內)에 비룡상천과 복호형이 맺혔다. 복호는 잠자는 개(眠犬)가 안(案)이고 비룡은 구름사다리(계단처럼 층층이 된 산)가 안이다. 용호가 읍하는 모양이다. 윗 자리는 병손(丙巽 남과 남동)방에서 득수하고 축간(丑艮동북)으로 나가고 아랫 자리는 정임(丁壬 남과 북의 두 곳)에서 득수하여 묘방(卯方 동쪽)에서 합류하고 갑방으로 나가서 축방으로 흐른다. 내외 청룡과 백호가 길게 둘렀고 손방에 대천이 둥글게 싸고 돈다.(팔방에 있는 산은 번역을 생략) 문무장상 대부.(2022.9.)

* 답사-- 관성리와 무극리 사이의 병암리와 도신리에 있다.

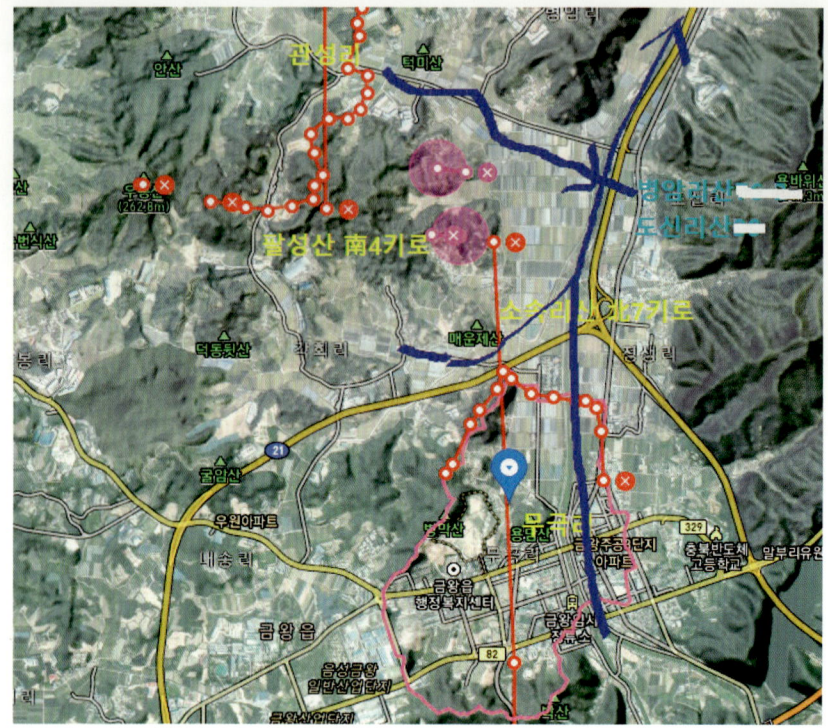

사진출처 : 카카오맵 스카이뷰(https://map.kakao.com)

충북 진천군 갈룡음수

* 성거사 결록-- 완당카페

鎭川 乾方十里 堯舜山下 渴龍飮水形 銀河案 鶴飛上天格 來龍雄壯穴處長圓 明堂方圓 水勢之玄 乙特特朝 城郭雄圍 三十八將方 文星尖秀 文武將相 一品 忠臣孝子 大富格 - 成居士訣

"진천 건방 십리허 요순산 아래 목마른 용이 물을 들이켜 마시는 형의 혈자리가 있으니 은하안(은하수처럼 흐르는 냇물)이며 학이 날아 하늘에 오르는 격이다. 내려오는 용맥이 웅장하며 혈처는 길게 둥글고 명당 또한 방원하여 물 줄기의 굽어짐이 을자처럼 되어 흘러간다. 혈을 둘러 싼 산줄기가 웅장하여 삼십팔장방 방위의 문필봉이 첨수하다. 문무장상 일품에 해당하는 관직과 충신효자가 나며 대부가 나는 자리다"

* 완당의 간산

요순산은 武帝山이고 壬坐丙向 丁破이다. 무일점 허기이고 불입풍, 평지에 내려와 정교하게 치솟아 올라 유두결혈하니 은하안이 되고 명당은 둥글게 되었다. 3~4장 하였으나 혈법을 몰라 지적지간에서 실혈하였다. 백곡저수지 부근이다.

* 답사

요순산은 무제산, 비학상천격, 水勢之玄, 백곡저수지上이 힌트가 된다. 진천 건송리 양성 이씨 집장지이다. 재혈이 어렵다는 것을 알 수 있다.(2023.2.)

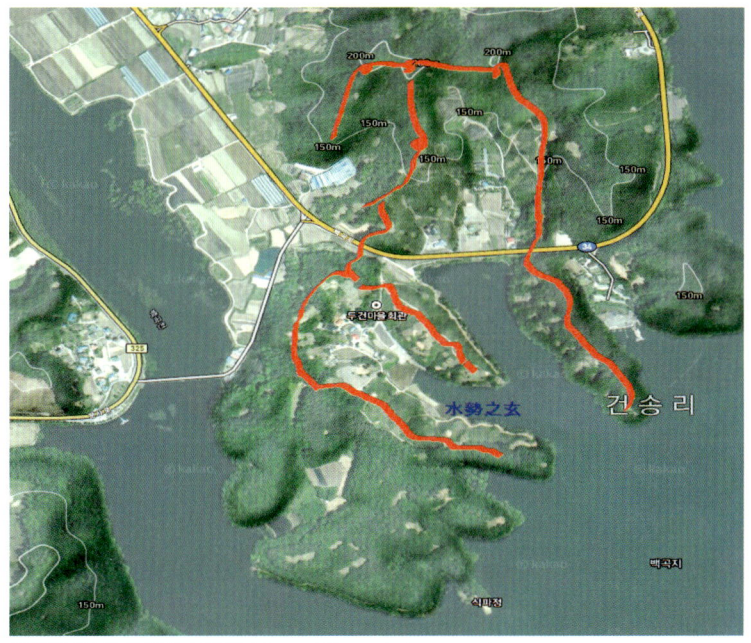

사진출처 : 카카오맵 스카이뷰(https://map.kakao.com)

충북 진천군 백마세족형
(경기 안성시 칠장리)

*봉안결과 완당 간산

白馬洗足形-鎭川

鎭川 北面 廣惠院上 七長寺南 白馬洗足形 左 南向 穴六尺五寸 巽辛秀麗 二代武發 三代顯達 - 鳳眼訣

위 글, 진천 북면 광혜원 위 칠장사 남쪽에 백마가 발을 씻는 형의 혈이 있으니 좌선용에 남향이고 혈은 육척오촌이다. 손신방이 수려하게 빼어 났다. 2대에 무로서 발신하여 삼대를 현달한다. 壬坎입수 丙파이며 혈성 미려 2, 3장 가용지지이며 장풍취기하였다. 청용, 역수, 혈전, 금성수되었으니 지극히 다정하다. 칠장리 부근이다.

*칠장사는 고려초 혜소국사가 창건했다. 어사 박문수가 이 절에서 기도를 하고 三修 끝에 32세에 과거합격을 했다고 하여 입시기도를 하려고 많이 온다. 룡은 칠장산에서 내려오는데 칠장사局을 만들고 남쪽으로 내려와서 백마세족형국을 만들었다. 칠장사 남쪽에는 혈을 맺을 局이 하나밖에 없다. 찾기 쉬울 듯하나 까다롭다. 주택지개발로 인하여 래룡이 알아보기 어려우나 혈처는 살아 있다. 경기 안성시 칠장리 416-@, 자좌, 손사파, 만궁.(2023.2.)

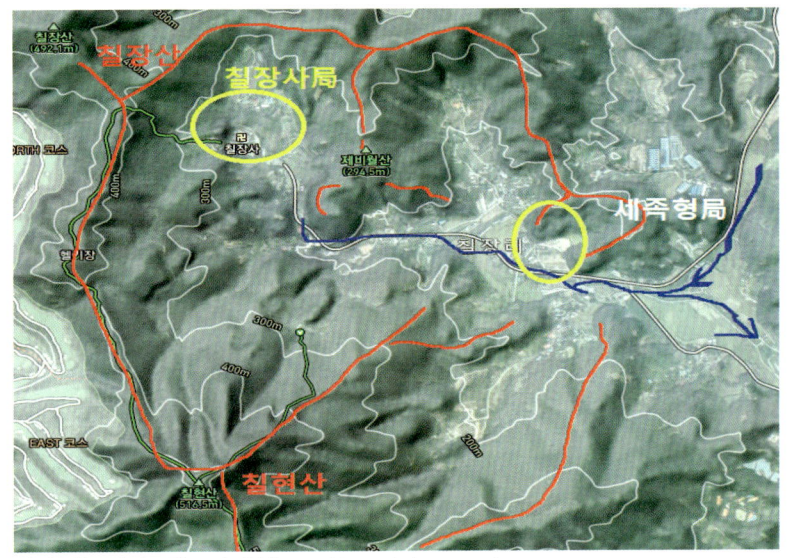

사진출처 : 카카오맵 스카이뷰(https://map.kakao.com)

충북 진천군 서룡상천형(瑞龍上天形)

*성거사 결록-- 진천간방 15리, 영구조천형, 신해건득, 병파, 정미류, 간입수 갑좌.

瑞上天形(서룡상천형)-鎭川

鎭川 艮方 十五里 聖住山 未盡處 陀山之上 石佛之下 瑞龍上天形 彩雲虹 霓案 靈龜朝天格 亥艮위이來龍 艮作腦 艮入首 龍鼻結穴 甲坐 辛 亥 乾 得 丙破 屈曲丁未流 龍虎拱穴 明堂廣闊 水口 日月한門 三十八將方 文星 尖 秀 百子千孫 文武科多出 將相之地 - 成居士訣

"진천 동북방 시오리허 성주산 미진처(다 미치지 않은 곳) 타산의 위 석불 아래 서룡상천형(상서로운 용이 하늘로 오르는 형)이 있으니 채색구름 사이의 무지개같은 산이 안이다. 신령스러운 거북이 하늘에 조회하는 격이다. 해간으로 위이 래용하여 간으로 뇌두를 만들어 간입수하였다. 용의 코 부분에 혈을 맺어 갑좌되었다. 신해 건득하여 병파이며 굴곡하여 정미방으로 흐른다. 청용, 백호가 혈을 둘러 공수 하고 명당도 넓다. 수구는 일월(해와 달갈이 생긴 산봉)이 막아 서 있다. 삼십팔장방에 문필봉이 뾰족하고 수려하게 솟았다. 백자천손 자손이 번성 문과 무과 급제자와 장상이 많이 배출한다."- 성거사결

위 자리는 진천 동북 시오리허 소속리산 하 평지룡 구릉지대에 묻혀 있다. 박환 박진 혈성이 그림으로 그려놓은 것처럼 미려하기 끝이 없다. 전후좌우 호위하여 온기가 축취하였다. 실로 평지룡 복지(福地)이다.

*충북 진천 구산리 401-@. 교회공사로 원형이 훼손되고 래맥도 잘렸다. 대혈인데 아깝다.(2023.2.)

충북 진천군 초평면 갈마음수
(중등상급 대혈)

*성거사 결록
渴馬飮水形-草坪
鎭川 東十五里 渴馬飮水形 明珠案成 - 居士訣
"진천 동 시오리에 갈마음수형의 혈자리가 있으니 명주(밝은 구슬 여의주)와 같이 생긴 산이 안이 되었다."-성거사결

진천 동쪽 초평저수지 위에 대야를 앞에 놓고 초평천이 휘감아 금성수 돌아가는 곳에 목마른 말이 물을 마시는 형의 혈이 있으니 子좌에 丁파

이다. 소속리산 축간맥이 함박산을 지나 삼십여 리를 달려와서 건해 입국 국세를 열어 유두결혈하였다. 두타산이 동남방을 둘러싸서 화려하다. 태교혈 되어 백자천손 문무장상 대부 대귀지지 되었다.

* 간산

결록은 진천 東시오리, 명주안이라는 짤막한 글밖에 없는데 완당은 소속리산-함박산 래룡, 자좌, 정파, 동남 두타산이라고 해설하였다.

답사해본 바, 함박산 이십리許, 해좌, 두타산이 三重안이 되어 복이 굴러 들어 오고 있다. 모처럼 생지백대혈 수준인 대혈을 구경했다.(2023.2.)

충북 진천군 초평면 장군대좌

* 성거사 결(완당카페)-- 두타산 아래, 대로대천, 손룡전래 간래간작, 갑좌, 임해득 미곤파,

將軍大坐形-鎭川郡(草坪面)

淸州 北 四十里許 頭卓山下 將軍大坐形 兵馬結陣旗鼓屯軍案 上帝奉朝格 巽龍轉來 起落 艮來艮作 石山土穴 甲坐 壬亥得 未坤破 內龍虎 短回 拱 穴 外堂平圓 龍長虎短 穴處長圓 堂中 大路大川 橫挽 三十八將峰 雄圍 重鎖 巽巳 丙丁 庚辛 壬癸方 文筆尖秀 百子千孫 文武科甲 將相 封君 大富之地
- 成居士訣

"청주 북쪽 사십리허 두타산 아래 장군대좌형이 있으니 병마가 진을 이루어 깃발과 북을 갖춘 둔군(군대가 무리를 이루다)안을 지었다. 상제봉조격이며 손용이 회전하며 굴러오면서 기락(일어서고 떨어져)하여 간으로 와서 간으로 뇌두를 만들어 돌산에 흙으로 혈을 맺어 갑좌되었다. 임해방에서 득수하여 미곤파되었다.안쪽의 청용과 백호는 짧게 회

포하여 공혈(옷깃을 여미듯, 손을 공수하듯 가볍게 싸 안았다는 뜻)하고 외명당은 넓고 둥글며 청용은 길고 백호는 짧으며 혈자리는 길고 둥글게 생겼으며 명당 가운데 큰길과 대천이 겹쳐 나 있다. 삼십팔장.

봉 방위에 봉우리가 웅장하게 솟아서 거듭거듭 막아서서 빗장 치듯 하였다. 손사 병정 경신 임계방에는 문필봉이 첨수(뾰족하고 수려함)하게 솟았다. 백자천손 문과 무과급제자가 많이 나고 장상과 봉군이 되고 대부가 난다."

위 자리는 진천군 초평면 두타산하 미호지(일명 초평저수지) 상에 있다. 508m의 두타산이 급락평지하여 대야와 대천을 두르고 천군만마가 옹위한 가운데 평지결혈하였다. 임해득 미파이다. 알아 보기 쉽지 않다.

* 초평 천주교회 동산에서 은혈로 평지 낙맥(용정리 477-1, 2)하였다. 주변에 주택이 있어서 사용하기 어려우나 장애가 없더라도 웬만큼 자신이 없으면 쓸 수 없을 것이다.(2023.2.)

충북 청주시 저산리 비봉귀소
(두사충이 비단 5만 필을 요구한 곳)

1. 간산 포인트

* 유청림 풍수기행 79p를 보면, 두사충이 은적산 아래에 살면서 비단 천 동(千棟, 비단 5십 필을 한棟이라 함)을 주면 근처에 있는 비봉귀소(오봉쟁소라는 말도 있다)를 찾아주겠다고 하여 그 동네 지명을 백천동(帛千洞)이라 한다. 혈은 두사충이 살던 은적산 아래에 있다는 派와 학천봉 아래에 있다는 派가 있다.

* 두사충 용혈도(무학대사 부록)에 오봉쟁소형 湖中(湖西, 충청남북) 제일

명승지라고 하고 이명석 "명산의 혈을 찾아서"에는 속사불가견지 28로 오봉쟁소 또는 비봉귀소로 게재되어 있고 만산도에는 비봉귀소형으로 게재되어 있는데 내용이 다소 다르지만 학천산과 연관된다는 사실 하나는 일치된다.

*간산시에 혈처는 백천동에 있는가, 어떤 명혈이기에 비단 5만 필을 요구하였는가, 봉은 어디에 있으며, 비봉귀소와 오봉쟁소 중 어느 편이 맞는가, 결록중 현장과 맞는 부분과 틀리는 부분은 어디인가가 간산 포인트이다.

2. 결록

*풍수기행에 게재된 결록이다.

清州 西四十里 猪山驛近處 鶴天峰下 飛鳳歸巢形 穴是震艮坐 又曰五鳳爭巢形 主山後官大路單白虎 百子千萬代榮華 三十六代將相之地 杜師沖頌曰 八峯其祖 鶴天其父(幞頭擁衿而高起老姑依杖而特立) 鵲川環北引鳳頭之勢 芙江經南分鷄岳之氣 文筆揷天滿庭學士旗鼓連雲朝天將其飛也 如鶴天之雲其止也 如在阜之鳳先我知者幾人後我知者幾人 人之所棄我則取之壬亥其龍寅艮其脈(遠看則如近看則如鳧 穿田渡脈近案土星遠案木星 自東津望見老姑峰土星處山上結局) -「杜師沖訣」

*두사충 용혈도-- 번역에 오류가 많다. 계룡산 근처이기 때문에 시비가 많을 것이라 하였으나 계룡산은 혈처 부근에 있지 아니한다. 답산 결과 그때는 이씨 묘 근처(지금은 이씨 종산)이기 때문에 용사하기 어려웠을 것이라 추측된다.

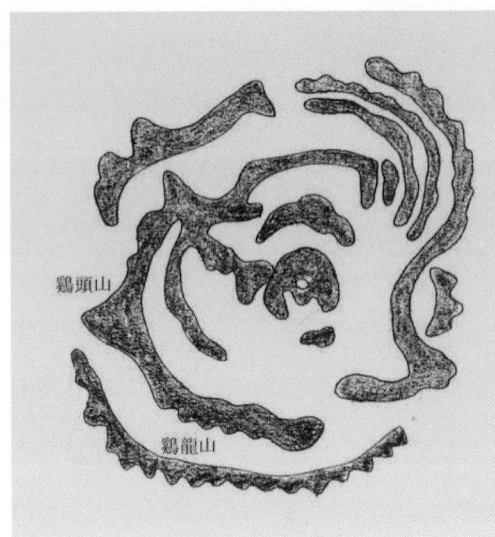

*『명혈 찾아서』산도에 부기된 결록

淸州鷄山驛村上百川洞五鳳爭巢形壬亥其龍寅艮其脈穴是震又曰飛鳳歸巢
形庚兌龍西入首艮坐內午得坤破百子千孫萬代榮華之地頌曰八峰其祖鶴天
其父鵲川環北引鳳首之氣荊江終南分鷄岳之勢老姑倚杖而特立幞頭騰空而
拱襟其飛也如傘天之雲其止也如坐阜之鳥大則如鳧小則如燕旗鼓連雲朝天
將相文筆插天滿庭學士

* 『명혈을 찾아서』 산도   * 『만산도』

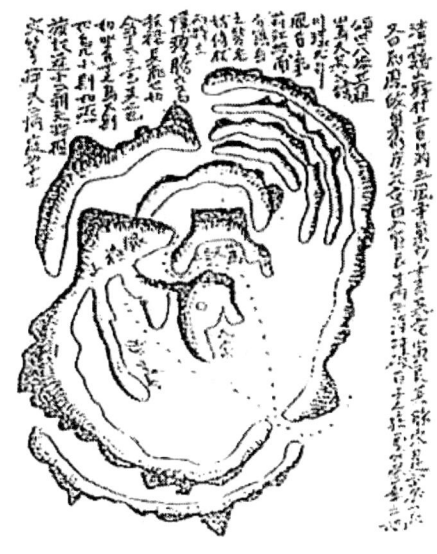

* 결록 비교

	장소와 특색	물형	좌향과 래용	산도
풍수기행 두사충결	(전반) 저산역 근처 학천봉 下 主山後官(貫?)大路 (후반) 父 학천	비봉귀소 또는 오봉귀소	진간좌	없음
명산의 혈 (작가기재 없음)	鷄(鶴?)산역村 上	위와 같다	임해룡 유입수 진간좌	있음
무학대사 부록 두사충 용혈도	長明역 근처 황우산 위에 학천봉 있다	오봉귀소	없음	계룡산 근처라서 시비가 있겠다
고광창 만산도	丙板驛 근처 父 학천	비봉귀소	樓臺案	

3. 답사

＊위의 결록과 산도를 분석해 보면 풍수기행 결록이 일부 훼손되었다고 추측되지만 대체로 충실하다. 산도들은 모두 비슷하고 백천동을 가르키는 듯하다. 풍수기행결록은 어떤 풍수가 쓴 前半部와 두사충이 칭송하여 말했다(두사충 頌曰)는 後半部로 나뉜다. 전반부는 저산역 근처라는 표현으로 보아 일제 때 작성된 어떤 고수의 작품으로 추측되고(임피술산 면구형의 산도와 표현이 유사함) 두사충결은 어디서인가 인용하였다고 추측된다. 괄호속 글(遠看卽--)에 대하여 유선생님은 후세에 추가되었다고 추측한다. 두사충결은 어려워서 혈 찾는데 필요한 일부만 해득하여 ①저산역 근처 백천동 ②학천봉下 ③진(震, 갑묘을) 간(艮)좌라는 점을 염두에 두고 답사에 나섰다. 산도와 결록이 여러개 있을 때에는 주산과 좌향 정도만 알고 찾은 다음 결록과 맞추어 보는 방법이 좋다.

＊은적동은 전면에서 보니 용이 나아가고 있으므로 결혈처가 없었다. 국도변에 백천동과 은적동을 새긴 돌 안내표지가 있었다. 아마도 두사충은 대구 대명동에 정착하기 전에 여기에 일시 살았던 것 같다. 백천동 일대를 둘러보니 마을로 내려가는 넓적한 산등에서 서쪽에 낮은 동산이 있고 그곳에 온통 생기가 모인 것이 보였다. 입구에 효자 이봉우 비각이 있고 경주이씨들 공동묘지이다. 그 중에 미유로 된 곳에 위쪽은 간좌 아래쪽은 갑좌인 묘가 진혈로 재혈이 잘 되어 있었다(만산도에는 혈이 두 개 그려져 있다). 진간좌라 하였으니 다른 곳에도 혈이 있을지 모르겠으나 차혈일 것이다.(부근 어디엔가 효자묘가 있겠으나 그냥 왔다) 진혈처는 효자의 동생 묘라 추측되는데 효자가 1970년 사망하였으니 진혈이 50년 전까지 비어 있었다는 말이 된다.

＊大國세 팔봉산 행룡-- 속리산 행룡은 용적산에서 넓게 과협하여 팔봉산을 세웠고 팔봉산은 서쪽을 향하여 세로로 길게 반월을 그리며 개장하

였다. 중출맥이 은적산, 망덕산, 마봉산, 아미산을 세우고 멈추었다. 팔봉산 북쪽 줄기는 중출맥을 후방에서 보호한다. 남쪽 줄기는 커다랗게 남쪽을 돌아 부강면 갈산리에서 중출 마봉산에서 내려온 줄기와 마주하여 외수구를 형성하였다.

* 中國세

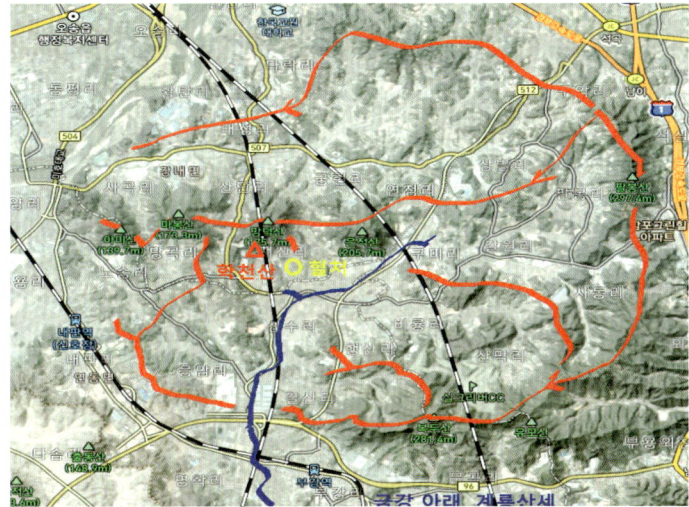

사진출처 :
카카오맵 스카이뷰
(https://map.kakao.com)

* 小國세

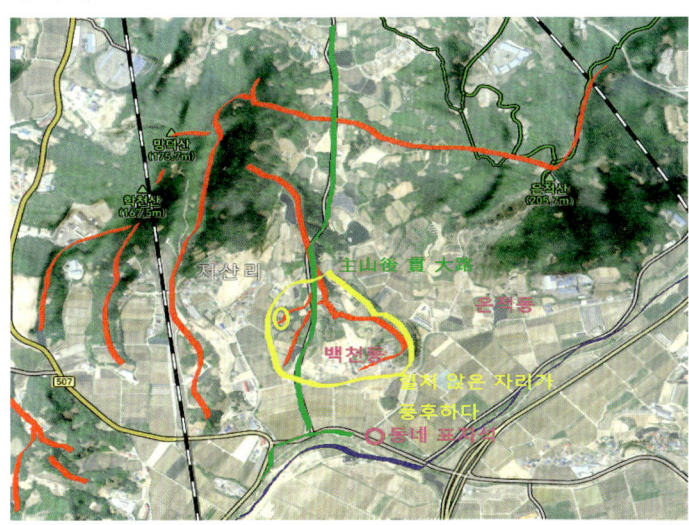

사진출처 :
카카오맵 스카이뷰
(https://map.kakao.com)

* 동네 표지석

* 혈처의 집장지

사진출처 :
카카오맵 스카이뷰
(https://map.kakao.com)

* 간좌 묘

＊비각-- 효자 이봉우(1902~1970, 저산리 산39)

＊진혈처는 지도상 학천산 래룡이 아니고 망덕산 래룡이다. 학천산은 망덕산의 一個 峰에 지나지 않고 유선생님도 봉황체인 학천봉이 왼쪽으로 돌아 둥지에 내려 앉는 형국(비봉귀소형)이라 하였는데 결록과 산도에 망덕산 이름이 없는 것으로 보아 옛날에는 망덕산을 학천산이라 부른 것은 아닐까. 다만 유선생님은 경주이씨 집장지에 대하여 언급을 하지 않은 점으로 보아 진혈처를 달리 보는 것 같다. 안산은 학천봉에서 내려온 긴 산줄기인데 지금은 주택지로 많이 개발되었으나 작은 봉체가 있었을 터이다. 안산의 봉우리들을 봉으로 보면 五鳳귀소형이 될 터이다. 봉이 야물지 못하여 쟁소형은 아니다. 그러나 안산을 누대로 보면 비봉귀소형이다

4. 현장대비

＊답사해 보면 결록중 主山後 官(註; 貫의 오기)大路는 주산 뒤로 대로가 지나간다는 뜻이다. 두사충은 학천봉을 부모산이라 하였으므로 현무를 주

산으로 표현한 것이다. 두사충 용혈도중 황우산(부용면 부강리)은 마봉산 줄기가 금강변에 멈추어선 산인데 학천봉과 거리가 멀고 "명혈을 찾아서" 532p에 부강 황우도강형이라는 또 다른 명혈이 있다.

 * 풍수기행 결록은 난해한데 芙江經南分 鷄岳之氣에 대하여 유선생님은 부강을 사이에 두고 계룡산봉들이 대치하여 문필이 하늘을 찌를 듯하고 (揷天)라고 해석하였다. 그러나 계룡산은 60리 밖이고 혈처에서 삽천하는 문필봉은 찾을 수 없었다. 두사충 결록은 훼손된 것 같다.

 * 이 혈은 당처에서 보면 대혈 같지 아니하나 팔봉산의 대국을 기준으로 보면 큰 혈이다. 다만 두사충은 36대 장상지(만산도)라고 하나 대형 인물을 배출하는 곳이라기보다는 올망졸망한 부귀 **多孫** 장구발복지가 아닐까.(2021.10.)

충남·대전 (60)

충남 공주시 선인격고
(유구읍 동해리에 있는가, 정안면 사무소 부근에 있는가?)

1. 산도와 결록

＊산도-- 몇 개가 있으나 도면은 비슷하다. 제2도는 북이 그려져 있다.

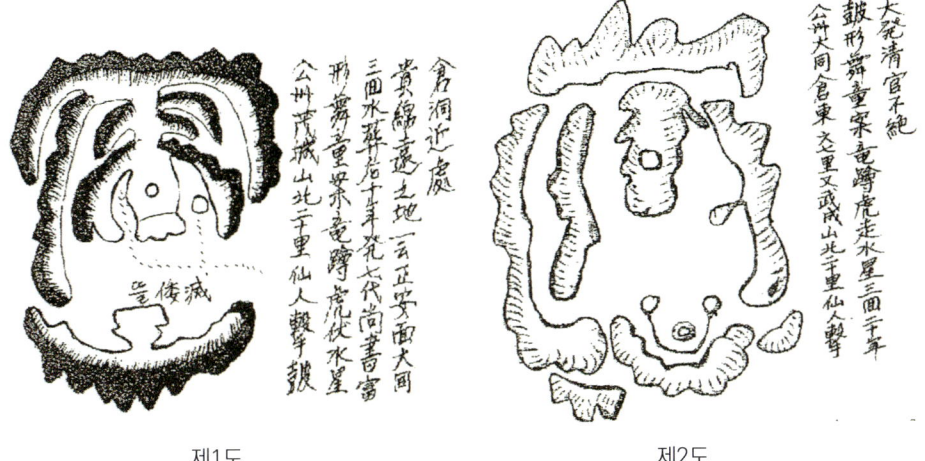

제1도   제2도

＊결록-- 도면에 부기된 결록은 대동창(大同倉) 6~7리, 또는 무성산 北 20 또는 정안면 대동창 東 근처, 水星 3회라고 한다.

2. 견해

*유청림풍수기행 49p를 보면, 문금리 산111-22의 고개에서 남으로 세동리와 동해리 사이로 내려오다가 三峯을 만들고 아래로 내린 작은 삼밭골(小麻田谷)에 있다. 즉 동해선원 뒤에 혈처가 있다는 것이다. 산도결록에 대동창 근처라는 부분은 틀렸다고 보고 나머지 결록 부분을 인용하였다. 답사한 바 작은 삼밭골에 대혈은 없고 큰 삼밭골에 격고의 구색을 갖추고 혈장이 풍후한 혈처가 있었다. 그러나 명당이 좁아서 대혈은 아니다. 이곳이 결록지인가 아니면 정안면사무소 근처가 결록지가 있는가?

3. 정안면사무소 근처

대동창이란 옛날 곡식을 수집한 창고를 말하는데 현재의 면사무소 부근에 있었다고 추정된다. 여기의 물형은 선인이 북을 두드리고 그 음률에 맞추어 동자가 춤추는 형상이다. 그러므로 선인, 북, 무동(舞童)을 찾아야 된다.

*무성산 북(北) 정안면사무소

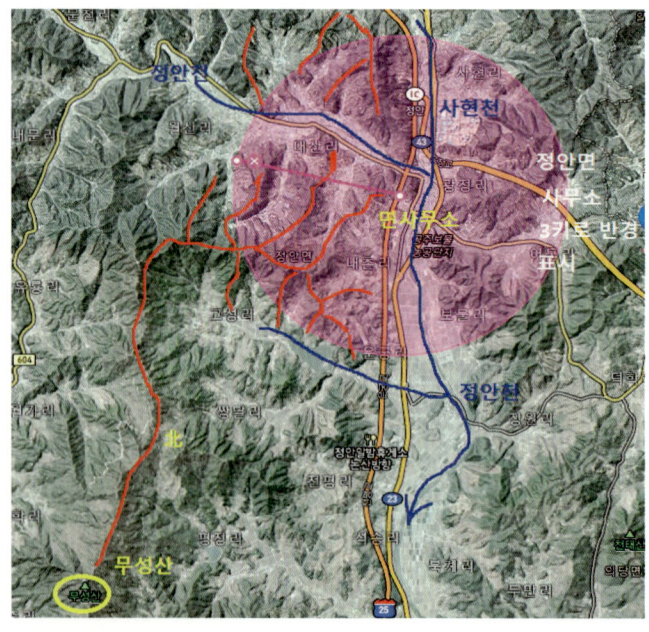

사진출처 :
카카오맵 스카이뷰
(https://map.kakao.com)

＊면사무소는 무성산이 북으로 행진하여 정안천에 둘러싸인 곳이다. 동쪽과 북쪽은 정안천 건너편으로서 무성산 래맥이 아니고 선인격고형이 없다. 월산리와 고성리는 산이 가로 막혀 일원을 둘러보는데 시간이 많이 걸렸다. 진혈은 선인, 북, 무동을 모두 갖춘 작고 아담한 중등중급이다. 다만 용준 호복은 아니고 안산도 무동이 아니라 북이더라.

4. 결론을 말하자면, 결록지는 동해리가 아니고 정안면사무소 근처이다. (2023.2.)

충남 공주시 계룡산 수정봉 래맥의 2혈
(무결록지)

＊구왕리 산35 부근 오룡쟁주
공주 거부 김갑순의 가족묘를 찾아가는 임도는 구왕리 산35에서 시작된다. 계룡산 수정봉에서 내려와서 혈을 맺었는데 여의주가 적당하게 크고 국세가 좋다. 중등중급.
＊계룡면 중장리 비룡은산형
 수정봉에서 갑사방면으로 내려오는 행룡은 아름답다. 갑사의 백호 끝 민박촌 뒤에 결혈되어 있다.(2023.6.)

충남 공주시 연종리 반룡거두

* 결록(유청림 풍수기행 85p)-- 곤좌간향

公州北六十里 連宗里 壬坎行龍丑艮起祖 甲卯透拖巽巳入首 丙午落脈丁未
一節 坤申莫測坤坐艮向 蓮雲之下 蟠龍擧頭形 世世將相連出萬代榮華之地
華山在西也 世傳所謂蕭下之穴是也.- 筆寫本

* 반룡(蟠龍)이란 승천하기 직전의 룡을 말한다. 유청림은 국사봉 갑묘행룡이병오낙맥하여 마곡천 물을 마시려고 머리를 들고 있는 형상이고 이름 없는 고총 아래에 있다고 한다. 우리는 룡이 마곡천 변(邊)까지 내려가 머리를 내밀고 있는 곳에서 진혈을 보았다. 한참 위에 비석이 있는 고총이 있었다. 유청림과는 다른 곳이다. 속발거부지, 중등중급.

* 멀지 않은 곳에 복호혈이 있는데 바위로 둘러쌓인 기세 좋은 혈이다. 결록에 없고 사람들은 눈여겨 보지 않는 곳이다. 두 혈은 모두 기혈이다.(2023.2.)

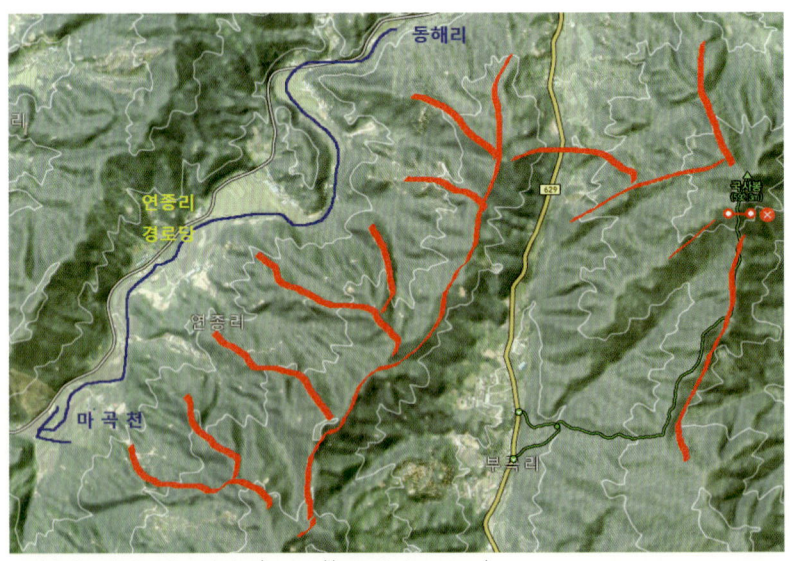

사진출처 : 카카오맵 스카이뷰(https://map.kakao.com)

충남 공주시 사기리 비룡회주
(奇奇妙妙)

* 두사충 산도(무학전도서 333p)-- 태룡, 유좌, 손수갑파

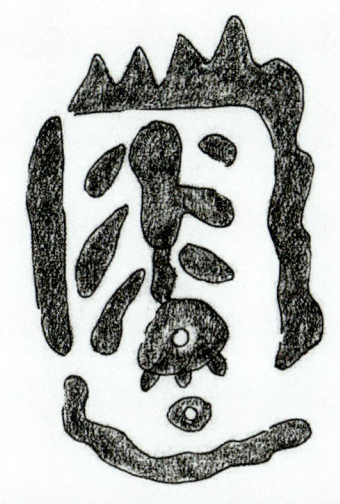

공주 · 公州

비룡희주형 · 飛龍戱珠形

공주(公州) 사슬치(沙瑟峙)에 있는 고묘(古墓) 목총(睦塚)에서 과협(過峽)에 이르는 백호(白虎)의 태룡(兌龍)에 유좌(酉坐) 손수갑파(巽水甲破)로 자리가 났으니, 이는 비룡희주형(飛龍戱珠形)이 분명하구나. 이 자리는 내룡굴곡(來龍屈曲)하고, 전후좌우 귀격(貴格)이 구봉(九峰) 남쪽의 혈과 상부(相符)하도다. 삼가하고 함부로 전하지 마라. 이는 상지상혈(上之上穴)로서 장례 후 10년에 시발하여 명공거경(名公巨卿)이 부절(不絶)하리라. 일명 사기리(沙器里). 〈杜師忠〉

* 결록에 있는 사슬치와 사기리는 현재 다음지도에 나타나지 않는다. 계룡면에 있는 주산의 래룡(來龍)이 기기묘묘(奇奇妙妙)하니 이 혈을 찾은 사람이 몇이나 될까?(2023.2.)

충남 공주시 약산 아래 작약반개화
(명혈은 特長点이 있어야 된다)

*유산록 전편 299p-- 소조 무성산 - 주산 약산 아래 작약반개형이 결혈되었는데 알아보기 어렵다. 을진입수에 을좌, 유좌 건해득진파. 안산이 채죽산 등 연립하여 금장되었다. 유구천이 우선하며 구곡래조하여 금강에 합류하고 진방으로 귀고한다. 무성산 말락으로 부귀천백대 무궁할 것이다.

*名穴이 되려면 龍穴砂水중 무언가 남다른 장점이 있어야 된다. 평범하다면 평범한 혈이거나 기껏해야 초급명당내지 동네길지급이 맺혀진다. 약산 아래 말락지를 훑어보면 단지리와 동대리가 좋게 보이나 특장(特長)이 없고 범위를 넓혀서 보면 채죽산 삼봉이 특출하게 보인다. 유산록은 채죽산 삼봉이 금장처럼 두른 곳을 안산으로 하여 유좌로 결혈된 곳 즉 상서리 699-10을 혈처로 보았다. 그러나 혈앞(明堂)이 스산하여 차혈이다. 진혈은 삼봉을 외청룡으로 한 상서초등학교 부근이다. 다만 약산 말락이 아니고 무성산 갈미봉 아래에 있다.(2023.2.)

*혈처의 외청룡으로서 채죽산 三峯

사진출처 : 카카오맵 로드뷰(https://map.kakao.com)

충남 공주시 유산록 5혈

1. 장군봉 천마등공
* 유산록 전편 299p-- 태조 속리, 중조 천태, 소조 장군산을 거쳐 주산 장군봉이 금강을 만나 멈추고 물이 돌아가는 곳(山盡水廻). 49대장상.
* 답사한 즉 세종시 장군면 금암리 378-@일대인데 평탄화하여 주택지로 개발되었다.

2. 공주시 유구읍 석남리 반룡혈
* 유산록 전편 302p 유구서편 대혈이라고 소개된 곳이다.
* 답사한 바 봉수산(아산 송학리)-부엉산-태봉산 평지낙맥하여 넓게 앉았다. 평범하게 보여도 좋은 혈이다. 공동묘지 일원이고 해좌이다.

3. 공주시 탄천면 평안산 목단반개
* 유산록 전편 302p 계룡산이 공주에서 부여로 가는 도중 신기산-평안산이 단정하다. 양수합수처에 목단반개화가 결혈되었다. 망월산이 朝山, 백마강이 은은히 둘러쌓다. 당대발복, 부귀천년.
* 답사하니 망월산이 남쪽 2십리에서 조산이 된다. 탄천면 국동리 산 18-@ 안동권씨 집장지이다. 1909년부터 3대에 걸친 묘가 질서 있게 쓰여 있다.

＊안동권씨 묘-- 가운데 묘가 진혈

4. 공주시 이인면 구암리 산2-@ 비봉귀소(기탐지봉이 필요하다)

＊유산록 전편 302p-- 탄천면과 이인면 경계, 건지산 동락, 비봉귀소형, 건해입수 경유작 임좌, 병오 을진득, 혈성풍후, 점혈난, 99대 장상지.

＊답사한 바, 건지산은 계룡산-팔재산-성향산-신기산-운암산을 거쳐왔다. 건지산 동쪽은 물론 서록에도 건해입수 경유작, 병오을진득 국세는 없다. 운암산에서 건지산으로 가는 도중에 건지산과 같은 200m 고봉에서 경태 건해로 와서 자좌로 앉은 비봉귀소가 있었다. 구암리 산인데 교장선생님 묘가 있다. 혈처가 장와체로 재혈이 어렵다. 지관이 재혈한 것 같으나 관룡자로 확인해 보니 2m가량 아래가 좋게 보였다. 이 혈은 중등초급이고 결록의 발복은 과장이 심하다.(2022.2.)

5. 공주 무성산 운중선좌(유산록 전편 287p)

＊雲中仙坐形-- 한천저수지를 거쳐 무성산에 올랐다. 임감건해낙맥, 대유결혈, 일월한문, 자좌병파, 명공거경, 천년향화지.

＊한천리 160-@ 해좌인데 전원주택지로 개발되었다.(2023.2.)

충남 공주시 태화산 아래 기룡형
(이기론으로는 찾기 어려운 곳)

* 두사충 산도-- 공주 西10리 태화산 아래 경좌.

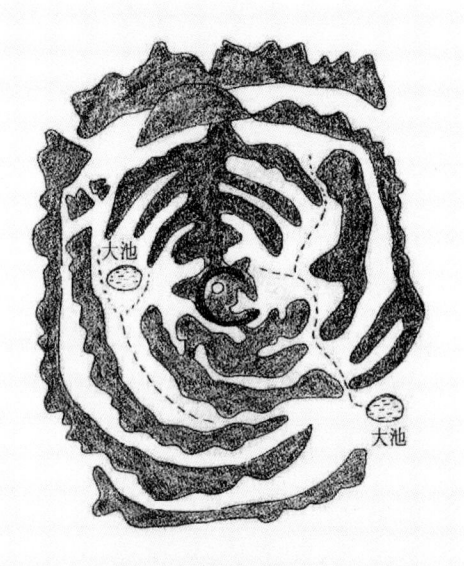

공주·公州

기룡형·騎龍形

공주(公州) 서쪽 십리(十里)의 태화산(太花山) 아래에 기룡형(騎龍形)이 되어 있구나. 이 자리는 좌선(左旋) 감룡(坎龍)이 경태입수(庚兌入首)하여 경좌(庚坐)로 되었고, 감계득(坎癸得)에 진파(辰破)로, 십세장상지지(十世將相之地)로다.
〈杜師忠〉

* 공주 사곡면 가교리 산45-3, 마곡사 부근인데 넓은 지역이 마곡사 온천 관광지구로 지정되어 풀밭으로 방치되어 있다. 들판에 上下 2혈이 결혈되어 있다. 이런 곳은 이기론으로는 찾을 수 없을 것이다.(2023.2.)

충남 금산군 길곡리 선인가창
(쓴줄 모르고 있다)

1. 결록과 완당 간산기
*선인가창형(仙人歌唱形)-- 완당힐링 카페에서 인용. 감사합니다.

錦山 東 二十里許 吉谷 仙人唱歌形 乾亥 九節之下 壬坐 坤申得 辰破
砂中土穴 右有名妓洞 左有粉洞 前有陵岩 又有鼓岩 穴前 有蛾眉石
王妃二 駙馬五 萬代榮華之地 - 萬山訣

"금산 동쪽 이십리허 길곡에 선인창가형(선인이 노래를 부르는형)이 있으니 건해맥 아홉절 아래 임좌 곤신득수 진파이다. 돌(암석) 가운데 토(흙)혈이다. 우측에 명기동이 있고 좌측에 분동이 있고 앞에는 능암과 북바위도 있으며, 혈 앞에는 아미석이 있다. 왕비 2인, 부마 5인이 나며 만대영화지지이다."

*완당선생 간산기-- 길곡후에 있는데 처음 보면 미미하나 자세히 보면 청백호가 중첩 긴밀하게 형성되었고, 겸와중에 미돌하였다. 알아보기 어렵게 천장지비하였다. 장풍취기 불입풍 전후좌우 무공결하여 대발지되었다.

*이 혈에 대하여 충북 풍수들은 알고 있으나 결록을 소개한 책도 적고 간산기도 완당선생 밖에 없어서 타지 사람들은 잘 모른다. 영라하수형에 관한 논의로 알게 되어 탐방하였는데 완당선생과 우리가 찾은 곳은 다르다.

2. 답사

* 가창 국세-- 길곡, 건해9절, 임좌, 坤申得 辰破.

사진출처 : 카카오맵 스카이뷰(https://map.kakao.com)

* 진혈처는 묘가 있다-- 백년 이상 되는 묘 같고 후손이 접근하는 길을 잘 벌초해 두었는데 석물이 없어서 묘임자를 알 수 없다. 砂中 土?

* 안산을 천왕봉 정상으로 맞추었으나 아래쪽으로 내려야 임좌가 된다. (2022.1.)

충남 금산군 다복리 대지
(아! 명혈 사라지다)

1. 제1차 실패

옥룡자 산도는 다복촌(多福村)대지(大地)라 하였고 만산결에는 비봉귀소 또는 금채형(金釵形 금비녀)라고도 한다. 이 혈은 다복동이란 지명이 밝혀져 있고 대혈로 알려져 있어서 많이 찾아 본다.(이명석은 속사불가견지 중 하나로 친다) 산도나 결록에 물형명칭을 붙이지 않고 그냥 大地라고 한 경우는 많지 않으나 대혈인 경우가 많다. 제1차로 결록을 보고 찾아갔으나 손득축파라는 결록의 구조에 맞는 곳을 찾기 어려웠다. 제2차로 금채형이라는 일이승산도를 입수하고 종합하여 찾을 수 있었다. 결록과 산도 모두가 중요한 것이다.

2. 결록 (완당선생의 간산기를 인용. 감사합니다)

飛鳳歸巢形-錦山(福壽面 多福)
福壽面 多福里 後麓 大地 不詳論 吉人遇之則 先富後貴 或云 金釵形 玉 梳案 丁坐 巽得 丑破 葬後 白花二十八人 文科二十八人 皆登一品 王妃 駙馬 出 萬代榮華之地 - 萬山訣

"금산군 복수면 다복리 후록에 대지 명당자리가 있으니 자세한 것을 논하지 않는다. 길한 사람이 그 자리를 만나 쓰게 되면 먼저 부자가 되고 귀한 신분이 된다. 혹은 또 이르기를 금비녀형 혈이 있으니 옥으로 만든 빗 같은 산이 안산이다. 정좌에 손방특수하여 축파이다. 혈을 쓰면 진사 28인과 문과 급제자 28인 등이 나서 모두 일품 재상이 되고 왕비 부마가 나서 만대영화지지이다."

3. 일이승 산도

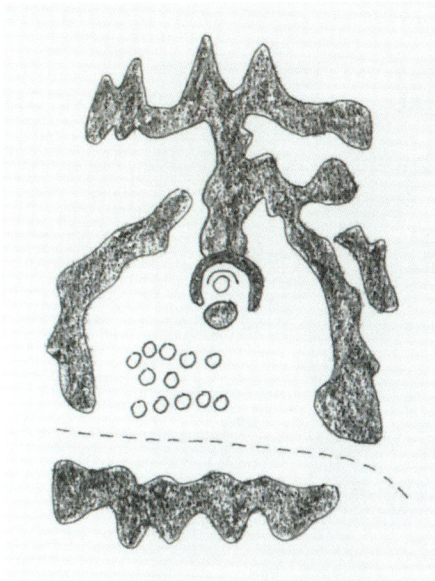

4. 답사

*다복리 구조-- 금성산 서쪽지맥과 북쪽으로 가서 만인산 달기봉을 거쳐 서쪽으로 온 지맥이 금성천을 사이에 두고 마주한 구조이다.

결록은 정좌라고 하므로 다복리 남쪽에서 북쪽을 보고 맺힐 것이다. 제1차 시에는 다복마을 입구산이 손득축파가 되는 것 같아 답사하였으나 실패했다. 제2차시에는 산도를 참작하여 요양원(새누리 은빛마을) 뒷산에서 찾았다. 완당선생은 고총이 많고 수침 있는 묘도 있다고 하니 요양원 아래를 지적하는 것 같다.

*옥소안-- 제법 높이 있는데도 울타리가 빈 곳이 없고 아름답다. 그러나 아깝다. 무엇을 하려는지 온 산을 중기로 밀고 혈처를 파손시켰다. 원형은 변경되었으나 혈처로 짐작되는 곳에 생기가 잡혔다. 금채형이라 한 것은 옥소안을 고려하여 정한 것 같으나 주산의 크기로 보아 옥녀단좌가 어떨

가? 비봉체는 아니다. 무참히 절토된 것을 보고 자연에 대하여 송구스러 웠다. 공부삼아 갈 곳이다.(2021.11.)

사진출처 : 카카오맵 스카이뷰(https://map.kakao.com)

* 파괴된 명혈

충남 금산군 마수리 천마시풍인가?
선인망월인가?

1. 금성산은 요충지

충남 금산군 추부면에 있는 금성산은 437m 높이의 토산으로 몸체가 볼품 없으나 충북지역으로 지맥을 보내는 요충지이다. 즉, 진안 운장산-기차산-백암산-월봉산-금성산-서대산으로 행로하는 것이 중추맥인데 금성산은 동으로 서대산을 보내고 북으로 금강까지의 지맥을 보내는 역할을 한다.

2. 천마시풍이 있는가? 선인망월이 있는가?

금성산 남쪽 마수리에 천마시풍(天馬嘶風 천마가 바람소리를 일으키면서 달리는 형상, 조선8대 명혈이라는 순창 김극뉴 묘가 대표적 천마시풍이다)이 있다는 說(두사충 결록과 산도), 선인망월(仙人望月 선인이 달을 보는 형상)이 있다는 說(작자미상의 결록)이 있다.

두사충의 결록과 산도가 모두 두사충의 작품인데도 혈처의 지적지가 다르다. 선인망월결록은 작자 미상인데 완당과 청산선생이 마수리로 해석한다. 그러므로 천마시풍과 선인망월중 어느 쪽인가, 두사충의 결록과 산도 중 어느 것이 맞는가가 문제가 된다.

3. 두사충의 천마시풍 결록과 산도

* 결록-- 유청림 풍수기행 72p에서 인용. 유선생님은 괄호 안의 "불선종 이응복의"란 팔문법을 쓰지 않아야 발복한다는 뜻인데 후대에서 기입한 것이라고 추정한다.

두사충결: 錦山北二十里馬首里乾來坤落庚兌到頭天馬嘶風形鞍甲案 用以
八門九紫之法(不旋踵而應福矣)六年「大發百子千孫先出巨富後出侍郎之才
境內寄貨之地。

*산도-- 결록과 산도에 부기된 내용은 거의 같다. 다만 안산에 대하여 모두 안갑(鞍甲, 그러나 鞍匣: 안장 덮는 휘장이 옳을 듯)案이라 하면서도 산도는 미좌축향이라 하고 결록은 좌향기재가 없다. 안갑(鞍匣)을 어디로 볼 것인가가 문제인데 안갑을 찾아보면 미좌(북동향)가 되는 곳엔 명혈이 없다. 산도의 좌향은 오류라고 보이고, 유선생님은 팔문구자법을 쓰지 말라고 하나 산도는 팔문구자법을 쓰라고 한다.

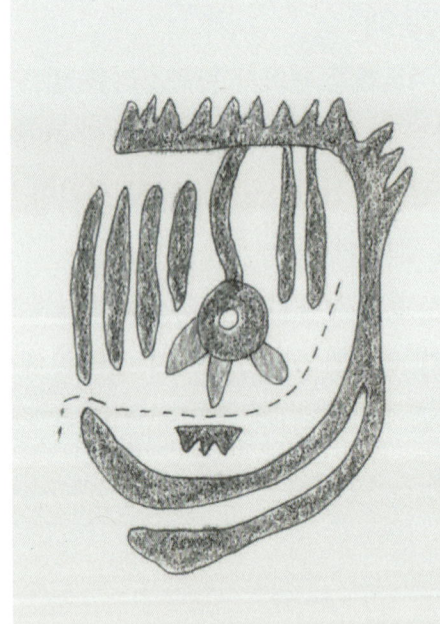

금산・錦山

천마시풍형・天馬嘶風形

금산(錦山) 북쪽 마수리(馬首里)에 건래곤락(乾來坤落)으로 경태도두(庚兌到頭)하여 미좌(未坐)로 된 천마시풍형(天馬嘶風形)이 안갑안(鞍甲案)을 하고 있구나. 이 자리는 팔문구자법(八門九紫法)을 쓰면 장례 후 즉시 응(應)이 있고, 10년에 대발(大發)하여 백자천손(百子千孫)하고 선거부(先巨富) 후에 시랑(侍郎)이 나리라.

〈杜師忠〉

4. 선인망월의 결록(청산 선생님 글. 인용 감사합니다)

仙人望月形-錦山
錦山北 十五里許 錦城山下 仙人望月形 庚兌龍 壬坎剝換 亥作 坤得 辰破 三南皆見處 鷄龍山 護 指鳳山傍捐 烏頭峴屹立 鷄圓峰揷空 姑城拜首 龍門踏足 黃鶴九月山 肩遠 馬耳赤裳山頭近 朝 其外名山 極妙 不可 盡記… 王公重瞳 宰相 王妃 孟曾之孝子繩繩 與天地皆亡之地-筆者未詳

"금산북 시오리허 금성산하 선인이 달을 바라보는 형의 혈이 있으니 경태룡으로 와서 임감맥으로 박환하여 해로 작별하고 곤득 진파이다. 삼남이 다 바라보이는 곳이다. 계룡산이 뒤에서 버티어 보호하고 지봉산이 옆에서 읍하여 조두고개가 높이 솟앗으며 계원봉이 공중에 꽂혀 있고 고성산이 절하며 용문산도 서성이는구나. 황학산 구월산도 어깨 너머로 멀리 있으며 마이산, 적상산의 정상 머리부분이 가까이 조공하며 그외 명산들이 지극히 묘하게 보인다. 다 쓸 수가 없다. 왕공중동과 같은 귀인과 재상, 왕비, 맹자나 증자 같은 효자가 계속 이어져 하늘과 땅과 같이 동행한다. 금성산 아래 마수리에 떨어졌다."

5. 답사

*두사충 결록과 산도를 보면 거래곤작 경태도두는 같고 결록은 안갑안이라 함에 대하여 산도는 미좌라 하고 선인망월은 임감래 해작이라 한다

*마수리 입구는 백호쪽 낮은 산이 90도로 꺽어서 外水口를 만들었다. 일월이나 구사가 없어도 수구가 아름답다. 수구안(水口內)은 십리에 이르는 길고 얕은 협곡을 이루고 있고 上마수리에서 들판으로 가늘고 길다란 소나무숲이 내려왔는데 그 끝에 주먹만한 독산이 있다. 上마수리 마을은 수원 백씨 집성촌인데 동네 바로 뒤에 눈에 확 들어나는 묘역이 있다. 려흥민씨 3대 묘가 있고 8대 후손이 비석을 세웠다. 상단 묘가 주혈이고 중간이 차혈이다. 전순은 자좌로 내려 가는데 묘소는 임래 해좌로 앉았다. 혈

처는 말의 코이고 양쪽으로 고삐가 길게 드리우는데 청룡쪽 고삐가 소나무 숲이고 그 하단에 있는 안장 덮는 휘장이 안(해좌사향)이 되었다. 소나무숲이 없으면 마을이 망한다는 전설이 있어서 백씨가 조성하고 마을사람들이 보호한다는 안내판이 있다.

 *유청림은 "천마가 주인이 죽은 것을 슬퍼하다가 피를 토하고 죽었는데 그 피덩이에 기운이 모였다 혈처는 숲하단에 있는 묘 2기 사이이다."라고 한다. 혈처란 좋은 기운이 모인 곳인데 말이 죽어가면서 토한 피덩이에 무슨 吉한 기운이 있겠는가. 혈장이라는 곳은 음습하고 生氣도 없더라.

 *수구

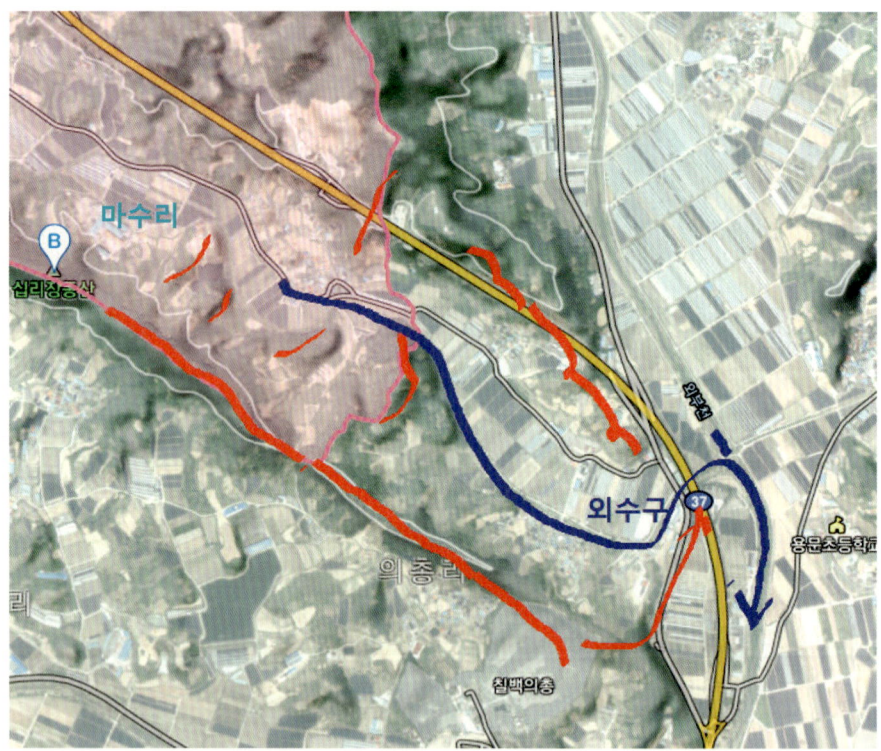

사진출처 : 카카오맵 스카이뷰(https://map.kakao.com)

* 혈처(민공 묘)

* 민씨 묘의 사진

* 말고삐와 안장휘장

사진출처 :
카카오맵 스카이뷰
(https://map.kakao.com)

6. 결록의 허실

* 두사충의 천마시풍이라는 결록은 정확하나 산도는 물길이 맞지 않고 미좌가 되는 큰 혈처는 없다.

* 작자 미상의 선인망월결록은 천마시풍보다 더 큰 대혈로 묘사되어 있으나, 현장에 선인이라 볼만한 산과 달이 없고 곤득진파되는 곳도 없다. 온갖 원근의 산을 사격 락산으로 끌어놓고 있으나 마수리와 연관지울 수 없다. 가짜로 보아야 된다.

* 려흥 민씨 묘가 정혈인데 사람들이 비어 있다고 생각하는 이유를 모르겠다. 혹시 이기론적으로 흉지란 말인가? 민씨가 어느 정도 발복하였는지 모르겠으나, 현공풍수에 의하면 아무리 좋은 곳이라 하여도 시운과 괘에 따라 다르다고 한다.(2021.11.)

충남 금산군 추부면 마전리 갈마음수
(장 후 3년 속발지)

1. 결록과 완당간산기

渴馬飮水形-錦山(秋富)
錦山北 三十里 秋富馬田之上 龍池之下 有渴馬飮 水形 午坐 金狗得 火豹破 脫鞍山 在傍歸 秀鳳山案 用後 三年 家 到貴人 門庭 鳳輪自來 난타并至一朝光明 照四海 文科三人 白花五人 明理君子一人 血食君子三人 至四, 五代 駙馬 王妃 貴人并出 庶子孫 大興際則 朝廷 本孫則 坐受印爵 至于十代 運衰 11대 更而爲如初 - 筆者未詳
"위 글은 금산 북쪽 삼십 리쯤 추부(마전) 위 용지 아래 목마른 말이 물을 마시는 혈자리가 있으니 오좌 자향 북향으로서 금구(酉방은 金, 戌

방은 狗의 뜻, 즉 서쪽에서 득수한다는 뜻) 득수하여 화표(계축방)로 흐른다. 탈안산이 옆에 있고 수봉산이 안이다. 묘 쓴 후 삼년 뒤 집에 귀인이 찾아오며 문정에는 극귀인이 타는 봉륜과 난타가 함께 온다. 하루 아침에 가문의 영광이 사해에 빛난다. 문과 급제자 3인, 백화(진사) 5인, 이치에 밝은 군자 1인, 혈식군자 3인이 나고 4, 5대에 이르면 부마 왕비 귀인이 함께 나며 뭇 자손이 조정에서 크게 흥왕할 때 본손은 집에 앉아서 인수와 관작을 받으며 10대에 이르러 잠시 운이 쇠했다가 11대에는 다시 발흥하여 처음과 같이 된다. 난타(난은 난새 난, 머리가 2, 발이 4개인 신조, 타는 잘 통용되지 않은 글자로 馬+泰한자로 등에 지운 짐, 동사로는 싣다의 뜻) 이 자리는 금산군 추부면 추정리 부근에 있다. 금성산 래맥이며 천군만마가 전후좌우를 둘러싼 것 같아 허한 곳이 없으며 수봉산(지봉산) 안이다. 서대산 간방 만인산 건방이다. 병오 입수 계파되었고 석중 토혈 혈처를 암석으로 둘렀다. 자왕향이다. 찾기가 어려운 땅이다."

2. 답사

 추부면 추정리와 마전리에 걸쳐 철마산이 있고 혈은 철마의 코에 맺혔다. 안산이 코 앞이고 철마산이 온통 혈처로 기운을 몰아주고 있어서 장후 3년 速發은 맞을 것 같으나 발복은 많이 과장되어 있다. 서출동류수이고 지봉산(현재 상봉산)이 하늘을 찌를 듯 섰고 전면 산들이 호화롭다. 혈처가 암석으로 둘렀으나 보토할 정도는 아니다.(2022.1.)

＊갈마음수 대국

사진출처 : 카카오맵 스카이뷰(https://map.kakao.com)

충북 금산군 부리면 양각산 2혈
(좋은 혈인데 대지 조성)

1. 유산록 후편 105p 산도 103p

＊양각산 아래 장군대좌형, 갑좌, 손사득 임감파, 문무장상지라 하였고 일이승은 횡기형(무학지리 339p)이라 하였다.

＊그 아래 비룡망수형(飛龍望水形)은 병오득 술파, 부여석숭(富如石崇) 수여팽조(壽如彭祖)라 하고 산도를 그려 놓았다.

2. 답사

장군형은 금산 부리면 신촌리211-@에 있는데 대지조성으로 파혈되었다. 현무일부가 남아있어서 혈처를 짐작할 수 있다. 비룡형은 신촌리 518-@에 있는데 금강이 환포하고 아름답고 조용하다. 주택지로 조성되었으나 원형이 남아있다. 아쉬우나 양택도 가능하지 않을까.(2022.7.)

충남 금산군 서대산 금방취적
(피리와 춤추는 선인)

1. 서대산의 행룡과 결혈

* 서대산은 충남 최고봉(904m)으로 남 덕유-장안산-팔공산-마이산-운장산-금성산-인대봉-서대산(西大山 또는 西台山, 西垈山)의 순으로 행룡하였다. 서쪽면에 군신봉조 금혈이 있다고 하고 북동쪽에 육영수 여사의 본택인 양택(장선생님은 계좌가 좋은데 자좌이라 한다)이 있다. 옥룡자 결록의 금방취적은 서대산 남쪽 보광리에 있다는 견해와 서대산 동쪽 상곡리에 있다는 견해가 있다.

2. 옥룡자결

* 옥룡자 결-- 유청림 선생의 풍수기행(종려나무, 2011刊, 64p)에서 인용. 다만 책을 보면 원문은 남록 및 을진수구였는데, 현장에 맞추어서 동록 및 계축수구로 고쳤다고 한다.

西臺東麓壬坎龍에는 大地眞穴隱此中하니
逶迤形勢千軍合이요 平坦明堂萬馬容이라
諸水多情流癸丑하고 群山有意擁西東하니
何人種德能點得이면 子孫世世福祿重이라 —「玉龍子訣」

3. 유선생의 해설
 장황하여 요점을 추린다.
 서대산 동록 보광리에서 임감으로 행룡하여 상곡리에 이르는 용맥에 진혈이 있다. 十節용맥이 옥적이고 소조산 일절 아래 결혈, 현무좌측 목성사가 장원급제자의 이름을 내걸은 방목이다. 유좌의 고총이 많은데 신좌를 고려해야 된다. 장원급제하면 축하공연으로 3일 간 피리를 불면서 길거리를 행진하는데 그 모습이라 한다.

4. 제1차 탐사
 *보광리 견해는 뒤에 보기로 하고 임감룡의 상곡리 견해가 옳다고 본다. 그렇다면 상곡리는 수구가 모두 계축이므로 유선생님이 수정한 것은 옳다.
 *임감맥을 찾기는 쉽지만 십절이하 전부가 피리인가 아니면 현무 이하만 피리인가는 모르겠더라. 안산을 보니 높은 대성산이 선인인데 춤추는 팔이 완연하다. 명혈에는 이와같이 감동을 주는 무언가가 있다. 혈장은 넓지 않고 유선생님 지적지와 조금 거리가 있는 듯하고 안산이 좋아서 큰 혈이다. 놓치기 쉬운 기혈에 속한다. 무슨 시설을 하려는지 일대 묘들을 전부 이장시키고 있더라. 아래에 혈처 관련 지도를 게재한다.(2021.3.)

＊상곡리 국세-- 대성산이 춤춘다.

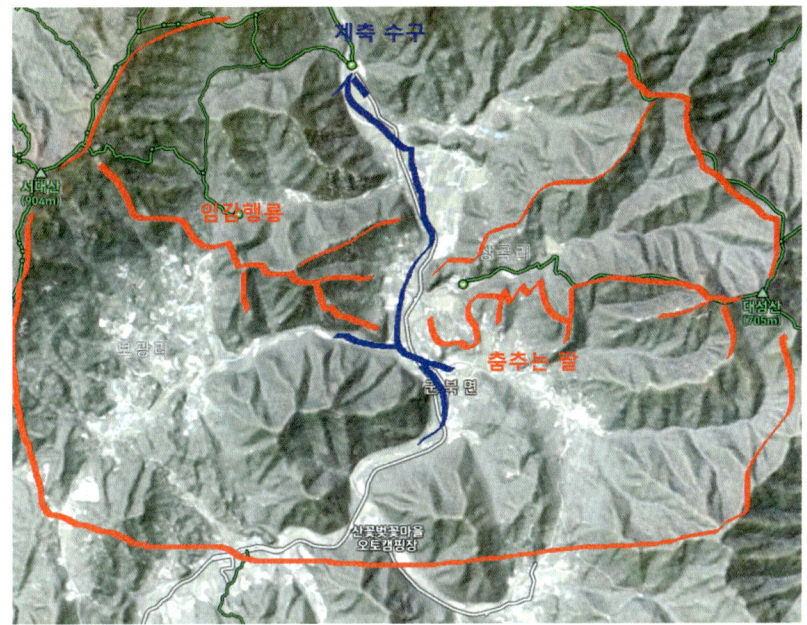

사진출처 : 카카오맵 스카이뷰(https://map.kakao.com)

5. 제2차 답사

＊원 결록대로 서대산 남록, 을진수구가 되는 결혈처가 보광리에 있다는 주장이 제기됨에 따라 재차 가보았다. 서대산 정상에서 남쪽으로 여러 가지가 내려오는데 위이절절한 곳은 없고, 선인이 있으나 감동을 주는 춤추는 모습을 볼 수 없다. 보광리 효심사부근이 원 결록에 충실한 것은 맞으니 틀렸다기보다는 각자의 공부방법 차이로 보면 된다.(2021.4.18.)

*보광리

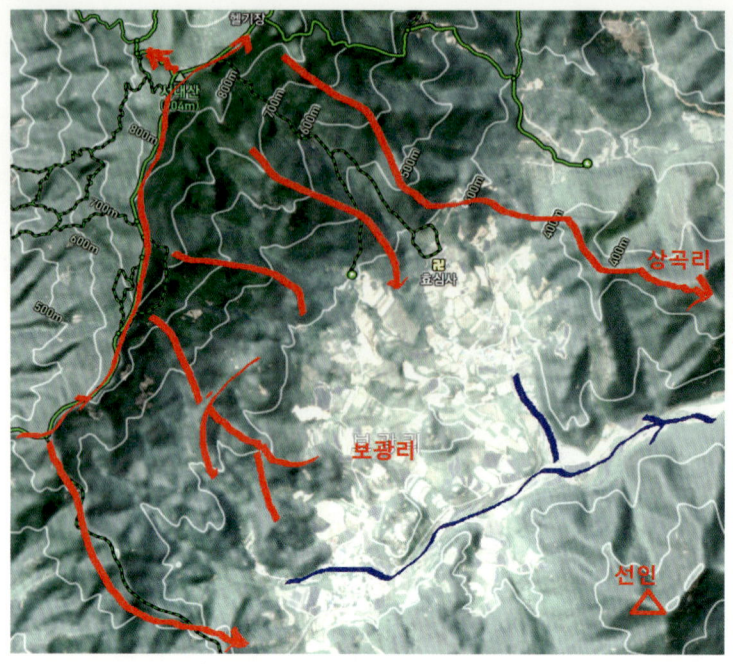

충남 금산군 수영리 학평 학정혈
(비학등무)

1. 재정비한 간산기
　제1차로 결록을 보고 답사하여 진혈을 찾았는데 간산기를 쓰려고 자료를 찾아보니, 일이승 용혈도 그리고 이명석과 완당의 간산기가 있는 상당한 명혈임을 알 수 있었다. 이에 간산기를 보완한다.

2. 결록과 산도

* 결록-- 작자 미상

  鶴頂혈 또는 비학등무형(飛鶴登舞形), 정좌, 손사득축파, 葬後拾年大發, 富貴一國名振, 百子千孫, 連帶명공거경, 혈식군자간출, 인간지보(人間至寶)

* 일이승 산도-- 작대기 세 개로 그렸다.

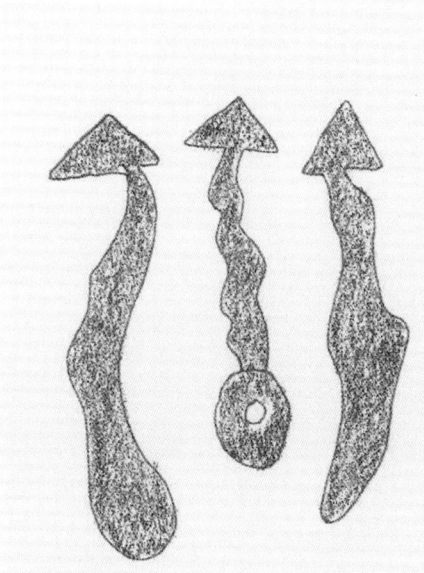

3. 답사

진안 운장산에서 출행한 용은 대둔산을 거쳐 서대산으로 가는 도중에 금산군 수영리 학평에 학정혈을 만들었다.(이명석 337p가 천안 진산 학평이라 한 것은 오기?)

* 학평 지도

사진출처 : 카카오맵 스카이뷰(https://map.kakao.com)

　* 답산한 바 주산이 금성으로 아름답고 혈처는 좁지만 단단하여 확실하였다. 이명석은 지형이 변형되었다 하고 완당은 입수에 고총이 있다고 하므로 모두 우리가 본 곳과 다르다.

　충청지역 결록을 많이 공부한 완당선생의 간산기를 보면 "정미입수(결록엔 없다), 손사득 건파(결록에는 축파), 운하산案(결록에는 정좌)"라 한다. 우리가 본 곳은 높은 곳(학정)에 있고 파구는 외수구쪽이 축파가 된다. 그러나 운하산 案은 아닌 바 파와 안을 볼 때 완당선생 지적지는 수영중학 뒤로 추측된다.(2021.11.)

* 학정혈 주산-- 금성으로 아름답다.

* 지도로 운하산案을 보면

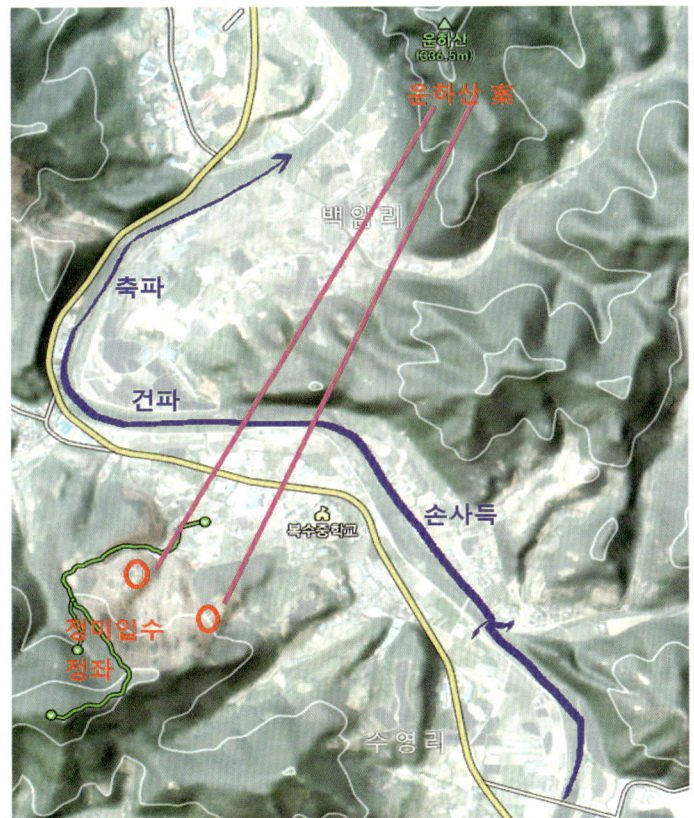

사진출처 : 카카오맵 스카이뷰(https://map.kakao.com)

충남 금산군 진산면 방동 용마등공
(만산결)

1. 만산결과 완당의 간산
* 진산 용마등공형-- 萬山訣

珍山東 旁洞龍 北邊 庚兌龍 丁未剝換 午坐 龍馬騰空形 玉勒案 日月捍門 天台乙特立 掛榜橫空 三台來照 六秀照臨 用以八門九紫法則 當代發福 百子千孫 名公巨卿 連出之地

* 진산 東 방동龍의 북변, 경태룡, 정미박환 오좌, 용마등공형, 옥륵안, 천태을 특립, 괘방횡공, 삼태래조, 육수조림, 팔문구자법, 당대발복, 백자천손, 명공거경연출.

* 완당 간산기는 진산면소재 방각동 부근(면사무소 동남 5리)에 있다. 본신 청백이 혈을 감싸서 빈틈이 없는 미혈이다. 오좌에 癸破이다.

2. 답사
방동이란 지명은 다음지도에 없고 진산면 삼가리 280-1 일원의 자연부락이 방각동이다. 혈은 방각동 입구인 삼가1리 강변에 있고 본신 청백이 감싼 곳이 아니므로 완당선생과는 의견이 다르다. 중등중급.(2022.8.)

충남 금산군 진산면 언동룡(彦洞龍) 비룡등공

1. 일이승 산도

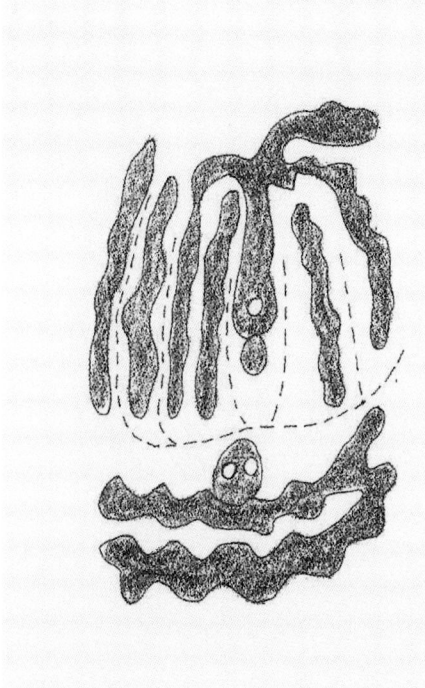

진산(금산)·珍山(錦山)

비룡등공형·飛龍騰空形, 彦洞

진산(珍山) 동쪽 시오리(十五里)의 언동룡(彦洞龍) 북변(北邊)에 비룡등공형(飛龍騰空形)이 경태정미(庚兌丁未)로 박환(剝換)하여 오좌(午坐)로 되어있구나. 이 자리는 옥륵사(玉勒砂)와 일월사(日月砂)와 마상귀인사(馬上貴人砂)가 자리하고, 패방사(掛榜砂)가 횡공(橫空)하고, 천태을(天太乙)과 육수(六秀)가 조림(照臨)하고, 삼태(三台)가 내조(來照)하니, 팔문구자법(八門九紫法)을 쓰면 당대발복하여 백자천손(百子千孫)에 공경(公卿)이 연이어 나리라. 〈一耳僧〉

2. 답사

언동은 현재 없다. 태조 운장산, 소조 인대산, 주산 월봉산의 행로를 걸어서 만악리에 결혈되었다. 금성천이 만궁으로 흐른다. 활기차고 사방에서 비룡이 모여든다. 중등상급대혈인데 임도가 일부 침입하였다.(2022.8.)

충남 금산군 진산면 엄산동 비룡등공
(엄정동 국사봉 아래)

1. 일이승 산도

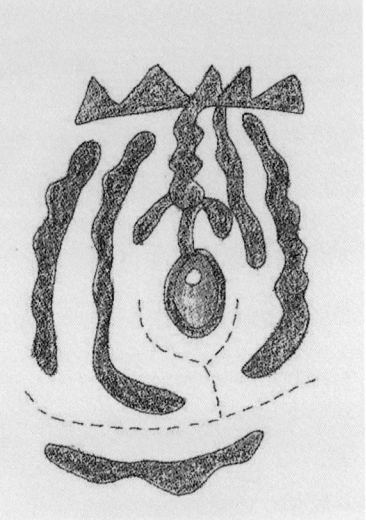

진산(금산)·珍山(錦山)

비룡등공형·飛龍騰空形, 嚴山洞

진산(珍山) 동쪽 십리(十里)의 엄산동(嚴山洞)에 비룡등공형(飛龍騰空形)이 경좌(庚坐)에 손수축파(巽水丑破)로 되어있도다. 이 자리는 장례 후 15년에 백자천손(百子千孫)하고 삼품직(三品職)과 천백석(千百石) 부자가 연대부절(連代不絶)하리라.

〈一耳僧〉

2. 답사

엄산동은 현재 없는 洞이고 엄정동에 결혈되었다. 엄정동 국사봉 아래 양택처럼 두둑하게 내려왔고 용사(龍四) 호삼(虎三)하였다. 만악리 비룡등공과 가까우나 성향은 판이하다.(2022.8.)

충남 금산군 진산면 인대산 장군대좌 외 2혈

* 일이승 결록에 진산 방각동 인대봉 아래 진래손작으로 장군대좌가 있다고 한다. 인대봉이 진래로 오다가 360도로 회전한 곳에 용마등공형(만산결)이 있고 계속 진래로 나아가 손좌로 결혈된 것이 장군대좌이다. 접근하는 길이 멀어서 올라가지 못했다.

* 일이승 결에 진산北 十里에 약마부적(躍馬赴敵, 말을 타고 적진을 돌파하다)형이 있다고 한다. 복수면 구례리 산20-1로 추측되나 이미 묘가 수기 쓰여 있으므로 답사를 포기했다.

* 만산결에 진산 비룡망해형이 결혈되었는 바 대둔산 오대산 중봉 최고처에서 임래해좌, 신득진파(辛得辰跛), 백자천손 부귀대지라고 한다.

> 珍山 飛龍望海形(萬山訣)--珍山 大屯山下, 五臺山 中峰最高處, 壬亥龍, 辛得辰破, 飛龍望海形, 後有白岩, 前有淸澗(註; 淸溪와 같음), 入腦處面端正, 如房十里正案.

완당선생은 앞산이 바다와 같고 상상하기 어려운 곳에 있다고 하는 바 우리와 다른 곳이다. 더숲호텔 뒤인데 대지로 정지되었다. 지금도 정지된 곳 가장자리에 가서 오대산에서 내려오는 행룡을 보면 압권이다. (2022.8.)

충남 금산군 금성리 회룡은산

*회룡은산 산도

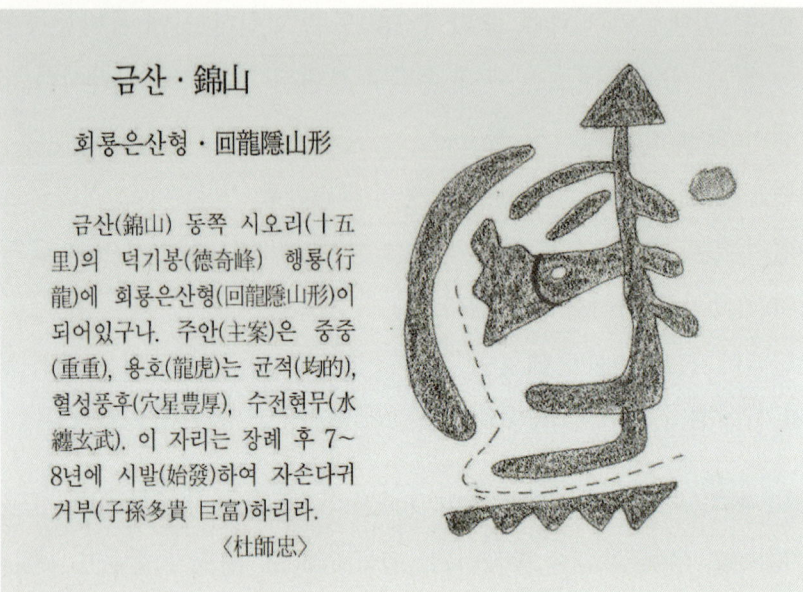

*답사

덕기봉 北행룡 후 東으로 돌아 局을 펼쳤다. 어떤 이가 금성리 혈처에 집을 지었으나 음택혈의 강한 기운을 견디기 힘들어 폐가가 되었다. 金姓里 마을는 金氏들이 들어와서 만든 마을이라는 유래에서 생긴 이름이다. 회룡을 찾아가는 도중에 어떤 김씨가 3년 전쯤 묘를 쓰고(269-2) 잘 관리하고 있는 것을 보았다. 차혈이더라. 재혈한 지관은 상당한 고수인 듯 여겨졌다.(2022.11.)

사진출처 : 카카오맵 스카이뷰(https://map.kakao.com)

충남 논산시 귀명산 대지

*일이승 산도-- 은진곡, 갑묘로 박환하여 회룡, 角間에 혈 있다.

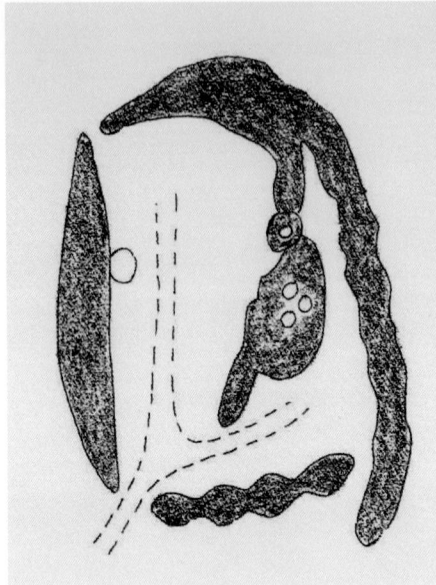

*은진면 용산리 마을회관 부근이다. 평지낙맥하였다. 생지이므로 상론을 피한다.(2023.2.)

충남 논산시 양촌리 군신봉조와 성삼문 묘

＊유산록 전편 329p-- 논산 양촌리 北 목성에서 과협 후 금수장막 둘러놓고 중축낙맥. 임자입수, 자좌오향(옥촉안), 손사병오수 신술귀, 당대속발, 문무장상부지기수.-- 양촌리 386-2 임씨묘 뒤 자좌 중등중급.

＊양촌리 산58에는 사육신의 수장격인 매죽헌 성삼문 선생의 묘가 있다. 묘앞에는 사당과 신도비(임금이나 고관 무덤앞에 세워 사적을 기리는 비석)가 있다. 선생은 세조의 단종폐위에 맞서다가 사지가 찢기는 거열형을 당한 뒤 전국 각지에 흩어져 묻혔다. 선생은 홍성 사람인데 이곳에 묻힌 연유는 다리 하나를 운반하던 인부가 고달프다고 투덜대자 아무 곳이나 묻어라는 소리가 들려서 이곳에 묻었다고 한다. 선생의 가족은 참형을 당하고 절손되었으나 창녕성씨 문중이 시제를 지내고 돌본다.(2023.2.)

충남 논산시 항월리 와우
(怪穴)

*일이승 산도

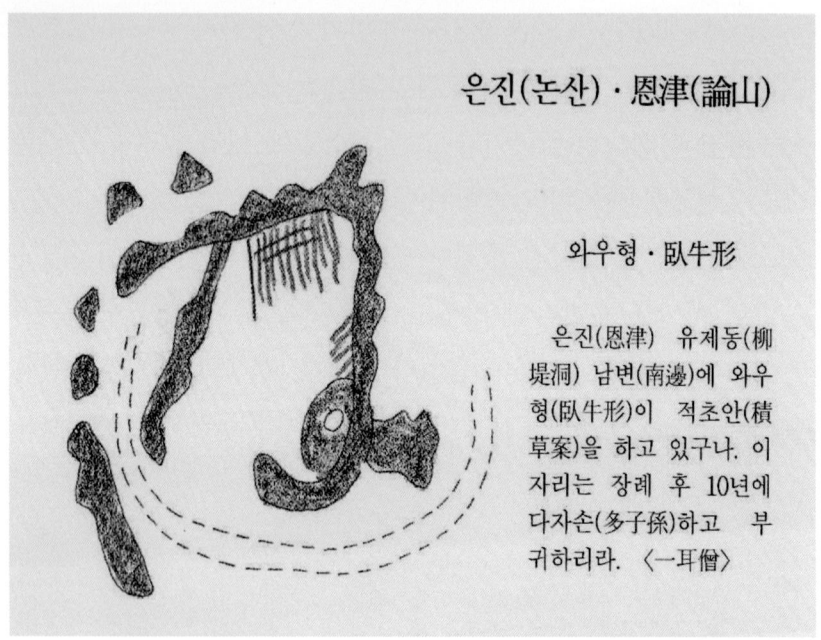

＊결록에 적힌 유제동이란 유동소류지를 말한다. 논산 항월리 산23-14에 있다. 봉망산이 주산인 동시에 적초안이 되었다. 1961년 권씨가 용사하였다. 확실하게 오좌로 놓아야 할 것을 병좌로 놓았다. 괴혈인데 1961년까지 비어 있던 것을 어떤 고수가 용케 찾아 재혈도 거의 정확하게 하였다.(2023.2.)

* 와우 지도-- 논산 연소혈과 멀지 않다.

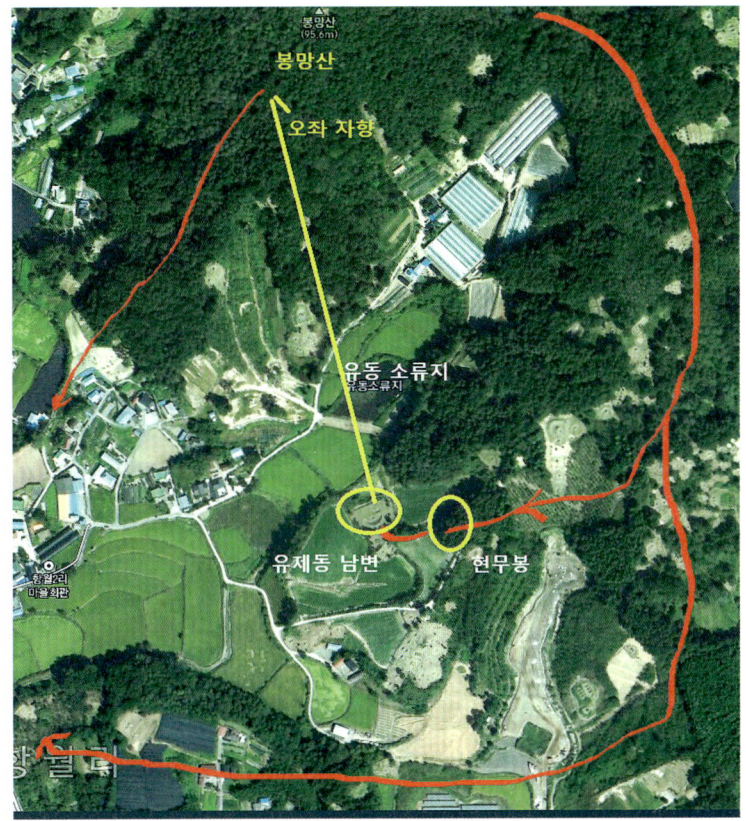

사진출처 : 카카오맵 스카이뷰(https://map.kakao.com)

* 와우 사진-- 묘관리 상태로 보아서 발복하고 있는 것 같다.

충남 논산시 회룡고조
(대혈은 아닌데 찾기는 어렵다)

* 일이승 산도-- 사병룡 곤신태입수, 유좌

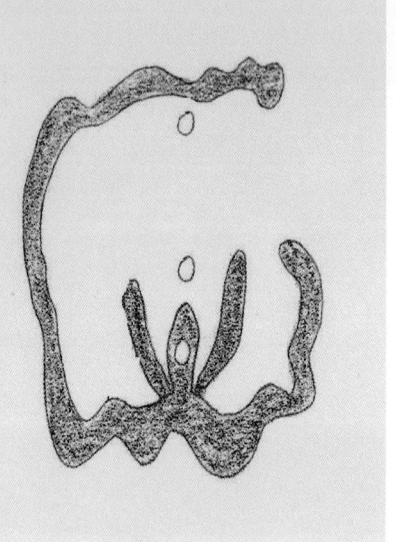

* 찾기가 어려운 혈가운데 하나이다. 논산 가곡면 등리 216-2 조정서원 內 이선생 묘역이다. 유좌가 맞는데 人作으로 월아를 쌓아 술좌로 썼다. 공부감이다.(2023.2.)

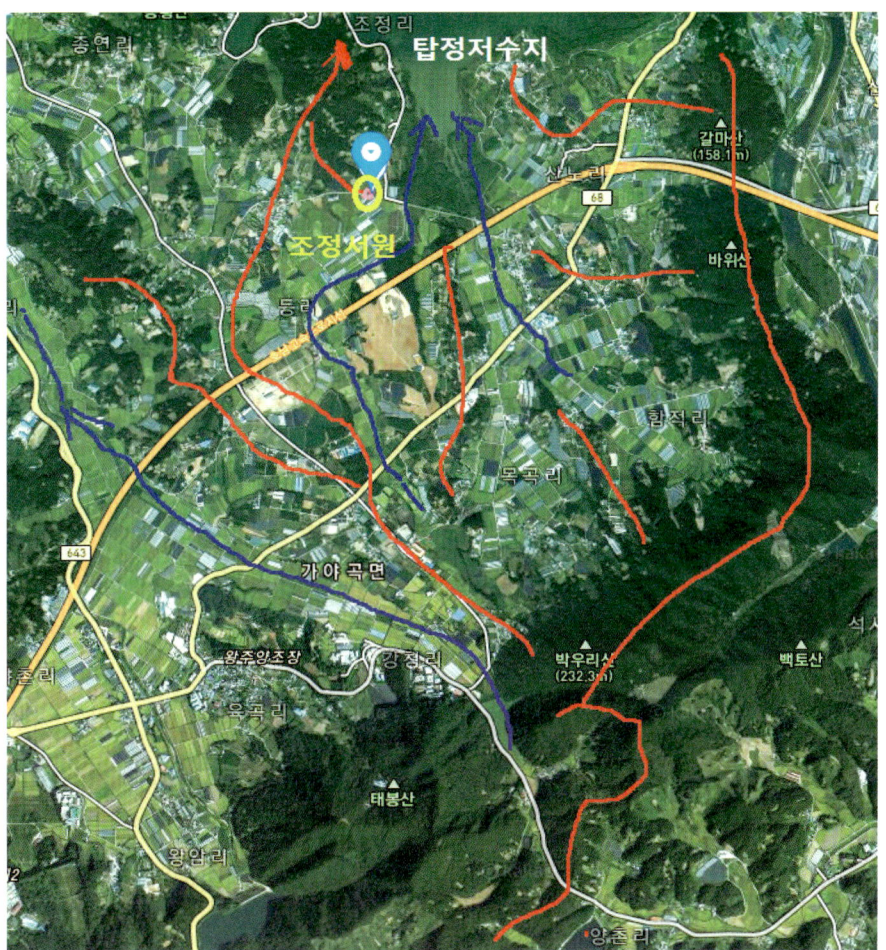

사진출처 : 카카오맵 스카이뷰(https://map.kakao.com)

충남 대전시 구봉산 남쪽 대혈
(더 바랄 것 없는 발복)

1. 구봉산 남쪽 대혈
　두사충의 용혈도(무학대사지리전도서)와 만산도에 진잠(현재 대전)남쪽에 대혈이 있다는 산도가 있다. 2개 산도의 내용은 혈처가 2개 있고 도면이 같은 그림인데 두사충은 물형을 경전우형(耕田牛形)이라고 함에 대하여 만산도는 비룡음수(飛龍飮水, 아래의 혈은 蓮花倒水) 또는 와룡음수라고 한다. 혈처의 구성에 관하여 모두 구봉산 남(南) 임좌병향 곤신수진(震)파라 하고 발복은 당대발복 백자천손 명공거경(名公巨卿)부절(不絶)이라고 하였다. 비록 부(富)를 언급하지 않았으나 정승이 배곯는 일은 없을 터이니 더 바랄 것 없는 대혈이다. 이 혈을 찾았다는 사람이 없으니 궁금하지 않을 수 없다.

2. 산도
*만산도-- 수내리라는 지명은 현재 없음.

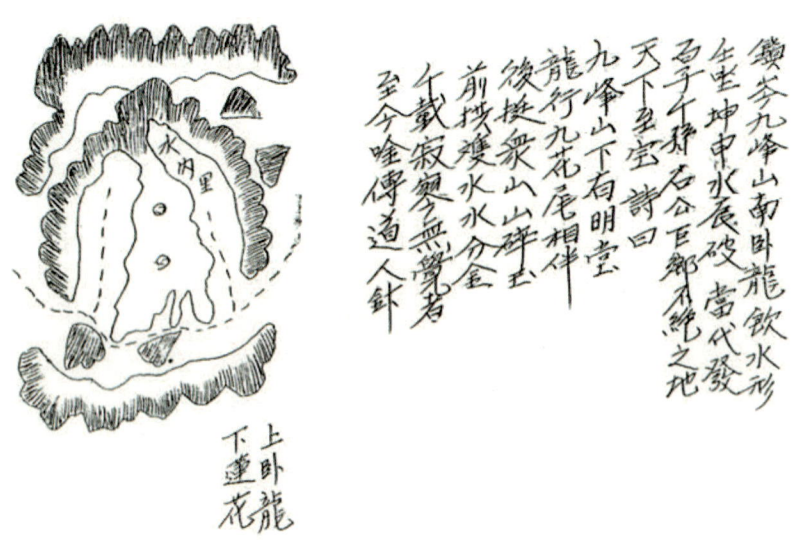

* 만산도-- 또 다른 만산도로서 혈 앞 흑석리라는 지명표시.

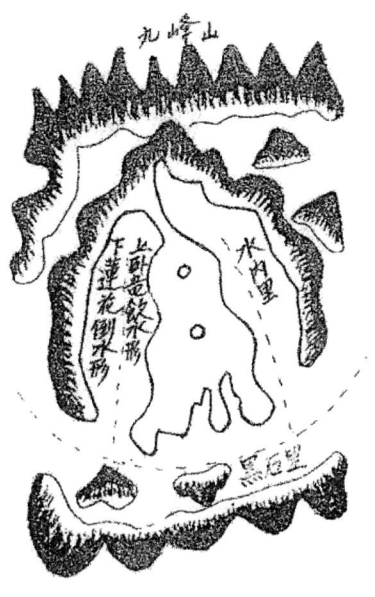

* 두사충-- 성거사(인조 때 神眼)는 천하지보 상지상(上之上)혈이라 한다.

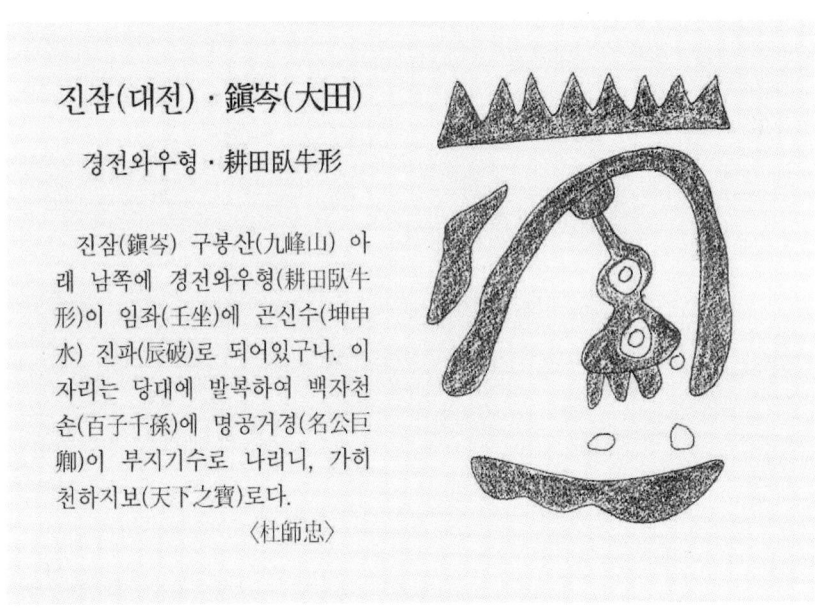

진잠(대전)·鎭岑(大田)

경전와우형·耕田臥牛形

진잠(鎭岑) 구봉산(九峰山) 아래 남쪽에 경전와우형(耕田臥牛形)이 임좌(壬坐)에 곤신수(坤申水) 진파(辰破)로 되어있구나. 이 자리는 당대에 발복하여 백자천손(百子千孫)에 명공거경(名公巨卿)이 부지기수로 나리니, 가히 천하지보(天下之寶)로다.

〈杜師忠〉

3. 답사

＊구봉산 남쪽 국세는 아래와 같고 혈이 맺힐 장소는 다섯 곳이다. 구봉산은 험한 바위산이고 앞산과 사이에 소가 밭갈이 할 땅이 없다. 그러므로 경전와우는 오류이고 용이 물마시는 형이 생길 것이다.

결록에 사람들이 수긍하지 않는 혈이라는 구절이 있으므로 기혈이라 생각한다. 한 곳을 찾았는데 와룡음수형이고 안산이 가까워서 속발하겠더라. 그러나 결록은 과장된 것 같다. 중등중급.(2023.9.)

＊구봉산 지도

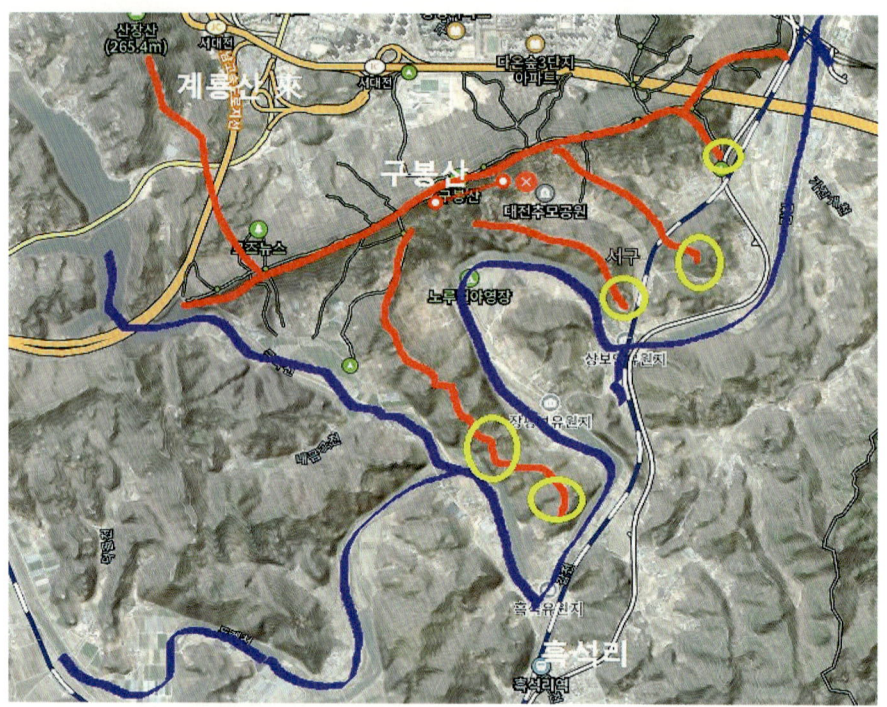

사진출처 : 카카오맵 스카이뷰(https://map.kakao.com)

충남 보령시 남면 향천리 음택풍수

1. 향천1리 유래비

요지는 향천1리에 있는 자연부락 중 분향(芬香)마을은 입구에 목탁봉과 시루봉이 있고 노승예불의 기운이 흐른다, 임천동 南에 있는 백재와 새암골은 백상의(註: 박상의의 오기?)와 도선이 성주산 장단(註: 목단)을 찾기 위하여 절을 하였다하여 배재라 한다. 버드골(柳谷)은 버드나무에 새집을 지은 것 같다. 세곡(가느실 골)에는 옥녀직금 명당이 있다.

2. 간산

* 향천리 일원의 지도-- 분향마을 부근에 노승예불형이 있는데, 당판이 험하지만 중등 초급이다. 을좌.

* 박상의와 도선은 풍수神眼으로 생존시기가 5백 년 차이가 있다. 성주산 목단혈은 성주산 동쪽 성주면에 있으므로 두 분의 신안이 성주산 서쪽에서

목단혈을 찾으려 다니고 절을 했다는 유래비는 너무 허술한 이야기이다.

　＊버드골 새집은 국세가 동네길지급이 맺힐 규모이므로 답사하지 않았고 가느실골은 청천저수지 건너 의평리에 있으므로 다른 지역이다.(2023.5.)

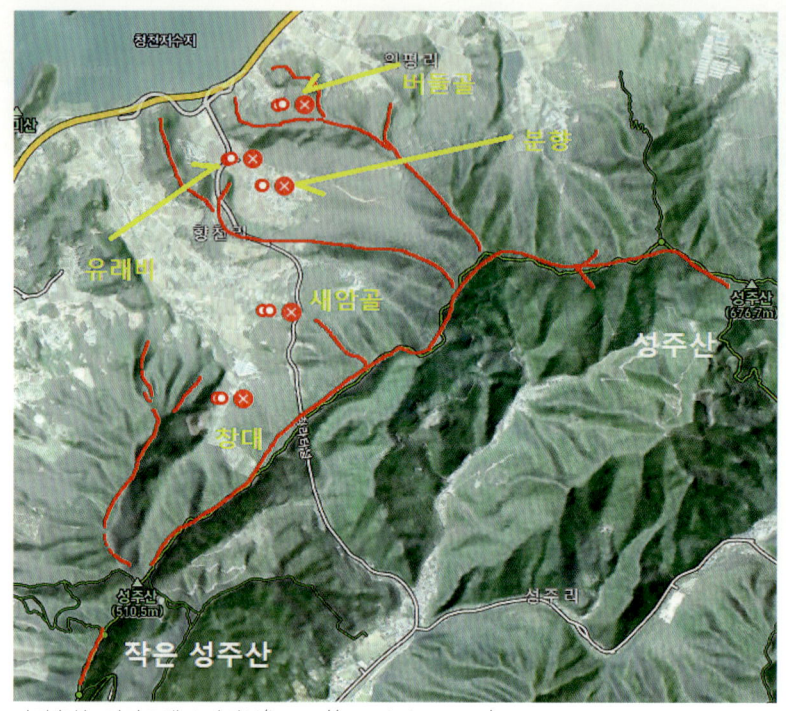

사진출처 : 카카오맵 스카이뷰(https://map.kakao.com)

충남 보령시 두사충 3혈

1. 보령 남쪽 10리 仙人歸洞

　＊두사충 결(무학전도서184p)-- 귀룡망수격. 위는 명산이요, 아래는 천기. 8판서가 날 자리.

　＊보령 신흥리 산10@인데 묘가 있고 결록처럼 대단한 혈은 아니다.

2. 보령 서쪽 20리 오서산 아래 갈룡입해(渴龍入海)

*두사충 결록(무학전도서 187p)-- 오서산 아래 감계룡에 갈룡입해형이 명주안을 하고 있다. 간입수에 묘좌, 3백 년 영화지

*보령 청소면 진죽리 산2@.

3. 보령 남면 청라동 노룡희주

*노룡희주(老龍戱珠)-- 두사충 결(무학전도서 185p)

 남면 청라동 남쪽에 노룡희주형이 좌락하여 서향으로 되어있구나. 구사와 마상귀인이 한문되고 천마사와 쌍천귀인이 높이 솟았고 한필사가 앞에 있다. 당대발복 9대 삼공.

*현재 남면 청라동은 없고 청라면이 있다. 결록은 대단한 대혈로 묘사하고 있으나 찾을 수 없고 화산동(산9@) 큰 골에 늙은 룡과 구슬이 있고 고묘 아래에 혈이 맺혔으나 대혈은 아니다. 묘좌.(2023.5.)

충남 보령시 오서산 장군대좌
(주변을 정리해야 쓸 수 있다)

1. 결록

*두사충 결(무학전도서 185p)-- 북면 오서산 아래 서쪽에 장군대좌형이 좌락(左落)하여 북향으로 되어 있구나 혈심은 7척 5촌이로다. 이 자리는 日月 한문이 갖추어져 있으니 3대에 발복하여 무장이 날 땅이로다.

*만산도-- 保寧 東十里 烏棲山下 將軍大坐形 旗鼓案 合兵渡江橋 烏棲小祖 廣德中祖 俗離太祖 異艮龍 亥落 季坐 庚辛得 巽破 辰流 甲卯大川逆流 未坤入海 內龍虎短回拱穴 外堂平原 龍走虎回結局 三十八 將高峰屹 百子將相 奉君

之地.

　*만산도 결은 두사충의 장군패검형(무학전도서 186p)의 결록과 같은데 (만산도 결을 해석하려면 두사충 결을 보라) 만산도는 시기적으로 두사충보다 앞설 수 없으므로 두사충 결을 옮겼다고 추측된다.

　2. 간산

　*보령 오서산에 관하여, 두사충은 장군대좌와 장군패검형(만산도의 장군대좌와 같다)라는 2개 결록을 작성하였다. 전자는 북향(北向) 및 무장이 날자리라고 함에 대하여 후자는 계좌(南向) 및 봉군지지라고 하므로 다른 곳이다. 장군대좌의 결지는 보령시 청소면에 있다고 추측되지만 소혈이므로 답사하지 않고 대혈인 만산도를 답사하였다.

　*지적지는 보령시 황룡리에 있는데 혈을 아는 사람이 주변을 정리하면 좋은 모습이 나올 것이다. 발복의 가치와 혈처의 역량을 어떻게 평가할 것인가는 각자의 취향 나름이지만 만산도는 엄청 과대평가하였다. 보령시에서 8대혈 정도가 아닐까.(2023.4.)

충남 보령시 주렴산 아래 무결록지 2혈

　*주산면 중산리 송림마을회관 동편 부근 갑좌로 1혈이 있고,

　*종신2리 마을회관 동북에 해좌로 1혈이 맺혔다. 결록에 없으나 중등 초급 이상이다.(2023.5.)

충남 보령시 청라면 청천저수지 갈마음수
(결록에 없는 대혈)

 오서산 장군대좌를 찾으려 가는 길에 청천저수지 주변(周邊)에서 중등상급의 대혈을 보았다. 청라면에는 무학전도서 184p에 선인귀동(仙人歸洞)과 노룡희주(老龍戲珠)형이 대혈로 실려 있으되 이 혈에 관한 결록은 없다. 그러나 두 개의 앞발을 집고 물마시는 모양이 확연한 대혈이다.(2023.4.)

충남 부여군 고군 상제봉조
(산곡에 높이 앉은 혈)

 ＊두사충 결(무학전도서 177p)-- 북면 古郡 北 우락, 남향, 옥대사횡전, 구사 마상귀인 한문, 당대발복 만대영화.
 ＊만수산 래룡인 전장리 산24로 추측된다. 입구의 첫째 봉과 둘째 봉 사이의 가느다란 줄기에 있고 산자락은 공동묘지 같이 무수한 묘가 있다. 속발, 중중. 자좌인데 박씨묘가 임좌로 있다. 이곳이 결록지인가는 자신이 없다.(2023.2.)

충남 부여군 두사충 결록지 10혈

 무학대사 지리전도서 부록(356~362p)에 부여에 관한 혈로서, 일이승 결은 주자만문 한 개이고 나머지는 전부 두사충의 결록이다. 그중에서 구룡쟁주와 와룡음수는 청양에 있는 혈이고 下水出龜, 노서하전, 비룡절수,

장군대좌, 와룡입운은 부여 임천에 있다. 두사충은 정유재란 때 귀국하다가 귀화하여 처음에는 청주 은적산 밑에 살면서 충청도 결록을 많이 남겼고 뒤에는 대구로 이주하였다. 임천은 가림현이었다가 1403년 임천군으로 고쳐지고 1914년 부여군에 통합되었다. 결록지를 찾을 때 임천면의 현재 경계를 고집할 필요가 없을 것 같다. 부여 일원에는 많은 결록이 있으나 대부분이 이미 썼거나 주택지 개발로 인하여 파혈되었다.(2023.1.)

1) 부여 노룡예미입수형(무학357p)-- 상황리 산2-1 임좌, 풍양조씨 종산.
2) 부여 구룡쟁주형(무학358p)-- 청양 작천上 분향리 망월산에 있다.
3) 와룡음수형(무학358p)-- 청양 분향리 산17에 있고, 백자천손 대혈이다
4) 부여 남쪽 10리 대강월룡 음수(무학 359p)-- 태래 곤좌, 북고리(산70-1) 기혈이다.
5) 부여 임천 비룡절수(무학 361p)-- 경유좌(雲山案), 동사리 553. 집장지인데 밑에서 두 번째가 진혈이다. 작지만 알차다.
6) 부여 30리 상제봉조(무학 359p)-- 탑산리 600-1 자좌, 폐가.
7) 부여 임천 반산 老鼠下田(무학 360p)-- 규암면 내리 62-1, 축좌, 파혈.
8) 부여 임천 와룡입운형(무학 362p)-- 합곡리 110, 집뒤, 인좌
9) 부여 임천南 하수출구형(무학 360p)-- 별도 간산기.
10) 부여 임천 동쪽 20리 장군대좌(무학 361p)-- 별도 간산기

충남 부여군 삼십리 상제봉조

* 두사충 산도 (무학 359p)-- 부여 30리 태잠 아래, 상제봉조, 자좌오향 군신안, 만대영화.

* 부여 南30里, 탑산리 600-1 폐가로 추측된다. 야산으로 주위가 허접하여 중초급.

충남 부여군 현북리 반월형

* 두사충 산도(무학전도서 357p)

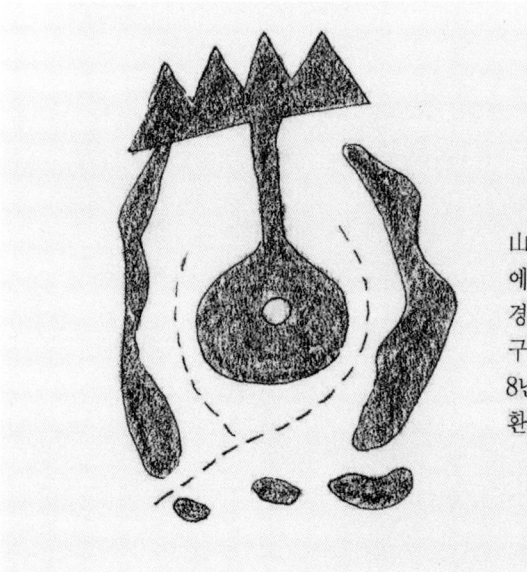

* 부여 현북리 백제공방(폐교된 초등학교, 현북리 925-2) 뒤이다. 옅은 구름을 끌고 와서 회룡고조로 앉았는데 혈처가 워낙 허접하여 명혈같이 보이지 않았다.(2023.2.)

충남 부여군 유산록 3혈

＊유산록 전편 304p-- 비룡도강-- 반산저수지, 초동골(수목리 산14), 金星 頂上開窩穴, 곤신건해임자득 손사파, 계좌정향-- 지적지는 수목리 산15-2로 추정되고 묘가 다수 있으나 진혈은 수목리 94-3인 듯?

사진출처 : 카카오맵 스카이뷰(https://map.kakao.com)

＊유산록 전편 307p-- 오석산 아래 영구예미형-- 대부대귀, 부여읍 중정리 노인회관 부근인데 마을 안에 있다. 두사충의 부여 반월형(무학 367p)과 같은 곳이다.

＊유산록 전편 307p-- 가화리 상제봉조, 서동요 관광지 부근이다. 덕용저수지와 송정저수지가 붙어 있는데 송정저수지 北이다. 반산저수지上 비룡도강과 근거리?(2023.1.)

충남 부여군 임천 장군대좌 격고안
(서천군 동지리 149-1)

1. 결록

*만사도 결록

扶餘.

林川 申方二十里或二十五里 大將軍大坐形 擊鼓案 仙人醉臥格 天登小租 金枝中租 聖住太租 百里來龍逶迤屈曲 艮亥辛戌起伏 頻頻平地廣狹 辛戌作腦辛戌入首 戌坐 左右流辰合 乙破 內外龍虎拱穴 明堂平圓 外龍虎起伏 長回結局 外堂廣闊 大江灣環進退粉黛烔花 將相之地.(萬山圖)

*두사충 결-- 무학전도서 172p, 위의 만산도 결록을 번역한 것이다.

"신방(申方) 이십리(二十里) 쯤에 장군대좌형(將軍大坐形)이 격고안(擊鼓案)을 하고 있구나. 이 자리는 선인취와격(仙人醉臥格)으로 천등산(天登山)이 소조(小祖)되고, 금지산(金枝山)이 중조(中祖)이고, 성주산(聖住山)을 태조(太祖)로 한 백리내룡(百里來龍)이 구불구불 꿈틀거리고 내려오면서 간해(艮亥) 신술(辛戌)로 기복(起伏)을 거듭한 끝에 평지도협(平地渡峽)하여 신술입수(辛戌入首) 술좌(戌坐)에 물은 좌우합류(左右合流)하고, 파는 을파(乙破)로 났도다. 이 자리는 내용호(內龍虎)가 공혈(拱穴)하고 명당(明堂)은 평원(平圓)하고 용호(龍虎)는 기복(起伏)하여 장회결국(長回結局: 길게 돌아와서 혈을 맺는 형국)하고, 외당(外堂)은 광활하고, 대강(大江)이 만궁(灣弓)으로 둥글게 둘러있고, 삼천분대(三千粉黛)와 팔백연화(八百烟花)가 나열하였으니 장상(將相)이 연이어 날 땅이로다. 천하보물이 따로 있나. 이런 혈을 정성들여 구하면 부모에게 효도하고 자손에게 복록(福祿)을 전할 것이니 이보다 더한 공덕이 세상 천지 어디에 또 있겠는가."

2. 간산

* 결록은 임천 申方 20리, 천등산 소조(성주산 태조), 辛戌입수 술좌, 을파, 대강은 둥글게 돌아 진퇴한다는 요지이다. 그러나 천등산은 성주산 래맥이 아니고, 광덕산 원조-성태산-조공산-월하산-원진산-노고산-천등산의 경로를 거쳤다.

천등산의 가까운 말락지는 오산(부여 가화리 산82)이고 청산선생은 그 지역에 혈처가 있다고 한다. 서동요 테마파크에서 금강으로 흐르는 원산천을 따라 내려가면서 답사한 바, 오산 부근은 강건너 산이 산만하고 혈이 생길 국세가 없었다. 강변을 따라 계속 내려오다가 금강 합류지점 부근에 이르러 좋은 국세가 형성되었다. 혈을 찾아 들어가니 충남 서천 동지리 149-1 한산이씨 집장지 속에 있었고 혈처는 비어 있다. 宗山인 탓에 사용할 수 없으나 좋은 공부감이다.

* 名穴이 되려면 래룡, 혈장, 안산 기타 사격에 남다른 장점이 있어야 된다. 여기는 국세가 잘 짜여있고 안산쪽 북(鼓)이 힘차다. 래룡을 보면 주산에서 평지로 깊게 떨어지면서 한 줌으로 묶은 다음 솟아올라 작은 동산을 만들고 횡락하였다. 원산천 건너 산이 외청룡으로 아름답다. 물은 乙破이고 금강이 둥글게 들락거린다.(만산결을 보면 **大江灣環進退**, 군산항의 조수영향으로 금강물이 들락거린다는 뜻이다.) 결록은 술좌이나 건좌로 보아야 북과 물을 함께 취득할 수 있다.(2023.2.)

* 장군격고 지도

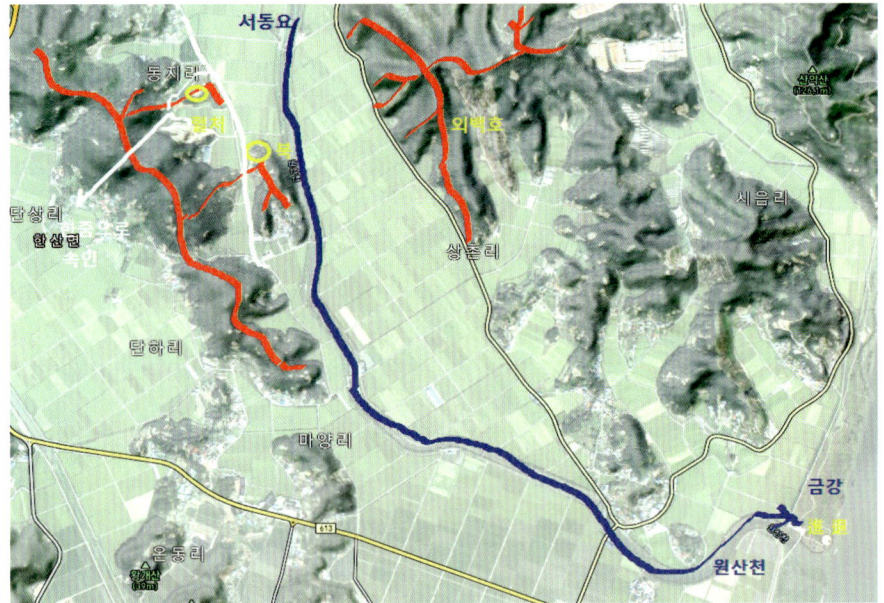

사진출처 : 카카오맵 스카이뷰(https://map.kakao.com)

* 장군격고 북의 모습

충남 부여군 임천 칠산리 하수출구형

* 두사충 산도(무학전도서 360p)

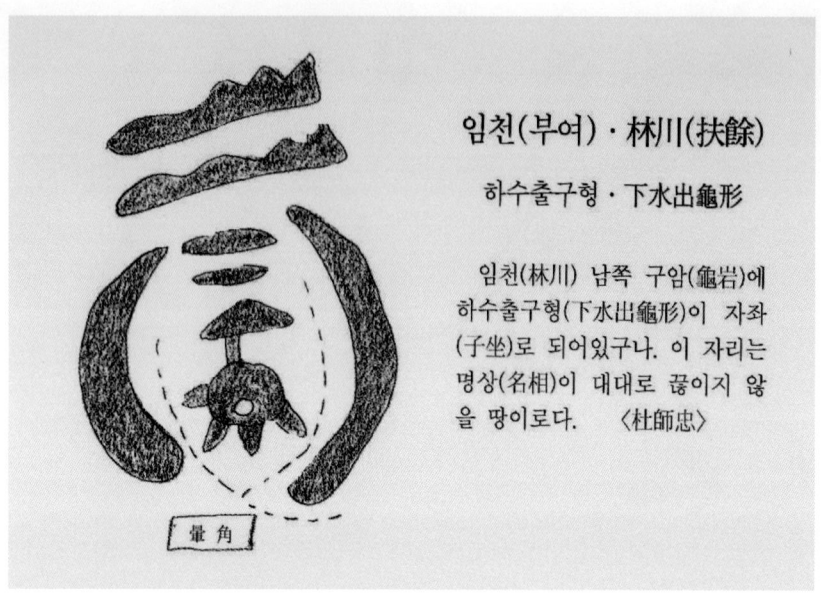

　* 임천면 칠산리 산18에 있고 贈호조참의 인동 張公 1658년卒, 자좌原이라는 비석이 있다. 정확히 재혈하였다. 도면에 훈각이라는 글이 있는데 혈처 옆으로 비스듬히 지각이 내려져 있다. 두사충이 1620년대 말경 사망하였으므로 두사충 결을 입수하고 장사하였던 것 같다.(2023.2.)

충남 부여군 주자만문
(유산록의 도움으로 혈을 찾다)

* 일이승산도 356p-- 고제동에 유좌로 대혈

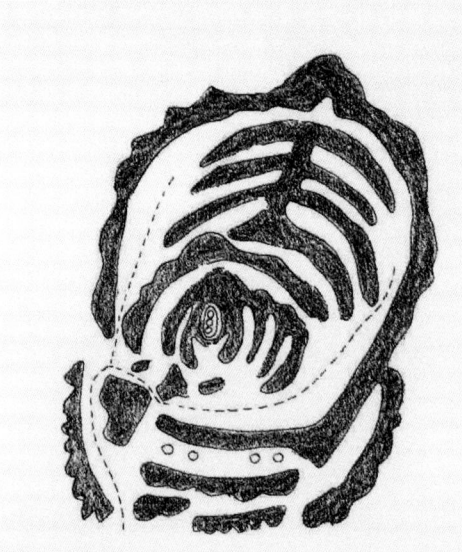

* 유산록 전편303p-- 은산리 서편, 비학승천, 신술입수, 유좌묘향(사자봉이 안산)이라 하고, 일이승산도에 附記된 결록을 인용하였다. 고제동을 못 찾아 고심하던 중 유산록을 보고 은산리 西便, 비학승천형이란 말에 힌트를 받고 심혈하였다. 혈처는 조공산에서 래룡(來龍)한 은산리 산12-2에 있다.(2023.2.)

* 혈처 지도-- 도로 때문에 목이 훼손되었으나 원래 푹 떨어졌다가 솟은 곳이다.

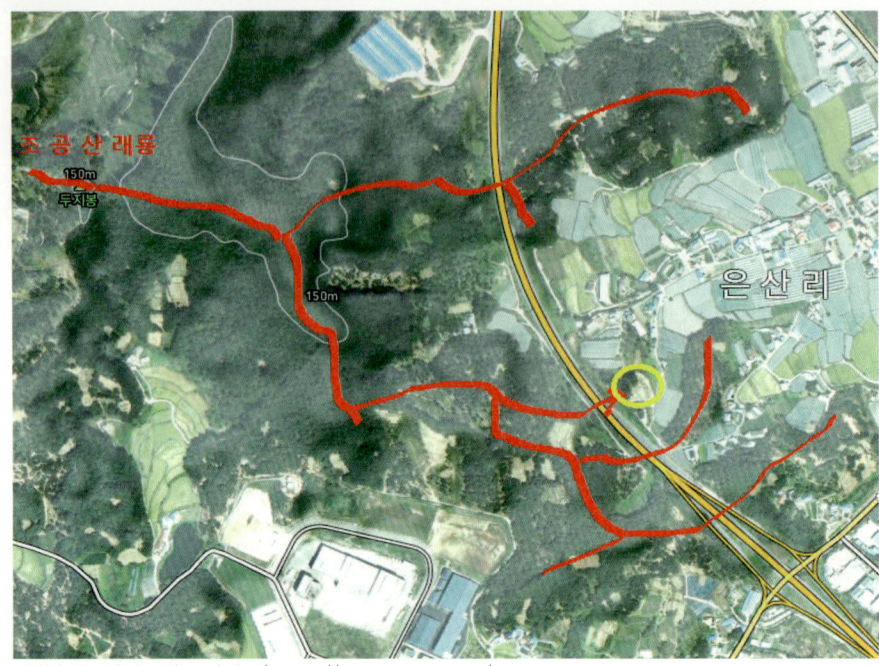

사진출처 : 카카오맵 스카이뷰(https://map.kakao.com)

* 주자만문 김씨묘-- 2020.6. 용사하였다. 최근에도 사람들은 명당을 쉼 없이 찾아 쓰고 있다.

충남 부여군 합정리 와룡심수

* 유산록 전편 303p-- 부여 합정리 臥龍尋水形, 건해입수 해좌사향(亥坐巳向),경태득 을진파, 부귀만대, 혹자(或者)있어 오점(汚點)하였으니 가석(可惜).

* 입수와 좌향, 득수와 파구가 결록에 맞는 곳은 나복리 241이다. 유산록은 합정리(合井里) 롯데 골프장 강변을 지적하는 것 같은데, 혈처는 그 아래 호암리에 있고 부소산이 안산이 된다. 많이 다녀간 흔적이 있더라. 발복은 과장이 심하다.(2023.2.)

충남 서천군 서면 장군패검출동과
서천군 마복리 괴혈

* 두사충 결록(무학대사전도서 175p)-- 서면 둔지산 동쪽 장군패검출동형이 좌락하여 동향으로 되어 있다. 2대 발복 3대 경상.-- 서천 서면 월호리 호동산 아래 결혈.

* 두사충 산도(무학전도서 365p)-- 한산北 마복리 怪穴-- 판교면 복대리 76-@.(2023.5.)

충남 서천군 이색의 묘와 집묘지 2곳
(토정의 형제계열을 중심으로 한 발복지)

1. 발복처에 관한 풍수적 관찰

  한산 이씨(韓山 李氏)는 고려 말부터 임란직후까지 문화와 정치에서 걸출한 인물을 많이 배출하였다. 이곡과 이색 부자 이후 한산이씨는 번성하였는데 발복처가 된 음택에 관하여 여러 견해가 있다. 토정 이지함의 형제계열에 초점을 맞추어 검토한다.

2. 시조 이윤경의 묘

* 한산이씨는 이윤경(李允卿)을 시조로 하는 호장공계와 이우경(李佑卿)을 시조로 하는 권지공계가 있다. 호장공계가 다수를 점한다. 시조 이윤경 묘는 충남 서천군 한산면 지현리 산2-1에 있고 조선 8대 명혈이다. 다수는 금계포란이라고 하나, 나는 봉무형으로 본다. 한산이씨 시조묘 간산기 참조.

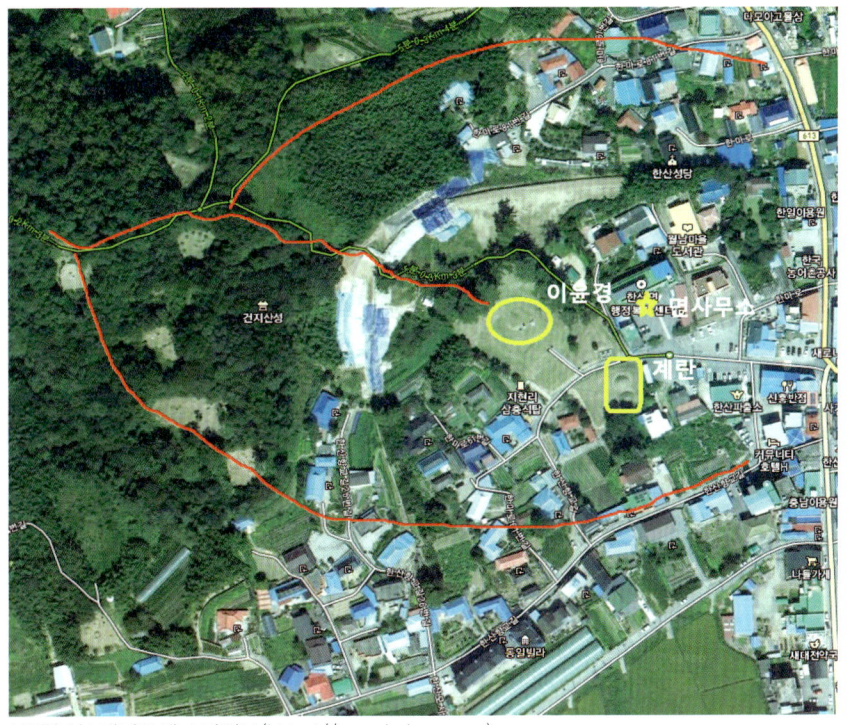

사진출처 : 카카오맵 스카이뷰(https://map.kakao.com)

3. 시조 7세손 이색의 묘

* 목은 이색(李穡, 1328~1396)은 가정 이곡(李穀, 1298~1351)의 아들로 외가인 영덕 영해면 괴시리 341 무가정에서 탄생(생가와 유적지가 있다)하였고 父子는 대학자겸 정치인이다. 시조 이윤경으로부터 5세손 찬성사 이자성까지는 미미하고 6세손 이곡과 그의 아들 7세손 이색이 고려 말 두각을 나타내었다. 이색은 한성부원군에 올랐고 3남을 두었는데 그 후손

들이 번성하였다. 한산이씨들은 이색의 관직인 한성부원군을 따서 본관을 한산이라 하고 6세손 이곡을 중시조로 삼고 그로부터 세대를 계산(起世祖)한다.

*이곡은 원나라 과거에 급제하고 황제에게 건의하여 고려 공녀(貢女)제도를 중단시켰고 대문장가이었다. 이색은 고려 말 충신으로 포은 정몽주 야은 길재와 더불어 삼은(三隱)이라 불리웠고 그의 문하생 중 정몽주, 길재 등은 고려에 충절하고 정도전, 하륜, 권근 등은 이씨조선 창건에 공헌하였다. 이색 또한 원나라에서 장원급제하고 국사편수관으로 근무한 뒤 귀국하여 여러직을 거쳐 한산부원군으로 봉해졌고 1395년 태조 이성계로부터 한산백에 봉해졌으나, 충절을 지켜 출사(出仕)를 고사하고 이듬해 여강(현재의 여주)로 가던 중 사망했다.

*이색의 3남 관찰사 이종선이 운구하여 서천군 기산면 영모리 산1-1에 모셨는데 무학대사가 잡은 기린하전형(麒麟下田形)으로 기린이 풀밭에 풀을 뜯어 먹는 모양이라고 한다.

*입구에 들어서면 생기가 왕성한 골짜기임을 알 수 있으나 ①풀밭이 손바닥만하다. ②당국(堂局, 小局)이 작고 먼 곳이 보이지 않는다. 겨우 천옥(天獄)을 면한 상태이다. ③기린은 상상의 동물(아프리카에 사는 기린이 아니다)로 외뿔에 용머리를 하고 풀도 밟지 않고 생물은 먹지 않는 신성한 동물이라고 한다. 풀을 뜯어먹는 동물이 아니므로 기린하전형은 있을 수 없다.

*기린봉에서 혈처까지 래룡이 좋고 사신사가 잘 구성되어 있는 기린飮水形이 어떨까? 소국을 본다면 외명당이 없고 국이 작아서 겨우 중등중급이라고 보기 쉽다. 그러나 이 局에서 발원한 계곡물은 평평하게 10리를 흘러 금강으로 들어가고 계곡 양쪽 산이 물길을 계속하여 들여다보고 있다. 이기론은 방위를 중시하므로 눈에 보이지 않는 사격은 등한시하지만

형기론과 국세론은 넓은 국(局)의 생김새를 중시한다. 내수구를 지나서 형성된 물길을 고려하면 이 혈은 중등상급의 대혈이다.

* 이색 묘-- 하단 묘는 셋째 아들 이종선 묘.

* 이색 묘 전경-- 기와집은 문헌서원.

* 정자와 못

* 소국

사진출처 : 카카오맵 스카이뷰(https://map.kakao.com)

＊대국

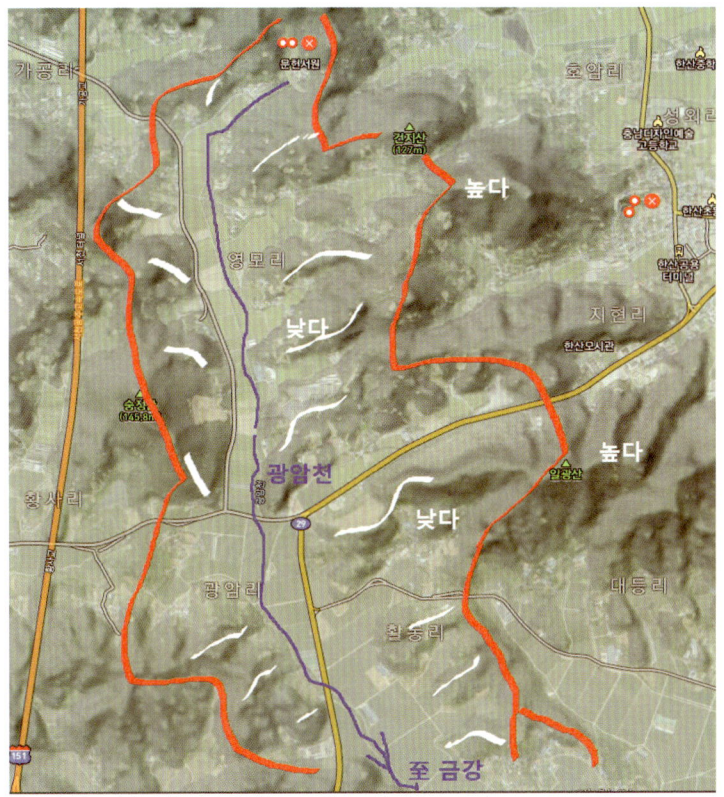

사진출처 : 카카오맵 스카이뷰(https://map.kakao.com)

4. 집장지

＊토정 이지함(1517~1578)의 가족 묘(보령시 주교면 고정리 산27-3)

　12세손 이치(李穉,1477~1530 수원판관) 이하 가족들 14기가 커다란 하나의 묘역에 있다. 그 중 3기가 영의정과 판서묘이다. 토정은 16세 때 어머니가 별세하자 이곳에 어머니묘를 쓰면서 그 2년 전에 다른 곳에 모셨던 아버지묘를 이장해 와서 합장하였다. 이치의 묘가 명혈이라는 견해, 혈이 없다는 견해도 있으나 중앙에 있는 이지번(이치의 장남)의 묘가 대명혈이고 그 아래 이경전의 묘가 차혈이다.(제1권 토정 가족묘 간산기 참조)

＊11세손 봉화현감 이장윤의 묘(성남 분당 중앙공원 내 한산이씨 묘역)

이장윤(1455~1528)은 4남(이질, 이치, 이온, 이정)을 두었는데 그 중 이치가 이지번, 이지무, 이지함(토정)등 아들 삼형제를 두었다. 이 묘를 쓸 때 소점한 지관이 토정의 형들은 정승 자식을 두겠으나 막내인 토정의 자식은 요절할 것이라 했다. 형들이 묘쓰기를 주저하자 토정이 불리를 감수하겠다고 적극 권유했다고 한다. 뒤에 토정의 형들의 아들인 산보는 이조판서, 산해는 여의정이 되었으나 토정의 세 아들은 요절하고 후처 소산의 이산겸은 임란 의병장인데 역모로 투옥되어 옥사했다.(토정의 가계는 절가되었거나 아니면 삼남의 후손이 계승하였을 것이다)

이장윤의 묘역에는 임란전사 李慶流, 청백리 李秉泰 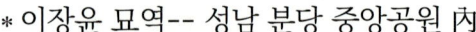 등 10여 기의 묘가 있고 일대에 한산이씨 집성촌이 형성되었는데, 1989년 신도시 개발로 인하여 묘역은 공원에 포함되었다.

＊이장윤 묘역-- 성남 분당 중앙공원 內

5. 토정 부친 이치의 家系와 묘

＊시조 이윤경-- 5세손 이자성-6세손 이곡-7세손 이색-8세손 三兄弟(그 중 이종선계)-10세손 이우-11세손 이장윤-12세손 四兄弟(한성군 이질, 현령 이치, 현감 이온, 부호군 이정) 중 이치의 아들(13세손) 三兄弟(이지

번, 이지무, 이지함)-14세손 산보 산해-15세 이경전 等. 이상은 토정의 가계를 중심으로 한 계보이고, 6세손 이곡으로부터 15세에 이르기까지 손세가 폭증하고 벼슬하지 못한 사람이 없을 정도이다.

* 4세손 이우의 묘는 광주시 장지동 산51

* 5세손 이자성은 이색의 묘역 중 영모리 산2-2

배위 이씨의 묘는 서천군 마산면 마명리 산1-1 집장지

* 6세손 이곡의 묘는 서천군 기산면 광암리 산10-1 집장지.

* 14세손 이산해의 묘는 예산군 대술면 방산리 산7-1.

6. 발복처

* 한산이씨들의 묘 중 시조 이윤경(鳳舞形), 7세손 이색(기린음수), 11세손 이장윤, 13세손 이지번의 묘가 名堂으로 발복을 견인 또는 지원했다고 생각된다.

그 밖에 열거한 묘는 삽짝풍수 블로그에서 자료를 인용하였는데 명혈이라는 평가를 받지 못했으므로 답사를 생략했다. 이장윤 묘는 그 묘역에 묻힌 인물의 면면으로 보나 후손들(이장윤은 네명의 자식을 두었다)이 일대에 집성촌을 이루고 번성한 점으로 보아 명혈임이 분명하지만 길이 멀어서 실제 답사하지는 못했다.

* 토정이 풍수지리의 고수이라면, 조부 이장윤의 묘를 쓸 때 왜 자신의 아들이 요절할 것을 알면서도 더 좋은 곳을 택하지 않았을까? 당시 토정의 나이가 11세(이장윤死1528-토정生1517)이어서 開眼되지 않았기 때문이다. 토정이 자식을 잃게 된 것은 부친 이치 묘의 안산 때문이라는 견해도 있으나 조부 묘에 원인이 있다는 설화가 솔깃하다.(2023.4.)

충남 아산시 외암리 회룡고조 음택
(부적격자는 벼락 맞는다는 자리) 외 2

1. 두사충 산도와 장익호 유산록

두사충 산도는 온산(現 아산) 남쪽 시오리에 사대부가 100대를 이어갈 회룡고조형의 대혈이 있는데 부적격자는 벼락을 처서 쫓아 버린다고 하고, 한편 유산록 전편 312p는 설화산 산곡간에 옥녀(玉女)탄금형(彈琴形)이 있다고 하며, 또한 옛 결록에는 삼남(三南)대지인 선인탄금형이 있다고 한다. 온산 南十五里에는 설화산이 화성, 목성, 금성의 3봉을 우뚝 세우고 있다. 먼저 부적격자에게 벼락을 친다는 무시무시한 회룡고조형의 음택부터 본다.

2. 두사충 산도

3. 심혈

삼봉을 관망한 뒤 외암마을을 한 바퀴 둘러보고 언덕 위에 올라 관망한 즉 설화산 삼봉(三峯) 중 금성봉에서 내린 줄기가 풍후하고 회룡고조가 될 수 있고 다른 곳은 회룡고조의 자세가 나올 수 없다. 결록에 있는 수전현무가 되는 곳, 혈성이 풍후한 곳, 신(辛)봉이 높은 곳은 외암마을밖에 없었다. 두사충은 명나라 군사로 정유재란 직후에 귀국길에 올랐다가 되돌아 와서 우리나라에 귀화하고, 처음에는 청주 은적산 부근에 살다가 뒤에 대구로 이주하여 1620년대에 사망하였다. 그러므로 아산 부근에 명혈처를 찾은 것은 1610년 이전이라 생각된다. 당시 외암마을은 입향조 이사종이 외암마을로 장가 온 무렵으로, 마을에 집이 몇 채 없는 허허벌판이었을 것이다. 그러므로 음택자리는 비어 있었으므로 결록을 남겼을 것이다. 그렇다면 혈처는 어디일까? 한참 찾은 끝에 신창고택 사랑채 앞이 차혈이고 외암리 185 본채 자리(마당에 바위 2개가 있다)가 주혈로 보였다.(2022.12.)

  * 외암마을 중국

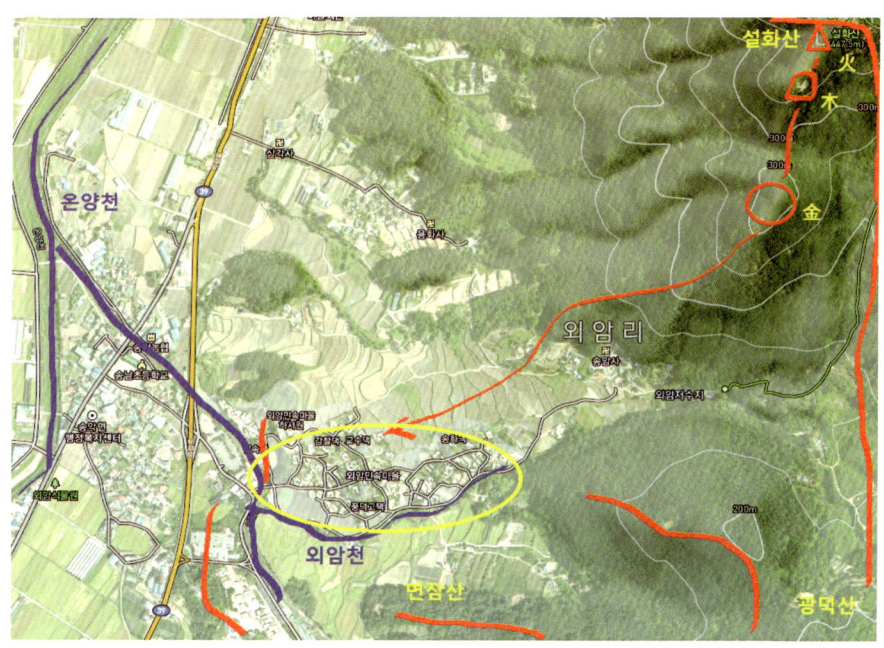

사진출처 : 카카오맵 스카이뷰(https://map.kakao.com)

＊외암마을 중국

4. 옥녀탄금과 선인탄금

＊설화산 금성에서 회룡으로 길게 강가에 내려온 곳에 양택 명당인 외암마을이 있고 그 속에 회룡고조의 음택이 있다. 옥녀탄금은 금성에서 짧게 내린 곳에 있고(용화사 부근으로 추측), 선인탄금은 목성에서 내려왔을 것이다. 회룡고조만큼 대혈은 아니라고 생각되어 찾지 않았다.(2022.12.)

충남 예산군 광시면과 신양면 유산록 4혈

충남 예산군 신계양리 해복형은 전국적으로 유명한 대혈인데 이 책의 전편격인 『생지백대혈』에 간산기를 게재하였다. 유산록은 광시면과 신양면에 있는 6~7개혈을 소개하였으나 원형이 훼손되거나 동네에 근접하여 사용할 수 없는 곳이 많다.

1. 상제봉조 혹은 비봉귀소 대혈
* 유산록 전편 270p 대부대귀 만대영화-- 갑묘입수, 3~4혈.
* 신양면 무봉리 373 안골교회 부근, 갑좌, 대혈인데 원형 훼손.

2 충남 예산 도고산 아래 비룡망수-- 부귀 장원
아산시 효자리 산60-7, 밀양박씨 종산, 上中下 3혈이 맺혔는데. 2개 혈은 남아 있다. 중등중급.

3 충남 예산 덕봉산 운중선좌-- 문천무만
예산 신례원리 22-1, 자좌, 1988년 사용.

4. 충남 예산 박봉(신양면 녹문리)아래 舞鳳形(기존묘는 혈뇌입장하여 패절),
 산정리 연화출수, 평촌리 연화출수(응봉면 등촌리 마을회관 부근), 봉수산 비룡형(대흥 교촌리)은 찾기 어렵거나 묘를 썼다. 결록에 없으나 광시면 동산리 519-@는 연화부수형으로 백호와 금성수가 아름답다.(2023.2.)

충남 예산군 광시면 금반하엽, 장사추와

1. 충남 예산군 광시면 동산리 봉수산 금반하엽
 유산록 전편 270p. 봉수산(예산군 대흥면) 을진낙맥 금반하엽형. 경태 입수에 유좌. 봉수산이 후면에 병장하였고 주변에 묘 다수. 부귀쌍전할 것이다. 답사해보니 혈처 찾기와 좌향 찾기가 어렵더라. 큰길에서 멀지 않은 곳이고 예당저수지가 전면에 아름다웠다. 주변에 묘는 개간 탓인지 별로 없더라. 중등중급.(2018.5.)

2. 충남 예산군 신양군 서계양리 장사추와(長蛇追蛙)

해복형을 찾아가는 도중에 예산 일산 이수정(서계양리 106 추사가 혈판을 쓴 곳으로 유명하다) 부근에서 장사추와형(길다란 뱀이 개구리를 쫓는 형)을 보았다. 물이 암공하고 이수정이 개구리가 되어 듬직하므로 배부르고 등 따실 것이다.(2018.5.)

충남 예산군 응봉면 구절비룡
(찾기어려운 奇穴)

1. 결록

*두사충(무학전도서 166p)-- 팔봉산(八峯山) 아래 북쪽으로 구절(九節) 밑에 비룡상천형(飛龍上天形)이 좌락(左落)하여 대강안(大江案)을 하고 북향(北向)으로 되어 있구나. 혈심은 육척(六尺)이로다 이 자리는 인사(印砂)가 갑묘(甲卯)에 자리해 있고, 옥대사와 육수(六秀)가 구비하여 있고, 팔자수구(八字水口)가 되어 있으니 당대에 발복하여 2대 대발(大發)하고 구세(九世)경상(卿相)이 날 땅이로다.

*만산도결은 비룡상천형이라 하고, 이상규 한국최고명당은 우변(右邊)에 望之洞이 있다고 한다.

2. 간산

결록은 거의 같고 大江案 北向이 공통된다. 망지동은 다음지도에 없다. 혈처는 입침리에 있는데 혈장이 특이한 기혈이다.(2023.4.)

＊팔봉산 지도

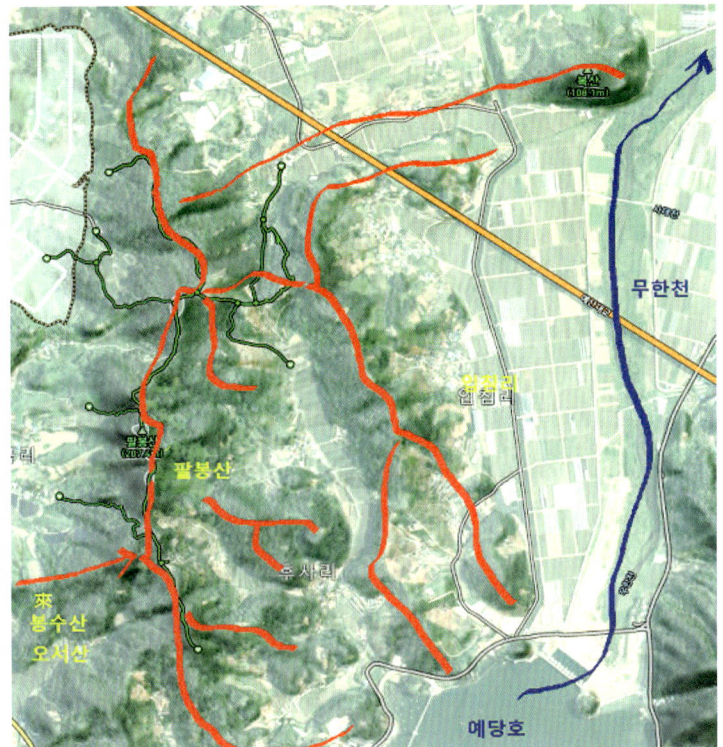

사진출처 : 카카오맵 스카이뷰(https://map.kakao.com)

충남 청양군 명혈목록
(결록지를 근거로 하여)

＊청양군 칠갑산(七甲山 561m)은 행룡길을 찾기가 참 어려운 차령산맥(오대산에서 출발하여 충청 중앙부를 형성하고 금강하류 서천까지 간다)에 속하고 청양은 거의 칠갑산 권역에 속한다. '칠갑산 산마루에~~'라는 노랫말로 유명하다. 칠갑산은 천하명당 7개가 있다고 하여 지어진 이름인데 장곡사 터 외에는 아직 찾지 못했다고 한다.

＊장익호 유산록 전편 308p에 비봉포란, 쌍선논학, 옥녀탄금, 구룡쟁주, 비봉귀소, 운중만월 등 6혈이 있고 유청림 풍수기행 74~78p에 오룡취회, 구룡쟁주 등 2혈이 있다.『천하명당 여기에 있다』라는 책을 보니 비봉포란과 구룡쟁주를 충남 갑지로 보았더라.

＊김종열, 신희자 共著 구산록 충남편 57p 이하 칠갑산 下 명혈로 군신취연, 운중복월, 영구포란, 오공비천(용사하였다고 한다), 맹호출림, 연화반개, 천우경전 등 7혈을 게재하였다. 평소 지인으로 부터 청양에 神眼인 보살이 있는데 산을 보면 한눈에 혈처를 다 알아 본다는 말을 듣고 있었다. 공동 저자인 신희자 씨가 그분이다. 울산 김씨 중시조모 민정부인과 남원 양씨조모 이씨등은 자식들이 번창할 음양택을 잡았으나 지통한 안력이 있은 것은 아니고 목매를 날려 산신 도움으로 점지하였다. 역사상 여성 고수는 없었다.

구산록은 남연군묘를 잡아준 정만인의 결록을 많이 인용하면서 혈장을 파헤쳐 혈토사진을 올렸더라. 수천명의 풍수들이 혈토를 확인하느라고 땅을 파헤치고 다니면 자연훼손은 물론 지주들도 풍수출입을 금할 것이다. 정도(正道)의 풍수라면 있을 수 없는 일이다. 구산록이란 이름 자체도 혈처를 얻을려고 다닌다는 뜻 아닌가? 그 책을 보노라면 이런 生地를 많이 확보하고 있으니 좀 사가라는 광고같이 보인다. 예산 해복형은 두사충결록에 있는데 핵심은 도고산이 천리를 와서 그친 곳 (千里行來休 山帶道高氣)이란 부분, 그리고 혈장해복추(穴藏蟹腹湫: 혈은 해복추에 있다)는 부분이다. 해복추를 해석하지 못하면 헛고생하는 것이다. 이진삼은 蟹伏(엎드린 게)으로, 김성암은 蟹覆(뒤집힌 게)으로 풀이함으로써 해복추를 풀이하지 못하고 자다가 봉창 두드리는 소리를 하고 있고, 구산록 또한 신양면 산중에 있다고 하였으니 어찌 신안이라 하겠는가? 이런 탓으로 탐사대상 선정에서 참조하지 않았다.

* 무학대사지리전도서에 청양에 있는 혈로서 두사충의 금반형이 있으나 찾으려면 많은 시간이 필요할 것 같아 제외하였고, 유산록의 비봉귀소는 군량리에 있는 듯하나 국세로 보아 소혈로 추측되어 제외하고, 나머지 7혈을 탐사 대상으로 선정하였다. 풍수기행의 구룡쟁주는 구치리에 있다고 함에 대하여 유산록은 작천리에 있다고 하므로 이름은 같으나 다른 혈인 줄 알고 답사하였던 바, 같은 혈인데 두 분이 지적지를 달리하였던 사실을 알게 되었다.

* 의산과 나는 2021.5. 공주 버스터미널에서 만나 제일 북쪽인 비봉포란으로부터 시작하여 남쪽인 운중만월까지 답사하였는데, 작천리 상에 있다는 구룡쟁주는 높은 곳에 있는 듯 보여서 포기하고, 운중만월은 장소를 찾지 못한 데다가 잔산약수 같아 포기하고, 5개 혈처를 답사하였다. 칠갑산에 천하대혈이 있다는 말은 과장이고 중등중급이다. 적누리 옥녀탄금, 적곡리 오룡취회, 작천리 구룡쟁주 등 3혈은 칠갑산 7혈에 끼일 수 있지 않을까 생각한다. 다만 오룡취회혈은 그 지방 설화가 있는 줄 모르고 탐사하였다가 간산기를 작성하면서 보완하였다.(2021.5.)

* 追記-- 돌아와서 보니 玄園 이상규 著 『천하명당 여기에 있다』 262p에 '칠갑산 盡頭 到龍 음수형 건간감국 혈초고(穴稍高) 임좌 곤신득 을진파 장후 7년 發 백자천손 부귀장상'이라 하였는데, 좌향과 득수파구가 유산록의 구룡쟁주와 일치한다. 위 책에는 구룡쟁주(간좌 장상지 용장혈졸), 상제봉조, 금계포란, 옥토망월, 무공단좌형을 열거하고 있는데 산도가 난잡하여 찾기 어렵다. 청양 일원의 혈에 관하여 일이승 결록은 한 개뿐이다. 이름없는 雜訣을 따라 니면 시간낭비가 된다.

충남 청양군 문박산 쌍선 논학形
(사후 3백 년만에 묻히다)

* 유산록 전편 308p 삼십팔장(將) 나열, 왕비장상 다출이라 하였다. 쌍선 논학(双仙論學)은 두 명의 신선이 학문을 논한다는 뜻이다.

* 쌍선논학 일원

사진출처 : 카카오맵 스카이뷰(https://map.kakao.com)

＊혈처에서 쌍선 모습-- 문박산을 찾아가니 두 신선이 뚜렷하고 혈처는 신선이 담론하는 자리인데 학당리 학골에 있고 혈처에서 신선이 보인다.

＊김해김씨 묘가 여러基 있는데 중앙상단에 있는 묘가 정혈이다. 비석을 보니 정조시대인으로 파주에 있었는데 묘지가 공용수용되는 바람에 후손의 묘가 있던 이 곳으로 1991년 이장하였다고 한다. 사후 약 3백 년 뒤에 이장한 셈인데, 유골이 어느 정도 남아 있었는지는 몰라도 10대 선조가 후손에게 어느 정도 영향력이 있는지 모르겠다.(2021.5.5.)

충남 청양군 비봉산 비봉포란形
(파묘지를 재활용할 수 있는가?)

* 비봉산(361m)은 비봉면 중묵리에 있고 차령산맥이 문박산을 거쳐서 온다.

* 유산록전편 308p 문박산을 소조로 하고 백리산천이 조응, 삼길육수, 귀사중중, 4년대 발, 13代 장상, 충청 8大혈의 하나라 하고 아래의 산도를 게재하였다.

* 답사를 해보니 혈처에 이르는 행룡이 목성 토성 금성 順으로 빼어났고 주산인 토성에서 혈처로 내려오는 행룡은 감탄을 금치 못하겠다. 포란혈은 제일 먼저 알(卵)을 찾는 게 급선무이다. 속발 거부지지? 그러나 혈장이 거칠어서 범인은 재앙을 견디지 못하리라.

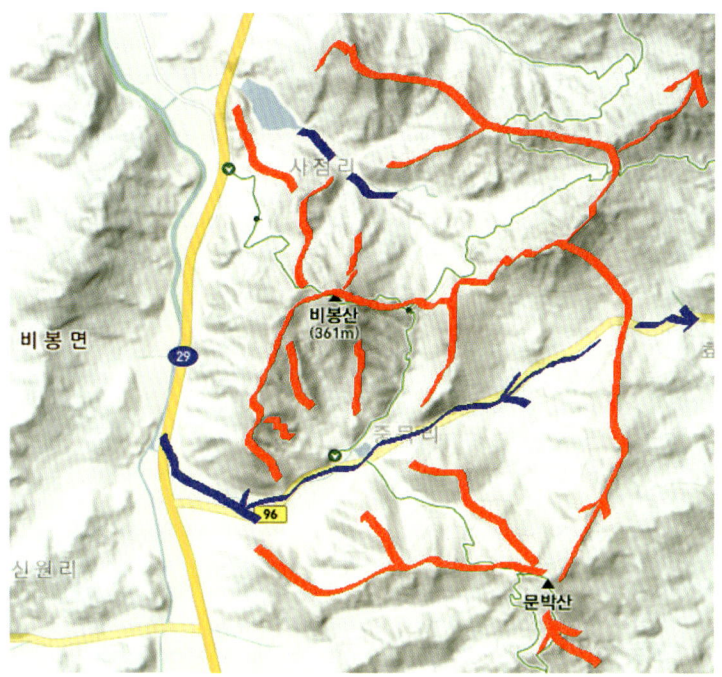

사진출처 : 카카오맵 스카이뷰(https://map.kakao.com)

＊장선생님 유산록(1983.6.)에 만산에 묘를 썼으나 비어 있다고 한다. 우리가 찾은 곳은 다음지도로 확인한 바, 2008년에는 묘 2기가 있었고 2013년경에 이장하였다. 혈이 되는데도 파묘하는 경우는 재혈을 잘못하였거나, 과분한 탓으로 쫓겨났거나, 묘주에게 망조가 들거나, 5대 이상 경과하여 발복이 끝났거나, 도로가 나는 등으로 파혈되는 것이다. 김○설은 중묵리 산113이라고 주장하지만 그곳은 생기가 없었다. 너무 빤히 보이는 곳은 혈이 맺히기 어렵다.

＊파묘지는 재활용할 수 있는가? 파혈되지 않았다면 생지가 나오도록 긁어내고 再使用하면 되겠다. 이규상 『천하명당 여기에 있다』에는 대혈은 구 묘지에 써도 발복하나 이미 발복한 소혈은 발복하지 않는다고 한다. 혈처는 기운이 모여드는 곳이고 기운은 침투 여과력이 강하므로, 통과에 장

애가 있으면 실핏줄이나 지하수처럼 새로운 경로를 만들어 연결된다. 잘 수습하면 소혈이라도 효용이 있다. 다만 요즈음은 성미가 급하여 용사하고 3년이 안 되었는데 발복이 없는가 안달을 하는 세태가 문제이다. 나무를 이식하여도 뿌리 내리(着根)는데 3년이 필요하다.(2021.5.)

충남 청양군 오룡취회형 양택
(풍수는 이치에 맞아야 된다)

1. 모처럼 양택

음택보다 양택이 중요하지만 주거지를 이동하는 것은 쉬운 일이 아니므로 결록지는 음택위주로 작성되어 숫자가 적다. 유청림 풍수기행 74p은 청양 적곡리 삼경재(三卿宰)에 3정승이 난다는 설화가 있다면서 작성자 이름이 없는 필사본 결록을 게재하였다. 현지에서는 삼경재 옆 소사천(小巳川, 옆의 낙지리에 대사천이 있다) 마을에 혈처가 있다고 한다.(청양신문 참조)

2. 결록

　　赤面赤里 彌勒堂近處 五龍聚會形 銀河案 乾亥龍亥入首 辛坐壬午得辰破 掛榜砂辰 旗幟巽 印砂玉帶巽巳丙 龍虎自回結局 外堂廣闊 水口大牙相錯 當年發 八代將相 富貴兼全萬年香火之地-「筆寫本」

3. 유청림 풍수기행

태조 광덕산, 중조 국사봉, 소조 칠갑산이다. 결록에서 말하는 미륵당근처 적면(赤面) 적리(赤里)는 현재 미당리 근처 적곡면 적곡리(赤谷里)이고,

북실에서 석촌으로 통하는 고개가 삼경재인데 그 아래 우선룡에 우선혈, 건해맥이 해입수, 辛坐 乙向, 을파(필사본은 임오득 辰破이고 좌향은 같다)이다.

4. 진혈처

* 열기현(백제) 열성현(신라)이라 부르던 곳이 고종 32년(1895년) 행정개편시에 적곡면으로 되고 적곡리라는 이름이 등장하였다. 이로 미루어보아 필사본은 조선 말에 작자 미상자가 작성한 것이라 생각한다. 적곡리는 북실, 돌말(석촌), 삼경재, 새터, 소사천 등의 자연마을로 구성되어 있다.

* 칠갑산과 적곡리

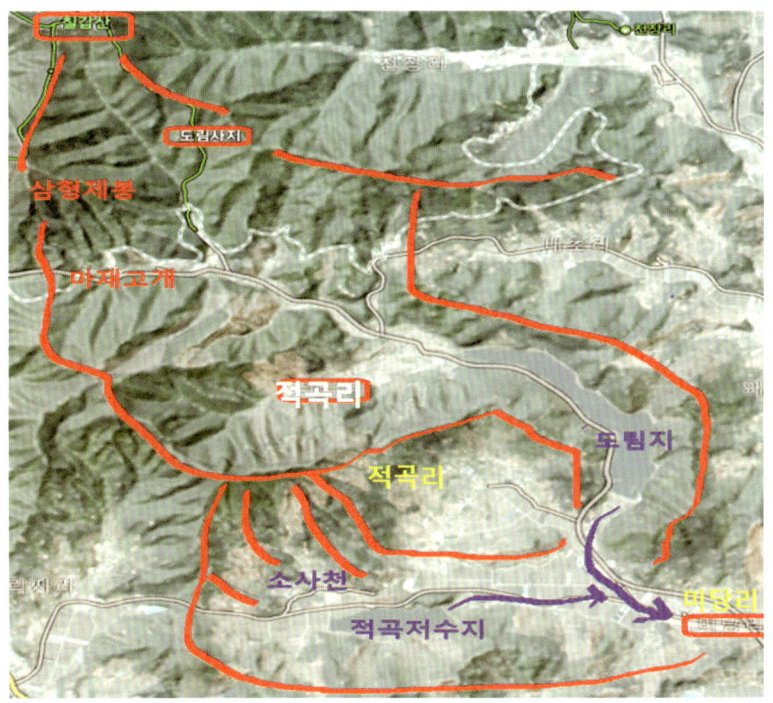

사진출처 : 카카오맵 스카이뷰(https://map.kakao.com)

* 적곡리와 각 견해-- 소사천 마을은 局의 외각이고 중심이 잡히지 않는다. 북실마을도 형세와 기운이 산만하다. 유선생님 지적지는 乙向 乙破라고 한 점으로 보아 삼경재 부근에서 적곡리 입구를 바라보는 곳일 텐데 을향으로 잡으면 너무 편협하다.(다만 소사천과 도림천 사이에 결국되었다고 하니 국을 크게 보는 것 같다)

* 적곡리 일원

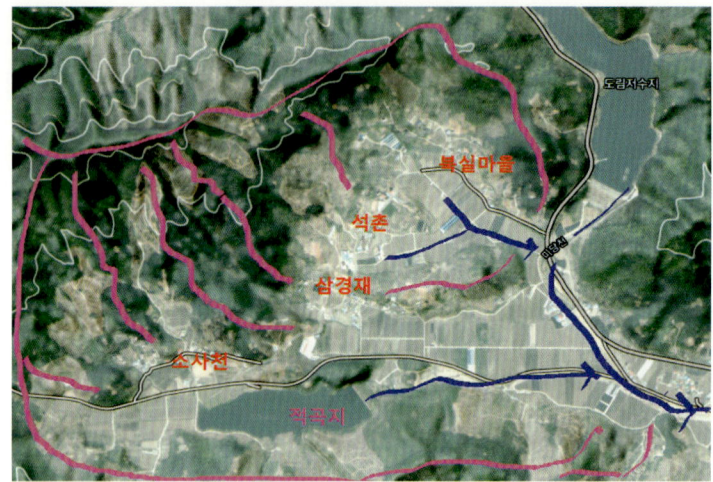

사진출처 :
카카오맵 스카이뷰
(https://map.kakao.com)

* 혈처 주장지

사진출처 :
카카오맵 스카이뷰
(https://map.kakao.com)

＊진혈처-- 북실 석촌 삼경재로 이루어진 국안에 있다. 좌향을 달리 보아야 된다. 탐색할 지역은 넓지 않으나 쉽지 않은 곳이다. 필사본과 유선생님처럼 신좌을향으로 본다면 수구가 안이 되고 주위가 산만하여 좋지 않다. 결록이 현장과 맞지 않으면 버려야 된다. 충청 甲地는 아니고 청양 갑지.(2021.5.5.)

충남 청양군 옥녀탄금
(칠갑산 西行 최대혈)

＊유산록 전편 308p. 광금리 근처 산천이 융결하고 횡금안이 다정하다. 칠갑산 西행룡 主穴, 3십대 將相, 천년향화지지.

＊현장 지도

사진출처 : 카카오맵 스카이뷰(https://map.kakao.com)

* 칠갑산 西쪽 행룡은 적누리에서 지천강을 만나 끝나는데 적누지(池) 상부 계곡이 광금리이다. 백호가 약한 듯하지만 재혈을 잘하면 바람을 피할 수 있겠더라. 옥녀와 횡금안이 일품이다. 지도를 보고 광금1반 마을회관 부근을 점찍었으나 현장에 가서 보니 아니더라.(2021.5.)

* 古 완당선생 간산기는 아래와 같다. 앞에 대야와 대강이 펼쳐진다고 하니 칠갑산이 지천강 가깝게 행룡한 말락지(충남대학 부근?)인 듯.

玉女彈琴形-靑陽

靑陽 南 七甲山龍 西 玉女彈琴形 左 舞袖案 西向 穴七尺五寸 日月山門 馬上貴 居水口 玉帶橫 天馬立 當代發 八代卿相 - 鳳眼訣

"청양 남 칠갑산용 서쪽에 옥녀가 거문고를 타는 형의 혈이 있으니 좌선용이고 춤추는 안이다. 서향이다. 혈 깊이는 칠척오촌이며 해와 달 같은 산이 문을 막아 서있고 마상귀인이 수구에 거하며 옥대사가 가로 놓여 있고 천마사가 서 있다 당대에 속발하여 팔대에 걸쳐 공경과 재상이 연출 한다." 차 혈은 청양읍 남쪽 칠갑산 내룡 山盡水回處에 대결하였다. 앞에는 금성수(金城水)요, 근안은 소매를 걷어붙이고 흥에 겨워 춤추는 안이 다 서향되었고, 丙으로 流去한다. 千山萬水 歸此地하여 면면다정 유현한 가락에 도취한 듯하다. 앞에는 대야가 펼쳐져서 관평하며 임자방에 비봉산이 흘입 兌방은 오서산이 조산되었다. 칠갑산 서행용 주혈이다.

충남 청양군 칠갑산 구룡쟁주형
(장익호선생과 유청림선생 中 누가 옳은가?)

1. 같은 혈인데 두 책의 내용이 다르다

 칠갑산 구룡쟁주형에 관하여 유청림 풍수기행 76p과 장익호 유산록 전편 308p에 답사기가 있다. 풍수기행에는 필사본 결록이 인용되어 있음에 대하여 유산록에는 결록이 없는 대신에 산도를 게재하였다. 전체적인 내용을 보면, 두 책 모두 동일한 필사본 결록을 참조하고 있는데도 풍수기행은 구치리, 유산록은 작천리로 서로 10리나 떨어져 있는 곳을 지적하였다. 어찌하여 차이가 나는가? 어느 쪽이 옳은가?

2. 필사본 결록

 靑陽 鵲川北 九龍爭珠形 大江案 乾亥來龍 癸坐丁向辰巽破 泰山下 土星水 名師小點吉人用之 名公巨卿代代不絶之地 -「筆寫本」

3. 풍수기행

 * 결록에 鵲川北이라 하였으므로 작천리를 찾아가서 지천을 거슬러 올라가면서 찾으니 구치리(九峙里)가 나왔다. 혈은 구치리 구재마을에 있다. 건해입수 계좌정향 진손파이고 나지막한 안산 너머가 大江案이다

 구치리는 사방이 산으로 둘러싸여 외지로 나가려면 아홉 고개를 넘어야 한다는 유래에서 구티로 불리웠던 오지 마을이다.

＊추정 지적지-- 게재된 사진으로 추정한 지적지

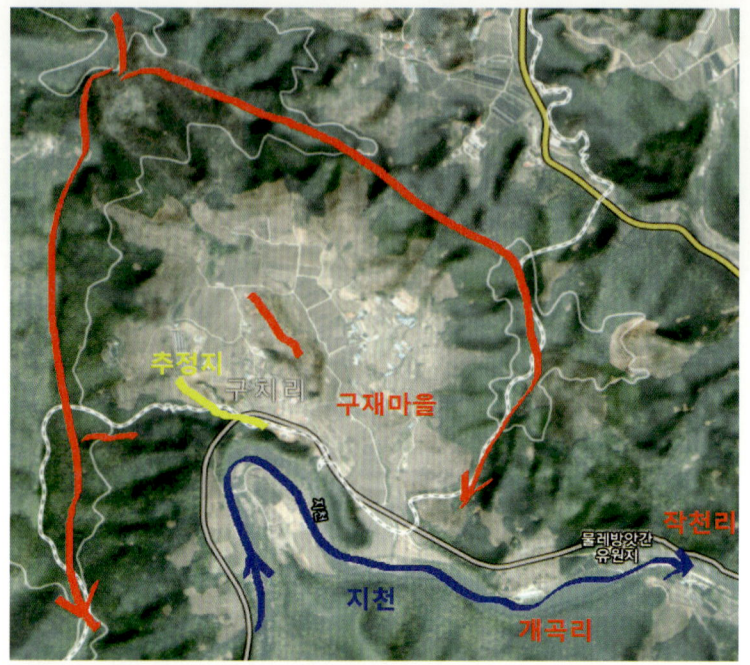

사진출처 : 카카오맵 스카이뷰(https://map.kakao.com)

＊현장을 가 보니, 두둑한 토혈에 건좌손향으로 중등초급의 쌍룡쟁주형이 있을 뿐 결록에 있는 구룡(九龍)은 없더라. 이 견해는 결록이 작천리北이라 하였는데도 작천리를 출발하여 지천강을 거슬러 올라가서 개곡리北에 있는 구치리에서 혈처를 찾았기 때문에 오류가 생긴 것이다. 구치리는 오룡쟁주가 있는 적곡리와 많이 닮아서 헷갈렸다.

4. 유산록

＊광금리상에서 분지(이 부분은 오류이다. 광금리 분지는 구치리이다), 작천리 상, 대천이 坤申來水(결록에는 없다), 을진파(결록은 辰巽破. 비슷하다), 남향(결록은 계좌정향. 비슷하다), 거문(토성)下 작혈, 2십 년 후 대발, 명공거경 부지기수.

＊산도

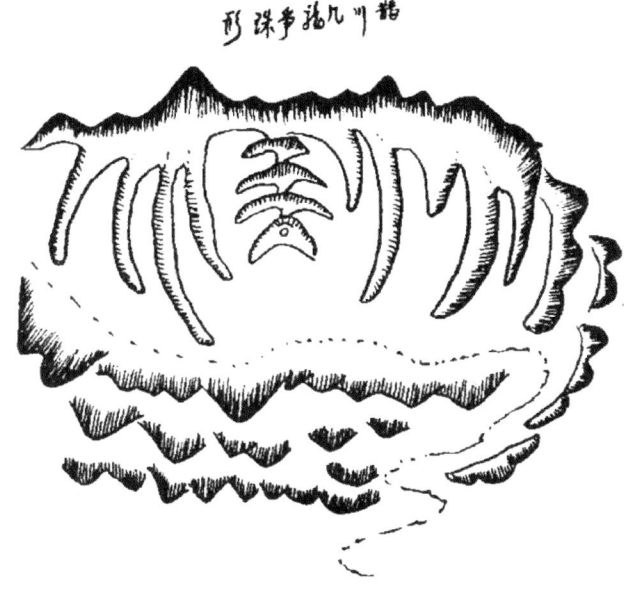

5. 진혈처

작천리 北에는 시간 부족으로 현장에 올라가지 않았으나 건너편에서 본 즉, 작천리 지천위, 대강안, 남향등 유산록이 맞고 결록의 泰山下 土星水도 일치한다.(2021.5.)

전북 (45)

전북 고창군 유산록 4혈

1. 유산록 후편 199p~203p

방장산 래룡(來龍)으로서 고창에 있는 10여 개 혈을 설명하는데, 그중 대혈이라 생각되는 음택 4개를 추려서 답사하였다.(2022.5.)

2. 고창 운곡리 화시산 아래 호남대지

*유산록 후편 199p는 신월리에서 천전과협 후 화실봉(火失峰)을 세우고, 회룡은산형의 호남대지가 숨겨져 있다. 청백 4~5 중, 수구관쇄, 감탄불금. 결록에 누락되었다.

*화실봉은 화시산이다. 유산록은 운곡저수지 북편을 지적한다고 추정되는데, 극찬하고 있으나 주위가 산만하여 대혈은 없다.

3. 고창 칠암리 南 십리허. 비룡형

*백리개국, 간인수가 금성수, 병오수조당, 천만대부귀무쌍(千萬代 富貴 無雙)

*고창 공음면 덕암리에 있고 임좌이다. 호남 대혈급은 아니고 중등중급이다.

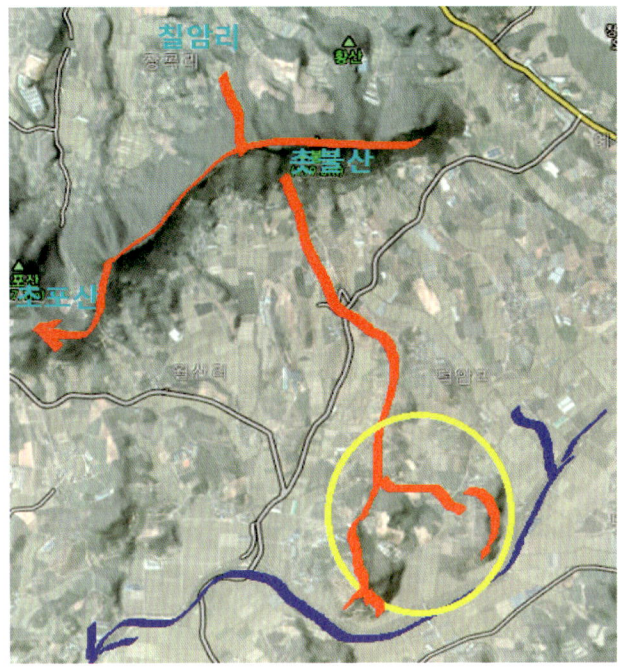

사진출처 :
카카오맵 스카이뷰
(https://map.kakao.com)

4. 무장면 왕제산 北편 왕후장상지

 * 천전도수 후 중중옥계장(重重 玉階障-帳?), 천시성원국이다, 왕후 장상지. 자세히 말할 수 없다(不可細論).

 * 공음면 석교리에 있고 을좌이다. 평지낙맥하였고 찬찬히 보면 청백과 안산이 잘 짜였다. 大장유형으로 입수한 탓으로 찾기 어렵다.

5. 고창 상하면 용대저수지 上 금반형, 옥인안

 주산이 평지로 내려와서 저수지 윗편에 여러 개의 금반을 차려 놓았다. 하장리에 있고 축좌이다.

6. 심원면 궁산저수지 상 농주형

 궁산리 산7@ 이씨집장지 고총 위에 있고 간좌이다. 호수 건너 안산쪽이 아름답다. 고총들은 호수 건너 동근 동산을 안으로 삼았으나 부적합.

* 혈처에서 본 전경

전북 김제시 연화도수
(묘쓰고 귀가하는 도중에 발복)

1. 인장묘발(寅葬卯發)

 음택풍수의 신묘한 효력으로 탈신공개처명(奪神功 改天命, 신의 힘을 빌려 정해진 운명을 바꾼다)을 주장하면서 그 예로 소개되는 설화 중에 인장묘발(寅時에 장사 지내고 卯時에 발복한다)이 있다. 장사 지내고 귀가하는 도중에 발복하는 셈이다.

 가장 널리 이야기되는 줄거리는, 가난한 총각이 어렵게 혼자서 부모를 장사 지내고 산에서 내려오다가 목이 말라 어느 집에 들려 물을 얻어 먹었는데 그 집 여주인과 눈이 맞아 합방을 하였다. 마침 여주인은 돈 많은 과부인데다가 하는 일마다 잘되는 덕에 총각은 부자가 되어 자식 낳고 잘 살았다는 이야기이다. 옛날에도 부자되는 지름길은 장가 잘 가는 것이 지름

길이던 모양이다.

역사적으로 기네스북에 오를 기록은 숙종 때 갈처사가 잡은 냇가의 음택이다. 땅을 파기도 전에 발복하였다. 갈처사는 서오릉에 있는 숙종 명릉을 소점했다고 하고 그의 발복추산법이 전해온다. 일이승 산도에 인장묘발하고 복록이 장원한다는 연화도수형이 만경 남쪽 오리에 있다. 흔히 빨리 흥하면 빨리 망한다(速發速敗)고 하는데 장원발복한다고 하니 매력 있다.

2. 일이승 산도

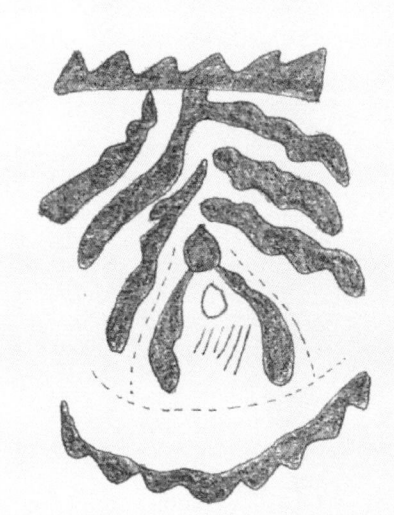

만경(김제) · 萬頃 (金堤)

연화도수형 · 蓮花倒水形

만경(萬頃) 남쪽 다섯마장(五里)에 연화도수형(蓮花倒水形)이 되어있구나. 이 자리는 천태을(天太乙)과 괘방(掛榜)과 귀인(貴人)이 나란히 서로 조응(照應)하고, 쌍천귀인(雙天貴人)이 뒤에 높이 솟아있고, 일월한문(日月捍門)이 내탐거무(來貪去武)하도다. 이 자리는 팔문구자법(八門九紫法)으로 용사(用事)를 하면 인장묘발(寅葬卯發)하여 백자천손(百子千孫)에 명공거경(名公巨卿)이 끊이지 않고 대를 이어 나올 자리이니, 귀중히 간직하고 함부로 사람에게 가벼이 말하지 마라. 〈一耳僧〉

3. 답사

남덕유산을 출발한 행룡은 장안산-마이산-만덕산-치마산-백운산-전주 모악산-완주 이서면 매봉산-김제 백산면 두악산을 거쳐 조용히 김제 만경평야에 스며들었다. 모악산이 태조산이 되고 그 아래 이름없는 낮은 산들이 中小祖산이 된다. 혈처도 조용히 앉았다. 현무의 과협과 입수의 결인이 야무져서 인장묘발인가? 연화부수(浮水)는 연꽃이 물에 뜬 모습이니 혈이 물가에 낮게 맺히는데 대하여, 연화도수(倒水)란 연꽃이 물에 쏟아진 모양이므로 조금 높게 맺히고 연꽃이 쏟아지는 도수형이 속발지이다. 부귀장원하고 인생살이에 애로가 없을 듯하다. 중등상급 대혈이다.(2021.8.)

＊ 연화도수의 국세

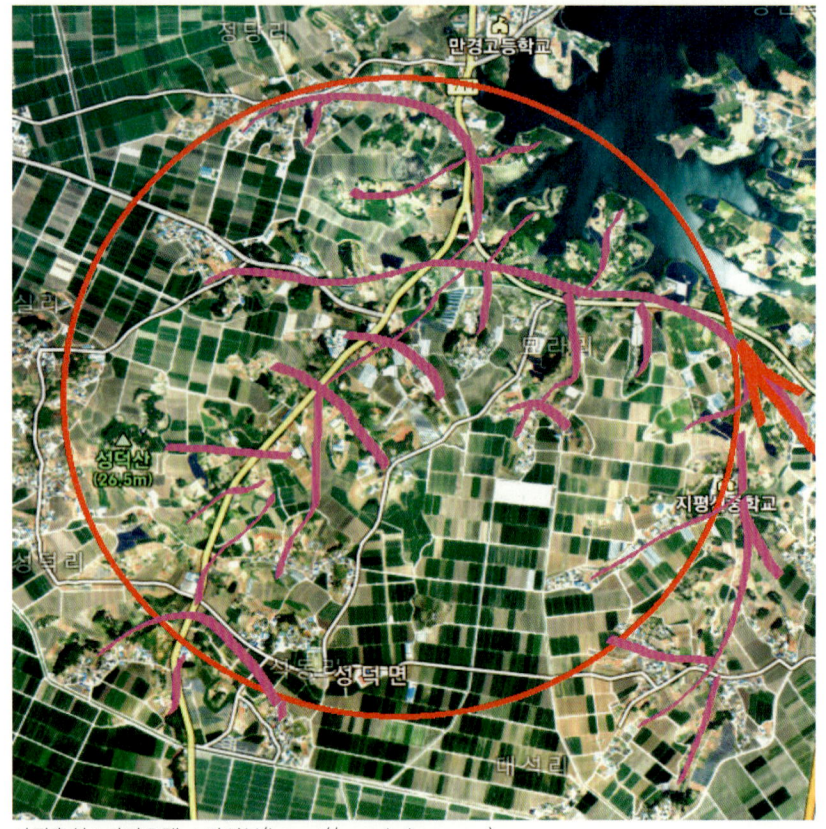

사진출처 : 카카오맵 스카이뷰(https://map.kakao.com)

전북 김제시 운중반룡형
(雲中盤龍形, 먼 후손의 영화지)

1. 먼 후손 영화지

일이승 산도를 보면 흥복사 부근에 운중반룡형이 있는데, 먼 후손의 부호 영화지라 하고 정태준, 나윤백이 동참하였다고 적혀 있다. 세월이 많이 지나지 않았으면 정씨와 나씨문중을 추적하면 외귀 스님의 행적을 밝힐 수도 있을 터인데 연구가 없어 아쉽다. 즉시 발복지인 만경 연화도수를 본 다음, 먼 후손 발복지를 찾아 대비해 보았다.

2. 일이승 산도

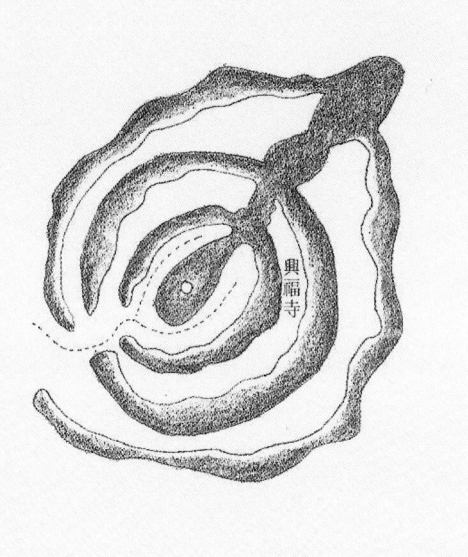

3. 답사

흥복사는 고구려 스님이 백제로 와서 지은 절이다. 산도를 보면 일이승이 동행자와 일박하고 임인년 2월 1일 운중반룡(김제 동쪽 10리)을 찾고 2월 3일에 비룡상천(김제 동쪽 15리)을 찾았다. 혈처는 김제 백산면사무소 부근인데 안산이 낮고 구름 같아서 발복이 느린 것인지 알 수 없다. 요즘 같은 초 스피드시대에 누가 먼 후손 발복지를 좋아할까.(2021.8.)

* 운중 반룡의 국세

사진출처 : 카카오맵 스카이뷰(https://map.kakao.com)

전북 남원시 四方 대혈

1. 남원 四方에 東 복호, 南 옥녀직금, 西 홍곡단풍, 北 장군대좌의 대혈이 있다고 한다. 西 홍곡단풍혈은 황희 정승의 조부 묘가 있는데 많이 간산을 간다. 기혈로서 대혈인가의 여부가 논의되는 곳이다. 별도 간산기 참조.

2. 東 복호

주천면 호기리 산35, 안곡마을 범덤미골 위에 있다. 건좌손향, 고묘 뒤, 중등초급.

3. 南 옥녀직금

장국리 36@. 간좌곤향, 견두산에서 온 옥녀봉(장국리 산135)의 손가락 끝이다. 거문고를 안(案)으로 하고 간좌곤향이다. 중등초급.

4. 北 장군대좌

시루봉 남면(南面)에 결혈되었다. 장군이지만 평화롭고 아름답다. 상하로 중등상급의 대혈이 맺혔는데 실혈했다.(2023.2.)

전북 남원시 배덕리 비룡등공 외 2혈

＊일이승 비룡등공(372p)

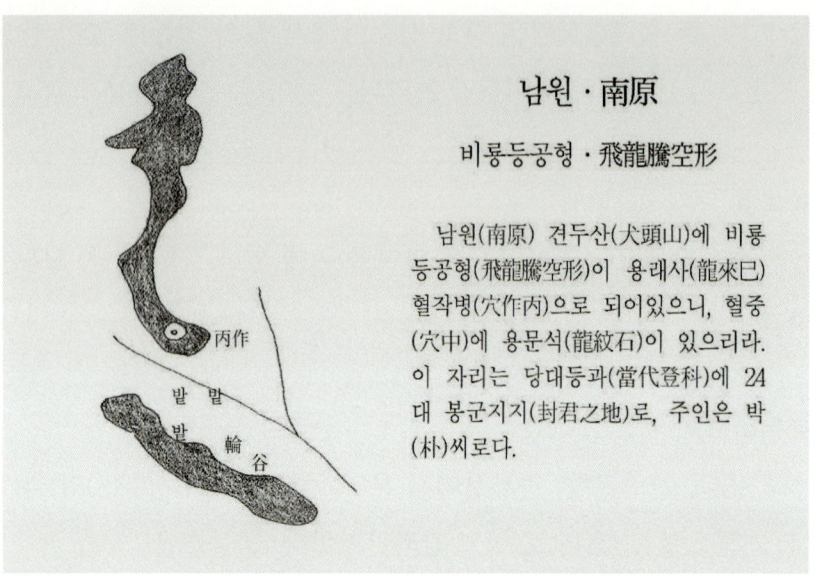

＊남원시 배덕리 669-3 또는 배덕리 산153-4(오좌)가 유력한데 토석채취와 개발로 훼손되어 진혈 찾기 불가.

＊사용불가 일이승 2혈-- 무학대사지리전도서에 남원에 있는 일이승 산도는 5개인데 비룡등공(배덕리 669-3, 석산개발), 창오분수(남원 오수는 현재 임실 오수면이다. 임실 금암리 산12-2, 도시개발)는 사용불가하다. 나머지 장군격고출동, 장군대좌(남원 산동은 현재 구례 산동면이다) 화사형(사매면)은 중등상급인데 살아 있다.(2023.2.)

전북 무주군 적상산 아래 대혈
(안산이 눈썹 같다)

1. 무주군의 여러 혈

장선생님 유산록 후편 106p에는 7개 혈을 기록하였다. 2018.9. 탐사해보니 천제 연소혈과 적상산 아래 대혈이 좋고 나머지는 초등명혈 수준이더라.

2. 적상산 아래 대혈

*물길이 아름답고 안산은 눈썹에 가깝다. 용이 거세게 행룡하다가 큰바위를 촘촘히 세우고 행룡을 멈추면서 혈처를 옹호하였다. 유산록은 왕후장상지지(王侯將相之地)라고 하였으나 속발 富와 權勢, 중등상급.

*적상산(1030m)은 덕유산(1614m)의 북서맥이 만든 산인데 정상은 사방이 깎아지른 듯한 400m 높이의 바위절벽(치마바위)으로 되어 있다. 가을 단풍(붉은 치마 같다 하여 적상산)과 적상산 사고(1614년 건설)가 유명하다.

*단풍 든 적상산

*주변 산세-- 혈처 앞 물은 무주군청 방향으로 흘러 금강에 들어가고 앞산은 안성면 금평리 산32에서 혈처로 가는 줄기와 분지하여 빙둘러서 혈 앞으로 왔다.

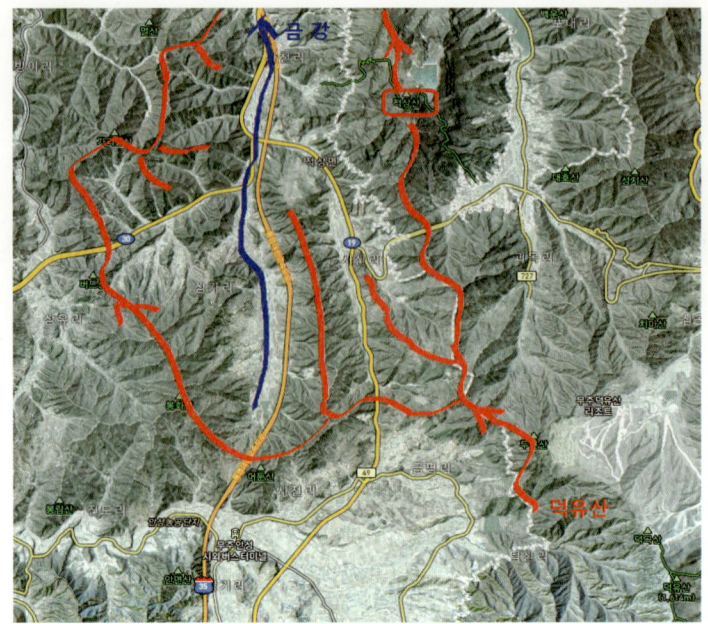

사진출처 : 카카오맵 스카이뷰(https://map.kakao.com)

3. 혈처

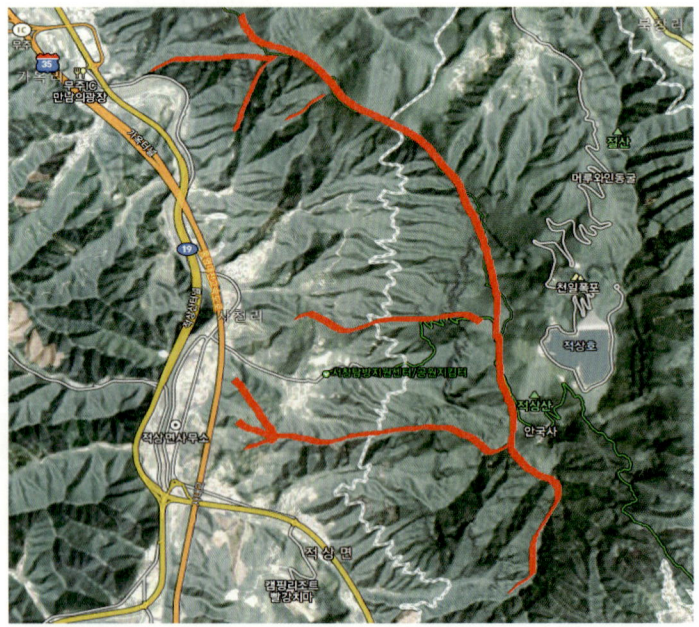

사진출처 : 카카오맵 스카이뷰(https://map.kakao.com)

4. 그 밖의 혈

 유산록에 있는 단지봉 아래 미혈은 적상면 사산리 523-1이나 모텔이 들어섰고, 봉화산 북락 장군대좌(적상면 삼유리 산?), 적상면 늘갓리 평지낙맥 영구음수(적상면 사천리?)는 소혈이더라.(2018.9.)

전북 순창군 금반옥호
(동네 뒤 허접하게 숨었다)

1. 일이승의 순창 금반옥호 산도

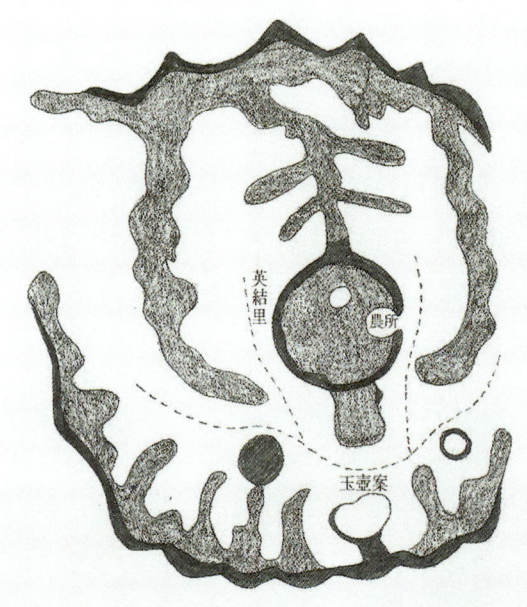

순창(淳昌) 삼방(三方) 남쪽 다섯마장(五里)에 금반옥호형(金盤玉壺形)이 되어있구나. 이 자리는 백호는 없고 청룡이 돌고, 외백호(外白虎)가 회포(回抱)하고, 해래임작(亥來壬作)에 곤수귀을(坤水歸乙), 서류남귀(西流南歸)로, 백화(白花) 3인에 부호지지(富豪之地)로다. 〈壬寅三月 蘆汀〉

2. 답사

산도에 적힌 영결리 농소는 지도상 나타나지 않는다. 순창 류등 창신리 동네 뒤 야산에 있다. 계좌가 맞는 것 같다.(2022.10.)

전북 순창군 동계면 내령리 구룡쟁주

1. 장익호 유산록 후편 126p, 풍악산 갑묘낙맥, 순창 무량산과 용골산이 조응, 대천환류, 구룡쟁주형, 문무 대발지지.

2. 탐혈

풍악산은 전북 순창과 남원 사이의 경계에 있는 600m 산이고 정상은 바위이다. 내령리에 들어서면 여의주에 해당하는 동산(내령리 529-2)이 있고 사방이 우뚝한 산으로 둘러싸여 있다. 그러나 혈처 찾기는 만만치 않다. 한 곳을 찾았는데 무량산과 용골산이 정면으로 마주 보이지 않아서, 의산은 구룡쟁주가 아니고 황룡농주형이라 주장했다.(2022.3.)

* 풍악산 정상

전북 순창군 아미산 금경투지형
(괴혈, 청개구리 엄마 묘소)

1. 일이승 산도

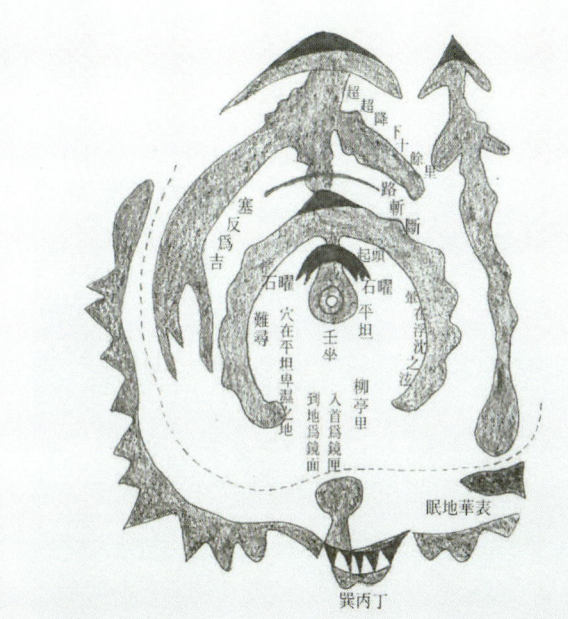

순창(淳昌) 남쪽 시오리(十五里)의 아미산(蛾眉山) 아래에 금경투지형(金鏡投地形)이 되어있구나. 이 자리는 용호(龍虎)가 회포(回抱)하여 대장(大帳)을 여는 가운데 일절(一節)이 남쪽으로 떨어져 명당을 만들었으니, 간수(澗水)는 서북방에서 동쪽으로 흐르고, 삼양(三陽)이 나열하고, 손신방(巽辛方)이 상대(相對)하였으니, 백화(白花)와 문과(文科)와 남행(南行)이 대를 이어 끊이지 않고, 5대 승상(丞相)에, 군왕종묘에 배향(配享)하고, 2대 현사(賢士)에 문무병출(文武並出)할 만대명현지지(萬代明顯之地)로다. 〈戊戌八月 蘆汀〉

2. 금경투지형(金鏡投地形)은?

＊금거울을 던져놓은 곳이란 뜻이다. 옥녀가 화장하려면 거울을 꺼내어 보아야 되니 요긴한 곳이다. 옥녀가 있고, 맞선 볼 선인이 있어야 된다.

＊혈처 中局과 소국-- 지도상 옥녀와 풍수상 옥녀는 다르다. 혈처는 산도

와 같이 임좌이고 옥녀봉이 내려다보는 곳이다. 또한 산도대로 비천한 습지(卑濕地)인 탓으로 사람들이 쓸 생각을 하지 않는다. 묘를 쓰면 비올 때 물이 침수될까 걱정되어 잠이 안 들겠다. 청개구리 같은 처지가 될 것이다. 요즈음 청개구리에게 효성을 기대할 수 있을지 모르지만…. 비천함에도 명혈로 기록을 남긴 것이니 대혈로 보아야 된다. 기혈, 괴혈인데 일이승은 이런 곳에 혈이 맺힌 것을 어이 알았을까? 신기하다.(2021.12.)

　*풍수상 옥녀와 지도상 옥녀

사진출처 : 카카오맵 스카이뷰(https://map.kakao.com)

전북 순창군 아미산 노서하전

* 일이승 산도

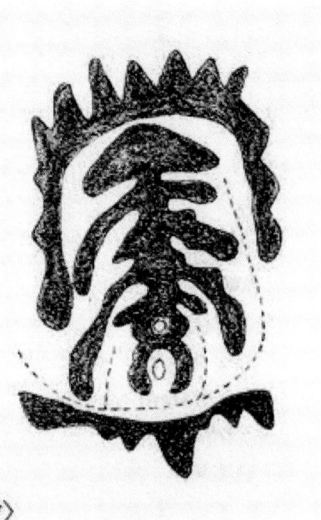

순창·淳昌

노서하전형·老鼠下田形

순창(淳昌) 미산(眉山) 아래에 노서하전형(老鼠下田形)이 퇴화안(堆禾案)을 하고 있구나. 이 자리는 장례 후 10년에 대발(大發)하여 벼슬은 현감(縣監)에 불과하지만 부(富)는 만석부(萬石富)에 이르고, 백자천손(百子千孫)하리라. 물이 서북방에서 나와 동쪽으로 흘러 무수파(武水破) 입후(入後)하니 명공거경(名公巨卿)이 끊이지 않고 대를 이어 나리라. 〈一耳僧〉

* 답사

　순창 발산리 산62 고령신씨 묘이다. 순창에서 명산은 아미산이다. 장유로 전개되었는데 맨 위의 백호쪽 묘가 진혈이고 재혈이 정확했다. 잘못하면 위로 올려 쓰기 쉬운 곳이다. 벼슬은 현감에 불과할 것이라는 결록이 맞는 듯 높은 벼슬을 한 후손의 묘는 이곳에 없었다. 현무, 청백, 안산이 고루 갖춘 교과서적 명혈인데 이런 곳은 비어 있을 리 없다.(2022.10.)

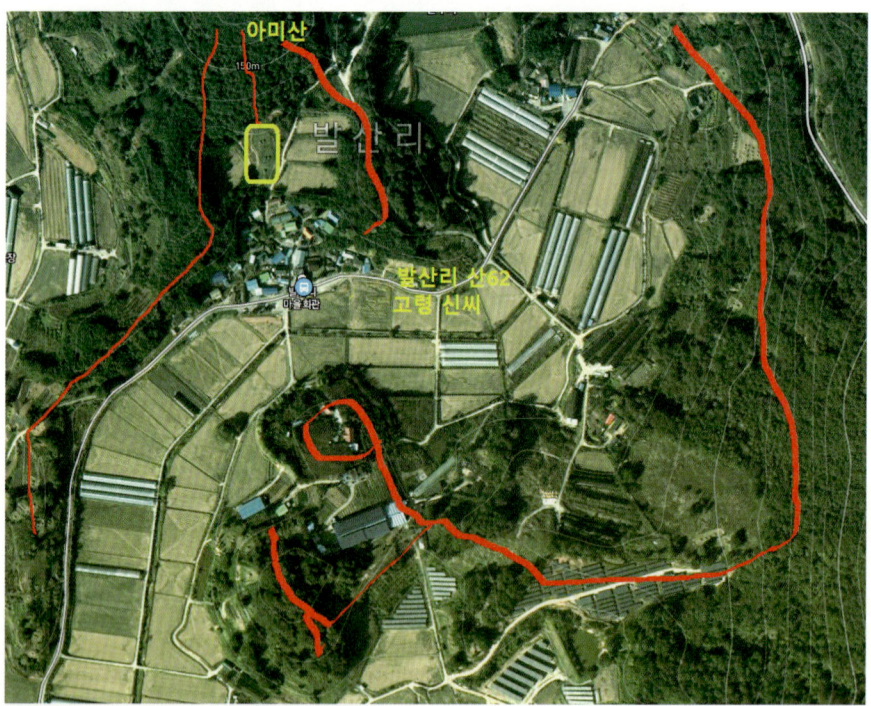

사진출처 : 카카오맵 스카이뷰(https://map.kakao.com)

전북 순창군 용마입구형

* 일이승 산도

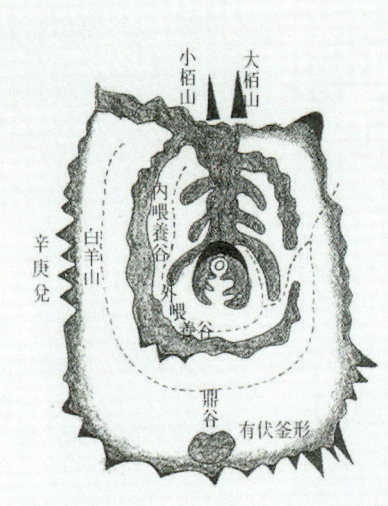

순창·淳昌

용마입구형·龍馬入廐形

순창(淳昌) 백산(栢山) 남쪽 다섯마장(五里)에 용마입구형(龍馬入廐形)이 망정안(望鼎案)을 하고 있구나. 이 자리는 청룡이 짧고 백호는 길게 돌아 안대가 되었고, 칠봉(七峰)이 나열하고 물이 북쪽에서 나와 회안(回案)하여 동남방으로 흘렸으니, 사겸합곡(似鉗合谷)의 백호를 길게 돌아나온 앞물(前水)의 대천(大川)과 교합(交合)하였도다. 이 자리는 내착외광(內窄外廣)하고 손신경태방(巽辛庚兌方)이 특립(特立)하고, 특립한 부모산(父母山)을 돌아보고(顧見) 있으니, 백화(白花) 5~6인에 문과(文科)가 여러명 나고, 7대 한림(翰林)에 26대 근신(近臣)이 나고, 백자천손(百子千孫)하리라. 〈丁酉二月 蘆汀〉

* 답사

　결록은 백산(栢山) 남쪽 五里라 하고 大小백산을 그려 놓았다. 다음지도에 백산을 검색하니 순창읍 아미산 북쪽 자락에 백산리가 나온다. 小아미산(지도상의 작은 아미산은 250m밖에 안된다) 자락의 평지에 금경투지형의 奇穴이 있다. 용마입구형은 아담하고 정상적인 모습이다. 계좌. 중등중급.(2022.10.)

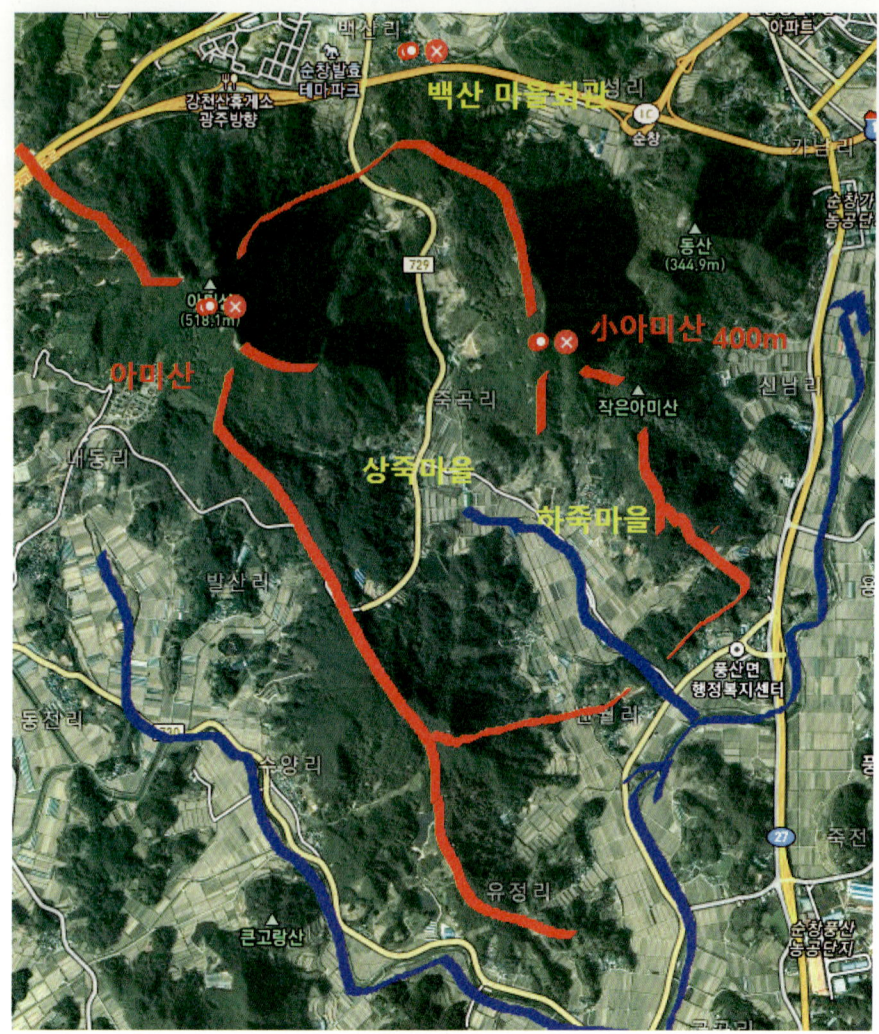
사진출처 : 카카오맵 스카이뷰(https://map.kakao.com)

전북 순창군 인계면 쌍암리 목단반개화
(파혈되기 전의 진혈처는?)

1. 파혈된 곳

목단반개화 또는 삼십육궁도시춘(三十六宮都是春, 소동절의 시귀이다. 필자의 회문산 오선위기 간산기 참조)이라는 혈인데, 쉴랜드라는 건강 휴양촌을 조성하는 바람에 파혈되었고 아래에는 순창논공단지를 조성하여 그 일부에 공장이 입주하였다. 못 쓰게 되었으므로 간산할 가치가 없으나 자미원 카페에서 스승과 제자가 파괴되기 前의 혈처에 관하여 의견이 다르므로 공부삼아 간산하였다.

2. 일이승 결록과 견해

순창군청으로부터 시오 리 남짓 한 쉴랜드 건강휴양촌 단지 내에 있다.

淳昌 北二十里 牧丹半開形(一耳僧)

連起木星 紫氣沖天 大小開帳 節節奇妙 三十六代卿相之地. 三十六宮都是春 此之謂也。

3. 지적지

* 혈처 국세-- 좁은 산등에 인공적으로 개울을 만들고 상·중·하로 세 개의 웅덩이를 만들어 놓았다. 선생님은 上지점을 혈처라 하고, 제자는 中지점을 찍었다.

사진출처 : 카카오맵 스카이뷰(https://map.kakao.com)

    그러나 혈처로 지목된 곳은 산줄기가 좁고 낮으며 먼 산이 보이지 않는다. 산끝이 안 쪽으로 휘어져 있고 청룡쪽에서 바람이 분다. 그러므로 이 줄기는 요대(허리띠)이다.

 * 요대 모습

사진출처 :
카카오맵 스카이뷰
(https://map.kakao.com)

＊사라진 진혈처-- 104동 생명의 집 방갈로이다. 뒷쪽에 도도록한 한 줄기가 내려온다. 바로 위에 조씨 묘가 곤좌 간향(진혈도 같은 좌향이다)으로 쓰여 있으나 양옆이 거칠어서 진혈이 아니다.

＊요대와 조안산

＊혈처에서 본 조안산-- 곤좌간향, 요대(주장지)에서는 이렇게 아름다운 조안산이 생기지 않는다.

4. 전체적 국세

　* 내장산에서 출발한 서남행룡은-- 백암산-대각산-추월산-작은 추월산-산신산-치재산-성적산-여분산-해맨산-회문산에서 그치고, 성적산에서 나누어진 다른 줄기는 강천산-무이산-원통산-백정산-작은 원통산-혈처-성미산-무직산-함박산에서 종료한다. 태조산인 내장산 행룡을 보면 혈처는 성미산으로 가는 과협머리이고, 간룡이 멈추는 곳이 아니다. 그런 탓인지 몰라도 혈처의 주산은 육산으로 힘찬 기색이 없고 은맥처럼 혈처로 내려왔다. 그러나 혈처 앞에 펼쳐진 광경은 참 아름답다. 목단이 피기 시작하니 온 세상이 봄날인 줄 알겠더라.(2021.1.)

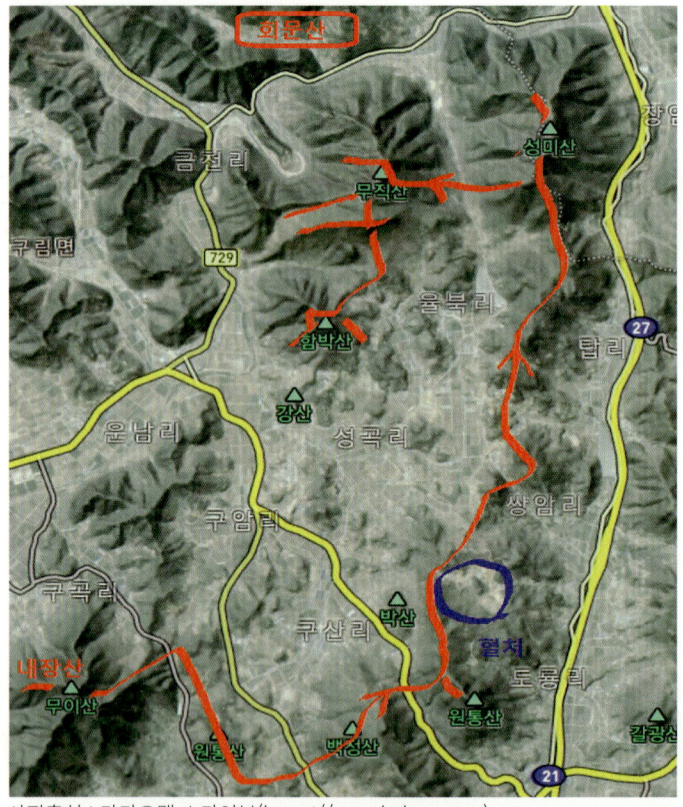

사진출처 : 카카오맵 스카이뷰(https://map.kakao.com)

전북 순창군 작은 회문산의
오선위기(五仙圍碁)와 양택

1. 순창 작은 회문산의 오선위기

＊지도를 보면, 장군봉(780m, 순창군 구림면) 행룡은 동쪽으로 가다가 한 줄기를 남쪽으로 보내어 큰 회문산(830m, 큰 지붕이라고도 한다. 구림 안정리)을 만들었고, 다른 줄기는 계속 동쪽으로 나아가 중간 회문산(590m, 임실군 용수리)과 깃대봉(780m)을 만들고, 일지(一枝)가 동북으로 진행하여 작은 회문산(580m, 덕치면 회문리)을 만들었다.

회문산은 세 개가 있는 셈이다. 편의상 장군봉에 이어진 제일 큰 산을 회문산이라 하고 회문리의 산을 작은 회문산이라 한다.(용수리 회문산은 중간 회문산이라 할 수 있으나, 밋밋한 언덕인 탓으로 무시되고 다음 지도상으론 이름이 없다)

＊회문리 지도

사진출처 : 카카오맵 스카이뷰(https://map.kakao.com)

＊회문산의 태조산을 보통 내장산으로 보는데 곡선을 그리며 80리를 행룡하여 웅장한 회문산을 세웠고, 회문산이 기세 등등한 가운데 한 줄기가 조용히 북동으로 빠져나와서 작은 회문산을 만든 다음, 섬진강에 이르러 회문리를 만들고 100리 행진을 끝 마친다. 내장산의 동쪽 말낙이요, 회문산의 동록이라 할 수 있다.

＊보통 오선위기는 큰 회문산에 있는 혈을 말하나, 작은 회문산 아래에도 오선위기가 있다. 섬진강 댐에서 동으로 흐르던 물길은 남으로 둥글게 직각으로 꺾어서 조용히 회문리 앞으로 흐르고 4仙人은 강 건너에 있다. 남덕유산의 四仙이 임실을 거쳐 덕치면 약담봉에 이르러 섬진강 물길을 회문리 마을 앞으로 흐르게 돌려 놓고 내장산의 신선과 섬진강가에서 만났다. 키들이 비슷하고 오순도순 모여 수담(手談)하는 모습이 정답다.(중등 중급) 신선들의 대국은 승리를 위하여 전투하는 것이 아니고 화국(和局 비김)을 목표로 하는 신선 놀음이다.

몇 년 전 신문사가 한국 제일기사 이창호를 초청하여 중국 최고수 창하오와 친선대국을 가진 일이 있었다. 결과는 종반에 쌍패(双覇)가 생겨서 빅이 되었다. 이창호가 유리하던 판이라 승부조작이란 말도 있었으나 찬사를 보낸 사람이 많았다. 이런 것이 신선의 바둑이다. 증산교가 말하는 4강국의 한국 쟁탈전은 투전판이고 신선놀음이 아니다.(큰 회문산의 오선위기는 따로 쓴다)

＊회문산 결록은 분분하지만, 대혈로는 오선위기, 장군대좌, 선녀직금이 믿을 만하다. 그러나 위 혈들은 적덕한 집안이 아니면 하늘이 재앙을 내린다고 하니 자격취득이 어려운데 이 작은 산의 혈은 작은 선행자라도 얻을 수 있고 노기를 털어버려 편안할 것이다.

2. 양택

＊회문리 마을은 주변의 산과 물길이 아름답다. 멀리 강진 백련산이 휘장친 좋은 양택이 있고(중등중급) 조씨제실 밑에도 길지급의 양택이 있다. 배산임수이고 안산과 강물이 적당한 거리에 있고 안산 높이도 적당하다.

＊최근 TV에서 한의사 김선생님이 전국을 세 번 순회한 끝에 회문산 양택명당을 찾아 '우리 한의원'을 차리고 힐링센터를 운영한다는 방영을 보았다. 호기심에서 추적해보니 안정리 820인데 약초도 재배하고 손님도 맞이하는 등 그 분에게는 대명당이겠으나 일반인에게는 교통과 경제활동이 어려워 고생하겠더라. 그 곳은 장군봉 래맥이다.

＊양택은 생활 근거지를 옮겨야 되는 어려움 때문에 실용가능이 낮아 비결이 적은데 李義臣(李懿信? 광해군 때 교하천도론을 주장, 전남 해남 출신)이 양택비결도을 남겼다. 그중 "회문동초입, 자좌, 오룡음수형, 3천년 장상지지(회문산 장군대좌 음택보다 천 년은 더 간다), 十世有德家 아니면 神變 있으니 먼저 萬人 積善하라. 호남제일 양택"이라는 결록이 있다. 최근 탐방하여 자세히 본 즉, 발복과 순위는 엄청 과장되었으나 富, 貴, 文, 權을 갖춘 파워풀한 중등상급의 대혈이더라. 적덕에 자신있는 분은 찾아보시라.(2019.10.)

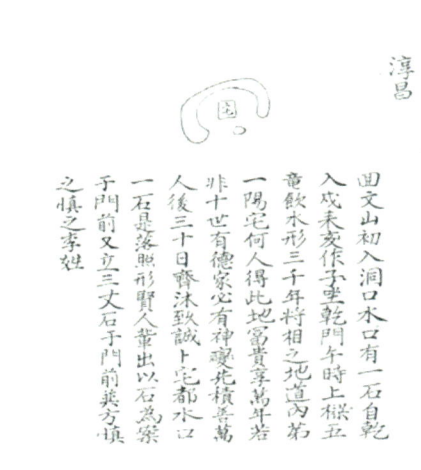

전북 완주군 고산 갈마음수
(실제는 논산시 채광리에 있다)

* 두사충(무학 376p) 갈마음수-- 고산 北50리, 자좌, 묘득, 대수횡류, 초패.

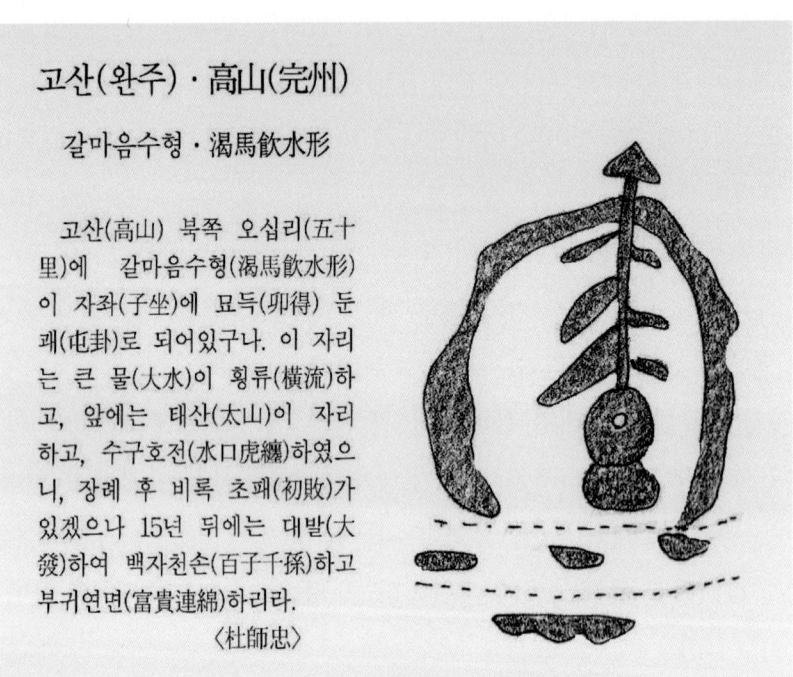

* 답사

충남 논산시 채광리 28@-@, 자좌-- 대둔산 래룡의 바랑산이 소조인데 굉장한 힘을 보내준다. 안산은 눈썹처럼 아름답고 안쪽으로는 오산천이 흐르고 밖으로는 논산천이 흐른다. 많은 묘가 쓰여 있으나 진혈은 비어 있다. 채광리 산12-3에 있는 김씨 묘도 중등초급이다. 중등중급.(2023.2.)

* 바랑산 바위봉-- 혈처 부근에서 본 모습

전북 완주군 고산 장군대좌 행군형

* 일이승 산도(373p)-- 巳丙룡 巽입수 丙坐, 5년 후 발복, 백자천손, 명공거경.

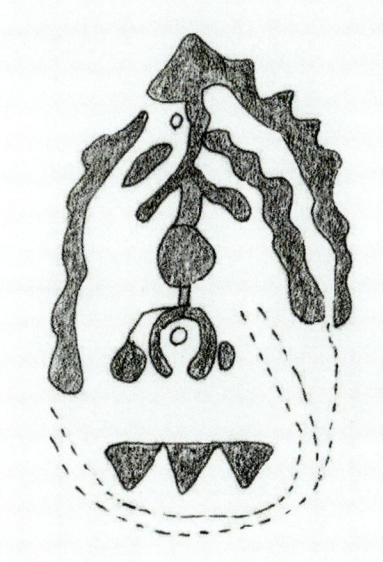

* 완주군 양야리에 맺혔는데 택지조성으로 원형이 훼손되었다.(2023.2.)

전북 완주군 반룡형

* 두사충 용혈도-- 무학전도서 375p

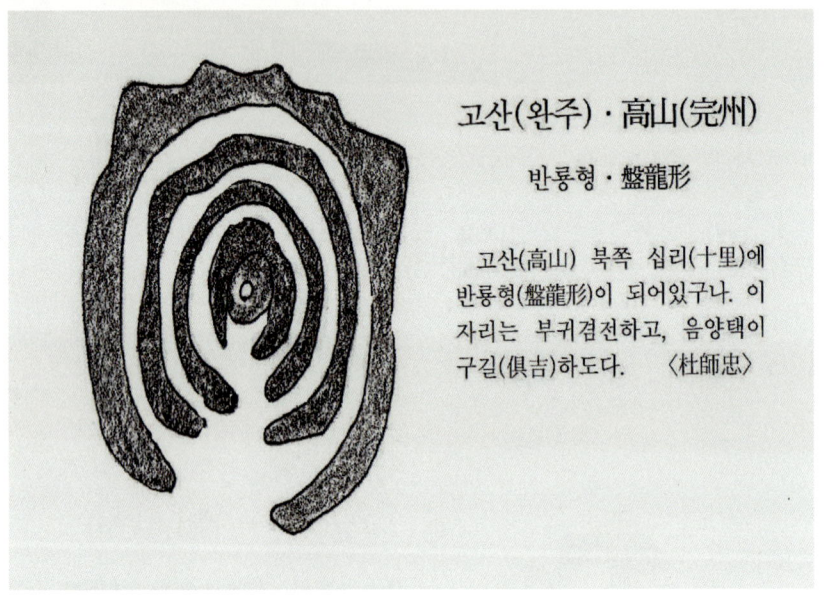

* 완주 화산 아래 비봉면 이전리 산27에 맺혔다. 길에서 볼 때 산등 맨 아래쪽에 잘 만들어진 묘가 눈에 띄었는데 너무 내려왔다고 생각되었다. 산등에 올라보니 일열로 내려가면서 묘들이 총총히 쓰여 있고 이미 버려진 묘가 많았다. 정처를 잡지 못하고 허혈에 쓴 탓이다. 너무 내려왔다고 생각한 묘가 정혈이었다.(2023.2.)

전북 완주군 성뫼산 장군대좌 행군형

＊두사충 산도(무학지리전도서 374p)-- 고산 20리(里), 건좌, 일월안.

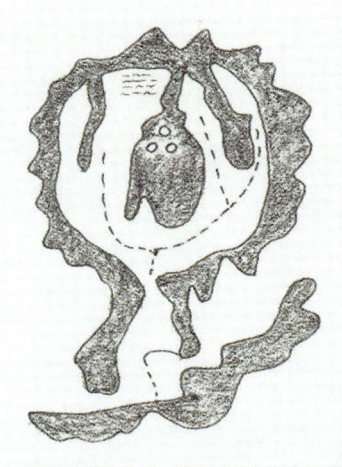

고산(완주)・高山(完州)

장군대좌형・將軍大坐形, 啓德山

고산(高山)에서 이십리(二十里)의 벌암(伐岩) 계청산(啓聽山)에 장군대좌행군형(將軍大坐行軍形)이 건좌(乾坐)로 앉아 일월안(日月案)을 하고 있구나. 이 자리는 천태을(天太乙)이 특립(特立)하고, 갑주사(甲冑砂)가 운횡(雲橫)하고, 용마시풍(龍馬嘶風)에 우검좌홀(右劍左笏)하니, 장례 후 3년에 대발(大發)하여 백자천손(百子千孫)하고, 장상(將相)이 연이어 5대에 걸쳐 나리라. 〈杜師忠〉

＊결록과 달리 고산 北西10리허에 있는 완주 백도리 산15@에 있다. 건좌이고 중등중급이다. 2014년에 쓴 최씨묘가 진혈이다. 그때까지 비어 있었던 것이 신기하다.(2023.2.)

전북 완주군 작약화심
(병조판서 정묘를 보지 않고는 화심을 말하지 마라)

1. 용혈도와 결록

* 용혈도

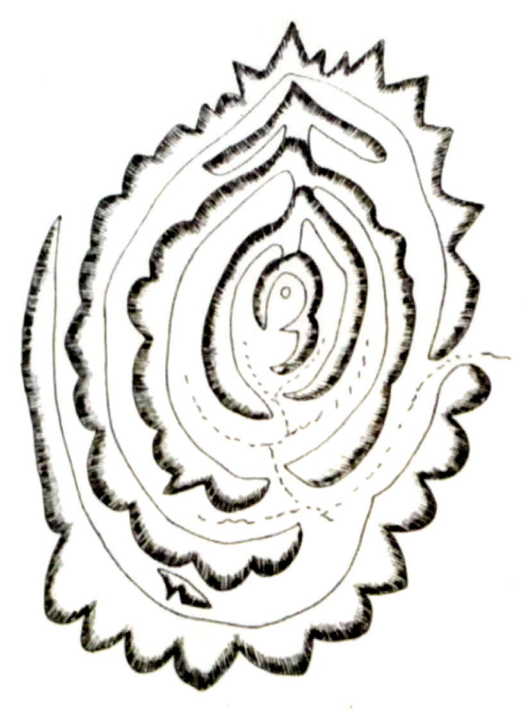

3. 용혈도(龍穴圖)
전주 작약화심 선인야유상격(全州 芍藥花心 仙人夜遊賞格)
도선국사 풍수문답의 책에서

* 결록

全州 東北 花心里 芍藥化心處 仙人夜遊賞 神童奉玉燭 玉女金盤奉 丁申花 草中 玉印金盤坐 葬後十參年 神童出 大昌起家 千子萬孫 十八代卿相之地.

2. 어떤 풍수의 간산 도면

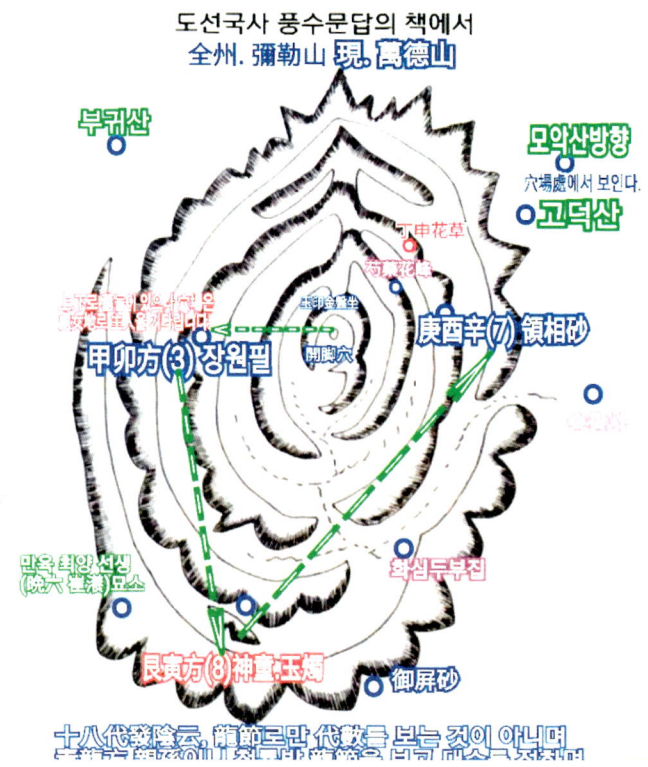

3. 답사

일이승 산도에는 없고 도선국사 문답서에 용혈도가 있고 자00이 간산기를 발표하였다. 그런데 위의 간산도면은 180도로 돌려 놓고 보아야 맞다. 화심리는 화심마을(원화심이라 부른다) 유상마을 구진마을을 합친 일대(一帶)인데 만덕산이 남하한 곳이 아니고 북상한 곳에 있다. 혈처로 지목된 곳은 간인(艮寅)방(方)을 보고 있으니 아마도 신좌인향인 듯 보인다.(모악산도 만덕산의 왼쪽이 아닌 오른쪽에 있다) 그렇다면 지적지는 유상마을임이 분명하므로 먼저 그곳을 찾아가서 유심히 살펴보니 결혈처가 없었다. 위의 간산도를 머리에서 지우고 원(元)화심마을로 들어가서 보니 마을 소개판에 화심 명당이 있다는 설화가 적혀 있었다. 무수한 꽃봉들이 내려와 혈처를 만든 곳이 있었다. 올라가서 보니 멀리 앞쪽에 만덕산이 보이고 빙둘러 원국을 이루었는데 모두 꽃이다. 대형 화심인데 병조판서 정공의 부부묘가 있었다. 건좌이니 회룡고조격이다. 소양면 화심리산 40-1. (2022.12.)

* 정묘-- 최근 사토했다. 정혈 윗쪽에 묘 셨으니 감복되었을 것이다.

* 정묘 전경-- 실제 현장에서 보면 화려함에 넋을 잃는다. 이 묘를 보지 않고 다른 곳에서 화심을 찾는 것은 태산을 못 보는 장님과 같다.

* 화심지도

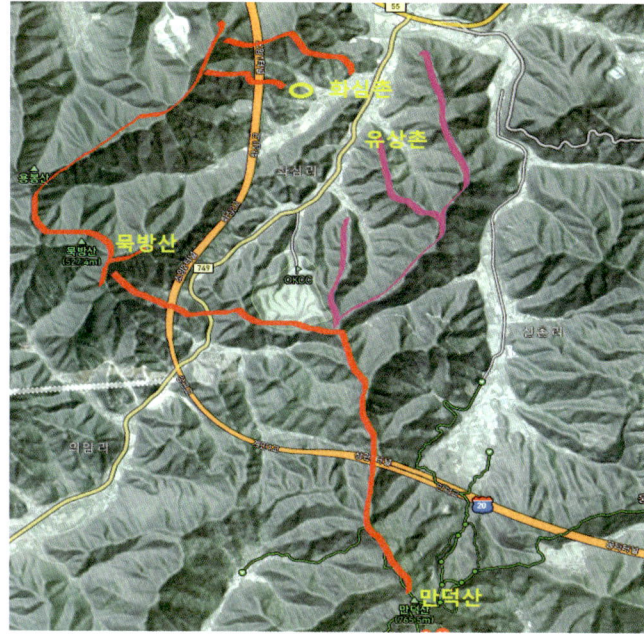

사진출처 :
카카오맵 스카이뷰
(https://map.kakao.com)

* 화심 중국

사진출처 : 카카오맵 스카이뷰(https://map.kakao.com)

전북 완주군 장군격고형
(속안 불가지지)

* 두사충 산도 370p-- 신안이라야 재혈할 수 있다.

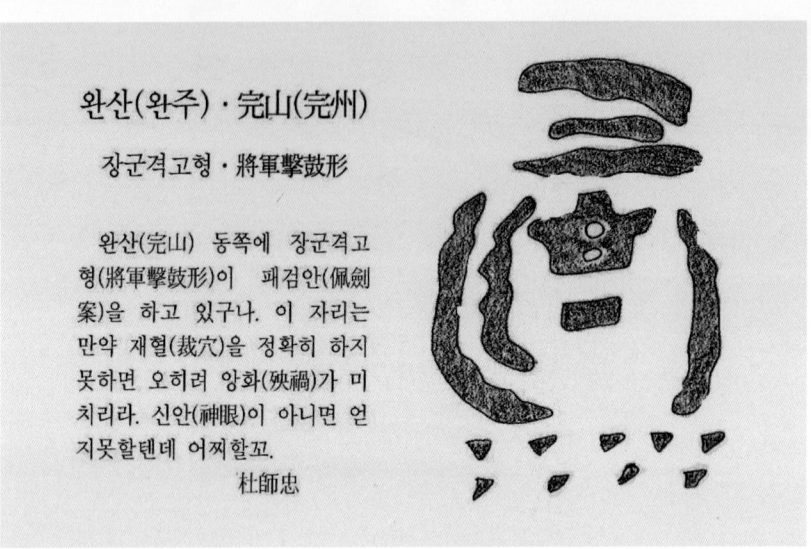

* 답사

혈처가 완산 동쪽이라는 말밖에 없다. 그러나 신안이라야 재혈할 수 있다는 말에 흥미가 생겨 지도를 검토한 뒤 답사했다. 마이산에서 북상하는 행룡은 주화산에 이른 뒤 운암산으로 가는 도중에 한가지가 위봉산으로 가서 180도로 회룡고조하여 종남산을 세웠다. 혈처는 종남산이 평지낙맥하여 자좌로 맺혔고 中上대혈이다. 그러나 확신이 없으면 망설일 것이다.(2023.2.)

전북 완주군 장군대좌행군과 복치

* 일이승 산도

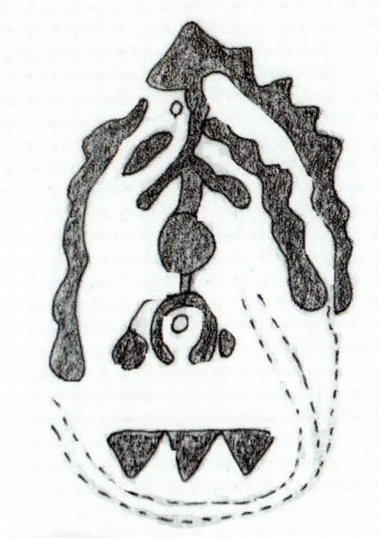

고산(완주) · 高山(完州)

장군대좌형 · 將軍大坐形, 林下村

고산(高山) 아래 임하촌(林下村)에 장군대좌행군형(將軍大坐行軍形)이 사병룡(巳丙龍)에 손입수(巽入首) 병좌(丙坐)로 앉아 일월안(日月案)을 하고 있구나. 이 자리는 장례 후 5년에 시발하여 기재(奇才)에 백자천손(百子千孫)하고, 명공거경(名公巨卿)이 명재기린(名載騏驎)하여 그 공(功)이 만세에 전하여지리라. 〈一耳僧〉

* 혈처중국-- 혈처는 양야리 산65 일원인데 개발로 훼손되었다. 원 위치를 가늠해보는 재미가 있다.

사진출처 :
카카오맵 스카이뷰
(https://map.kakao.com)

* 양야리 43@에 결록에 없으나 알찬 복치혈(간좌)이 있다.(2022.12.)

전북 완주군 종리 장군대좌
(결록에 없는 곳)

1. 고산(완주)의 장군대좌 결록

무학지리전도서 완주편에 일이승과 두사충의 장군대좌 결록이 아래와 같이 세 개가 있다.

① 고산 아래 임하촌 손입수 병좌(무학 p373. 일이승 결)
② 계청산 건좌(무학 p374. 두사충)
③ 운암산 정락(무학 p377. 두사충)

운암산 정락에 있다는 장군은 운암산 선인독서에서 검토하였고 나머지는 지명이 변경되어 찾을 수 없었다. 대신에 운암산 근처에서 결록에 없는 장군대좌 한 개를 찾았다. 상당히 큰 혈이므로 간산기로 남긴다.

2. 행룡과 中局

운암산래룡은 아니고 운장산래룡이 702고지(소항리 산1-2)에서 나누어져 크게 돌아 운암산 옆에 결혈하였다.

* 행룡

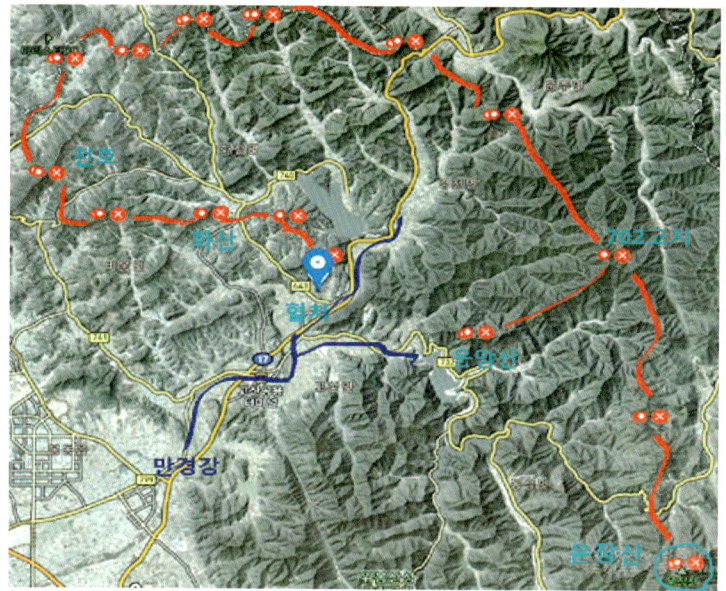

사진출처 : 카카오맵 스카이뷰(https://map.kakao.com)

* 中局-- 3봉으로 2단 개장

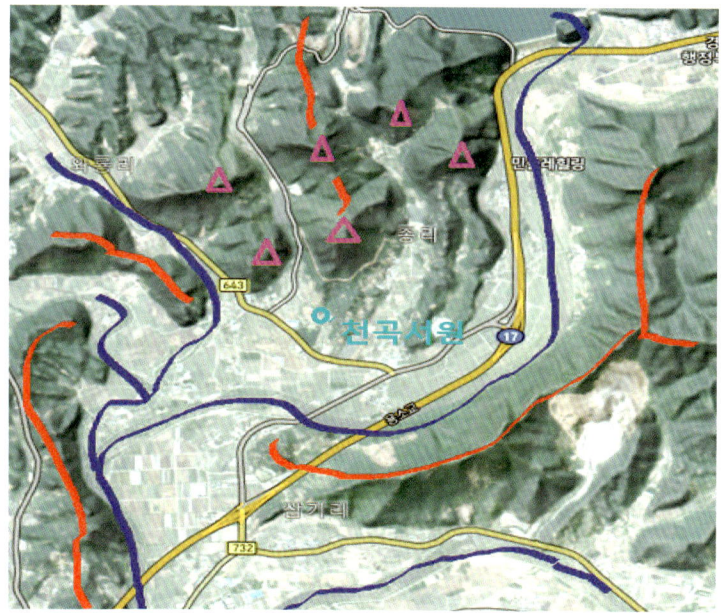

사진출처 : 카카오맵 스카이뷰(https://map.kakao.com)

＊종리장군

3. 현장

뒤에는 삼봉 2개가 2단으로 열지어 있고 물은 만경강으로 들어가 변산포와 군산포 사이로 入海한다. 밑에 천곡서원(임란때 선조를 호종한 공신인 임윤성을 모시는 사당)이 있다. 국이 크고 주산이 힘 있다.(2022.1.)

전북 용담과 무주의 경계 지소산 아래
비연형(飛燕形)

* 일이승 산도의 옹점후룡 부귀혈

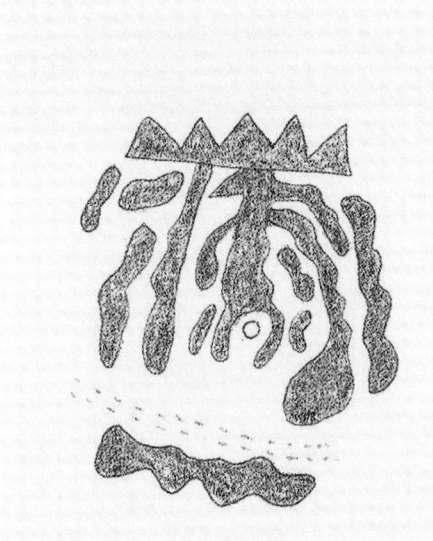

용담(진안)·龍潭(鎭安)

옹점후룡·甕店後龍

용담(龍潭) 동쪽 십리(十里)의 지산(智山) 아래에 있는 옹점(甕店) 뒤에 자리가 져있으니, 이는 을미갑좌(乙未甲坐)에 생수고파(生水庫破)로 되어있구나. 이 자리는 장례 후 15년에 대발(大發)하여 자손백천(子孫百千)에 타족(他族)이 따르지 못할 부귀(富貴)가 나리라.
〈一耳僧〉

* 답사

 일이승 산도는 물형을 기재하지 않았으나 답사한 바 비연(飛燕)형이다. 지소산(441m, 산도는 智山)은 지장산(773m)이 강변에 세운 작은 산이다. 금강협곡에 명당이 좁아서 혈이 없을 것 같았으나 중등중급을 웃도는 좋은 혈이다. 지소산에서 을미갑좌되는 곳은 많지 않다. 인장묘발의 속발지 형태를 갖추었다.(2022.8.)

전북 익산시 모란반개
(산도의 장소 지적이 이상하다)

* 일이승 산도

익산·盆山

모란반개형·牧丹半開形

익산(盆山) 서북쪽 이십리(二十里)에 있는 죽청(竹靑)의 상화사(上花寺) 아래에 모란반개형(牧丹半開形)이 갑래간작(甲來艮作)으로 되어있구나. 이 자리는 일월한문(日月捍門)과 천태을(天太乙)이 특립(特立)하고, 옥대사(玉帶砂)와 홀사(笏砂)가 서로 조응(照應)하고, 화심(花心)이 평지(平地)에 졌으니 장례 후 3~5년에 발음(發蔭)하여 부마(駙馬)와 왕비(王妃)가 나고, 7대 한림(翰林)이 나리라. 〈一耳僧〉

* 답사-- 갑래간작, 간좌, 회룡고조격,

익산 西北20리는 황등면과 서수면인데 큰 혈이 맺힐 곳이 없고 죽청은 다음 지도상 성남리에 있으나 익산北에 있고 대혈이 맺힐 국이 아니다. 진혈은 호암리 호암제 부근에 비어있다. 산도는 혈처 5개를 표기하였으나 산도의 아래 부분에 표시된 3개혈 중 2개혈이 진혈이다, 용화산-선인봉-낭산산 래룡(來龍)이다. 속발 거부지.(2022.12.)

사진출처 : 카카오맵 스카이뷰(https://map.kakao.com)

전북 익산시 미륵산 연화반개
(넓은 연밭 속에서 어떻게 찾을고?)

1. 장익호 유산록이 극찬한 혈

미륵산(430m)은 진안 운장산에서 완주 천호산, 익산 용화산을 거쳐서 왔다. 미륵산 평지낙맥에 술산 복구형이 있다. 장익호 유산록 전편 434p를 보면 미륵산 아래 양호간(兩湖間)에 술산 복구형보다 부귀가 더하는 연화반개(蓮花半開)형이 있다고 세간에 전해 온다. "미륵산 연기수봉후(連起數峰後) 동락일지에 잡목 우거진 곳에 천하대혈 묻히어 있더라. 겸혈, 수많은 물줄기가 좌선하여 돌아간다. 당대 장상나고 부귀만대 장원 云云"

2. 답사

　＊연화혈은 강이나 연못 가까운 곳 또는 논과 같은 저습지 근처에 결혈된다. 설화는 두 호수 사이에 있다고 하는 바, 금마저수지와 도순저수지를 2개 호수로 본다면 그 사이에 용화산이 있고 용화리가 유력하나 미륵산과 무관하다. 유산록은 연기수봉 후 동락일지에 잡목 우거진 곳이라 하나 물가에 잡목 우거진 곳은 없다.

　＊초심으로 돌아가 미륵산 아래 연화를 찾는다면 아래 지도 표시가 된다. 넓은 평지에 은은하게 내려와 전체국의 중심에 무게를 잡고 앉았다. 활짝 피면 연화부수가 될 터이다. 장원할 좋은 혈이나 동네 부근이다.(2022.1.)

　＊연밭

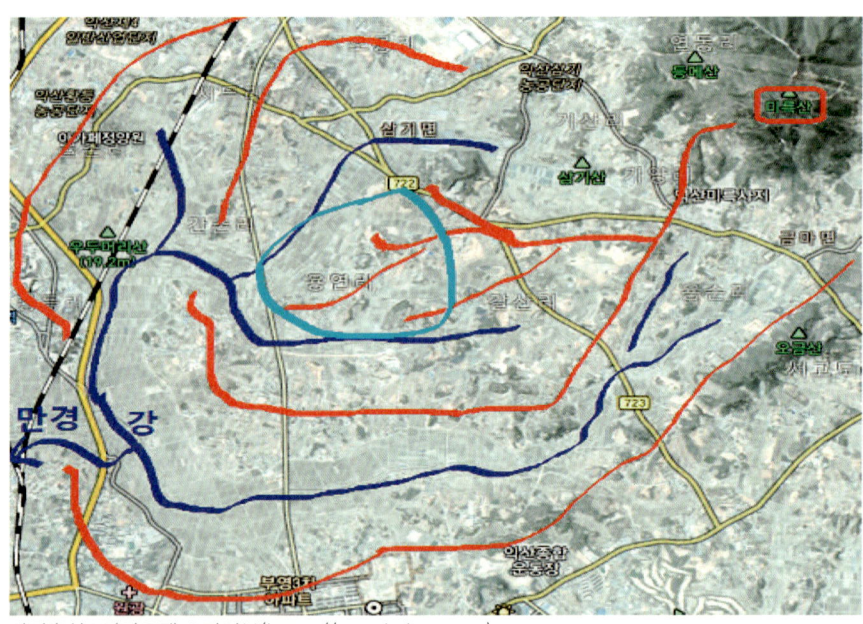

사진출처 : 카카오맵 스카이뷰(https://map.kakao.com)

* 연화반개 중국

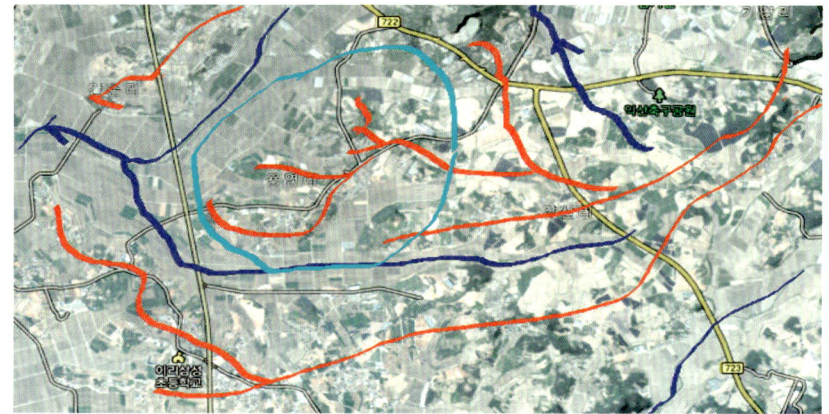

사진출처 : 카카오맵 스카이뷰(https://map.kakao.com)

전북 익산시 성남리 선인무수
(尋穴難 用事難)

* 두사충 용혈도(무학대사전도서 382p)-- 갑좌, 오득술파, 南미륵 北낭산.

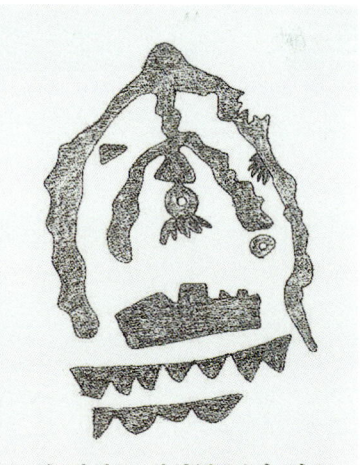

＊주산에서 구릉으로 내려왔다. 심혈도 어렵고 마을 근처이므로 사용하기도 어려울 것이다. 지도상 낭산산 채석장 등매산쪽에 이완용의 파묘터가 있다.(2022.1.)

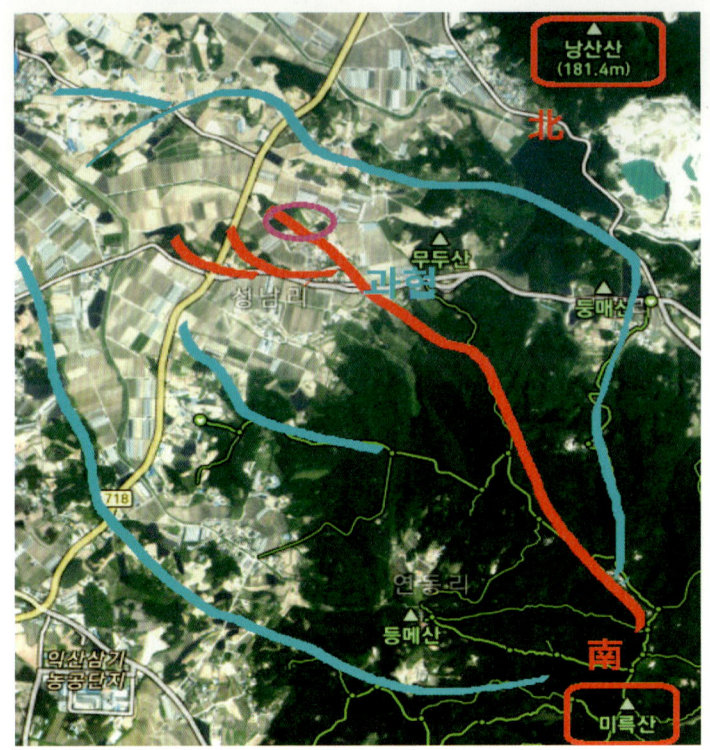

사진출처 : 카카오맵 스카이뷰(https://map.kakao.com)

전북 익산시 연소혈
(尋穴難 用事難)

＊일이승 산도-- 낭산 아래, 횡금안, 을래갑좌

여산(익산)·礪山(益山)

연소형·燕巢形

여산(礪山) 서쪽 이십리(二十里)의 낭산(朗山) 아래에 연소형(燕巢形)이 횡금안(橫琴案)을 하고 을래갑좌(乙來甲坐)로 되어있구나. 이 자리는 장례 후 10년에 대발(大發)하여 백자천손(百子千孫)하고 부귀면원(富貴綿遠)하리라. 〈一耳僧〉

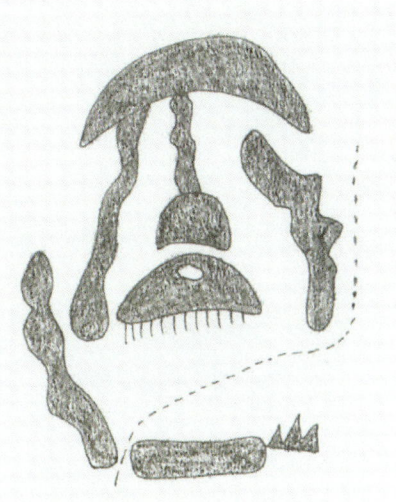

* 낭산리 우금마을에 있다. 구릉지로 찾기 어렵고 용사하기도 어려울 듯.(2022.1.)

사진출처 : 카카오맵 스카이뷰(https://map.kakao.com)

전북 익산시 오산면 분록축군형
(물형이 재미있다)

1. 결록

* 일이승 산도-- 무학대사 전도서 379p

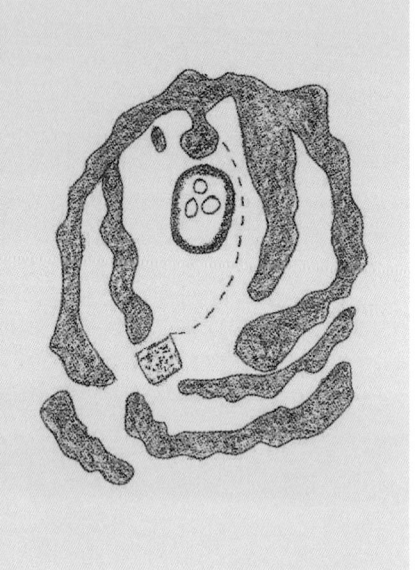

* 奔鹿逐群形이란 무리에서 뒤처진 사슴이 급히 무리를 쫓아가는 모습이다. 장항(獐項, 노루목)이란 이름의 마을이 있고 달리는 노루의 물형이 있으니 희한하다.

2. 답사

미륵산에서 출행한 행룡은 익산시내를 거쳐 평지로 행룡하다가 낮은 구릉의 장항마을을 만들고 가정주택 부근(익산시 장신리 952-@@)에 떨어졌다. 결록대로 인좌를 놓으면 수구쪽이 되는데 案은 먼 마을이 된다. 마을(예전엔 낮은 구릉이었을 것이다)이 사슴군이다. 완주 익산 방면의 평지

낙맥은 찾기가 어려운데, 대부분 마을 부근이므로 답사하지 말자고 다짐을 하지만 결록은 대혈로 소개하므로 다시 찾게 된다. 공부감이다.(2022.1.)

전북 익산(함열) 웅포 장군대좌
(血食百代할 大地라는데)

1. 일이승 산도(무학대사전도서 388p)

함열(咸悅)·益山(益山)

장군대좌형·將軍大坐形

함열(咸悅) 웅포(熊浦) 남쪽 어주산(御注山)에 장군대좌형(將軍大坐形)이 일진안(一陣案)을 하고 있으니, 이는 십리행룡이 신두유좌(辛頭酉坐)에 사면수대강파(四面水大江破)로 되었도다. 이 자리는 우검좌군(右劍左軍)에 천태을(天太乙)이 특립(特立)하고, 금주독(金冑纛)이 횡운(橫雲)하고, 조봉(朝峰)이 나열하였으니 자손천만(子孫千萬)하고, 팔자옹위(八字擁衛)하였으니 혈식백대(血食百代)할 대지(大地)로, 장례 후 10년에 발음(發蔭)하여 연대장상(連代將相)이 나리라. 조심 조심, 함부로 전하지 마라. 〈一耳僧〉

2. 답사

혈식백대 대지, 連代장상, 함부로 전하지 마라고 하니 구경하고픈 생각이 앞섰다. 결록 중 "웅포남쪽 어주산, 십리행룡이 辛頭酉坐, 四面水大江破"라는 구절 가운데 어주산은 알 수 없고 사면수가 있는 곳이라면 섬이어야 된다. 그러나 산도를 보면 섬이 아니다. 웅포 남쪽의 국세에서 신두유 좌라면 회룡고조격인데 지도상으로 보아 입점리가 가능하였다. 답사하니 수조탱크 아래인데 원형이 파손되었다. 국세는 좋으나 래용이 용맹스럽지 못하여 진혈을 찾았는지 의문이다.(2022.1.)

 * 웅포면 장군대좌 지도

사진출처 : 카카오맵 스카이뷰(https://map.kakao.com)

3. 용사하였는가?

이명석 『명산의 혈』 508p에는 아래의 산도를 게재하였는데 결록 끝에 李容求 用云이라 적혀 있다. 이용구가 썼다는 뜻인데 웅포에 대발복한 묘가 있다는 말이 없으니 진위를 알 수 없다.(2022.1.)

咸悅熊浦南御住山作主十里行龍頭
西坐回面水大江破將軍大坐形一連
案左劍滷味右軍天乙特立金胄毒
懸懸橫重羅列七年發子孫萬八字擁
衛血食干連將相 李容求用云

전북 임실군 강진 비봉귀소

* 일이승 산도

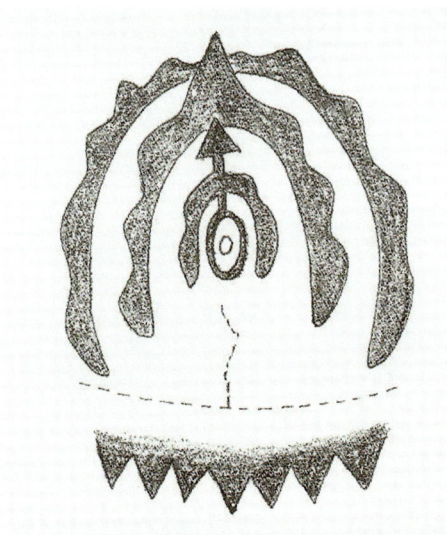

강진(임실)·江津(任實)

비봉귀소형·飛鳳歸巢形

강진(江津) 북쪽 십리(十里)에 비봉귀소형(飛鳳歸巢形)이 있으니, 이는 36대 부귀영화지지(富貴榮華之地)로다.

＊답사

임실 西方14키로 강진면 학석리에 비봉귀소가 있다. 소국(당국)은 좁으나 수많은 봉이 모여든다. 허접하게 방치되고 일부가 훼손되어 있다. 미좌.(2022.10.)

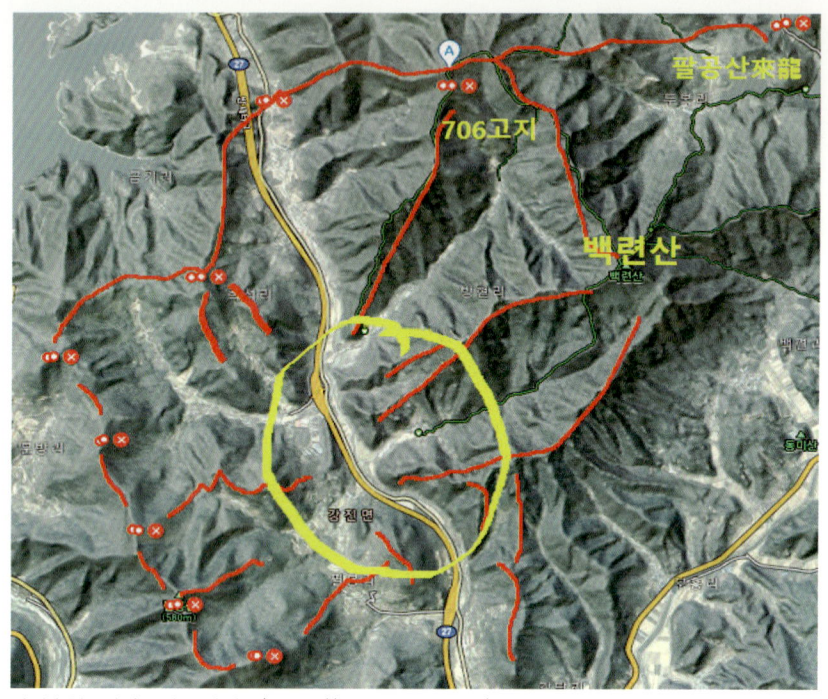

사진출처 : 카카오맵 스카이뷰(https://map.kakao.com)

전북 임실군 군신회조
(5대 적선하면 어떤 등급의 名穴을 얻을 수 있는가?)

＊결록(완당카페에서)-- 임실 北십리, 혈성풍후, 규모가 大地, 간룡태일절, 임감축작, 군신회조격, 천년번성, 적덕 5대 이후에 쓸 수 있다.

北十里 有一穴 知者誰也 穴星豊厚 次上下階 有施馬逆龍而順局 故開大帳 於 龍後辰(盡?) 所謂大地規模 葬後十四年發 文顯大發 艮龍兌一節 壬坎丑 作 百餘里山川聚會 是千年香華 此是 君臣會朝格 積德五代以後 用之可也.

* 五代 적덕한 후에야 쓸 수 있는 혈은 어떤 등급의 대혈일까? 다행히 임실 北십 리에 백여 리 산천이 모여들고 대혈이 맺힐 局은 대리밖에 없다. 대리 712에 백씨묘 몇 기가 있는데 하단에 있는 묘가 임감축작으로 좋게 보였다. 바위가 빙둘러 혈장을 받쳐주어서 생기가 강열하였으나, 청룡쪽에서 바람이 침범할 때가 있어서 손해볼 경우도 있겠다. 그 아래 널따란 빈 재실터가 있는 것으로 보아 한때는 떵떵거렸겠다.

* 혈처는 크다란 금반처럼 생긴 곳에 앉았는데 사방을 헤맨 끝에 겨우 찾았다. 큰 垣局의 일부만을 차지하는 탓(大規模의 中局 중 일부만을 차지하는 탓)에 중등중급 수준이다. 五代를 적덕한 가문이 있을 텐데 이 혈이 비

사진출처 : 카카오맵 스카이뷰(https://map.kakao.com)

어 있는 것을 보면 五代 적선가는 중등초급혈은 쉽게 차지할 수 있으나, 그 이상의 명혈을 차지하려면 오대 적선가라 하여도 열심히 구산해야 된다는 뜻으로 이해되었다.(2023.2.)

전북 임실군 금암리 창오분수형

* 일이승 산도(무학전도서 373p)

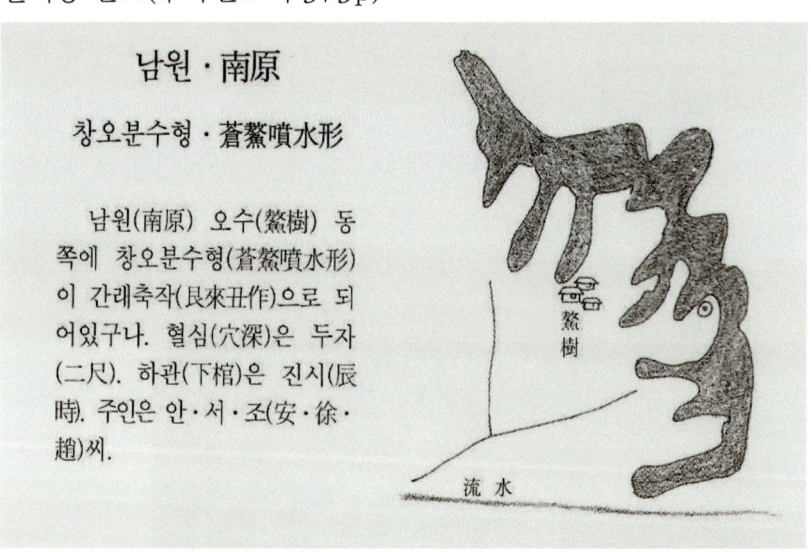

* 전북 임실 오수면 금암리 산53-1. 오수면은 남원에서 임실군으로 변경되었다. 이 혈은 팔공산-개동산-사계봉-성산-혈처로 진행하였다. 푸른 자라(蒼鰲)가 물을 뿜어내는 형으로, 상당히 좋은 혈인데 알아주는 사람이 없어 태양광발전소에 편입되었다. 內백호에 김씨들의 집장지가 있고 전면 물줄기가 깎이어 공단으로 조성되었다. 이런 곳은 공단에서 민원을 제기할 리 없으므로 생장이 가능하다. 언젠가 집장지를 조성하면 좋겠다.(2023.2.)

전북 임실군 南 비봉포란

1. 결록

任實 南三十里 飛龍抱卵形 文章名筆 代不乏絶 子孫千萬 五相八將 三王妃 之地 用之此亦 人間之寶 愼勿浪傳

(龍은 알을 품지 아니하므로 飛鳳포란이 옳을 것 같다)

2. 답사

결록대로 남30리를 가면 임실 삼계면사무소 부근이다. 고덕산에서 감은산까지 50리를 외길로 왔다. 홍곡리에도 좋은 곳이 있으나 봉현리에 대혈이 맺혔다. 앞 산들이 여러 겹으로 나열하여 아름답다. 입수 무렵 용맥은 판자를 하나씩 놓고 왔다. 기혈이고 건입수에 축좌이다.(2022.10.)

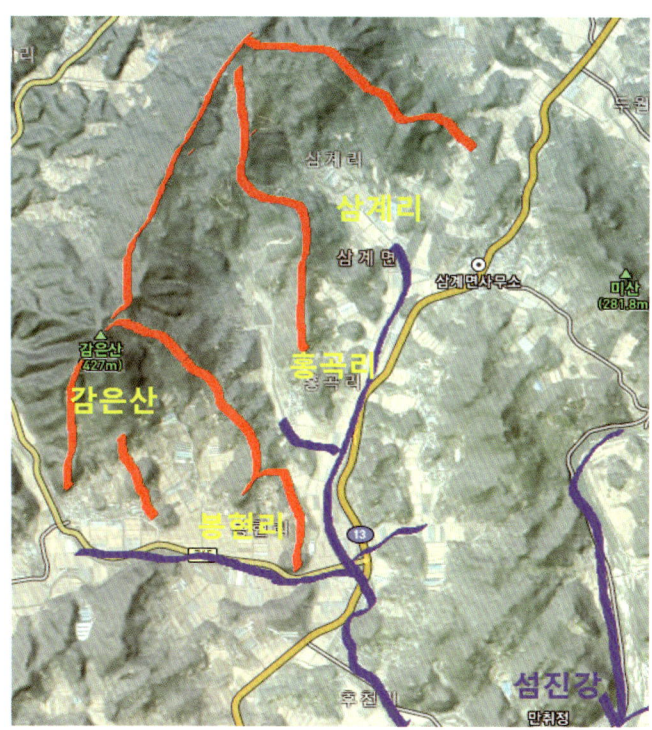

사진출처 :
카카오맵 스카이뷰
(https://map.kakao.com)

전북 임실군 용요산 노룡등공

1. 이규상 『천하명당 여기에 있다』에서 혈 1개를 선택하여 답사했다.(원본 도면이 희미하여 인용치 아니함) "임실 용요산 아래, 비룡등공형, 산태극 수태극, 경좌 수요청룡 발복유구."

2. 답사
* 임실 두곡 저수지-- 노룡 음수격이고 중등초급, 기혈이다.(2022.3.)

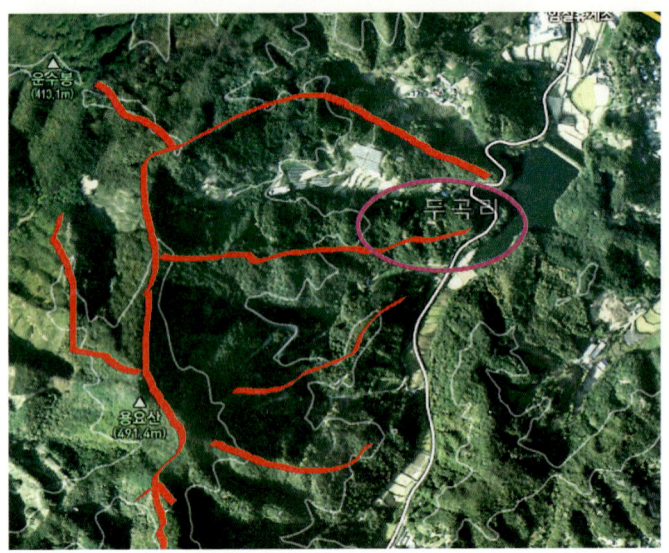

사진출처 : 카카오맵 스카이뷰(https://map.kakao.com)

전북 장수 장안산 화심
(전라 18 花心 중 제일 찾기 어려운 곳)

1. 과대 평가된 곳
* 무학대지리사전도서에 수록된 일이승 산도를 보면 일지승과 나학천 그

리고 다른 결록을 인용하였다. 이 산도를 일이승이 직접 작성하였는지 알 수 없다. 장익호 유산록은 후편 두 곳에 짤막하게 적어 놓았는데 모두들 대혈이라 하면서 찾기 어렵다고 하였다. 라학천(두사충의 사위)이 이국(異國)혈이라 평하였고, 또 다른 결록은 전라 18화심혈 가운데 首穴이라 평하였다고 한다.

 * 찾고.보니 발복 부분은 과장되었고 전라에서 제일 큰 화심은 아니지만 전라 화심. 가운데 제일 찾기가 어렵다고 보아야 된다.

2. 결록
 * 일이승 산도

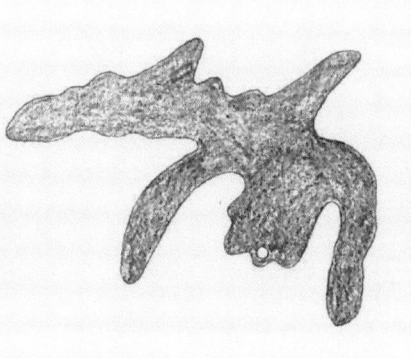

장수 · 長水

화심형 · 花心形

장수(長水) 장안산(長安山) 아래에 신래태작(辛來兌作)으로 화심형(花心形)이 되어있으니, 이는 천백대(千百代) 문무겸전(文武兼全)하고, 18인의 혈식군자(血食君子)가 나리라.

일지승(一指僧)이 말하기를 장안산(長安山) 아래에 있는 화심혈(花心穴)은 속안(俗眼)은 찾기 어려울 것이라고 하였다. 가히 경험으로 보면 산설(山雪)이 먼저 녹고, 서리가 내리면 돌 아래에 수습(水濕)한 것이 흠이라, 가탄가탄(可嘆)이로다.

나학천(羅學天)이 말하기를 이국혈(異國穴)이라 하고, 삼중(三重)으로 비습(卑濕)하여 사람들이 천(賤)하다고 버렸으니 석재석재(惜哉)라 하였다.

타결(他訣)에는 말하기를 장안산의 화심혈은 수출임간(水出林間), 매불탄(梅不呑)이라 했다. 또 다른 결(訣)에는 전라(全羅) 십팔화심(十八花心) 가운데 장수 화심이 수혈(首穴)이라 하였다.

＊유산록-- 후편 108p, 선철들이 38현인(賢人) 연출지지(連出之地)라고 할 만큼 완벽하다. 또, 125p는 백호사인 손사맥은 사두봉을 지나 수분리 과협후 팔공산(1151m, 장수읍 대성리)을 세웠다고 한다.

3. 탐혈

＊장안산(1237m)은 전북 장수읍에 있는 호남 진산으로 우리나라 8대 종산(宗山)의 하나이다. 억새가 유명하고 군립공원이다. 계곡에 덕산제가 조성되어 있고, 유원지로 겨울철에도 유람객이 끊이지 않는다.

＊장안산 가는 행룡-- 산행기에서 인용

＊장안산 억새

＊장안산의 구조

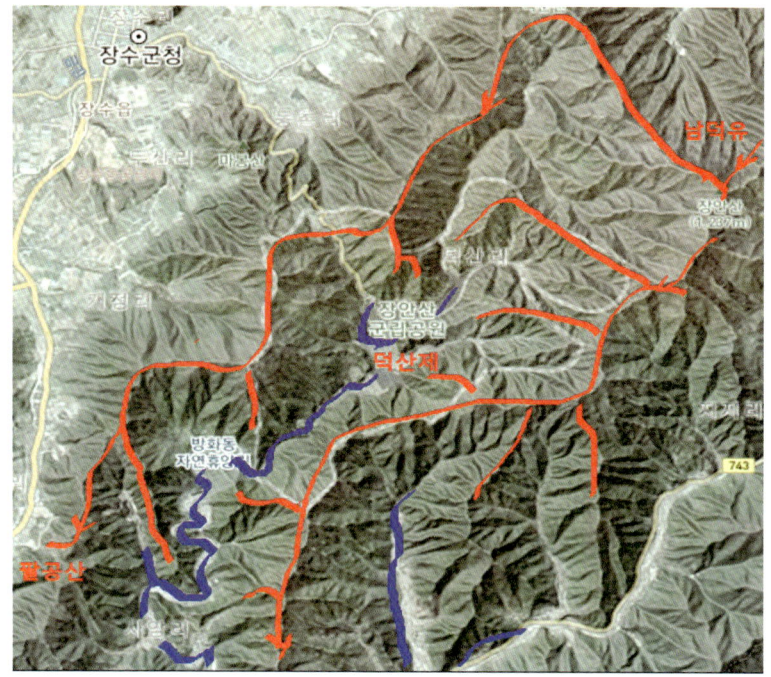

사진출처 : 카카오맵 스카이뷰(https://map.kakao.com)

＊현장은 지도와 많이 다르므로 지도상으로 혈처를 찾기는 어려울 것이다. 저수지까지를 제1국으로 치면 그 아래로 십여 개의 수구가 여러 개의 국(小局, 堂局)을 만들고 있다. 제3국에 초등급 혈이 하나 있는데 우리는 3년 내에 급(急)발복할 수 있을 것이라 수군거렸다.

저수지 상류로부터 아래 계곡까지를 쭉 돌아보니, 계곡은 세 번째 局에서 길이 막힌다. 물길이 여기만큼 여러 겹으로 짜여있는 곳은 없을 것이다. 산자락이 잘 형성되어 있는 산줄기 하나에 필(예감)이 꽂히어 소위 각득일지(覺得一枝)하고, 20여 분 간 급경사지를 타고 올라가니 신래태작의 혈이 있었다. 기운이 외줄로 내려와서 좁은 혈처를 만들었으므로 한 걸음 걸이가 진허(眞虛)를 가르는 곳이다. 10m쯤 위에 무연분묘 1기가 있고 혈처 부근에는 누군가 1.5m 되는 작대기 하나를 꽂아 놓았더라. 뽑아보니 땅에 박힌 부분이 썩어 있었는데 그 상태로 보아 어떤 고수가 2년전쯤 다녀간 것 같았다. 재혈이 상당히 어려워서 작대기 꽂은 곳도 관룡자로 재어 보니 두어 걸음 벗어났더라.

4. 평가

　*좁은 골짜기에 결혈되어 있고 물길은 관쇄가 잘 되어 있으나, 명당이 작아서 조금 답답한 감이 있었고 갑향에 꽃이 예쁘게 피어 있다.

　*발복에 관하여, 일이승 결은 천백대 문무겸전, 18인의 혈식군자가 출생한다 하였고 유산록은 38현인 연출지, 大地中의 甲地라 하였다. 그러나 지나친 과찬이고 전라 18화심 중 제일이라는 말도 빈 말이다. 다만 전라도 화심 중 찾기가 제일 어려운 화심임은 틀림없겠더라.

　산도가 없다면 명혈이라 생각하기 어려울 만큼 이상하게 생겼으니 여태 생지로 남겨져 있다. 이런 혈은 애매한 감이 남는다.(2021.1)

전북 전주지역 사용불가한 일이승과 두사충 결록

　무학대사지리전도서에 게재된 일이승의 전주(완주 포함)지역결록은 황학등공 등 6개, 두사충 결록은 연화도수 등 3개인데 일부를 제외하고는 모두 도심지역으로 사용불가하다.(2022.8.)

전북 정읍시 두승산 명금형
(고려청자가 개밥그릇 신세가 되었다)

* 일이승 산도

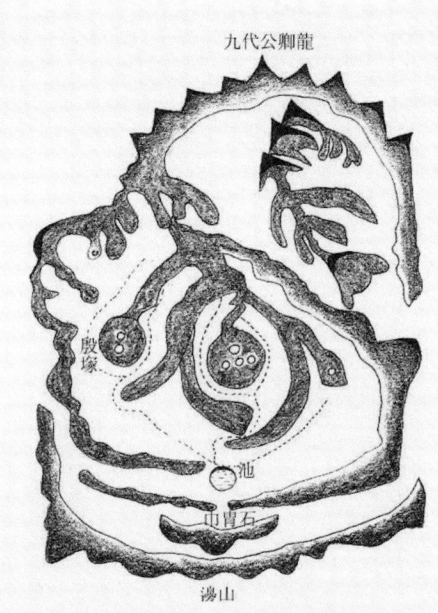

고부(古阜) 남부면(南部面) 두승산(斗升山) 팔봉(八峰) 아래의 금쟁평(金錚坪)에 명금형(鳴金形)이 되어있으니, 이는 반등룡십전구도(半登龍十轉九倒), 초성운무(初成雲霧), 재성금하(再成錦霞), 여검여뢰(如劍如雷), 평지개수성(平地開水城). 손사(巽巳) 갑묘(甲卯) 갑좌(甲坐)에 임병수(壬丙水) 귀신(歸辛)이로다. 아래에 건지(乾池)가 있어 간곤상대(艮坤相對). 이 자리는 효자와 문사(文士)가 많이 나고, 이무집권(以武執權)하여 공경병출(公卿並出)하고 백자천손(百子千孫)하리라. 〈辛丑八月初七日 蘆汀〉

* 답사

유명한 선인좌부가 있는 두승산 래룡(來龍)이다. 두승산의 연화 8봉 개장 중 8봉에서 서쪽 평야로 내려왔다. 고려청자 그릇인데 알아주는 이 없으니, 개밥그릇 신세가 되었다.(2022.10.)

전북 진안군 안천면(용담) 지장산 장상지지

1. 지장산 결록지

지장산에는 일이승의 지장산(智藏山) 대혈(大穴)과 장상지지(將相之地)가 있다. 지장산은 무주 부남면과 진안 안천면에 걸쳐 있는데, 혈처가 진안 용담댐 방면에 있으므로 용담편에 결록을 수록하고 있다. 지장산 대혈은 댐 제방 부근으로 추측되는데 파괴되었다. 장상지는 산도를 보면 온순한 대혈로 매력적으로 보이지만 찾기가 쉽지 않아 세 번이나 찾아갔다.

2. 일이승 산도

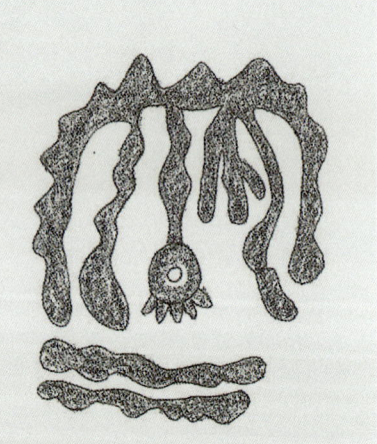

용담(진안)·龍潭(鎭安)

지장산 장상지지
智藏山 將相之地

용담(龍潭) 동쪽 십리(十里)의 지장산(智藏山) 망암룡(望岩龍)이 갑래간회두(甲來艮回頭)하여 갑입수(甲入首)에 간좌(艮坐)로 앉아 팔진안(八陣案)을 하고 있으니, 이는 정미득(丁未得)에 신파(辛破)로다. 이 자리는 천태을(天太乙)이 특립(特立)하고, 육수삼길(六秀三吉)이 구길(俱吉)하고, 용호한문(龍虎捍門)과 일월(日月)과 기치창검(旗幟槍劍)과 무작(武雀)이 서로 조응(照應)하고 용호가 교읍(交揖)하니 필시 장상대지(將相大地)로, 당대 발복하여 백자천손(百子千孫)하고 명공거경(名公巨卿)이 나리라. 〈一耳僧〉

3. 답사

처음에는 쌍교봉 서쪽 가지에 망바위봉(450m)이 있기에 결록에서 말하는 망암룡(望岩龍)인 줄 알고 찾아갔다. 두 번째는 인터넷 지도로 추측한 지점을 찾아갔는데 현장과 달랐다. 세 번째 찾고 보니 과연 중등상급 대혈이었다.(2022.8.)

사진출처 : 카카오맵 스카이뷰(https://map.kakao.com)

전북 진안군 용담北 십리 금구결수형과 장군대좌형

1. 두사충의 금구결수

＊충남 금산군 남일면 신동리 184 신동저수지 둑 부근에 있다. 상당한 대혈인데 무얼 하려는지 군데군데 대지조성을 하였다. 건너편 신동마을 뒤에 일이승의 장군대좌가 있다.

* 금구결수 산도

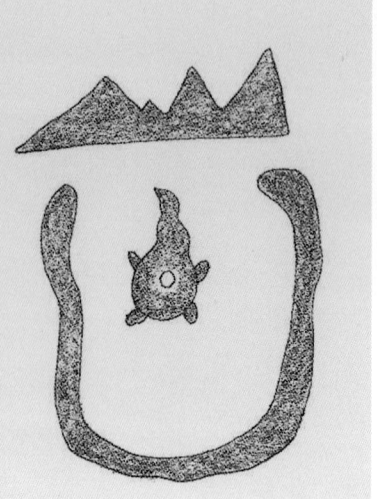

용담(진안)·龍潭(鎭安)

금구결수형·金龜決水形

용담(龍潭) 북쪽 시오리(十五里)에 금구결수형(金龜決水形)이 대천변(大川邊)에 장사한문(長蛇捍門)을 갖추고 되어있구나. 이 자리는 장례 후 5~6년에 다자손(多子孫)하고, 크게 부귀(富貴)하여 전가면원(傳家綿遠)하리니, 필시 대지(大地)로다. 농은곡심지(農隱谷尋之)하라. 〈杜師忠〉

2. 일이승의 장군대좌

* 산도-- 장군체를 찾는 것이 중요하다.(2022.8.)

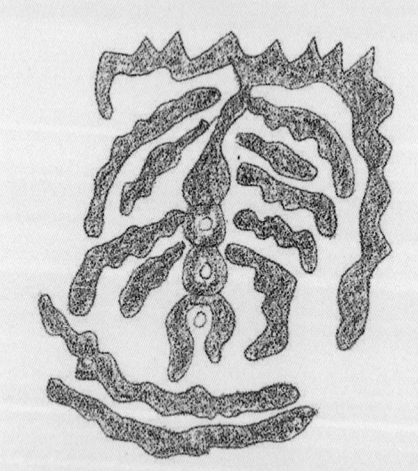

용담(진안)·龍潭(鎭安)

장군대좌형·將軍大坐形

용담(龍潭) 북쪽 십리(十里)의 망암룡(望岩龍)이 임회두(壬回頭) 임락(壬落)으로 장군대좌형(將軍大坐形)이 되어 둔군안(屯軍案)을 하고 있구나. 혹운(或云) 호승(胡僧). 이 자리는 우현고(右懸鼓) 좌탁기(左卓旗)에 일월나성(日月羅星)이 특립(特立)하고, 천태을(天太乙)이 상대(相對)하고 있으니, 팔문구자법(八門九紫法)으로 용산(用山)을 하면 백자천손(百子千孫)에 명공거경(名公巨卿)이 끊이지 않고 대를 이어 나리라. 〈一耳僧〉

전남·광주 (93)

전남 강진군 유산록 3혈
(옥녀탄금, 유두형, 금채괘벽)

1. 유산록 후편 159p
① 비파산 아래 옥녀탄금형, 대강은 갑묘득수하여 정방으로 입해, 강진의 수혈. 백년적덕 없으면 이 혈을 어찌 얻으리오. 삼성칠현(三聖七賢) 만세무궁.
② 그 산 뒤로 일지가 유두혈을 맺었다. 화방산 案, 문천무만.
③ 화방산 경태행룡, 금채괘벽형, 부귀무쌍지.

2. 답사
모두 월출산 래룡(來龍)이다.

옥녀는 자좌인데 찾기도 어렵고 마을 인근이어서 쓰기도 어려울 것이다. 유두혈은 경좌인데 높은 곳에 있다. 금채혈은 인좌인데 금비녀 꼭지에 유의하면 찾을 수 있다(용장혈졸이다).

그 밖에 화방산에서 멀리 가서 화개북락하여 오좌 임파로 맺은 장상연출지(連出地)가 적혀 있는데, 용소리 산87 부근으로 생각되지만 입구에 농장으로 막혀 있고 지도를 보면 이미 묘가 있기에 답사하지 않았다.(2022.11.)

사진출처 : 카카오맵 스카이뷰(https://map.kakao.com)

전남 강진군 주석산(덕룡산) 운중복월

* 지방설화

 만덕산 덕룡산 주석산이 일렬로 쭉 서 있지만 중간에 석문이 있어 분리되어 있다. 2개의 산을 거슬러 올라가면 서기산에서 분지되었다. 지방설화로 주작산(덕룡산을 포함) 아래 5개 명혈이 있는데 3개는 사용되었다고 한다. 3개 산의 권역별로 **地方吉地級** 혈이 많이 결혈되어 있다고 보인다. 대혈은 일이승의 운중복월인데 산도를 보면 동북방에 곤좌, 서남방에 경좌로 결혈되었다.

* 일이승 산도

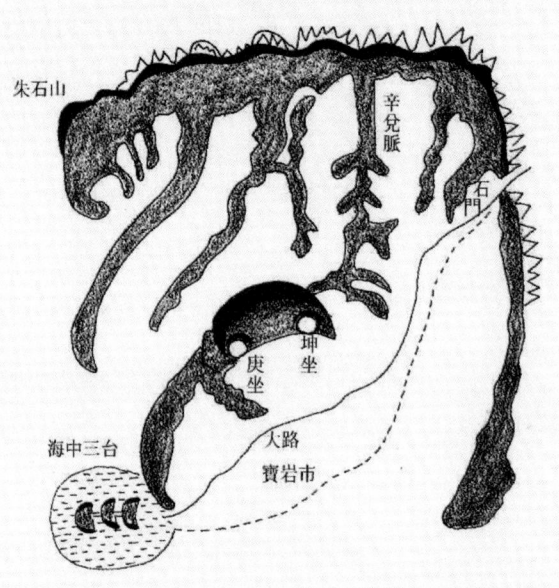

강진(康津) 남쪽 삼십리(三十里)에 운중복월형(雲中伏月形)이 되어있구나. 이 자리는 석문(石門)이 해방(亥方)에 있고, 주석산(朱石山)이 정방(丁方)에 있고, 오운(五雲)이 뒤에 있고, 삼태(三台)가 해중(海中)에 떠있고, 임수귀진(壬水歸辰)으로, 혈이 대로상(大路上)에 졌도다.

〈庚子十二月〉

* 답사지도

 곤좌 혈은 월하제 위에 있는데 次穴이고 주혈은 경좌혈이다. 五雲은 덕룡산 등에 있는 암벽이다. 태양광발전소 때문에 답사에 지장이 있는데 기혈이다.(2022.10.)

사진출처 : 카카오맵 스카이뷰(https://map.kakao.com)

전남 강진군 황사출초

* 일이승 산도

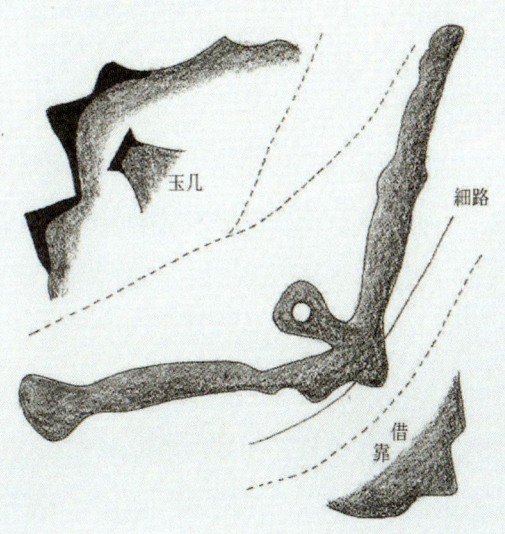

강진·康津

황사출초형·黃蛇出草形

강진(康津) 남쪽 십리(十里)에 황사출초형(黃蛇出草形)이 옥궤안(玉几案)을 하고 있구나. 혈재횡요(穴在橫腰), 용배련향(龍背連向)하고, 절차수(絶叉水)가 횡전(橫前)하고, 북수향남(北水向南), 용두합금(龍頭合衿)하고, 세로참두(細路斬頭)하도다. 〈庚子十一月〉

*답사

괴바위산에서 동백산을 거쳐 귀암봉을 세우고 영복리 평야에 길게 내려왔다. 혈장이 보살면이라고 하여 꺼릴 수 있으나, 선익이 있고 후장하며 외청백이 있어서 장풍이 되므로 무방하다. 임좌.(2022.11.)

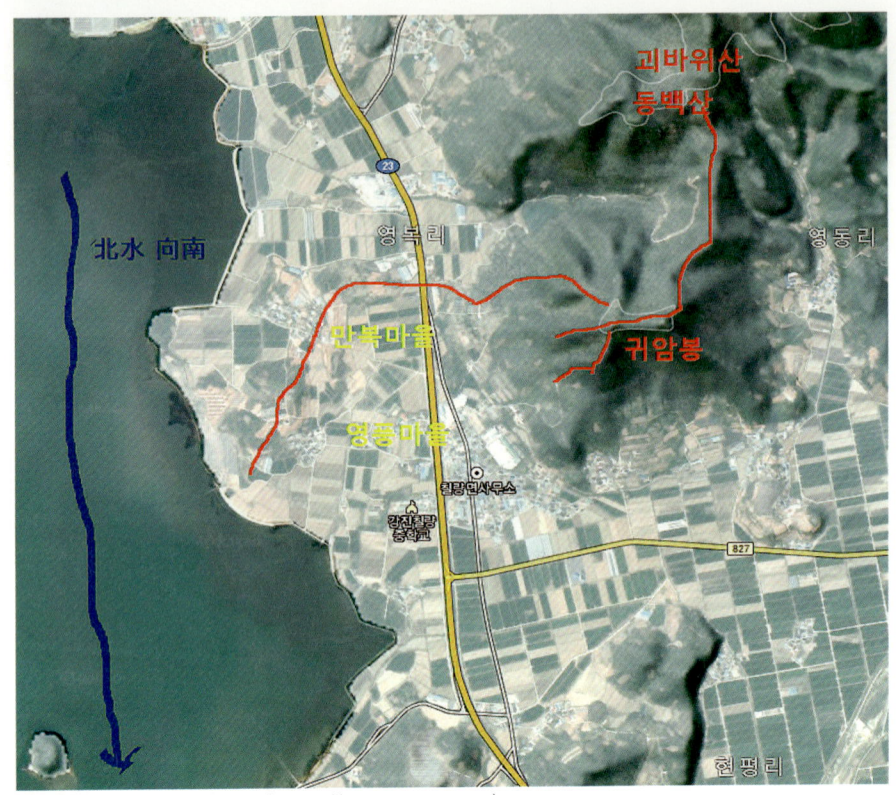

사진출처 : 카카오맵 스카이뷰(https://map.kakao.com)

전남 고흥군 가화리 주마격고

* 일이승 산도

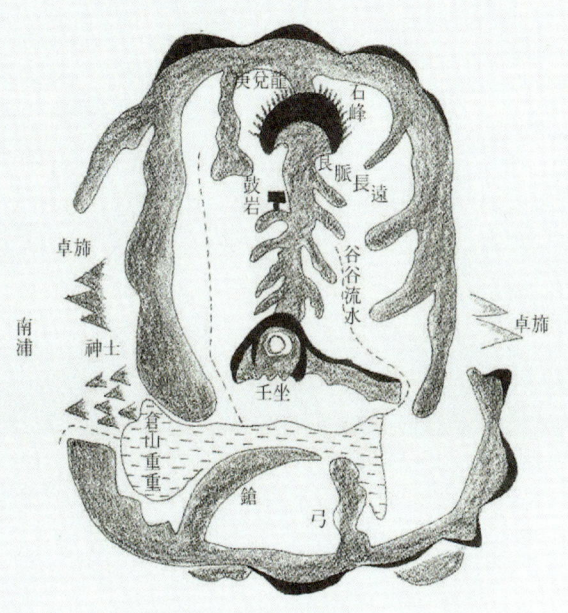

＊답사-- 혈처 후보지. 中上급의 대혈이다.(2022.11)

사진출처 : 카카오맵 스카이뷰(https://map.kakao.com)

전남 고흥군 곡척형

* 일이승 산도

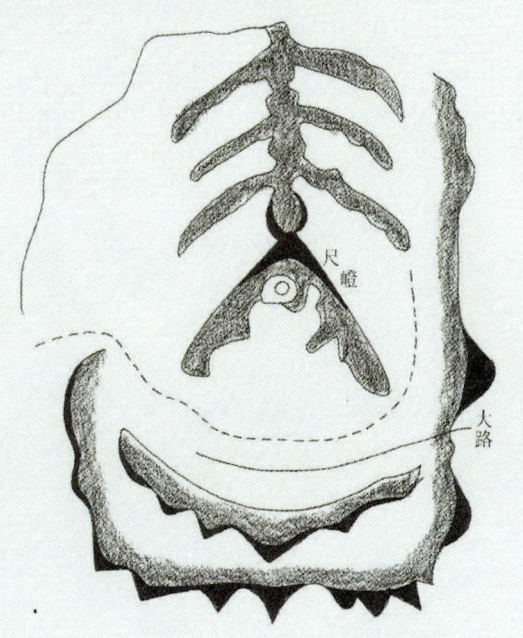

흥양(고흥)·興陽(高興)

곡척형·曲尺形

흥양읍(興陽邑) 남쪽 십리(十里)에 있는 묵통고개(墨桶峴) 위의 척등(尺嶝)에 곡척형(曲尺形)이 쌍귀안(雙貴案)을 하고 있구나. 이 혈은 건해룡(乾亥龍)에 임감혈(壬坎穴)로, 손사래수을진파(巽巳來水乙辰破)로 되었도다. 이 자리는 8~9대에 대발(大發)하고, 형제연방(兄弟聯榜)하리라.
〈庚子七月〉

＊답사-- 결록이 말하는 고흥 南十里는 조계산 부근인데 임감혈 손사래 수되는 곳이 없다. 두루 찾아보니 고흥 西南 五里 상림리 산53-1 곡부 孔씨들 선산이다. 공씨 납골당 옆에 진혈이 있다.(2022.11.)

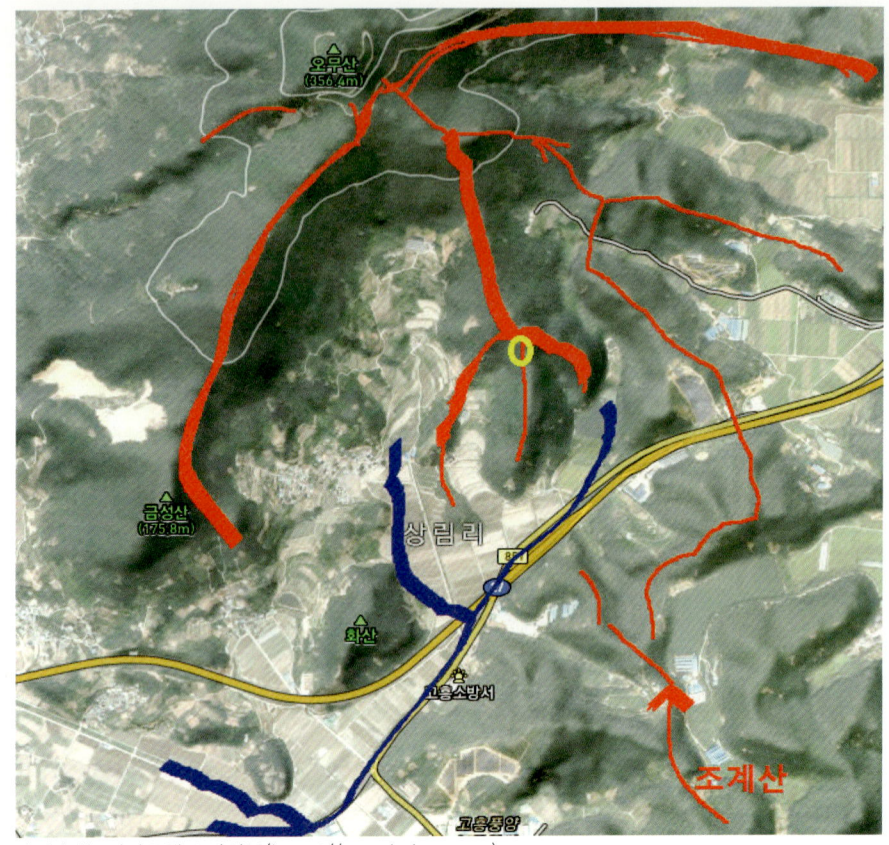

사진출처 : 카카오맵 스카이뷰(https://map.kakao.com)

전남 고흥군 과역리 대사당도
(6백 년 後 발복)

* 일이승 산도

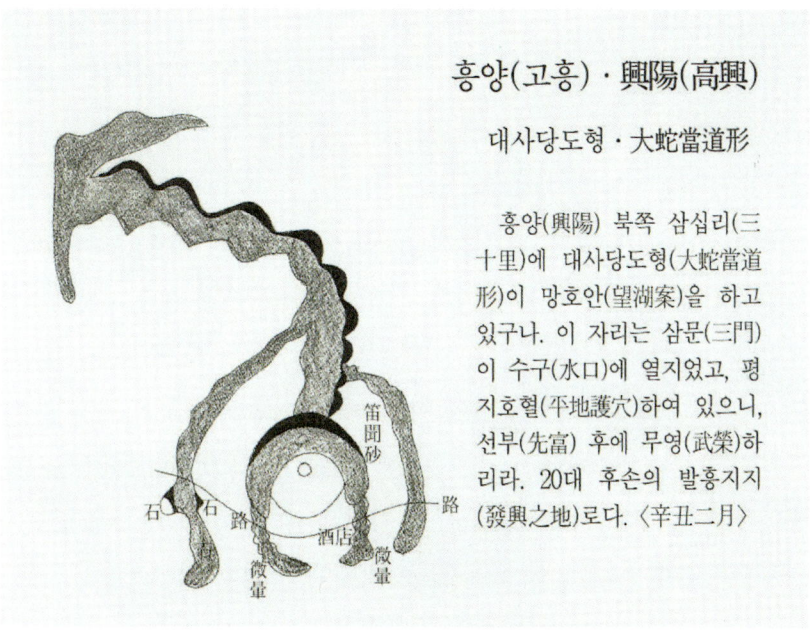

*답사-- 결록에 20대 後(6백 년 뒤)에 발복한다고 하였다. 발복없이 5~6대가 지나가면 자칫 무연묘가 되기 십상이다. 그러나 후손의 효심이 지극하여 6백 년이 지나도 관리를 게을리하지 아니한다면 발복 받을 수도 있을 것이다. 인장묘발 즉 묘쓴 직후에 발복받는 경우가 있는가 하면, 중국에는 3천 년 후에 발복된 묘가 있다고 한다. 우리나라의 경우 고흥 화산리 출생의 宋 前인천시장이 11대 조모의 발복으로 6남매 중 4명이 고시에 합격하였다고 한다. 이 혈처 가까운 곳에 송씨 집장지가 있는데 혹시 차혈로서 송시장의 11대 발복지가 아닌지 모르겠다. 현재 이곳(고흥 과역리 566-&)은 태양광발전소가 설치되어 파손되었다. 언제 복구되

어 6백 년 후의 발복을 기대하고 용사하는 사람이 있을까?(2022.12.)

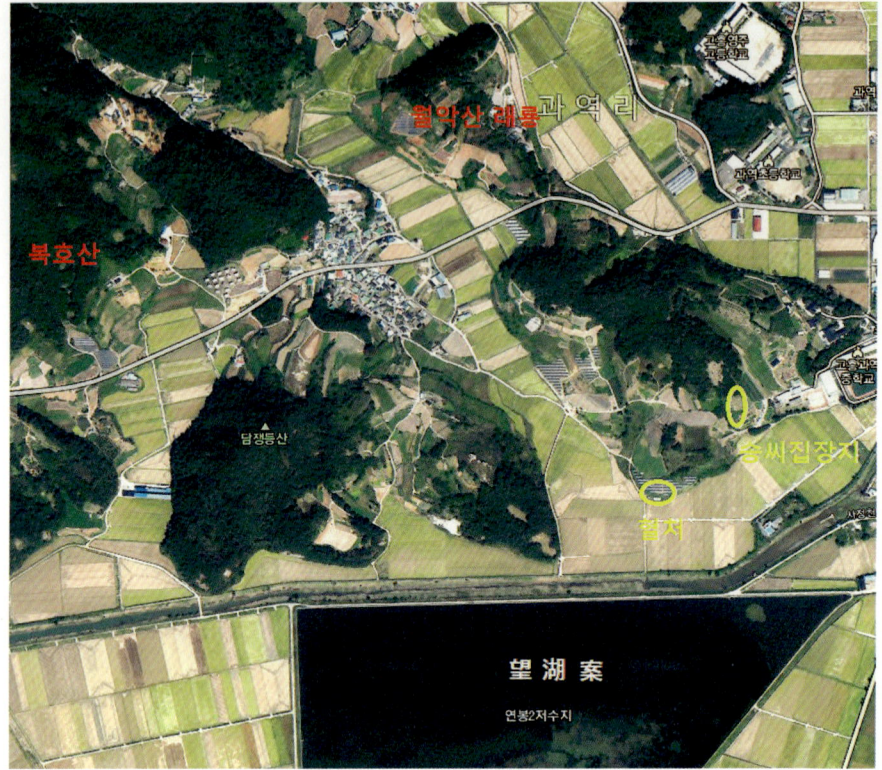

사진출처 : 카카오맵 스카이뷰(https://map.kakao.com)

전남 고흥군 과역면 동쪽 해변 비룡망해
(假穴에 속기 쉽다)

1. 유산록 후편 176p

고흥 과역면 해변가에 비룡망해형 대혈, 백일도(白日島)가 안산, 천을태을(天乙太乙) 특립(特立), 해중삼태안, 左右砂첩첩八九重, 창해면에 점점이 부유하는 섬들은 한 폭의 유화(油畵)로다, 부귀는 글로 다 쓸 수 없다.

2. 과녁면 해변까지의 래룡

호남정맥은 장흥 제암산에서 광양 백운산을 향하여 나아가면서 보성에서 한 가닥을 남으로 보내어 고흥반도를 만들었다. 고흥반도 과역면 호덕리 小대방산에서 동쪽 해변으로는 송곳산으로 가고 남쪽으로는 운암산과 팔영산으로 내려간다.

* 과역면 동쪽 해변

사진출처 : 카카오맵 스카이뷰(https://map.kakao.com)

3. 답사

가) 제1차 답사

안산이 되는 백일도로 건너가 맞은 편에 혈처될 듯한 곳을 찾고 바다를 건너 와서 현장을 찾았다. 산길이 끊어지고 수풀을 헤쳐 나아갔는데 숲이 짙어 하늘과 바다가 보이지 않아서 어림짐작으로 한참 진행하여 풀이 없는 곳에 이르렀다. 사방을 둘러 보니 혈처 바로 밑이다. 산신 도움이리라. 중등중급 명혈이다.

나) 제2차 답사

원래 지도상 탐색한 바로는 송곳산 동북 기슭에 있다고 점찍고 나섰는데 처음 찾은 곳은 다른 곳이었다. 유산록에서 말하는 좌우사 첩첩 八九중이 되는 곳은 송곳산 동북 기슭이므로, 그 곳을 가보지 않고는 비룡망해를 찾았다고 단정할 수 없다.

이번에도 백일도로 가서 송곳산의 동북면을 쳐다보니 아래 지도 ③, ④가 진혈로 보였다. 현장을 찾아보니 ①, ②는 길지급이고 ③은 자라목 같이 생겼는데 생기가 없었다. ④는 깊은 과협에서 기다란 장대가 30도 각도로 치솟아 힘찼다. 아깝다. 장대 끝에 비스듬한 평지가 넓게 전개되는데 기운이 모이는 곳이 없었다.

누군가가 묘 2기를 쓰고 오백 평쯤 되는 넓은 묘역을 잔디로 아름답게 가꾸었더라. 바다와 산의 풍광이 아름답다. 그러나 청룡쪽이 순천까지 넘어다 보여 虛하다. 발복을 탐하지 않고 선조를 아름다운 곳에 모신다는 심정이라면 명혈이 부러울 바 없겠더라.

이 묘역에서 남쪽을 보니 소나무 숲속에 혈이 맺힐 듯 보이는 곳이 있었다. 찾아 간 즉 ⑤인데 김녕 김씨 4묘기가 있었다. 벼슬한 분과 증 통령대부 비석이 있는데 풍파로 마모되어 판독하기 어려웠다. 중등 초급 명당으로 송곳산 동북 기슭에서 주혈이다.(2021.7.)

* 송곳산 일원

사진출처 : 카카오맵 스카이뷰(https://map.kakao.com)

* 송곳산 동북 기슭에 있는 가혈

사진출처 : 카카오맵 스카이뷰(https://map.kakao.com)

전남 고흥군 관리 일이승 5혈

* 일이승 산도

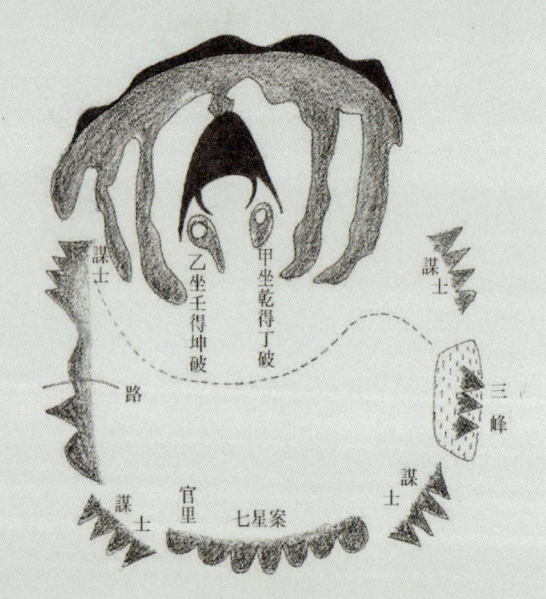

　흥양(興陽)에 단군형(團軍形)이 있으니, 과거룡(過去龍)에 횡락혈(橫落穴)로, 진래(震來)에 갑을혈(甲乙穴) 두 자리가 되어있구나. 갑좌(甲坐)는 건득정파(乾得丁破)이고, 을좌(乙坐)는 임득곤파(壬得坤破)로다. 이 자리는 삼봉(三峰)이 호수에 열지어 있고, 고축(誥軸)이 삼문(三門)에 있고, 모사(謀士)가 사우(四隅)에 자리하여 있고, 혈은 양 무릎 위에 있고, 혈심(穴深)은 5~6척(尺)에, 경신방(庚辛方)이 다수(多秀)하니, 무재(武才)가 연이어 나리라.
　또 관리(官里) 후룡(後龍)에 옥녀단좌형(玉女端坐形)이 소이산(少耳山)을 안대하고 있고, 그 아래에 복치형(伏雉形)과 복주형(覆舟形)이 있도다.

＊관리 래룡(來龍)

사진출처 : 카카오맵 스카이뷰(https://map.kakao.com)

＊답사

　산도에는 관리(官里)라는 표시가 있는데 답사해보니 위의 5개 혈은 관리안에 있으나, 단군혈(갑좌혈과 을좌혈)은 산도와 많이 다르고(삼봉이 호수에 열지어 있다 등) 나머지 3혈은 관리의 西쪽 왕녀봉에 모여 있다.

　＊단군형 중 갑좌혈은 관리 1@@에 있는데 부근이 전원주택 개발로 쓰기 어렵고 을좌혈은 98-2 기존 묘역 내에 있고 태양광 개발로 주변이 훼손되었다.

　＊왕녀봉 5부 능선에 군자감 김씨묘(손좌)가 옥녀단좌의 정혈로 보이고 복주(미좌) 복치(사좌)가 그 아래에 있다.(2022.11.)

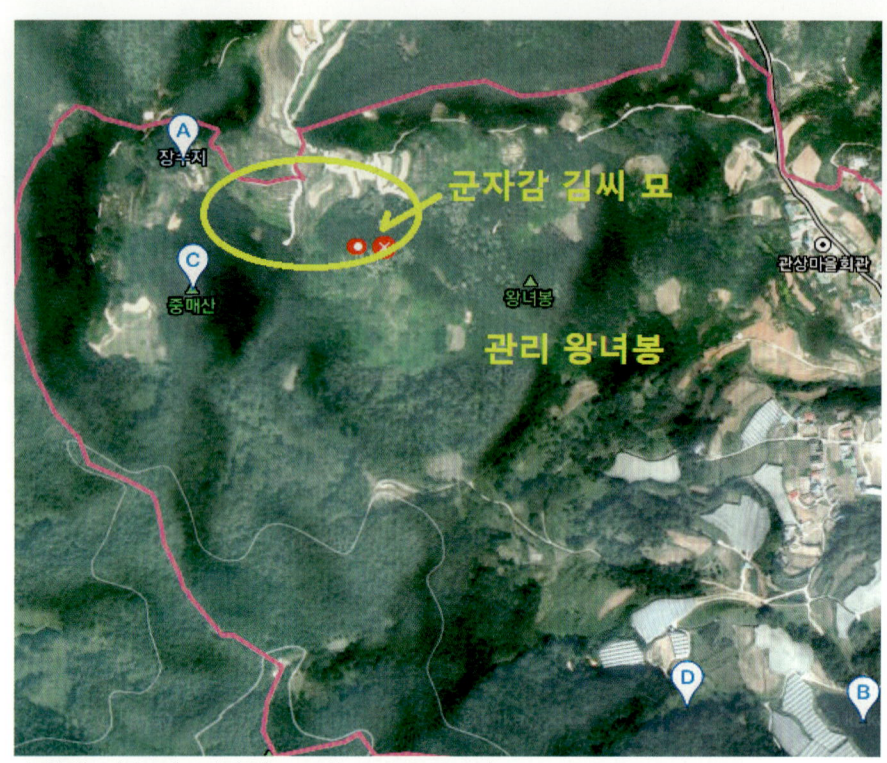

사진출처 : 카카오맵 스카이뷰(https://map.kakao.com)

* 왕녀봉 중턱 군자감 묘

전남 고흥군 군왕봉 군왕대좌
(군왕봉은 어디에 있는가?)

1. 일이승 산도

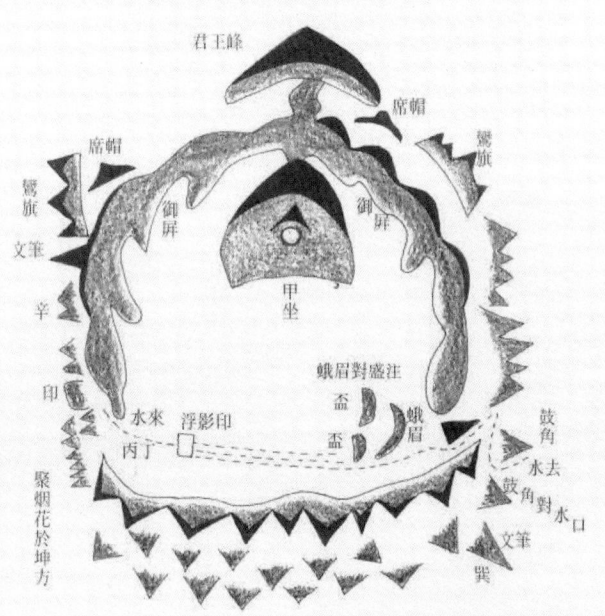

 흥양(興陽) 북쪽 오십리(五十里)의 군왕봉에 군왕대좌형(君王大坐形)이 군신안(群臣案)을 하고 있으니, 석모(席帽) 가까이에 어병(御屛)이 있고, 진간룡(震艮龍) 계갑맥(癸甲脈)에 난기(鸞旗)가 좌우에 나열하였고, 군봉(群峰)이 전후에서 읍(揖)을 하고 있고, 손신방(巽辛方)에 문필봉(文筆峰)이 우뚝 솟아있구나. 오(吳)씨가 범접했으나 진혈(眞穴)은 그 위에 있으니, 혈은 군봉읍전(群峰揖前)의 배꼽아래 일보(臍下一步)에 있도다. 혈심(穴深)은 굴지육척(掘之六尺). 이는 장자방(張子房)과 같은 영화를 얻으리라.

2. 군왕봉은 어디에?

산도는 흥양 北 五十里 군왕봉 아래에 군왕대좌형이 있다고 쓰여 있다.

그러나 고흥 북 오십리에는 군왕봉이란 이름의 산이 없다. 局內의 물이 동남으로 흐르는 곳도 없다. 또 산도는 사격이 호화로운데 그런 곳도 없다. 다만 고흥북 사십리 許에 제왕산이라는 산이 있는데 산도와 비슷한 국세를 이루고 있다.

제왕산에 가 보면 갑좌 또는 인좌로 결혈된 곳이 있는데 중등초급 속발 거부지이다. 산세가 약하여 권력 발복은 어려울 듯하나 혈처에는 제왕산의 전체 기운이 몰려 있다.(2021.7.)

　＊제왕산 국세

사진출처 : 카카오맵 스카이뷰(https://map.kakao.com)

전남 고흥군 대서면 취령산 장군대좌
(아름다운 혈)

1. 벌교에 있는 혈

유산록 후편은 벌교 부근 혈로서, 보성군 조성면 신월리 上에 장군대좌, 고흥군 안남리 장군대좌, 고흥군 동강면 오월리 유두혈이 있다고 하고, 다른 책에는 게재된 혈이 없었다. 용맥이 지나갈 뿐, 결혈지가 적다는 말이다. 취령산 장군대좌는 상당히 아름다운 혈인데, 여태껏 눈길을 끌지 못하여 간산기가 없다.

2. 유산록 후편 175p

취령산 아래 천을태을 특립, 좌우사 중중포리(包裏), 해수조당, 고흥 천봉만산이 원원조공, 서북방 보성군 연봉이 둘렀으니 가경(佳境), 富貴壽三福, 천지동행(天地同行).

3. 답사

존제산(712m)-장군봉(413m)-봉두산(426m)-취령산(190m)의 행로를 걸었다. 봉두산에서 천전과협후 취령산을 토성체로 세우고 三段개장 후 안남리에서 옥계(玉階)삼단(三段)아래 결혈되었다. 고흥산봉(두원면 산봉)과 보성군 연봉이 최종 외각 병풍이 되어 가경(佳境)이다. 계좌정향, 중등중급.(2021.9.)

* 취령산

사진출처 : 카카오맵 스카이뷰(https://map.kakao.com)

전남 고흥군 동강면 오월리 유두혈
(主穴, 次穴, 虛穴)

1. 눈가리는 허혈(虛血)

명혈 부근에는 속사와 탐욕자의 눈에 진혈처럼 보이게 하여 진혈을 숨기는 허혈이 있다. 유산록 후편 175p에 고흥군 오월리 장동제(現 오월저수지) 부근에 대유두혈(大乳頭穴) 그 아래 유돌혈(乳突穴)이 대결(大結)하였다고 쓰여 있다. 답사해 보니 대유두혈이 주혈이고 유돌혈은 차혈이며, 그 밖에 외형상 좋게 보이는 허혈이 있었다.

2. 유산록 답사기

산자수명(山紫水明), 해방에 첨산이 고수(高秀)하고 손사방에 망주산이 海中에 운소(雲宵). 삼길육수, 명승대지, 문무장상 부지기수.

3. 답사

장군봉(413m)-병풍산(479m)-비조암(455m)-첨산(313m)이 자기(紫氣) 탐랑성(貪狼星 형기론에서는 죽순처럼 뾰족한 산으로 유두혈을 맺는다. 이기론에서는 9성 중 으뜸인 생기 있는 산)이다.

답사해 보니 산자수명은 오간 데 없고, 온통 묘지와 개간으로 훼손된 야산이다. 次穴은 聖徒 인동장씨 부부 묘역(오월리 산193) 부근이다. 기독교 신자가 봉분을 크게 만들고 치장할 필요가 있을까? 主穴은 허접한 곳에 있다. 골짜기 안쪽에는 땅이 딱딱하여 잔디가 짧게 자라고 넓은 평지의 경주이씨 집장지(오월리 산163-1)가 있다. 얼핏 보기엔 명혈처럼 보이지만 발복지는 아니고 집장지로 삼기에 딱 좋다. 풍수시력을 가늠해 볼 수 있는 장소이다.(2021.9.)

* 첨산 아래-- 허혈

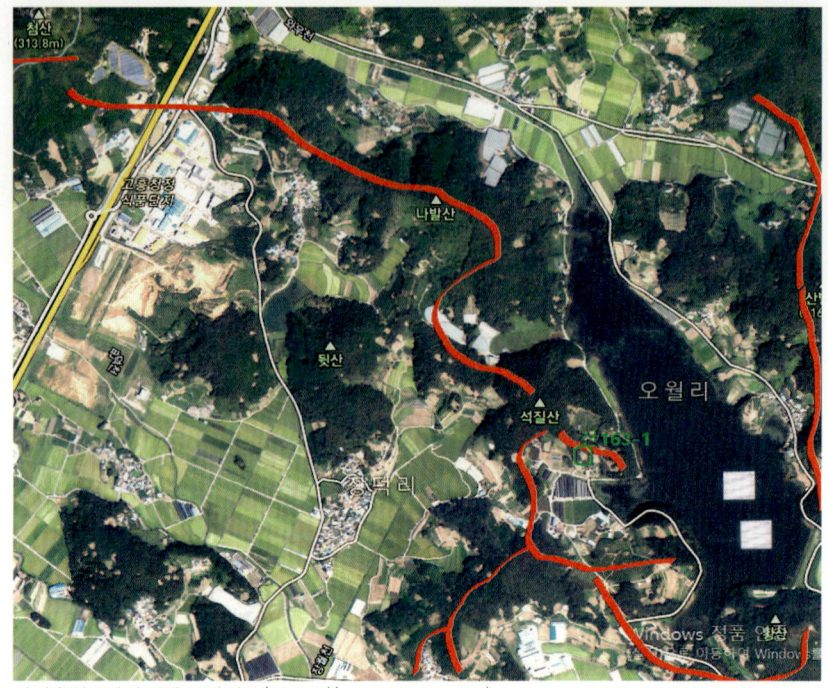

사진출처 : 카카오맵 스카이뷰(https://map.kakao.com)

전남 고흥군 동강면 노동리 전갈형과 죽암리 청룡형
(결록지와 차원이 다르다)

1. 동강면에 지주결망과 일월명당이 있는가?

고흥 동강면에 지주형과 日月形이 있다는 견해가 있으나, 前者에는 전갈형이 있었고 後者에는 青龍형이 있었다.

2. 행룡

사진출처 : 카카오맵 스카이뷰(https://map.kakao.com)

3. 전갈형

*문제된 곳은 노동리 177-@@ 일원인데 그 일대는 다수의 묘가 쓰여 있어서 공동묘지와 같고 혈처 찾기가 상당히 어려웠다. 外수구가 넓게 형성되어 있으나, 다행히 안산에 가려서 바다로 들어가는 모습은 보이지 않는다.

*주산인 노동산은 혈처에서 보면 날카롭고 제1절은 동그랗게 예쁘게 오는데, 제2절부터 룡이 갑자기 늙어져 전반적으로 추루하게 보인다. 제3절에 혈이 맺히는데 청룡은 나약하고 백호는 낮은게 흠이지만 잘 감아돌았다. 거미형은 몸체가 럭비공 같고 다리가 여러 개 붙어 있어야 되는데 이

혈은 다리가 없고 주산이 험한 꼬리로 보이니 전갈형이다. 산이 늙고 추루하니 중등초급이다. 이 혈은 비어 있고 유좌 묘향 같은데 일이승의 지주결망(해래태작이고 4산 중에 있다)과 맞추어 볼 것 없이 명혈은 아니다.

사진출처 : 카카오맵 스카이뷰(https://map.kakao.com)

4. 죽암리 청룡형

 고흥 입구 병풍산에서 청룡으로 출발하여(앞에 게재한 행룡사진 참조) 빙둘러 진행하여 해변에 이르러 결혈하고 청룡이 안이 되어 끝맺음했다. 온통 청룡이니 남자손 천지이다. 김씨 집장지인데 비석에 남자손이 쭉 나열되어 있다. 요즘같은 저출산시대에 부러워할 만큼 백자천손할 좋은 혈이다. 그러나 해중에 삼태 칠성이 떠있는 일월명당과 비교할 수 없다.(2020. 3.)

전남 고흥군 복호산 복호형
(은혈 입수)

1. 흥양읍 북쪽 二十里

일이승 산도(무학대사 지리전도서 부록)를 보면 흥양읍 북쪽 2십 리에 복호형, 와우형, 누선출협형의 3개 혈이 실려있다. 누선출협형은 운산(雲山, 운암산인 듯?) 산중에 있다고 하지만 위 3개 혈은 같은 中局에 포함되어 있다고 보였다.

2. 일이승 산도

흥양(고흥)·興陽(高興)

복호형·伏虎形

흥양읍(興陽邑) 북쪽 이십리(二十里)의 복호산에 복호형(伏虎形)이 되어 있구나. 이 자리는 복호가 건산기거(乾山起巨)하여 당두양혈쌍견분(當頭兩穴雙肩分)하였으니, 면구반월직조분(眠狗半月直照墳)으로, 먼 후손(後孫)의 공후지지(公侯之地)로다.
〈辛丑二月〉

3. 탐사

결록에는 머리 부근 두 어깨에 하나씩 맺혀 있다고 적혀 있다. 답사하여 보니 오른쪽 어깨인 호곡마을에 하나 맺혀 있고 입수래룡이 길게 은혈로 내려왔다. 들을 건너 용정마을이 안산이 되니 계좌정향이다. 안산이 멀고 당처가 숨겨져 있으니 결록이 먼 후손의 공후지라 하였는가 보다. 왼쪽 어깨 혈은 산세가 볼품 없어서 찾아보지 않았다.(2021.5.)

* 中局-- 3혈의 국세

사진출처 : 카카오맵 스카이뷰(https://map.kakao.com)

* 복호산

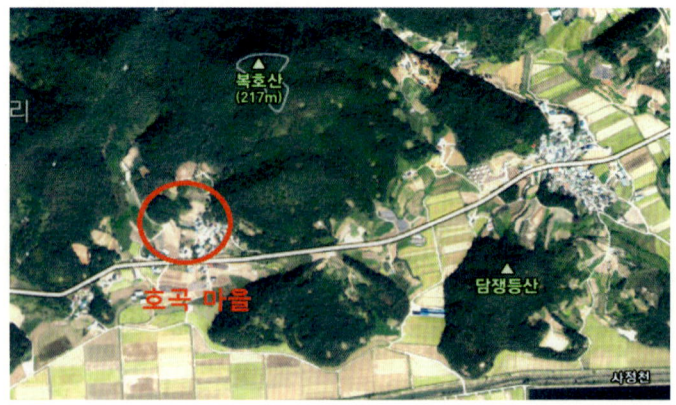

전남 고흥군 신송리 구사취회(龜蛇聚會)

* 일이승 산도

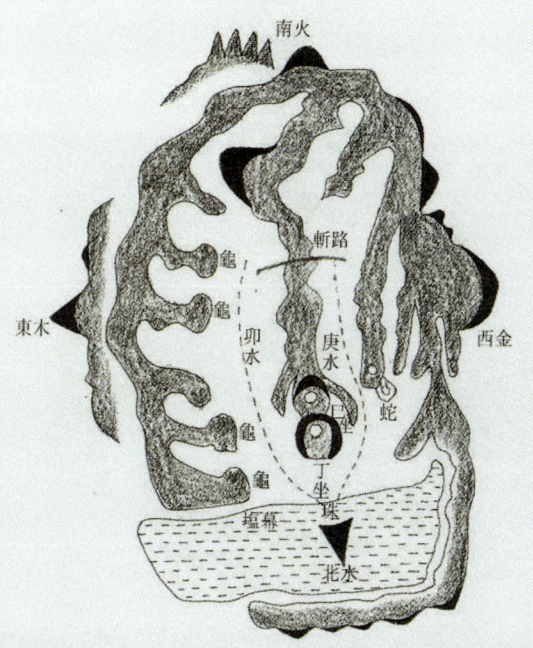

　흥양(興陽) 서쪽 사십리(四十里)에 사구이사형(四龜二蛇形)이 일주안(一珠案)을 하고 있구나. 이 자리는 병오맥(丙午脈)에 혈작사정(穴作巳丁)하고 수래진경(水來震庚)에 오성수원(五星守垣)하였으니 도학군자(道學君子)와 한림(翰林)이 날 영구향화지지(永久香火之地)로다.
　또 사도(蛇島) 왼쪽에 와우형(臥牛形)이 있고, 오른쪽에는 생사출동형(生蛇出洞形)이 있도다. 〈己亥四月〉

* 답사

　산도는 北火, 南水, 東木, 西金, 中土를 그려서 오기조원국의 구조를 표현하였다. 오기조원국은 1564년 중국 명나라에서 발간된 인자수지에 나오는 용어이고 우리나라는 조선 후기에 널리 알려졌으며, 1660년경 작성된 일이승 산도에 자주 등장하는 용어는 아니다. 결록에 적힌 고흥 西40리는 득량도가 있는 바다이고 혈은 고흥 北40 리에 있는 신송리 526 고흥 무열사(임란 때 무관 진무성의 영정을 모신 사당, 1882년 창건) 부근에 있다. 사도(蛇島) 왼쪽에 와우형, 오른쪽에 생사출동형이 있다는 결록 부분은 허위이다. 이 산도는 위작에 가깝다.(2022.11.)

　* 거북이 4마리와 뱀 2마리

사진출처 : 카카오맵 스카이뷰(https://map.kakao.com)

*고흥 무열사

전남 고흥군 신안리 주마탈안

*일이승 산도

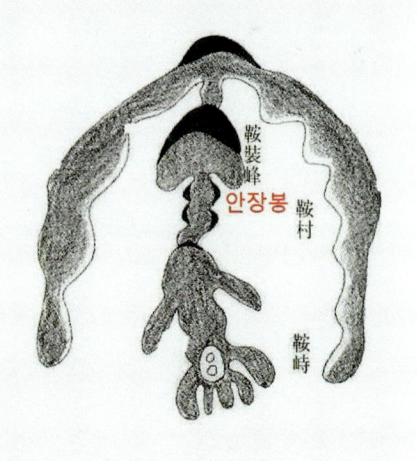

＊답사-- 안치마을은 지도에 등재되어 있다. 결록은 頂中에 있다고 하였으나 산자락에 안장을 앞에 두고 있다. 묘가 다수 있으나 적중하지 못했다. 午來丙坐, 중등중급.(2022.11.)

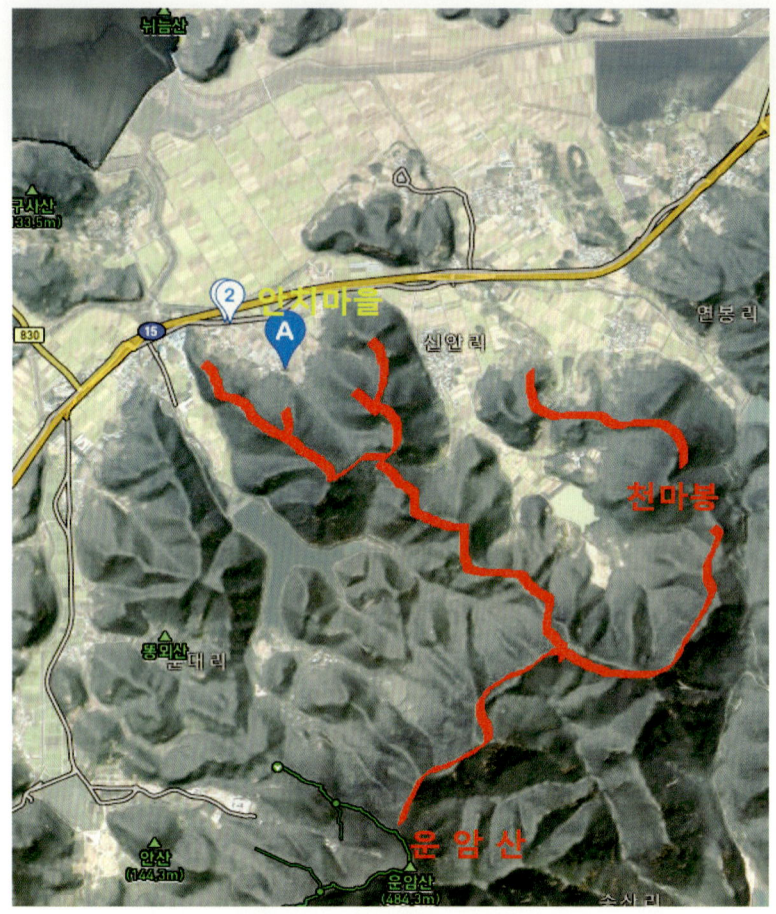

사진출처 : 카카오맵 스카이뷰(https://map.kakao.com)

전남 고흥군 양사리 반월침강
(래맥이 잘리면 어떻게 되는가?)

* 일이승 산도

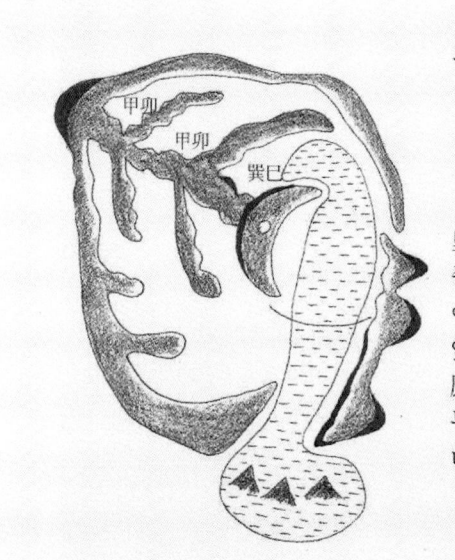

* 영남 양사리 남단 해변에 반월이 결혈되었다. 대혈인데 도로로 맥이 훼손되었다. 도로개설과 토지개발로 인하여 곳곳에서 래룡(來龍) 또는 입수(入首)래맥이 파손되고 있다. 용이나 맥이 잘려도 관룡자로 재어보면 지하로 맥이 연결되어 생기가 측정된다. 主山 이전의 행룡이 훼손되면 손해를 보겠지만, 혈이 못 쓰게 되는 것은 아니다. 그러나 주산에서 혈처에 이르는 입수래룡이 훼손되면 기존묘가 발복 중일 때에는 화를 입게 된다고 알려져 있다. 반대로 맥이 잘려져 있는 곳에 묘를 쓰면 어떻게 될까? 길흉이 심하게 교차되리라 본다. 자좌.(2022.11.)

사진출처 : 카카오맵 스카이뷰(https://map.kakao.com)

전남 고흥군 와우형
(찾기 쉬워서 착한 혈)

1. 고흥 北 20里

일이승 산도를 보면 복호산 복호형이 고흥 北20 리에 있고 와우혈이 고흥 북쪽 20리 어영현(禦營峴) 아래에 있다고 한다. 어영현은 알 수 없으나 복호혈과 멀리 떨어진 곳은 아니라는 짐작을 할 수 있다.

2. 일이승 산도

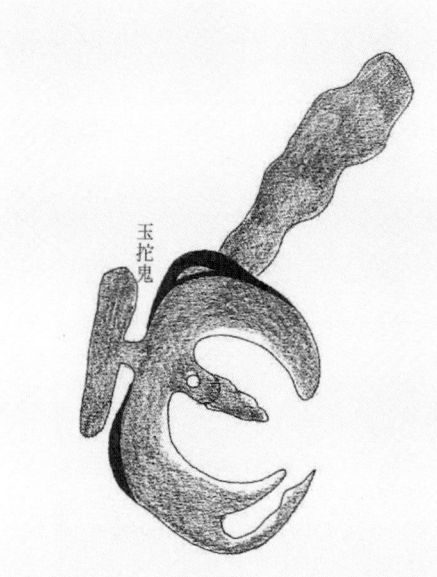

3. 진혈처

운암산 북서북 래룡인데 청백과 안산이 교과서처럼 잘 갖추어져 있어서 찾기가 쉬웠다. 오전에 탐사한 선인무수와 복호형은 기혈이어서 찾는데 고생하였으나, 이 혈은 전형적이어서 착한 혈이라고 칭찬하였다. 결록대로 오정래, 손좌, 경득계파이고 청룡너머 문필봉이 우뚝하다.(2021.5.)

* 운암산 와우지도

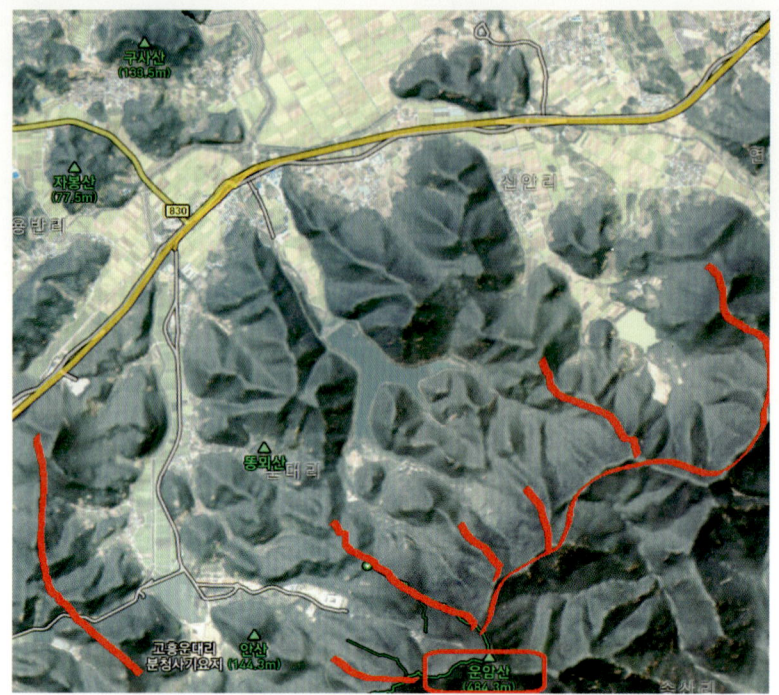

사진출처 : 카카오맵 스카이뷰(https://map.kakao.com)

전남 고흥군 용반대해형
(섬도 아니고 바다도 아닌 곳에 있다)

1. 간산기는 대화를 나누는 것

남의 간산기를 보고 찾아가 공부하는 것은 고수로 진급할 좋은 방법이다. 간산기 발표자는 독자로부터 異見을 받을 수 있다고 예견하고 잘 소화할 자세를 가져야 된다. 그럼에도 현실을 보면, 내노라 하는 상급고수는 이견을 접하면 언짢게 생각하거나 노발한다. 풍수계가 극복해야 될 후진성이다. 고흥 용반대해형(龍盤大海形)에 대하여 젊은 고수들이 간산기를 썼기에 명혈을 두고 대화한다는 생각으로 이 글을 쓴다. 그 분들의 名穴 발굴기는 뒤에 답사하는 풍수인에게 좋은 길잡이가 된다는 점에 감사를 표한다.

2. 일이승 용혈도

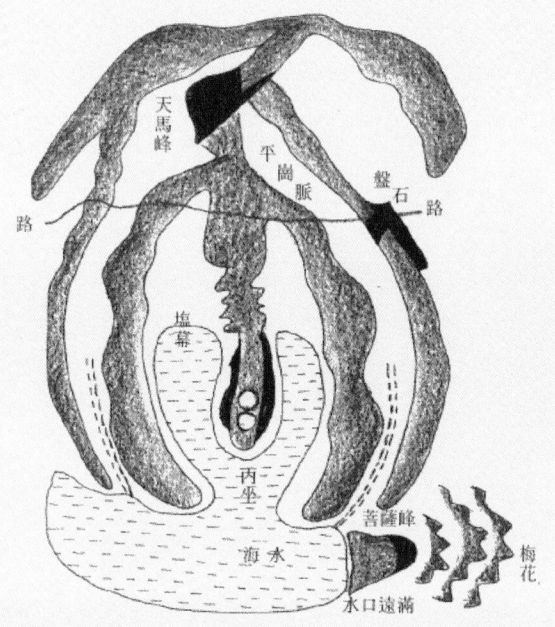

흥양(고흥) · 興陽(高興)

용반대해형 · 龍盤大海形

흥양(興陽) 동쪽 이십리(二十里)에 용반대해형(龍盤大海形)이 출호안(出虎案)을 하고 있구나. 이 자리는 고산낙맥(高山落脈)하여 평지위이(平地逶迤) 다섯마장(五里) 쯤의 병오맥(丙午脈)에 병좌(丙坐)로 되었고, 사신팔장(四神八將)이 응위기(應位起)하고, 황금백벽(黃金白璧)이 더욱 화치(華侈)하니 세세등용문(世世登龍門)하고, 만대향화(萬代香火)를 누릴 대지(大地)로다. 〈己亥四月〉

3. 다른 분의 지적지

＊고수들이 고흥 길두리 마을 당산을 혈처로 지적하고 사진을 게재하였다. 용혈도에 적힌 평지위이, 병좌, 出虎案을 중시하면서 출호안으로 매립지 평야의 건너편에 있는 팔영산을 지적하였다.

＊2021.5. 답사해 본즉, 당산은 고산낙맥 위이 五里가 못 되고 당산에서 팔영산은 병좌가 될 수 없고 신좌인향이더라. 당산을 혈처로 고집하려면 용혈도가 현장과 다르다는 사실을 밝혀야 된다. 당산에 음택명혈은 없고 양택인 마을이 좋다. 당산에서 갈라져 나온 가지가 길게 내려와 마을을 감싸고 있는데 그 산이 병오맥에 병좌가 될 수 있다. 그러나 그 가지는 위이하여 오다가 도중에 힘이 다하여 말락 부근에서 축 늘어졌다. 언덕 위에 주택이 있는데 그 집 마당에 병좌로 미미한 기운이 흐르더라.

＊사신팔장 형세와 팔영산의 방향

사진출처 : 카카오맵 스카이뷰(https://map.kakao.com)

* 당산

사진출처 : 카카오맵 스카이뷰(https://map.kakao.com)

* 안산으로 할 때의 팔영산 모습

4. 진혈처

당산의 혈처는 천등산에서 비봉산을 거쳐 낙맥하여 500m쯤 되는 곳임에 대하여, 진혈은 마복산을 조산으로 하고 주산에서 낙맥하여 五里쯤되는 곳에 병좌로 결혈되었다. 팔영산(금사리)은 안산이 아니고 그 옆 장남리 산을 안으로 한다. 용반대해는 넓은 바다 위에 용이 낮게 깔린 형상이므로 험악하고 거대한 팔영산에 맞상대하지 않고 그 옆산을 안산으로 삼은 것이다. 혈처는 섬도 아니고 육지도 아닌 곳인데 혈장이 거칠기 때문에 범인(凡人)이 함부로 덤비다가는 재앙을 받을 것이다.(2021.5.)

5. 간산기 보충

*세 곳의 견해

고흥에는 일이승 용혈도 24개, 장익호 유산록의 대소혈 10여 개가 등재되어 있고 서로 멀지 않은 곳에 있다. 용반대해형의 혈처가 비봉산 래맥의 길두리 당산 부근을 지목하는 견해가 있었으나, 내가 비판하면서 진혈은 마복산을 조산으로 한 동쪽에 있다고 주장하자 당산부근설은 철회되었다. 그 뒤 운암산 천마봉 아래 신안리를 주장하는 견해가 등장하였는데, 이 견해는 산도와 유사한 면이 있으므로 검토한다.

*천마봉 래맥설

이 견해는 산도에 표시된 천마봉이 있고 수구에 표시된 보살봉은 구사산이고 출호안은 복호산이 될 수 있다. 혈처는 원래 신안리와 연봉리 사이에 있었는데 후세에 경작지로 개간되어 없어졌다고 한다.

*추정도-- 천마봉 낙맥 평지위이 오리는 신안리 용정마을 부근이다. 연봉리 방면은 천마봉 래맥이 아니다.(산은 개천을 경계로 한다는 점에 유의)

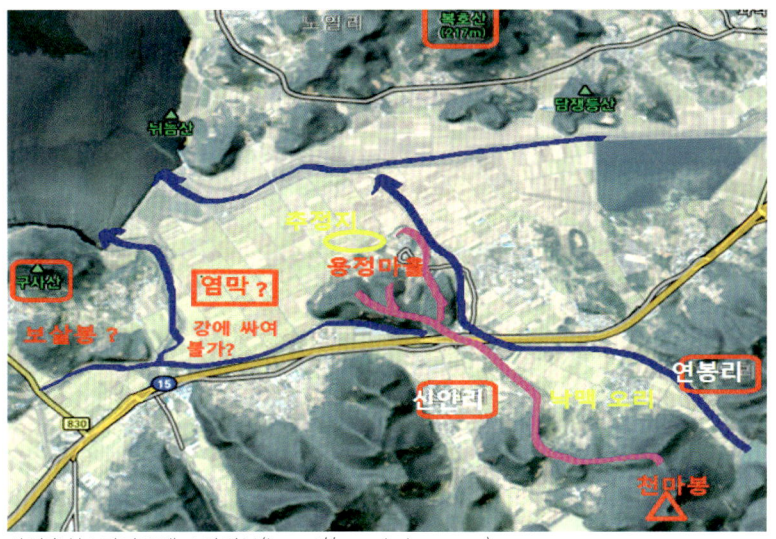

사진출처 : 카카오맵 스카이뷰(https://map.kakao.com)

*검토

① 용혈도가 지적하는 흥양 동쪽 20리는 천등산과 마복산의 동락으로 보아야 하고 이곳은 흥양 북동 방향이다. 그렇다면 일이승은 용정마을 부근을 흥양(고흥)의 어느 방향에 있다고 보았을까? 일이승은 복호산 복호혈에 대하여 흥양 북20리이라 하고, 동일한 국내에 있는 와우형에 대하여 흥양 북20리, 누선출협형에 대하여 흥양 동북으로 표시하고 있다. 다시 말하면 일이승은 이곳을 고흥의 동쪽으로 보지 않고 북쪽으로 보고 있다.

② 혈이 있었다면 용정마을 앞이라 추정되는데 바람을 막기 어렵고, 사신팔장이 길두리만큼 뚜렷하지 않다.

③ 결록은 병오맥에 병좌라하였는데 추정지는 래맥이 다르고, 좌향을 출호안으로 잡기 어렵다.

*결론을 말하자면 혈처는 고흥동쪽에 있고 고흥북쪽에 있는 용정마을이 아니다. 그러므로 결록에 주산으로 표시된 천마봉은 오기가 아닐까 생각한다.(2021.5.)

전남 고흥군 우미산 암소교태(嬌態)형
(알려지지 않은 대혈)

　*유산록 하편 178p "양사리(陽蛇里) 동편 일혈(一穴)이 맺혔으니 우각산(牛角山)이 안(案)이다" 한 줄을 적었을 뿐이므로 소혈이라 생각하고 팔영산을 가면서 양념 삼아 일정에 넣었다. 처음에는 간천리사무소(우천리 766) 마을로 찾아 갔으나 혈이 없었고, 우미산(牛尾山)의 맞은편에 있는 우각산에 가보았으나 헛걸음이었다. 두 산 사이에 있는 협곡 그리고 암소의 풍만한 자태가 아름다워 다시 탐방하기로 하였다.

　*2차 탐방 시에는 우각산 북쪽으로 돌아보니, 우각산(황소)은 팔영산 제1봉에서 선녀봉을 거쳐 쏜살같이 적금도로 내려가던 중, 옆에서 엉덩이를 흔들고 교태를 부리는 암소(우미산)를 보고는 고개를 90도로 홱 돌려 암소를 덮치려는 기세다. 팔영산 바다면은 배면이므로 국도 위로는 힘이 없고 국도 아래에서 다시 기운을 차린다.(팔영산 운중선좌 간산기 참조)

　우미산은 제8봉 뒤에 있는 최고봉인 깃대봉에서 내려오고 우각산은 제1봉 뒤의 선녀봉에서 내려와서 마주본다. 팔영산의 바다면(面)에 있는 모든 물을 두 산 사이의 협곡으로 흘러 보낸다. 암수 한 쌍이 분탕질을 치려 하니 주변이 긴장하고 생산적 기운이 넘친다. 혈은 찾기 매우 어려웠다. 백자천손하고 거부속발지로 재물은 끝이 없다.

　전국에 이 정도 크기의 암수 한 쌍의 소를 보기 어려울 것이다. 유산록에 대혈로 소개된 경남 산청 황우앙천혈은 암소가 멀리 떨어져서 점잔을 뺀다. 장선생님은 이곳에 오지 않았을 것이다. 오셨다면 "심혈이 지난하다. 어느 적덕 선인이 얻을 것인가"라는 말을 남겼을 것이다. 산에 다녀도 큰 뱀을 만난 적이 없는데, 이곳 陽蛇里에서 혈을 보고 나오는 길에 큰 독사를 밟을 뻔 했다. 상등 초급.(2018.5.)

* 우각산과 우미산

사진출처 : 카카오맵 스카이뷰(https://map.kakao.com)

전남 고흥군 운람산 누선출협형
(산도 없이는 못 찾는 혈)

1. 일이승 산도

* 누선출협(樓船出峽)-- 망루 있는 유람선이 좁은 골짜기를 나선다. 앞이 넓고 좋다(洋洋). 중국산서에도 실려있는 유명한 물형이다.

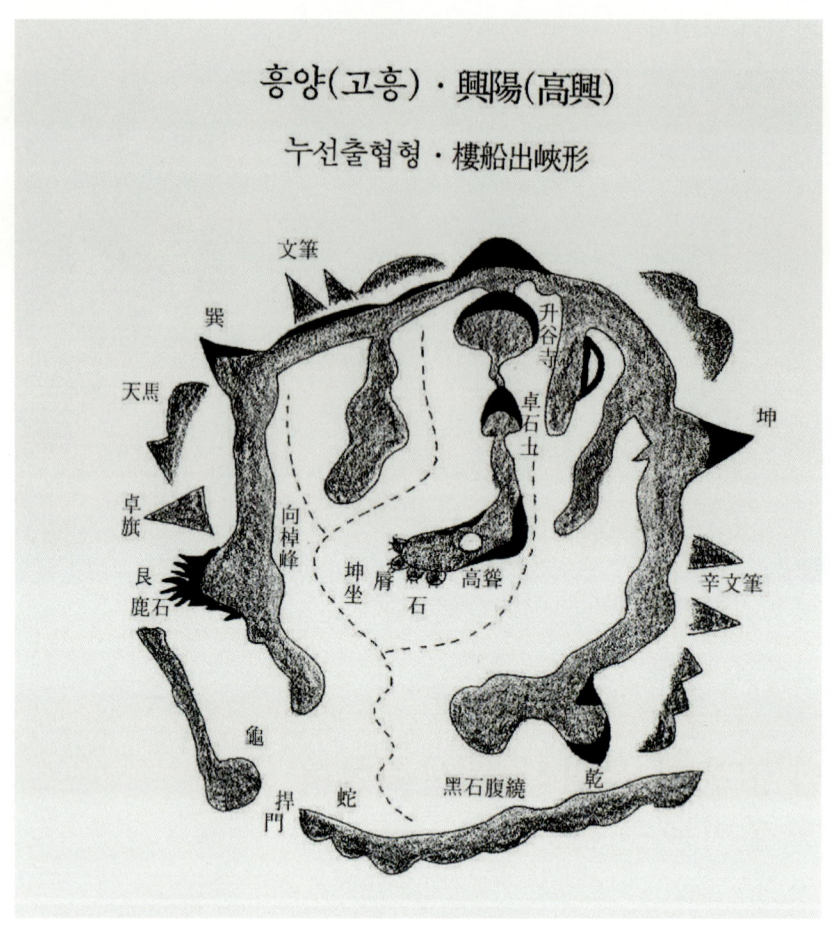

　흥양읍(興陽邑) 동북쪽 운산(雲山)산중(山中)에 누선출협형(樓船出峽形)이 탁기안(卓旗案)을 하고 있구나. 이 자리는 손병룡(巽丙龍)이 경곤(庚坤)으로 돌아 곤좌(坤坐)로 되었고, 간갑방(艮甲方)이 수려하고 손신방(巽辛方)의 문필봉이 뛰어나게 솟아있고, 사신(四神)이 구름을 찌를 듯하구나. 혈은 선중(船中)에 있으니, 도양면(桃楊面)상하대촌(上下垈村)왼쪽 위에 있고, 혈심은 일곱자(七尺). 세세등과(世世登科)하리라.(己亥二月)

2. 첫걸음은 헛걸음

결록은 운산(雲山)산중 도양면 상하대촌 왼쪽 위에 있다고 하는데 운산은 운암산을 말하지만 고흥에 도양면은 없다. 제1차로 아래 지도상의 연봉리를 점찍었다. 옆에 연봉2저수지가 있고 강물이 둘러싸고 있으며 산도처럼 배모습이 길다랗다. 한바퀴 돌아보니 산이 맥이 없고 주산에서 낙맥한 모습이 허접하다.

* 헛걸음

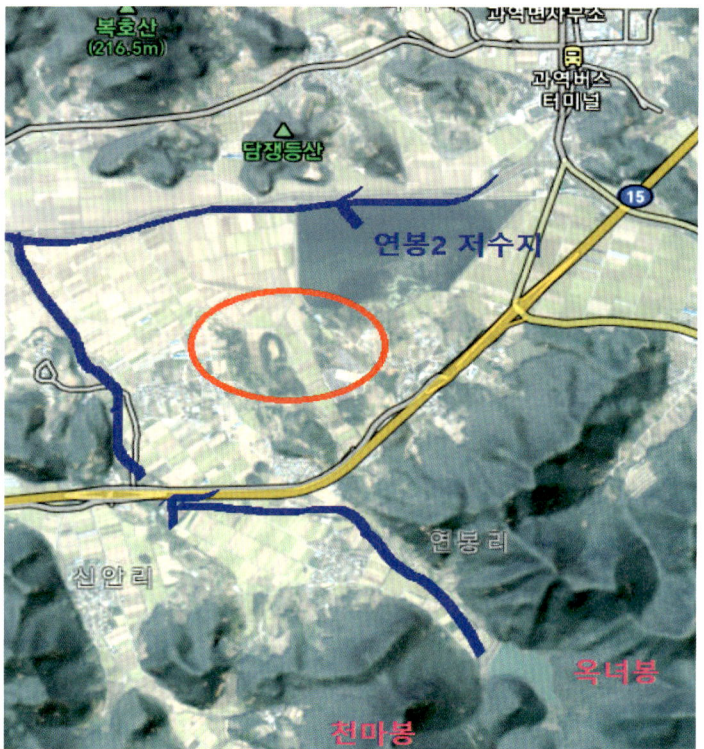

사진출처 : 카카오맵 스카이뷰(https://map.kakao.com)

3. 제2차 간산

산도 없이는 혈이 맺힐 것이라 예상하기 어렵고, 혈처 찾기도 어렵다.(2021.7.)

* 혈의 국세-- 손병룡이 경곤으로 돌아 곤좌로 앉았다.

사진출처 : 카카오맵 스카이뷰(https://map.kakao.com)

전남 고흥군 점안면 신안리 옥녀직금
(전설이 있는 곳)

1. 상신마을 비석

고흥 점안면 신안리 국도변 마을 입구에 크다란 돌비석이 있다. 큰 글씨로 상신마을이라 새겼고 작은 글씨로 선녀직금 명당이 있다는 소개글이 새겨져 있다. 이곳은 송씨들 집성촌이다. 송씨 제실 뒷산이 옥녀이다.(선녀는 더 날카로워야 된다)

* 국세-- 운암산이 조부

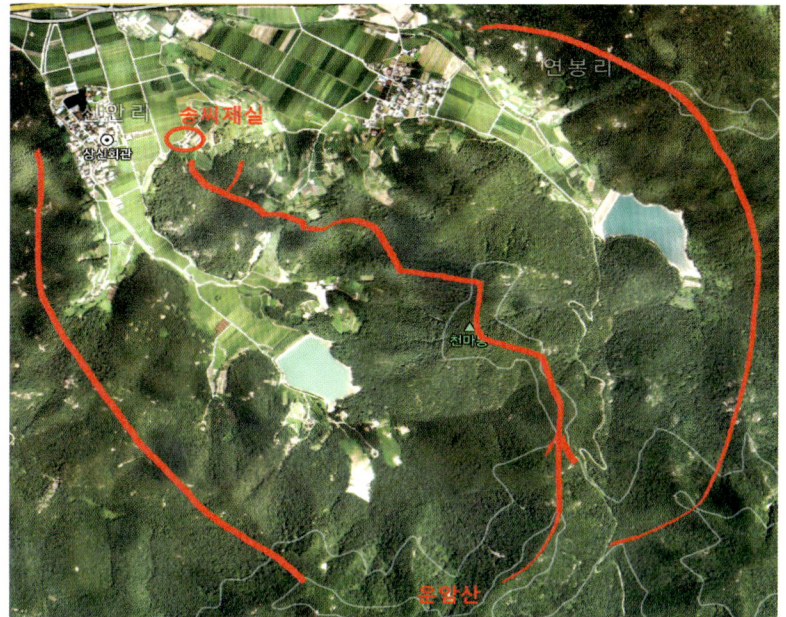

사진출처 : 카카오맵 스카이뷰(https://map.kakao.com)

2. 옥녀-- 전설이 있을 정도로 좋은 혈인데 결록에는 없다. 북은 앞에 있다. 중등 중급.(2020.3.)

사진출처 : 카카오맵 로드뷰(https://map.kakao.com)

전남 고흥군 진무대좌형(鎭武大坐形)

* 일이승 산도

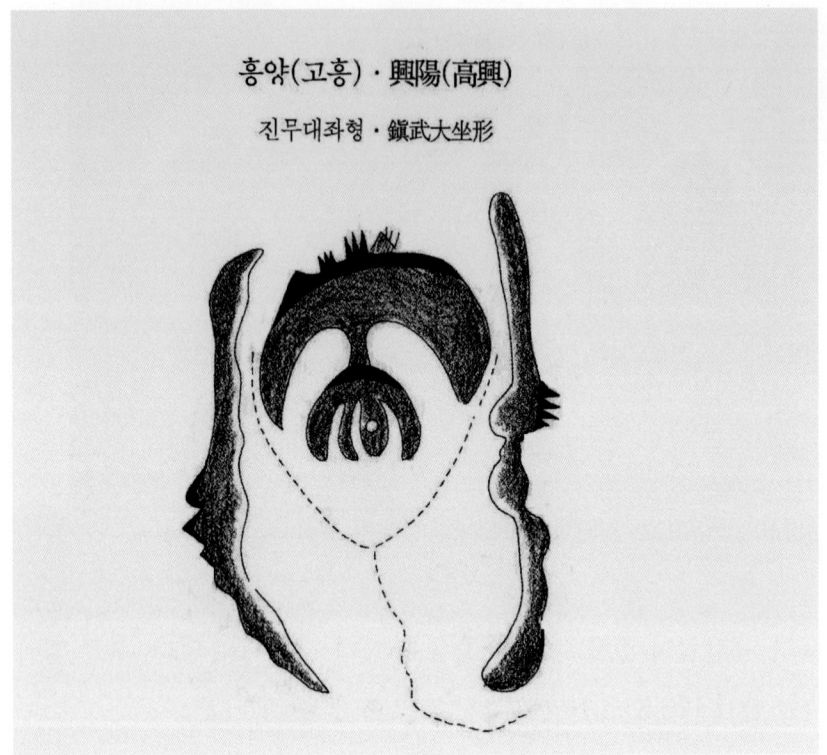

* 결록

　흥양(興陽) 북(北)오십리에 진무대좌형(鎭武大坐形, 鎭營에 앉아 있는 모습)이 패고안(旆鼓案,깃발과 북을 案)을 하고 잇구나 임감래룡(壬坎來龍)에 계간(癸艮)으로 작혈(作穴), 경수(庚水)가 용두로 돌아갔고 좌패우쟁(左旆右鎗)하고 용두에는 석각이 있고 백옥공경(白屋公卿) 앞에는 고산(鼓山)이 있고 富民所居하고 일룡삼호(一龍三虎)하고 혈은 배꼽 가운데(臍中)에 있도다.

＊답사-- 태조 존재산에서 원등마을을 거쳐 천전도수하여 해변에 힘을 모우고 결혈하였다. 여러 묘가 있으나 정혈을 벗어났다. 계좌. 중상.(2022.12.)

사진출처 : 카카오맵 스카이뷰(https://map.kakao.com)

전남 고흥군 포두면 운람산 송산리 상제봉조

＊유산록 후편 178p. 운람산 아래 상제봉조형, 팔영산이 삼길육수. 대귀가 날 것이다.

＊산의 규모는 작으나 귀한 상이다. 밑에서 보기엔 산의 왼쪽과 중앙에 1

개씩 혈이 있는 듯하고 좌측 묘가 그럴 듯한데, 기 탐지봉으로 측정해 보면 미미하다. 진혈이 아니라는 뜻이다. 진혈은 그 아래(남촌리 산5-7)에 있는데 혈장이 넓어 정확히 재혈하기 어렵더라. 중등 중급.(2018.4.)

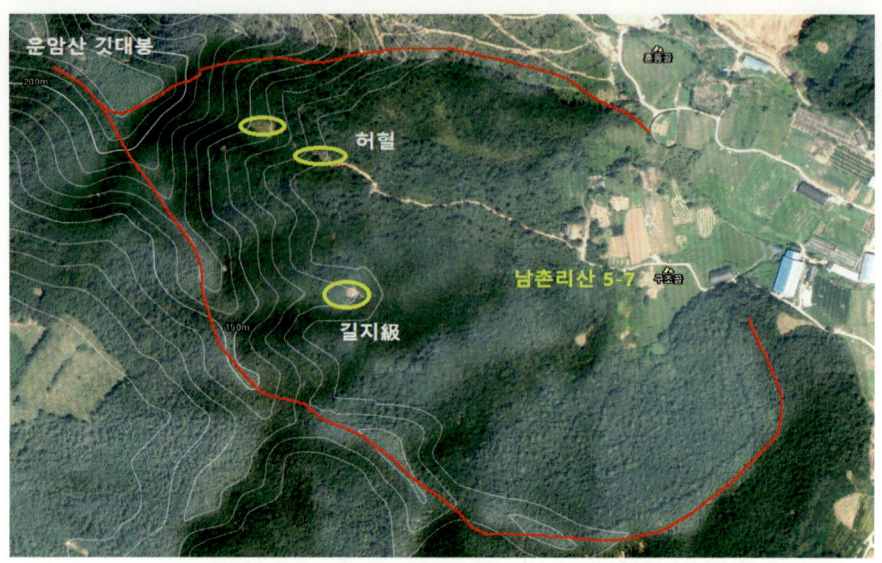

사진출처 : 카카오맵 스카이뷰(https://map.kakao.com)

전남 곡성군 곤방산 약마부적 (높은 곳에 있는가?)

1. 곡성 통명산 장군대좌와 곤방산 약마부적(躍馬赴敵)

옥룡자 결은 장군과 약마를 대혈로 칭찬하였고 사람들은 호남 10대혈이라 한다. 통명산 또는 동악산에 약마부적혈이 있다는 견해도 있으나 경태맥, 경입수, 간수귀을, 동북향인 결록에 부합되지 않는 독자적 견해이다. 장군대좌는 제1권에 게재하였고, 갈용음수는 이 책 278p 참조 .

2. 옥룡자결과 유산록

*옥룡자결-- "손사맥 삼십절에 午丁으로 기두하여 경태맥 四節아래 경입수 되었구나 간수歸乙하였으니 약마부적 이것이다" 동북향, 당대발복, 39대 부귀 장원(長遠)이라 하였고,

*유산록 전편 419p-- 곤방산(715m)은 천마가 달리는 형세이고 정상 부근에 공동묘지와 같이 묘가 많다. 전후좌우 중중포리하고 전면에 압록강수가 금성수로 흘러간다. 지리산이 간인방에 운소한 가운데 一枝가 혈 건너편에 좌우로 陣을 전개했다. 석중토혈로 관 묻기가 어려울 정도이다. 부귀 당대속발, 친우 조씨 선친 모셨다. 躍馬赴敵穴(말이 적진을 향하여 돌진하는 형)에 관하여 장선생님이 용사하였다는데도 믿지 않고 간산 사진들이 계속 올라 온다.

3. 곤방산 정상의 공동묘지

산행기를 보니 정상에 묘가 촘촘히 있었다. 모두 약마 부적이라 믿고 쓴 것 같다. 유산록도 전후좌우가 중중포리하고 섬진강이 둥글게 보이며, 정상에 묘가 많다고 한 점에 비추어 곤방산 정상 부근을 점지한 것 같다. 그러나 결록은 통명산 장군대좌에 대하여 고봉 山上頂이라 하였으나 약마부적에는 그런 말이 없다. 그럼에도 다수가 곤방산 정상을 찾는다. 이 혈처는 정상에서 제법 내려와서 결혈 되었다. 약마의 앞발은 좌청룡 우백호가 되었고 뒷발 두 개는 외청백이 되었다. 전방에 지리산 일지가 마주와서 가까운 안이 되고 지리산 본체가 조안산으로 적진 후방이다. 기백이 팔팔하고 부귀 겸전. 중상급으로 장군대좌보다 나을 듯하다. 송정리 뒷산 사부능선 쯤에 순흥○씨 묘가 있는데, 진혈처럼 보이나 물과 청백이 직거한 탓으로 假穴이다.(2020.4.)

* 혈처 국세

사진출처 : 카카오맵 스카이뷰(https://map.kakao.com)

* 곤방산 정상 묘

전남 곡성군 생사축와(生蛇逐蛙)

* 일이승 산도

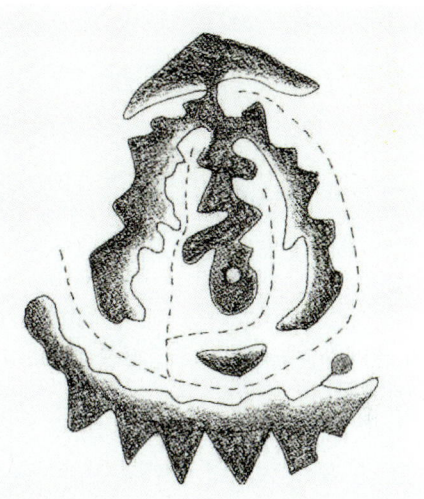

옥과(곡성)·玉果(谷城)

생사축와형·生蛇逐蛙形

옥과(玉果) 동쪽 십리(十里)에 생사축와형(生蛇逐蛙形)이 되어 있구나. 이 자리는 장례 후 10년에 발음(發蔭)할 자리로서 먼 뒷날의 후손이 번성할 부호지지(富豪之地)로다. 〈一耳僧〉

* 지도-- 결록지는 흑석리에 있다. 소룡리에도 큰 뱀이 있는데 집장지이다.(2022.10.)

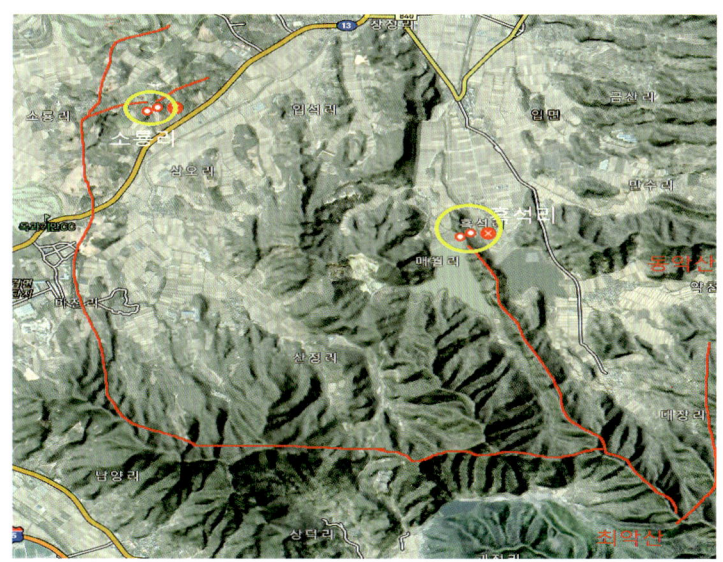

사진출처 : 카카오맵 스카이뷰(https://map.kakao.com)

전남 곡성군 신월리 곡성 제1의 양택지
(이의가 있소이다)

1. 예의가 지나친 동호회
　한국참풍수 지리학회는 회원수가 9천 명에 이르는 최대 풍수동호회이다. 회원수가 많으니 당연히 고수들이 많을 터인데, 간산기가 올라오면 천편일률적으로 "수고하셨습니다. 잘 보았습니다."라는 댓글뿐이다. 비판을 삼가하는 예의는 좋지만, 그냥 다 좋다는 건 문제가 있다. 오히려 가능한 限 현장을 답사하고 개성있는 감상을 표시하는 것이 글쓴 이에게 성의를 표하는 길이고, 자신과 상대방은 물론 관객의 수준을 함께 높여 주는 유익한 길이 된다. 참풍의 ○○선생님은 수많은 양택지를 발굴하여 발표하였는데, 그 중 곡성 제1의 양택지라는 곳(곡성읍 신월리 239-#)을 공개하였기에 지인과 현장답사를 하였다. 간산에서 동료와 함께 가서 의견을 나누는 것이 대단히 중요하다.

2. 양택의 환경 요건
　땅이란 사용 용도에 따라 평가 가치가 달라진다. 사람이 집을 짓고 거주하는 곳은 농사 짓는 땅과는 평가 요건이 다르다. 우선 주거 환경 예컨대 교육, 문화, 교통, 의료, 공기, 수질, 생활 편의시설 등을 따져야 하고 주거할 사람이 어떤 사람인가에 따라 평가가 달라진다.
　지적지는 곡성읍에서 약 2km 거리에 있는 한적한 산 자락이므로 학생이 있는 가족은 거주할 곳이 못된다. 은퇴자 또는 한가한 전원주택으로 사용한다는 전제 아래 평가한다.
　교통은 自動車 2대가 교행하기 어려운 농로 비슷한 시맨트 포장길이고 마을에서 상당히 떨어진 곳이다. 가까이에 이웃 하나 없다. 지적지 뒤는 묘지가 다수 있다. 백호쪽 가까운 곳에 납골당과 집장지가 있고 청룡쪽에는 제법 큰 소사육장이 있다. 당연히 백호쪽은 으스스하고 청룡쪽은 축사에서 악취와 파리가 날아와서 문을 열어 놓고 살 수 없다.

이런 곳이라면 축사 공해는 차치하고라도 밤이면 귀갓길이 어렵고 여자들은 주변 묘지로 음산하여 집 지키기 불안할 것이다

*축사와 묘지

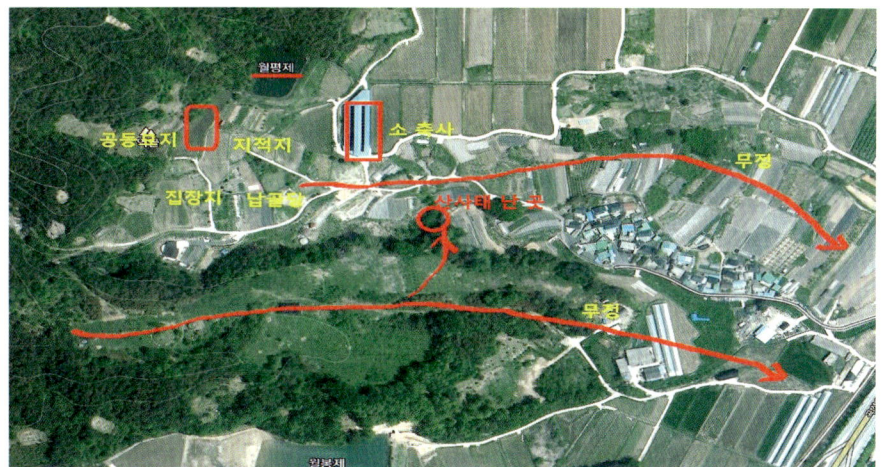

사진출처 : 카카오맵 스카이뷰(https://map.kakao.com)

3. 풍수상 吉地인가?

지적지는 산 밑이 약간 높고 평평한 곳이고 아래는 계단식 논이어서 전망이 가리지 않고 배수가 잘 되어서 좋다.

그러나 지적지 뒤는 묘지가 산재하고 동행한 회원이 당처에 기운이 없다고 한다. 청룡쪽이 트여 있어서 곡성읍쪽 바람이 침범하고 가까이에 큰 웅덩이가 있어 좋지 않다. 앞 산은 무정하고 무기력하다. 案으로 보아야 할 곳에 백호줄기가 요대처럼 낮게 둘러준 것까지는 좋으나 보기 흉하게 산사태가 나서 벌겋다. 밤낮으로 산사태를 보는 것은 大凶이다.

* 주변 지도

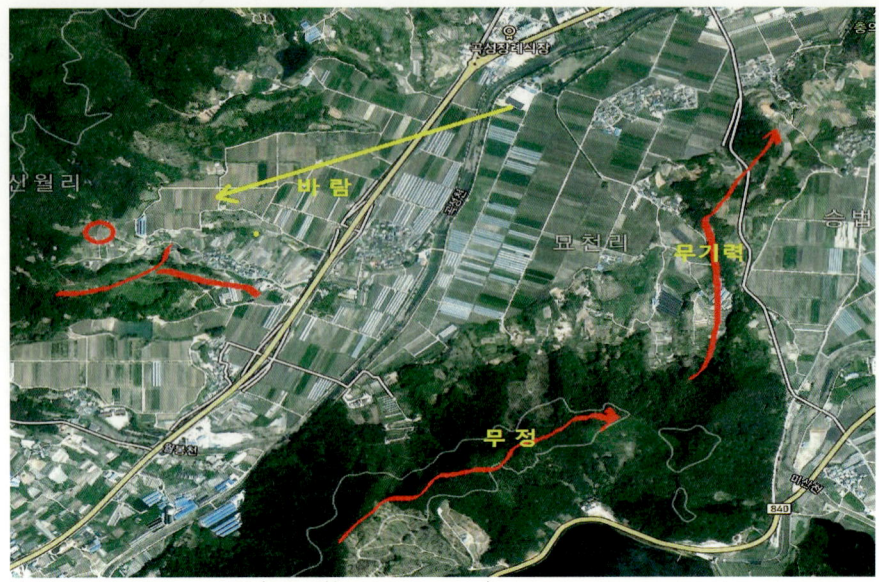

사진출처 : 카카오맵 스카이뷰(https://map.kakao.com)

* 산사태 난 곳

4. 곡성에서 어느 곳이 좋은가?

전원주택지는 보안상, 주거환경상 마을 부근이나 이웃이 한 둘 있는 것이 좋다. 풍수상으로도 주위가 밝고 싱싱한 것이 좋고, 이왕이면 풍광이 아름다운 곳이 좋다. 이곳으로 부터 약 2km 거리의 구원리 609마을에 있는 오룡음수가 제법 좋고 곡성향교 부근도 좋으며, 보성강은 주암댐 물이 방류되어 깨끗하고 풍광이 좋아서 군데군데 펜션이 있다. 그런 곳 주변이 좋다.

축사 주인은 환경 좋은 곳으로 나가서 사는데 외지인이 돈 싸들고 축사 옆으로 집을 지어 이사한다면 적극 말려야 될 것이다. 실제 그렇게 어리석은 사람은 많지 않겠지만.

*구원리 3단 개장

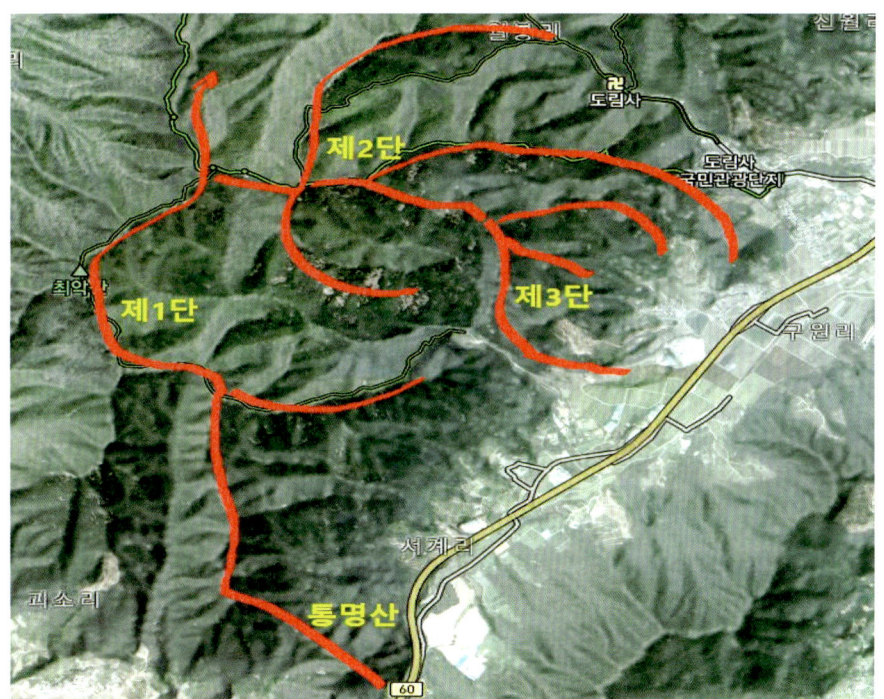

사진출처 : 카카오맵 스카이뷰(https://map.kakao.com)

* 오룡음수

사진출처 : 카카오맵 스카이뷰(https://map.kakao.com)

전남 곡성군 오산면 작천마을 갈용음수와 심청의 고향

1. 일이승의 갈용음수(渴龍飮水) 결록

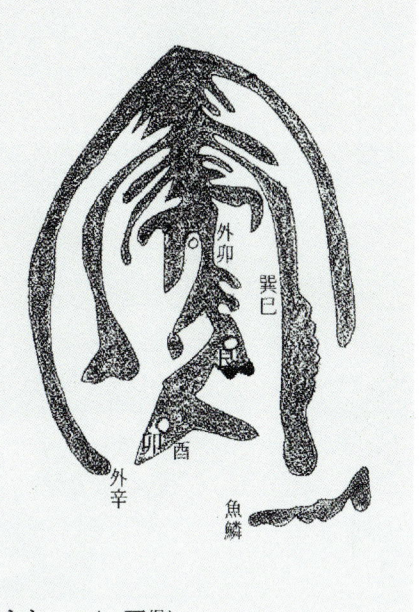

2. 혈처

결록은 작산 끝머리(盡頭處), 물이 동에서 나와 남으로 흐르고, 백호는 짧고 청룡은 길며, 유좌이다.

＊장소가 비교적 구체적으로 기재되어 있어서 지도로 찾아보면 곡성군 오산면 선세리 작천마을임을 알 수 있다. 혈처는 작천마을회관 북쪽 장흥 고씨 집장지에 있다. 용이 평탄하게 내려가서 혈처 찾기가 어려웠으나 혈 앞에 기운을 묶은 듯한 곳이 있다. 흔히 혈처는 균형과 조화라고 하지만 변화로 인하여 기운의 흐름을 강하게 하는 곳을 찾아야 된다. 다시 말하면 변화와 조화이다. 변화가 있는 곳을 찾지 아니하면 이곳에서 혈처를 찾을 수 없다. 언뜻 보기엔 용맹 없게 보이나 백호쪽 목성 골짜기를 보면 용트림하는 모양이 범상치 않다. 이 혈의 장점은 백호쪽 우뚝 솟은 아름다운

목성(현지인은 필봉이라 부른다)과 청룡쪽에 있는 마을회관의 노적등(토성 무더기)에 있다. 일이승 결은 상중하의 3혈이 있다고 하나, 갈용음수로는 이곳이 최고이므로 다른 곳은 찾지 않았다.

사진출처 : 카카오맵로드뷰(https://map.kakao.com)

* 유산록 전편 409 ~411p, 옥과 작산의 갈룡음수형이란 제목 아래 장유로 결혈되고 호남 명혈 중 하나이며, 간좌곤향, 모씨종산이라고 서술하였다. 우리가 본 곳과 일치하는 듯하다.

그리고 유청림의 풍수기행 133p, 갈록(渴鹿)음수 즉, 사슴이 작천의 물을 잔뜩 마시고 막 일어나는 형상이다. 좌우로 가로질러 축대를 쌓았으니 지금이라도 축대를 걷고 풍만한 유형에 쓸수 있다고 한다. 아마도 심청공원 부근인 것 같다. 백호쪽 필봉과 청룡쪽 흙더미(공원)가 장점이므로 유산록이 맞다고 본다.

3. 심청의 고향

마을회관 앞 심청 孝공원이 있고, 마을 앞 옥과천 둑에 심청길이 있어 의아스러워 자료를 찾아 보았다.

심청의 고향으로 전남 곡성, 충남 예산, 전북 부안, 인천 옹진(황해 황주)이 서로 다투고 있었다. 심청전은 조선시대 설화를 바탕으로 한 작자 미상의 소설로 孝를 주제로 삼았다. 황주 도화촌에 살던 심학규 봉사의 예쁜 딸 심청이는 공양미 3백 석을 시주하면 아버지 눈을 낫게 할 수 있다는 말을 듣고 중국 상인에게 3백 석을 받고 제물로 팔려 물살 센 인당수에 던졌는데 용왕에게 구조되어 왕비가 되었다는 줄거리이다.

① 옹주설은 국립중앙도서관소장 80여 심청전 중 황해도 황주가 고향이라는 책이 다수 있고, 인당수란 인천 옹진군 백령도 부근 장산곶이라는 것이 근거이다. ② 부안설은 인당수가 전북 부안군 임수도라는 것을 근거로 한다. ③ 예산설은 충청 대흥현에 원량이라는 장님이 일찍 아내를 잃고 원홍장이라는 어린 딸과 살았는데, 홍장이 아버지를 위하여 중국 상인에게 팔려가서 황후가 된 다음, 고향을 그리워하여 관음불상을 바다에 띄워 보내어 관음사를 지었다. 충청 대흥현이란 현재 예산군이라는 주장이다. ④ 곡성설은 전남 곡성군 관음사는 서기 300년경 창건되었는데 홍장이 바다에 띄워보낸 관음불상을 모신 사찰이라는 것이다.

그러나 심청전의 근원 설화로 삼국유사의 효녀 지은 설화, 거타지 설화, 효자불공구친 설화 등 여러 갈래가 있다. 다만 황주는 황해 황주군이고 인당수는 백령도가 유력하나, 백제시대에 건립된 관음사가 곡성에 있다는 점은 곡성의 강점이다. 효녀는 많을수록 좋으니 여러 곳에 심청의 고향을 조성하는 것도 좋다. 그러나 소설의 모델과 활동무대는 다른 경우가 많다는 걸 유의해야 될 것이다. 다시 말하면 황주와 백령도는 심청전 소설 무대임을 강조함이 옳다고 생각한다.(2019.12.)

전남 광양시 가야산 아래 골약동 비봉형
(명당 목록에서 제외해야 된다)

* 유산록 전편 400p, 광양 백운산 대맥은 해변가에 이르러 가야산이 탁립(卓立), 간인(艮寅)낙맥 평지과협 후 재락(再落)하여 비봉형이 결혈, 대해조당, 양사중증, 바다건너 연봉이 공읍(拱揖)한다. 자좌, 부귀영화 천만대(千萬代), 우리나라 대혈중 갑지.

* 현장 지도-- 유산록 전편 401p 산도가 있다.

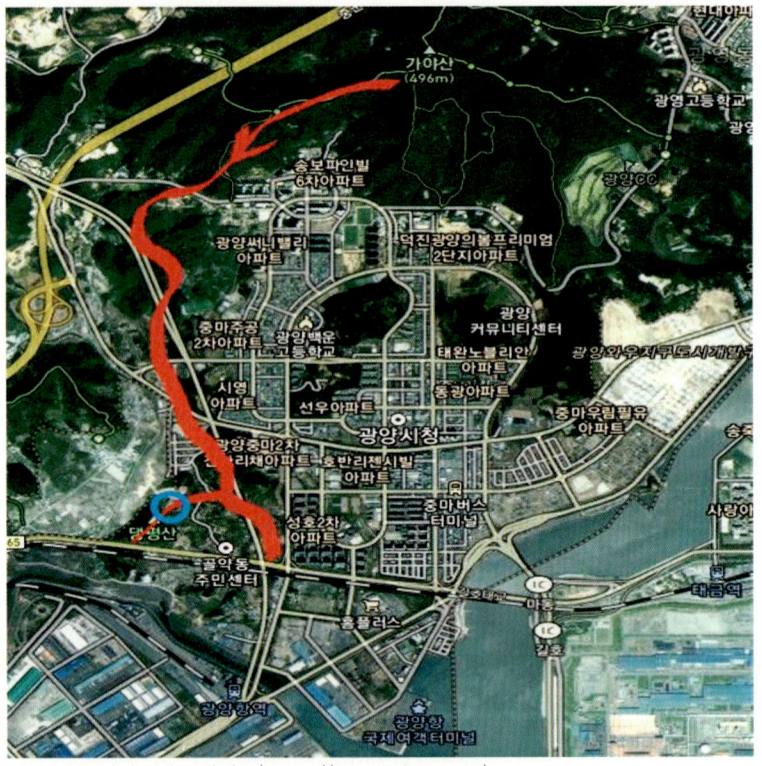

사진출처 : 카카오맵 스카이뷰(https://map.kakao.com)

* 나는 도시 일원은 개발이 잦아 파혈되기 쉬우므로 찾아보지 않는다. 그러나 이 혈은 유산록에서 전국적인 대혈이라 하므로 탐방하였다.

과연 가야산에서 봉체가 줄줄이 일렬종대로 해변으로 날아오다가 골약동에서 바다를 만나자 일열횡대로 크게 개장하면서 대장 비봉이 서쪽에 멈추어 대해를 날아 넘을 채비를 하고 있다. 혈은 봉안 근처(도이동 산 302 명평산)인데 국세가 넓다. 애석하게도 래룡(來龍)에 도로가 쭉 개설되면서 터널이 뚫려있다. 그 바람에 대장 비봉의 몸체가 절단되어 도로가 관통하였다. 이 혈은 전면에서 보면 허술하나 뒤쪽에 봉의 몸체가 굉장히 큰 덕에 혈이 되는데 도로로 절단 되었으니 파혈되었다. 앞으로 이 혈은 명당 목록에서 제외해야 된다.(2018.11.)

전남 광양시 백운산 유산록 4혈

　＊유산록 하편 188p, 전편 400p-- 백운산 석봉이 금계 계관같다. 금계란익형(닭이 알을 품에 안는 형), 동북 지리산이 병풍, 천리강산爲我, 점점도서, 섬진강금대. 一大제왕지지, 下元甲運 도래 시 기운도래-- 백운산 산정을 등산해야 하므로 답사하지 못했다.

　＊유산록 하편 188p-- 광양읍 신두리와 세풍리 사이 양택. 부귀만세영화지-- 세풍리 신두마을 회관 부근, 동쪽이 개방되어 비보 필요.

　＊유산록 하편 189p, 전편 400p-- 억불봉하 황룡등운형-- 용호중중, 사신팔장, 8백 년 섭정지-- 광양시 진상면 황죽리 수어지상, 대혈, 상론불가.

　＊유산록 후편 189p-- 국사봉 아래 옥녀직금. 대강안, 탁기문필, 재상지지.-- 옥녀 손바닥에 결혈, 입수현무에 큰 바위. 옥녀치고는 강하다. 장군이나 재상지지.(2018.11.)

전남 구례군 일이승 4혈

1. 전남 구례 산동면 탑정리 장군대좌

* 일이승 산도

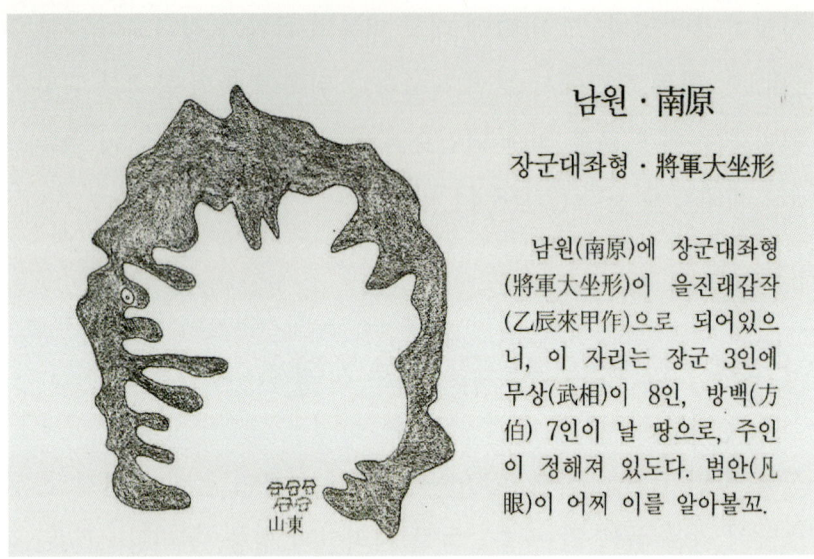

* 답사

산동면은 현재 구례에 속한다. 범인은 알아보기 힘들다고 하였으나 기본기에 충실하면 찾을 수 있다. 노고단에서 오는 평지낙맥 대혈이다. 갑좌 (2022.9.)

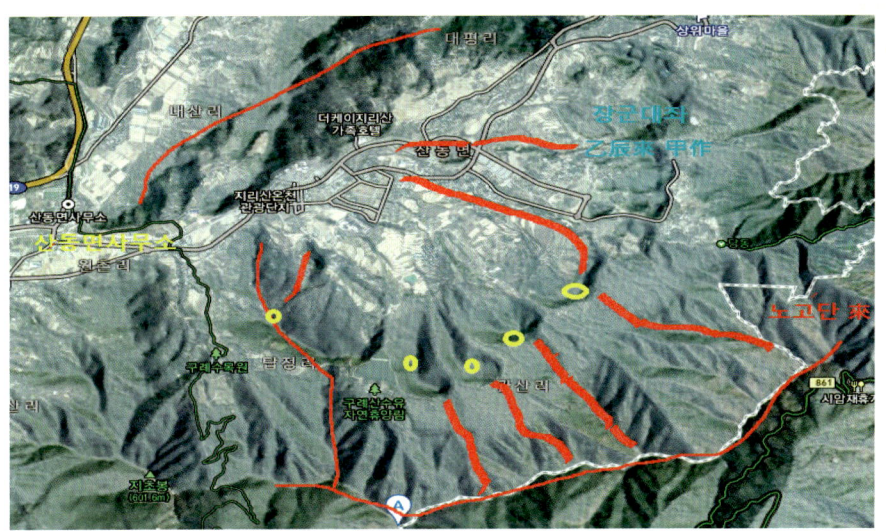

사진출처 : 카카오맵 스카이뷰(https://map.kakao.com)

2. 전남 구례 상동면 수룡형(睡龍形, 잠자는 용)

* 일이승 산도

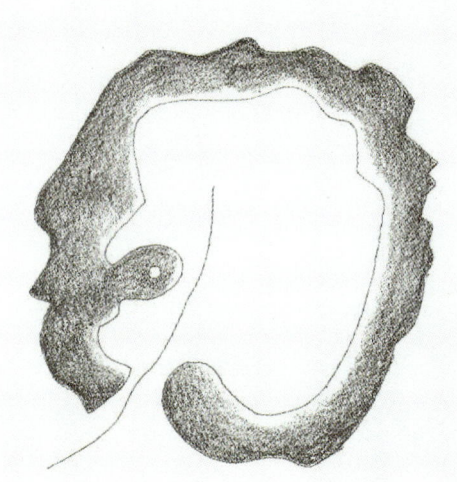

구례 · 求禮

수룡형 · 睡龍形

구례(求禮) 농치(籠峙) 아래 호수(湖水) 위에 수룡형(睡龍形)이 되어 있으니, 이는 변적박립(變跡搏立)하고, 간수정귀(艮水丁歸)로다.

*답사

이평리 134 지리산 치즈랜드목장 내의 호숫가에 있다. 청룡이 진주같이 아름답다. 호수 리조트가 안(곤좌)이 된다.(2022.9.)

*수룡형의 청룡

3. 전남 구례 토지면 파도리 현담형(산도의 좌향을 무시하라)

*일이승 산도

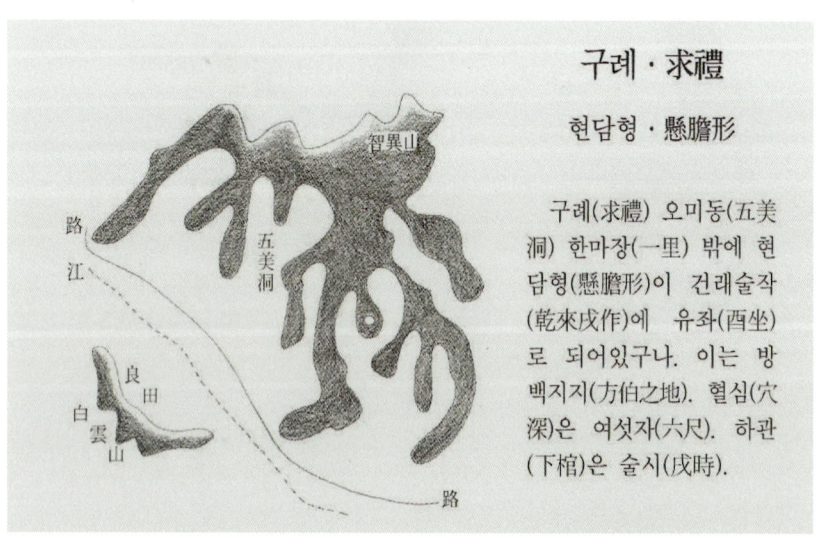

＊답사

파도 마을회관 뒷쪽이다. 결록은 건래술작에 유좌라고 하였는 바, 용맥은 건술로 행진하였으나 유좌로 앉는다면 남쪽 옆구리가 허전하고 불안하다. 계족산 방향인 계좌가 좋겠다.(2022.9.)

4. 전남 구례 문척면 금정리 비룡상천

＊일이승 산도

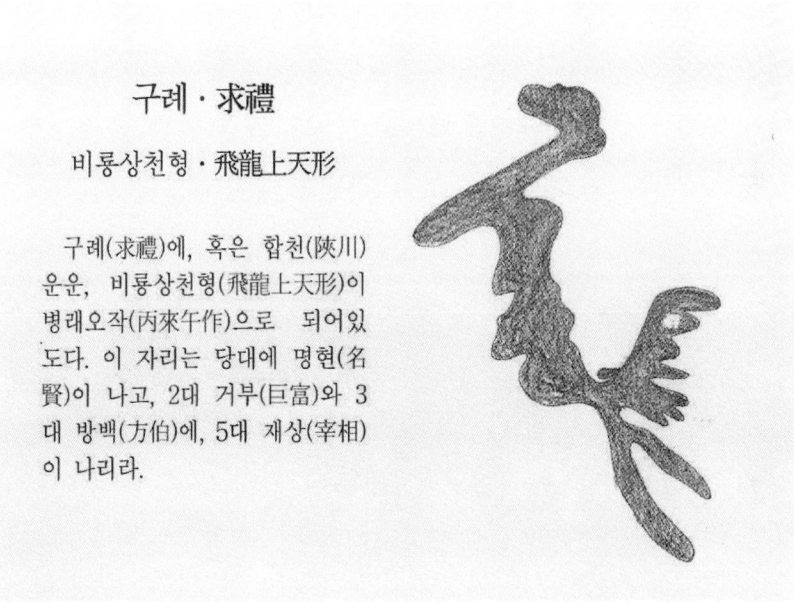

＊답사

사방 산의 기상이 당차고 국이 크다. 청백과 안산이 가까워 속발하리라. 오봉산이 근안이고 섬진강 건너 지리산이 원안이다. 주산은 호남정맥에서 나온 계족산이요, 강 건너 앞산인 지리산은 덕유산 래맥이다. 중등상급의 대혈로서 생지 백대 명혈에 올려야 맞다.(2022.9.)

전남 나주시 가야산 가학조천형(駕鶴朝天)

1. 유산록 전편 411p

태조 무등산-화순-월출산-백여리-가야산. 혈은 학배에 있다. 을진입수, 을좌신향, 우사는 건해파되고 좌사는 곤신파되다. 부귀겸전 만대향화.

2. 답사

공장개발로 래룡을 알아보기 힘들다. 혈처를 찾아가니 온통 옹기터 발굴로 원형을 파악하기 어렵고 혈장이 넓으니 혈찾기가 어렵다. 駕鶴이란 학이 수레가 되어 신선이나 천자를 태우고 다니는 것을 말한다. 따라서 혈은 학등에 있다. 가까스로 생기 있는 곳을 찾아 술 한잔 올렸다.(2021.11.)

* 현장 지도

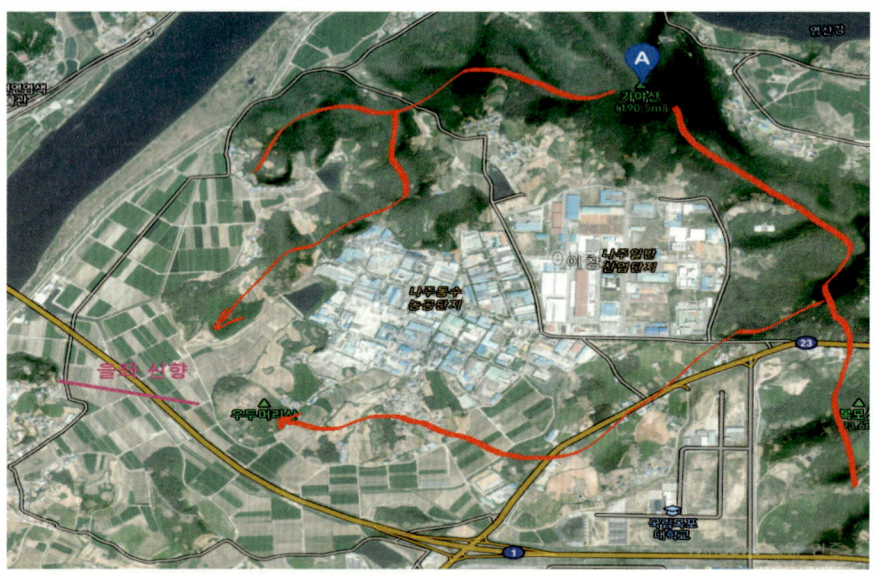

사진출처 : 카카오맵 스카이뷰(https://map.kakao.com)

* 옹기도요 발굴 안내판

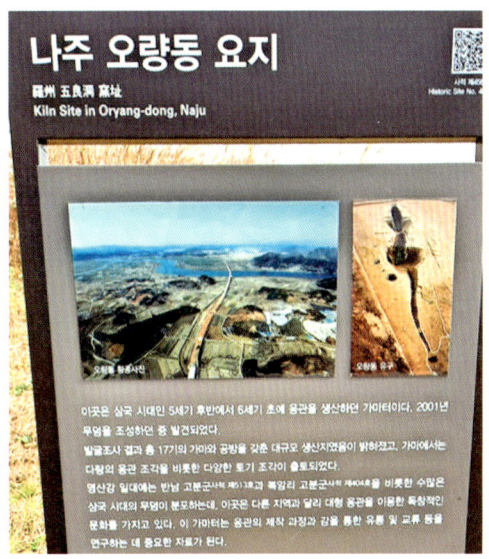

전남 나주시 경헌동 금성산 봉황 귀소

유산록 전편412p. 계좌 손사파, 만세영화지지-- 경헌동 575 일원인데 국세가 힘차고 집으로 돌아오는 봉황이 많으나 아깝다. 누군가 택지 조성을 하느라고 혈을 파손하여 원형을 알아볼 수 없더라.(2019.2.)

전남 담양군 주산리 황룡부주
(용이 배를 둘러업고 강을 건너다)

1. 일이승 산도

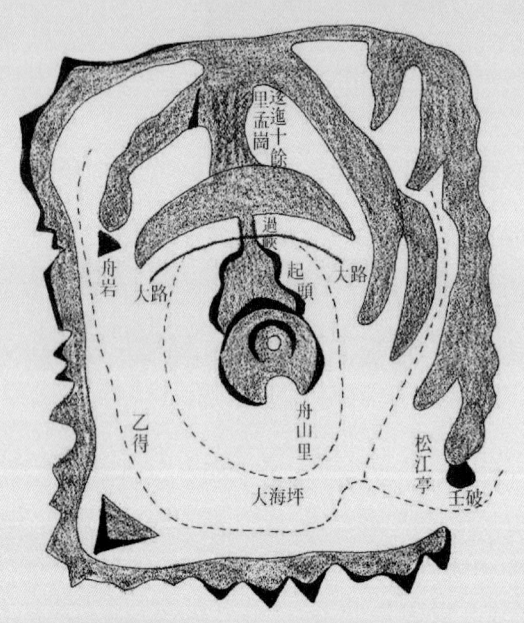

창평(昌平) 서쪽 십리(十里)에 황룡부주형(黃龍負舟形)이 곤좌(坤坐)에 을득임파(乙得壬破)로 되어있구나. 진혈(眞穴)은 찾기 어려우리라. 진혈은 고총(古塚)과 일척지간(一尺之間)의 사이에 있으니, 혈구(穴口)는 지곡(芝谷)의 정총(鄭塚)에 있고, 훈(暈)이 태극(太極)으로 되어있도다. 이 자리는 백자천손(百子千孫)에 백화(白花) 문과(文科)가 연이어 나와 삼공(三公)에 이르리라. 〈己亥十一月〉

2. 문어동(問於洞名 동네 이름을 물어라)

결록에 창평(담양군 창평면) 西십 리에 황룡부주(黃龍負舟 황룡이 배를 업고 강을 건너다)형이 있다. 창평에서 서쪽 십 리까지 사이에는 석곡천, 증암천, 창평천 등 세 개의 江이 흩어져 있고 창평 맞은 편에는 보존리, 주산리, 원강리 등 세 개의 동리(洞里)가 있다. 풍수들은 혈을 찾을 때는 동네 이름에 주목하는데 마침 산도에도 주산리(舟山里)라 적혀 있다. 결록에 따라 곤좌, 을득임파, 송강정 수구를 맞추려면 일대에서 주산리밖에 없다.

3. 수구가 되는 송강정

송강 정철(1536~1593)은 관직에 물러나 이곳에 죽록정이란 초막을 짓고 은둔하였는데, 후손들이 1770년 기와 정자를 짓고 송강정이란 이름으로 고쳤다. 정철은 서인의 영수로 정쟁을 주도하여 1589년 기축사화 때 형관을 맡아 동인 천여 명을 죽였는데, 그 중 이발의 열 살이 안 된 두 아들과 80세 노모를 곤장으로 죽였다. 이로 인하여 죽어서도 고향 땅에 오지 못하고 지금도 이발 문중은 정철 집안과는 혼사를 하지 않는다고 한다. 우리가 교과서에서 사미인곡을 배우면서 고상한 선비로 인식하였던 것은 정철의 또 다른 잔혹한 면목을 몰랐기 때문이다. 아무튼 송강정이 1770년 세워졌으니 1660년경 활동한 일이승이 송강정을 알 턱 없다. 산도에 송강정이란 글자는 후세에 기입하였거나 산도가 후세작인 것이 분명하다. 이 혈이 중등초급 수준이므로 산도 전체가 위작이 아닐까 하는 의심도 든다.

4. 탐사

이 곳은 무등산-중봉-군왕봉-삼각산-영락공원-진골산-서당산-주산리의 행룡이다. 주산리 마을 뒷산인 서당산을 전수 조사하는 방식으로 답사하여 배와 황룡 그리고 혈처를 찾는다.

* 서당산 행룡

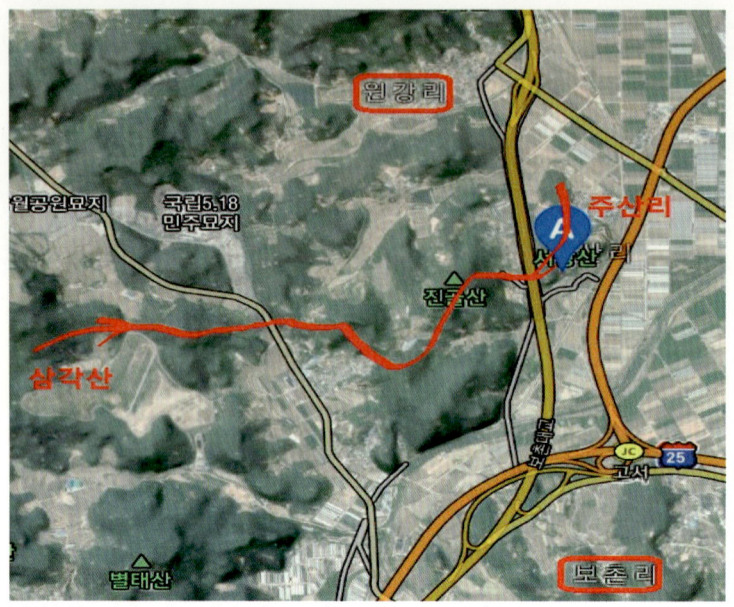

사진출처 : 카카오맵 스카이뷰(https://map.kakao.com)

* 수로를 어떻게 판단하는가?

선인들의 과장된 표현을 빌리자면 三大江은 혈 앞에 모여서 임파로 나아가고 명당은 萬馬가 달릴 만하다. 乙得은 창평천이 된다. 파구가 임파인 것은 이의가 없으나 득수에서 석곡천 증암천은 제외하는가?

이 문제를 카페에 올려 고수들의 의견을 물어본 바 혈처에서 제일 가까운 물을 계산한다는 설, 세 개의 강이 1차, 2차, 3차의 득수가 되고 모두 평등한 영향력이 있다는 설이 제시되었다. 이기론에서 어떻게 판단하는지 몰라도 형기론, 형세론, 국세론을 취한다면 일이승 결은 일리 있다. 즉, 전체적 국세로 본다면 석곡천과 증암천은 황룡이 목적지로 가는 과정이고 최종적 목적지는 창평천 건너에 있으니만큼 창평천이 중요한 득수가 된다. 물론 도중의 두 강이 혈처를 쏘고 들어온다면 흉이 많아서 좋은 혈이 될 수 없겠다. 다시 말하면 석곡천, 증암천은 보조적 사격이다.

사진출처 : 카카오맵 스카이뷰(https://map.kakao.com)

* 서당산 탐사

사진출처 : 카카오맵 스카이뷰(https://map.kakao.com)

* ①번-- 정상인데 성산 이씨의 큰 묘가 있다. 기운이 없고 바람을 맞는다. 룡이 배를 둘러업어야 할 텐데 뒤집힌 배등(용골)에 올라 타서 되겠는

가? 乙得이 어렵다.

② 탐진 최씨 집장지-- 기운이 없다

③번-- 산사태가 나고 땅이 무르다. 룡이 배를 업고 강을 건느려면 룡이 힘차야 하는데 약한 게 흠이다.

④번-- 인동장씨들 집장지이다. 사좌 해향이다.

⑤번-- 2012년 사진만 보더라도 甍에 잘 관리되고 있어서 진혈로 오해할 수 있었을 것이다. 그러나 지금은 봉분이 대나무로 뒤덮어 무연고 묘가 되었다. 최근까지 풍수들이 다닌 오솔길 흔적이 있다.

⑥번--김해김씨 집장지이다. 입수 쪽에 대밭을 가꾸고 있는데 ⑤번 일원을 복주(뒤집은 배)로 보는 듯하다. 그러나 기운이 없고 복주라는 산등이 무기력하다. 주차하기 좋아서 교통 명당이다.

＊김씨 집장지-- 유좌묘향

＊유청림 풍수기행 137p를 보면 "주산리 노안동에 있는 진골산을 복주로 보고 과협 놓고 용이 주산동의 들 가운데로 입수하는 형상이다. 혈은 용머리에 와형으로 맺혔는데 고총 오른쪽 어깨 뒤이다. 물은 혈전에 모여 간좌곤향에 을득임파이다. 후인들이 경유좌로 가족장지를 조성하는 바람에 혈성을 알아보기 어려우나 남아 있다"고 한다.

＊유청림의 혈처

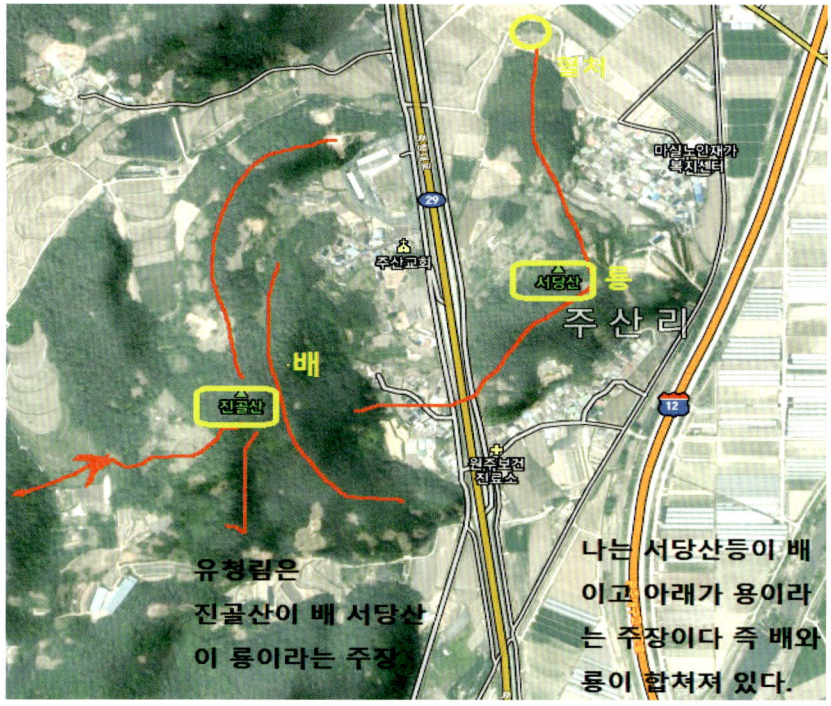

사진출처 : 카카오맵 스카이뷰(https://map.kakao.com)

　서당산은 용이 배를 들처 엎은 형상이다. 즉, 배와 용이 합쳐져 있다. 진골산을 배로 본다면 용이 너무 작고 용과 배 사이가 과협으로 떨어져 있어 찬성할 수 없다. 땅을 평탄화하여 가족장을 조성한 곳은 위의 지도에서 혈처로 표시한 곳인데 바람을 탄다.

　＊일이승결은 古冢一尺사이에 있고 정총이 혈구라고 한다. 이 산에 정총이 있지만 그 위쪽 묘는 무연고 묘가 되었고 혈이 아니다. 정총은 관리 상태로 보아 겨우 200년 정도이니 송가정과 마찬가지로 일이승 사후에 기입한 것으로 추측된다.

5. 진혈

탐사결과 복주는 서당산 일부이고 황룡은 배를 옆으로(횡으로) 매고 있다. 이 혈은 삼각산 말락지인데 산은 강하지 않고 용맹스럽지 않다. 강을 두 개나 건너야 하니 와우리 와우혈과 마찬가지로 고생이 따르지 않을까? (2020.12.).

전남 담양군 도마산 아래 음양택
(결록에 없는 곳)

2천 평 가까운 넓은 면적에 생기가 감지된다. 이처럼 넓은 면적에 생기가 펼쳐져 있는 곳은 처음 보았다. 북쪽에 음택이 있고 남쪽에 양택이 있다. 월평리 반월형 양택과는 다른 곳이다. 결록에 없으나 중등상급지이다.(2024.5.)

전남 담양군 용구산 장군대좌
(채알봉 아래는 없고 천자봉 아래에 있다)

1. 현장 답사를 요구받다

삼인산에 아독실모(兒犢失母)가 있다는 장선생님 제자 말에 의문이 있다는 간산기를 쓰자, 어떤 분이 삼각산에 있다, 또 다른 분은 와우리에 대여섯살 먹는 아이가 지관들이 못 찾고 애태우는 것을 찾아 주었다는 설화가 있다고 귀띔해 주었고, 어떤 이는 용구산 채알봉을 현무로 장군대좌가 있다는 말이 있으니 찾아보라고 했다.

등산가들의 산행기를 종합해 보면 옛날에는 지금의 용구산(또는 왕벽산)으로 표기된 곳으로부터 병풍산 투구봉까지를 용구산으로 부르다가 최상궁이 영조를 낳고부터 병풍산 첫머리 부분을 왕벽산이라 불렀고(주로 장성 쪽에서), 둘째봉을 천자봉(장성 쪽에서는 옥녀봉)이라 부르며 천자봉에서부터 투구봉까지를 병풍산이라 부른다.

* 전체 약도

* 용구산, 병풍산, 삼인산

사진출처 : 카카오맵 로드뷰(https://map.kakao.com)

2. 채알봉 아래에 호승단좌 양택

왕벽산에서 主 간룡은 천자봉으로 가고 한 개의 가지가 채알봉(등산지도는 채일봉, 궁산리 산18-1)으로 오는데 도중에 투구봉(병풍산 투구봉과 구별하여 왕벽산 투구봉이라 한다)이 있다. 채알봉은 평야를 직면(直面)하고 있다. 덩치가 크지만 보초는 졸병일 뿐이니 장군은 될 수 없고 호위병이다. 지도상 채알봉이라 표기된 곳 뒤에 목성으로 빼어나게 생긴 봉(호승 모자 모양이다)이 있는데 밑뿌리에서 한 가지(소위 일눈지)가 빠져 나와서 호승이 앉을 자리를 펼쳐 놓았다. 호승단좌형으로 암자터이다. 그 上部에는 밀양박씨 집장지가 있다. 현지인은 이 봉우리를 채알봉이라 불렀다.

3. 용구산(병풍산 천자봉) 아래 장군대좌

*일이승 산도-- 광주를 기준으로 위치를 설명하고 있다.

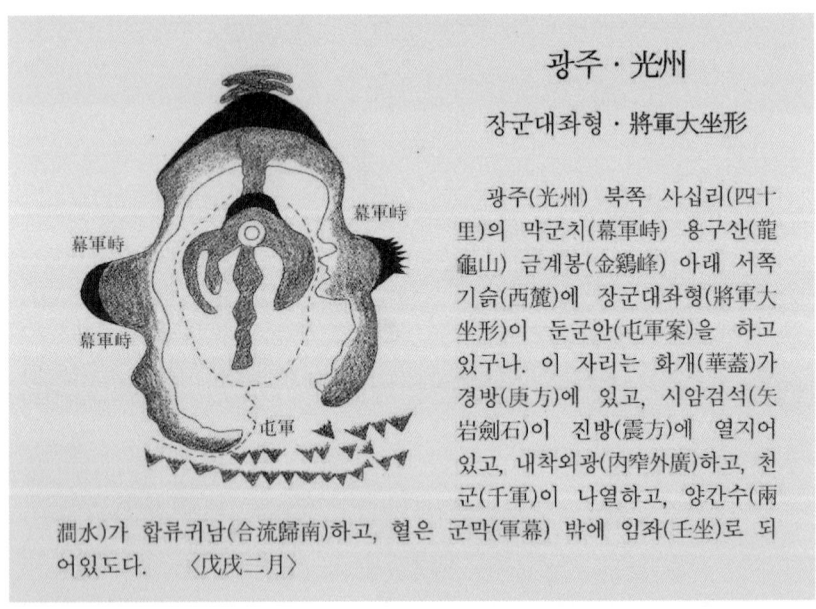

광주·光州

장군대좌형·將軍大坐形

광주(光州) 북쪽 사십리(四十里)의 막군치(幕軍峙) 용구산(龍龜山) 금계봉(金鷄峰) 아래 서쪽 기슭(西麓)에 장군대좌형(將軍大坐形)이 둔군안(屯軍案)을 하고 있구나. 이 자리는 화개(華蓋)가 경방(庚方)에 있고, 시암검석(矢岩劍石)이 진방(震方)에 열지어 있고, 내착외광(內窄外廣)하고, 천군(千軍)이 나열하고, 양간수(兩澗水)가 합류귀남(合流歸南)하고, 혈은 군막(軍幕) 밖에 임좌(壬坐)로 되어있도다. 〈戊戌二月〉

*채알봉에서 나와 병풍산을 바라보니 병풍산의 험한 바위봉이 연이어 섰다. 장군을 찾아보니 천자봉 아래 조금 작은 장군봉이 있었고 병풍산 정

상 아래는 청소년 수련원 시설이 있었다. 청소년 시설 쪽으로 들어가면 천옥이 된다. 병풍산 연봉은 기치창검이요, 청소년 시설은 병영이다. 병풍산은 삼인산과 불태산을 옆으로 내어 주고 저 유명한 장성 손룡으로 가기 바쁘다. 말하자면 천자봉에 집중하지 않는 형세이므로 가까스로 중등급이다. 산도는 임좌 병향인데 자좌오향이 좋을 듯하고 산도와는 다소 차이가 있으나 다른 곳은 결혈될 곳이 없다.(2020.3.)

전남 담양군 운중반룡

* 일이승 산도

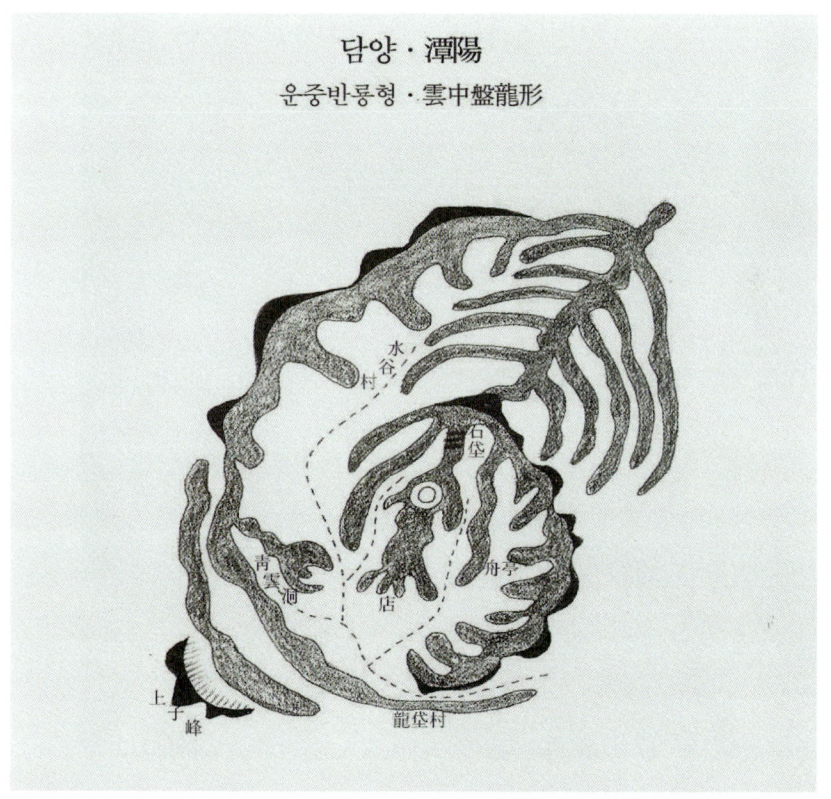

* 일이승 산도 결록

담양(潭陽) 옥천(玉川) 산중에 운중반룡형(雲中盤龍形)이 되어있구나. 이 혈은 용장호단(龍長虎短)하고, 백호는 기두(起頭)에서 돌고, 청룡은 기복석봉(起伏石峰)이 층층장원회포(層層長遠回抱)하였고, 임감갑묘룡(壬坎甲卯龍)이 감간입수(坎艮入首)하여 계좌정향(癸坐丁向)에 신유수(辛酉水), 병방귀(丙方歸)로 되었도다. 수구(水口)에는 일원봉(一圓峰)의 어대(魚袋)가 막고있으니, 백자천손(百子孫)에 문무과(文武科)가 병출(並出)하고 문전에는 괘인(掛印)이 연이어 끊이지 않으리라.〈壬寅九月〉

* 답사

대덕면 용대리 산101이다. 계좌. 연안 김씨가 차지한 것 같다.(2022.10.)

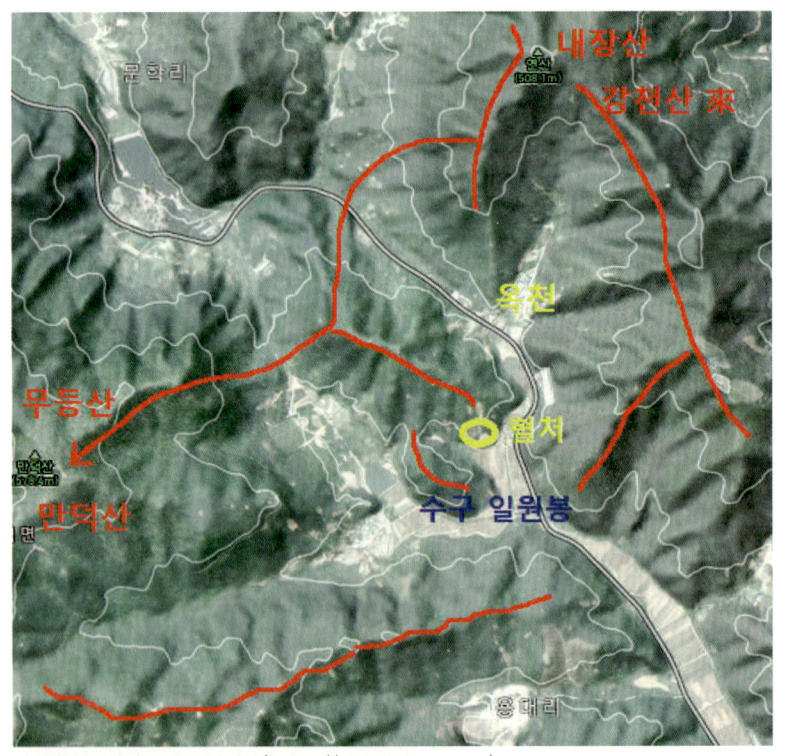

사진출처 : 카카오맵 스카이뷰(https://map.kakao.com)

전남 담양군 월평리 반월형 양택

결록에 없으나 좋은 양택이다. 인좌.(2022.10)

사진출처 : 카카오맵 스카이뷰(https://map.kakao.com)

전남 무안군 대치리 창룡도강형
(천하대혈이라 할 수 있는가?)

1. 어떤 고수님의 간산기

  * ○○선생님이 몽탄면 대치리 산45에 蒼龍渡江형의 천하대혈 음택이 있다고 극찬하였다. 그러나 현장을 답사해 보니 의외로 혈처가 아니었다.

*간산기를 발췌하면 아래와 같다.

"과연 이런 곳도 있구나 하는 충격을 받았습니다. 풍수지리를 공부한지 27살부터 지금까지 57년이 지났지만 처음 좋은 자리를 보는 곳이 여기네요. 다른 곳도 좋은 자리 많이 봤지만 여기에서 최고 좋은 자리 봤습니다."

"제왕지지로 내려온 룡이 너무나 좋습니다. 하얀 것이 전부 돌산입니다. 구불구불 잘 내려왔습니다. 혈판 알기가 너무 어려운 곳입니다. 신안이 아니면 못 찾습니다. 야산에도 이런 곳이 있네요. 장산에만 제왕지지 있는 줄 알았더니 잘못 알았습니다. 너무나 좋은 자리 봤습니다. 때가 되면 하늘이 적선하신 분에게 내리겠지요."

2. 대혈이 아니다

*中局 지도-- ① 주산이 연징산처럼 당당하지 못하고 빈약하다.

② 행룡이 척박하고 풍후하지 않다. 소혈이라면 몰라도 대혈이 되려면 혈성이 넉넉해야 된다.

③ 룡이 강을 만나서 도강하려는 형상이라면 대강이어야 긴장감이 돌고 기운이 모이며 물은 만궁으로 도도히 흘러야 좋다. 대치천은 수원이 짧고 메말랐으며 빈궁이다. 날아서 건널 것 없이 기어서 건널 수 있다.

④ 수구 짜임이 없다.(2018.4.)

사진출처 :
카카오맵 스카이뷰
(https://map.kakao.com)

전남 보성군 일이승 2혈

1. 보성에 있는 결록

일이승결로서 비안상천형(飛雁上天形)과 단봉함서형(丹鳳含書形)이 있다.

2. 일이승 비안상천혈

＊비안상천형 산도

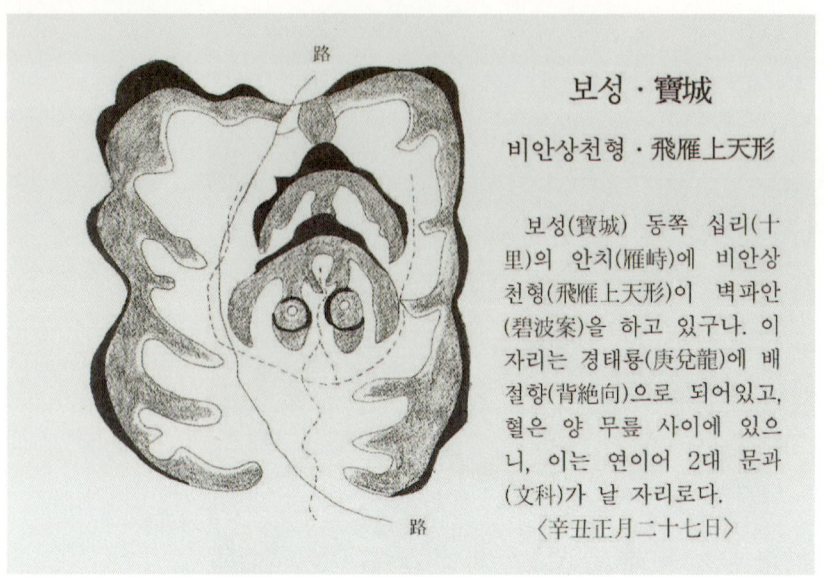

＊지도-- 보성 삼정리 산. 벽파안이라 하는데, 예전엔 바닷물이 상당히 깊게 골짜기 안으로 들어왔을 것이다.

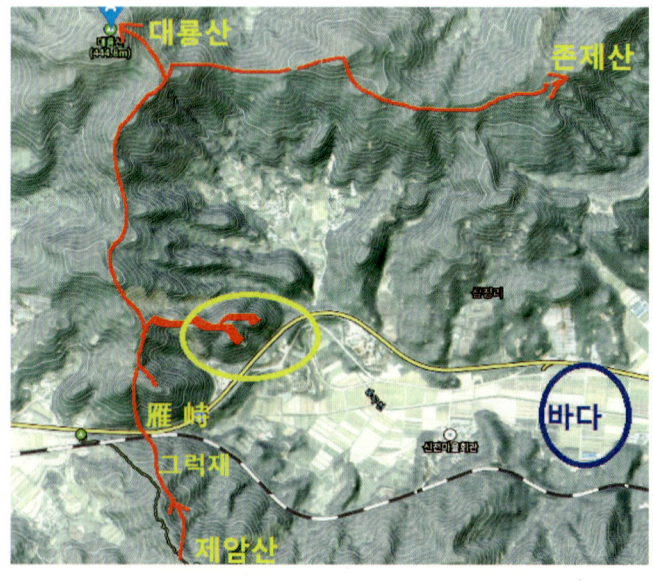

사진출처 :
카카오맵 스카이뷰
(https://map.kakao.com)

3. 일이승 단봉함서

* 산도

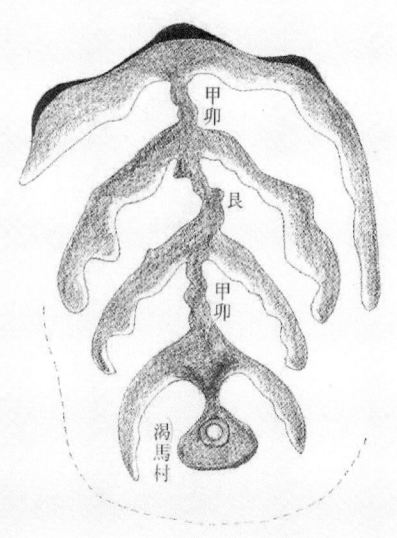

보성·寶城

단봉함서형·丹鳳含書形

　　보성(寶城) 동쪽 오십리(五十里)의 열개치(烈開峙) 과협(過峽)의 고강
(高崗)에서 내려온 갑묘맥(甲卯脈)에 단봉함서형(丹鳳含書形)이 좌선안
(坐仙案)을 하고 갑좌(甲坐)에, 건득을파(乾得乙破)로 되어있구나. 이는
12대 홍문관지지(弘文館之地)로다.　〈辛丑正月二十九日〉

＊단봉함서 지도-- 유산록의 신월리 장군대좌와 같은 곳이다.

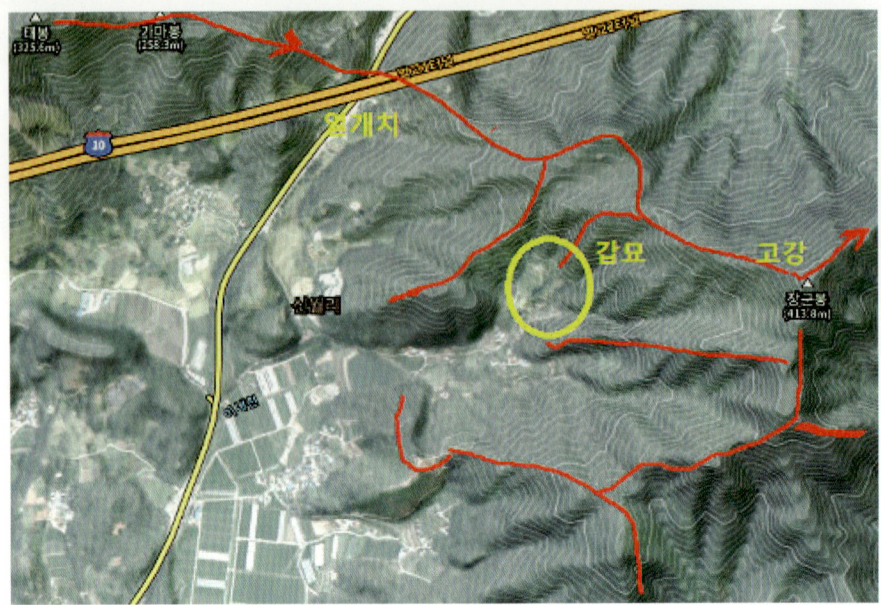

사진출처 : 카카오맵 스카이뷰(https://map.kakao.com)

전남 보성군 장익호 2혈

1. 보성의 음양택
　장익호결은 6~7개가 있으며 지방설화로 명당마을 5개가 있다. 짧은 기간에 간산한 탓으로 이미 사용한 음택에서 중상급의 대혈은 보지 못했다. 양택명당이 많은 편이다.

2. 존제산 중출맥 장군대좌
　＊장익호 유산록 후편174p-- 존제산이 좌우개장하고 중축(中軸)이 흐르는 곳에 천하의 대혈 장군대좌혈이 대결하였다. 천리열군안(千里列軍案)

이 되었고 극귀지혈(極貴之穴). 우리나라 최대혈의 하나이다.

  * 율어면 장동리, 사입수(巳入首), 사자해향(巳坐亥向), 중상급에 가까운 대혈이다. 국기봉에서 열 지은 천리열군과 동소봉에서 열 지은 천리열군이 두 줄로 서서 안산이 되었다.

3. 보성군 남양리 갈룡음수

  * 장익호 유산록 후편 174p. 겸백면 남양리 北에 보성강이 九曲朝堂하여 현무(玄武)를 돌아가고 천산만수가 천심취적(天心聚積)하니 이런 길지(吉地) 어디서 찾아볼 수 있으랴. 부귀장원무궁지(富貴長遠無窮之地).

  * 답사해 보니, 눈에 들어나지 않는 조용한 혈이다. 발복은 과장되었으나 보성갑부로 장원할 것 같다. 초암산에서 서편으로 행룡하여 최일봉을 세우고 구룡고개에서 과협한 뒤 보성 강변에 앉았다. 보성군 미력면과 겸백면 일원은 보성강이 굽이치며 흐르는 덕에 산태극 수태극한 곳이 많고 곳곳에 좋은 음양택을 많이 맺었다.(2024.2.)

전남 보성군 일이승 1혈, 유산록 2혈, 순천 유산록 1혈 (하루종일 헛걸음하다)

1. 사용할 수 없는 명혈

  임란 무렵 우리나라 전국 명혈은 약 3,500개이었고 현재 이미 사용하였거나 장애로 인하여 사용할 수 없는 곳을 감안하면 사용 가능한 명혈은 약 600개밖에 안된다. 보성 순천지역 중 간산 못한 명혈을 찾으려고 일이승의 벌교읍 군안낙지형(群雁落地形, 무학지리전도서 462p), 유산록 후편 중 보성 신월리 장군대좌(174p), 보성 덕치리 牧丹半開形(181p), 순천시 화전리 半月形(181p)을 골랐다. 현장을 답사해 보니 개발되었다든지, 옆에 묘가 있다든지, 민원으로 사용불가한 혈로 판단되어 하루 일정을 헛걸음하였다. 천기누설할 염려가 없으므로 구체적 위치를 밝혀두니, 지나는 길에 구경해 보면 재미있을 것이다.

2. 벌교읍 척령리 174-19 군안낙지형
* 일이승 산도

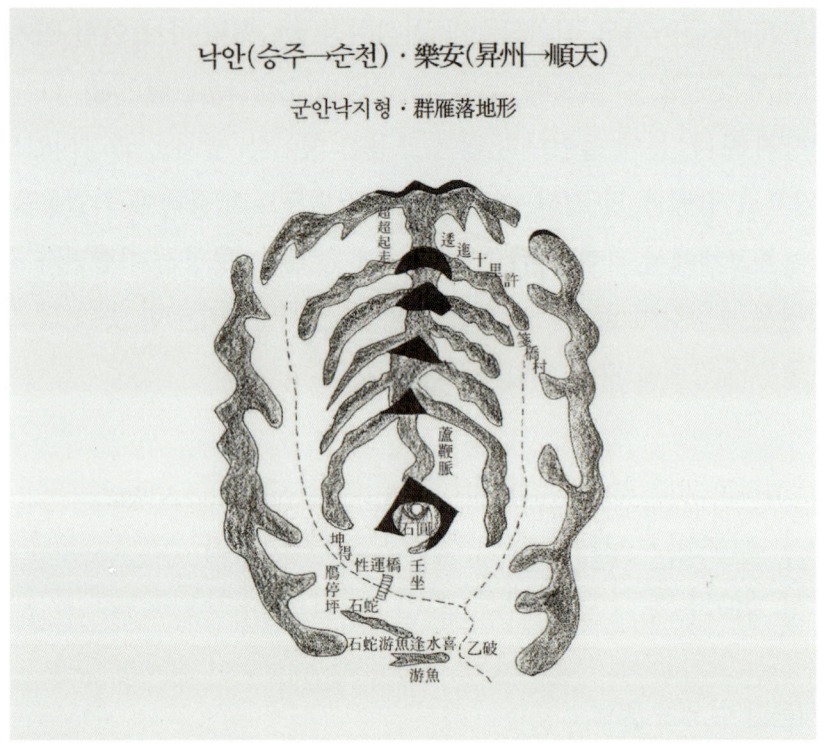

* 산도에 부기된 결록

　낙안(樂安) 고읍(古邑) 남쪽 십리(十里)에 군안낙지형(群雁落地形)이 장천안(長川案)을 하고 있구나. 이 자리는 해룡(亥龍)이 장원(長遠)하고, 임감낙혈(壬坎落穴)로 용삼호사(龍三虎四)에 곡곡유신(谷谷流神)하고 노화편룡(蘆花鞭龍)하니 누가 이를 알아볼꼬. 자세히 찾아보면 원석(圓石) 위에 있으니,

이 자리는 홍백화(紅白花)가 세세부절(世世不絕)하고 백자천손(百子千孫)하리라.〈己亥八月〉

* 벌교에서 亥룡이 길게 내려온 곳은 찾기 쉽다. 임낙 곤득을파, 용삼호사, 안정평과의 방향을 고려하면 아래 도면의 ①, ②산등이 유력한데 기러기가 여러 마리 앉은 형상인 만큼 평지 가까운 곳을 살펴야 될 것 같다. 지도상 ①산등 끝이 유력해 보여서 찾아갔더니 발걸음이 국도 아래 들판으로 향하더라. 혈처에 술 한잔 올리고 길 위를 살폈다. ①산등과 국도 아래는 개천으로 단절되어 있었다. ②산등에서 춘추장례예식장을 거쳐 국도를 따라 혈처로 왔다. 그 래용(來龍)이 소위 노화편룡(가냘프고 허름한 맥)이다. 일이승 같은 신안은 쉽게 찾겠지만, 나는 이 길을 종종 지나다니면서도 꿈에도 눈치채지 못했다.

* 진혈처

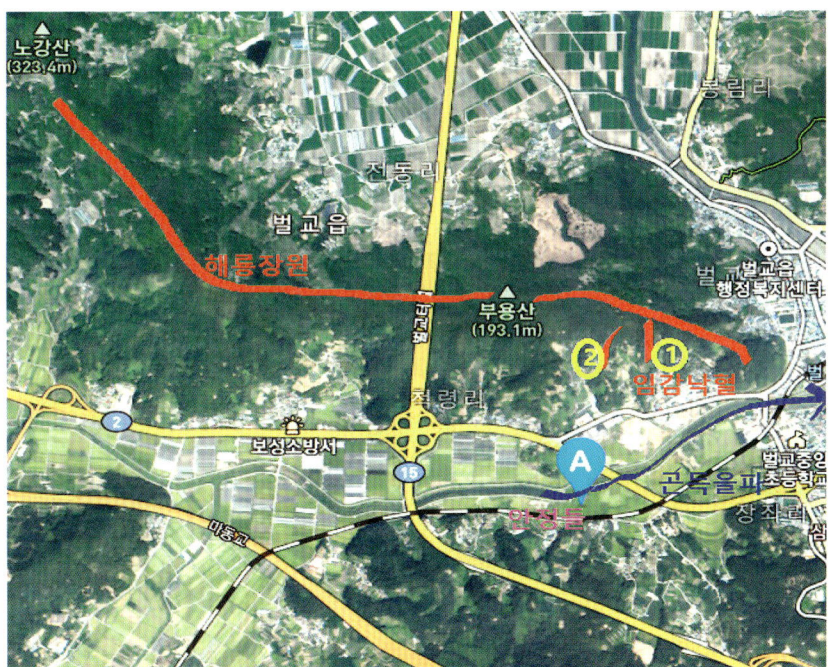

사진출처 : 카카오맵 스카이뷰(https://map.kakao.com)

3. 보성군 조성면 신월리 장군대좌

* 유산록 후편 174p 존제산 건해낙맥-가마봉-장군봉 서편낙맥 신월리 상 장군대좌 결혈. 장군봉은 갑묘방에 수려하고 좌우사 多情. 조성면 首穴.

* 가마봉에서 장군봉으로 진행한 용맥중 신월리로 서편 낙맥한 곳은 상신마을(아래 지도상 ①), 원곡(②), 벌교가는 고개(③) 등 3곳이다. ①에 가서보니 결혈되는 곳이 없었다. ③은 지도상으로는 가장 유력하고 사방에 묘가 있지만 혈이 없었다. ②는 동구 밖에서는 안 보이고 협곡 같지만 들어가 보면 상당히 넓고 안산과 청룡이 좋다. 래룡이 후덕하여 양택 래룡같은 富者룡이다. 과연 조성면 수혈이라 할 만하다. 혈처(신월리188) 부근에는 연안 차씨 쌍분이 있는데 상석을 보니 2009년 4대 종손이 설치하였다. 장선생님이 현장에 왔다면 혈처 옆에 차씨가 묘가 있다고 밝혔을 터인데 그런 말이 없다.

* 일원의 지도

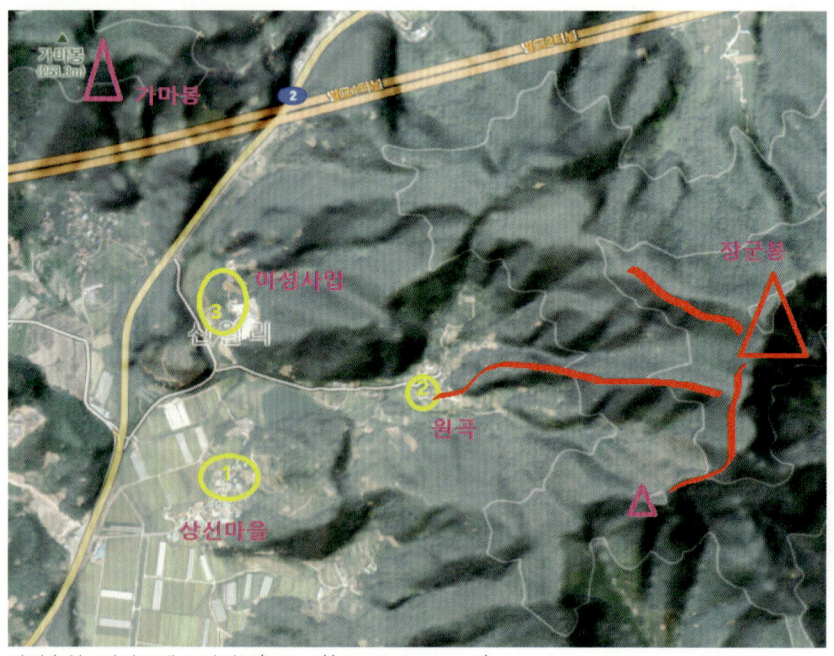

사진출처 : 카카오맵 스카이뷰(https://map.kakao.com)

4. 보성군 문덕면 덕치리 목단반개형

＊유산록 후편 181p-- 대강이 금성수로 회포, 해방수래조, 갑묘파, 오좌 大富大貴.

＊존제산에서 북진하여 까랑몰이산을 세우고 다섯 차례의 크고 작은 과협을 거쳐 주암호 호변(湖邊) 덕치리 산에 이르렀다. 행룡이 좋기로는 말할 것도 없고 호수가 손에 잡히는 절경이다. 山主가 큰 임도를 내고 혈하에 묘 4기를 썼더라.

＊혈처 일원

사진출처 : 카카오맵 스카이뷰(https://map.kakao.com)

5. 순천시 외서면 화전리上 半月形

＊유산록 181p-- 화전리 위에 목단형체, 곤좌 계축파 수구긴쇄 십대적선인 용지(十代積德人用之) 대혈.

＊화전리 마을 산중턱으로 비어 있다. 대지가 비어 있는 이유는 일반 풍

수가 예상치 못하는 곳, 또는 허접하여 사람들이 눈여겨 보지 않는 곳이기 때문이다. 산에 올라가니 마을방송으로 즉시 내려오지 않으면 경찰에 신고한다고 경고하더라. 약초재배지도 아니고 잡목지인데도 이장에게 신고해야 된다고 텃세다. 大地인지는 모르겠으나 십대 적덕 없이는 마을 텃세를 감당치 못하리라.(2021.9.)

* 반월 혈처 일원

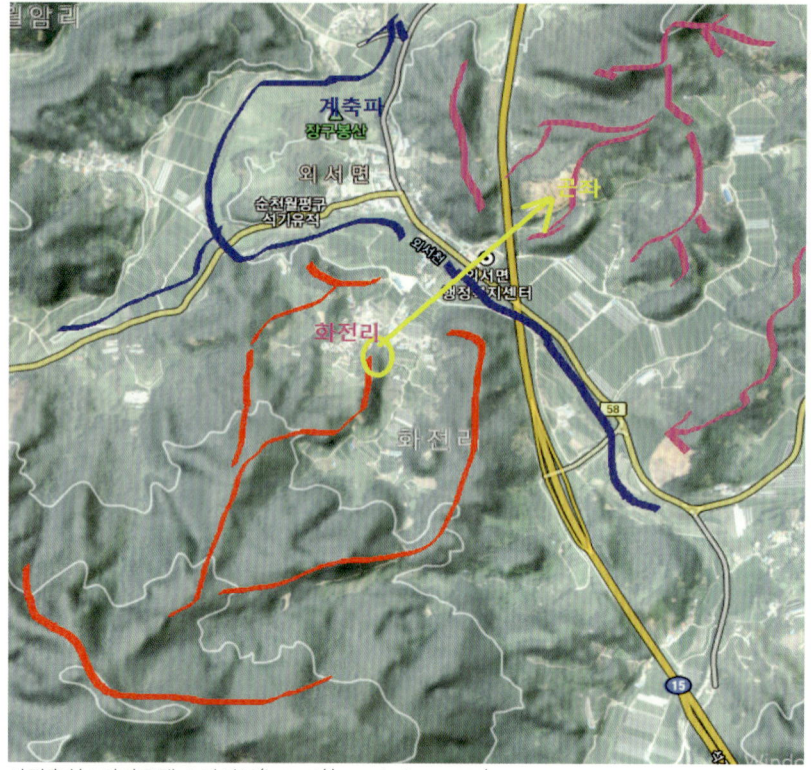

사진출처 : 카카오맵 스카이뷰(https://map.kakao.com)

전남 순천시 일이승 4혈
(장군격고, 비학심소, 양계쟁소, 구호와령)

1. 순천 4혈

순천 혈로서 옥룡자 유세비록은 9개의 구결(口訣), 일이승은 위의 4혈 산도(정관도 무학지리전도서 부록)가 있다. 필자는 옥룡자 구결로 혈을 찾을 실력은 안 되고 일이승 산도처럼 장소가 어느 정도 구체적으로 표시되어 있어야 찾을 수 있다. 1차는 지방풍수들이 구호와령은 송치고개에서 찾는다는 정보만을 전해 듣고 탐사를 하여 혈을 찾았다. 2차로 2021.3. 순천 지인과 장성 지인을 동행하여 1차 답사지를 순방하면서 의견을 나누었다.

2. 장군격고(將軍擊鼓)(후장을 보면 혈처를 짐작할 수 있다.)

* 일이승 산도

＊일이승 산도의 결록

　순천(順天) 남쪽 삼십리(三十里)의 첨산(尖山) 아래에 장군격고형(將軍擊鼓形)이 무동안(舞童案)을 하고 있구나. 이 자리는 임감래계작(壬坎來癸作)으로, 용삼호삼(龍三虎三)하고, 혈은 포중(抱中)에 있고, 금고(金鼓)와 검극(劍戟)은 좌우에 나열하였고, 아기(牙旗·장군기)는 곤방(坤方)에 서있고, 오호한문(五戶捍門)이 군룡(群龍)에 있으니, 삼상(三相)에 다섯 사람의 문과(五文科)가 나리라.

＊장군격고 지도-- 산도는 복잡하나 다음지도에 순천 별량면 첨산이 표시되어 있다. 혈처는 봉우리의 후장을 보면 짐작할 수 있다. 알려진 곳은 진혈이 아니다. 무풍리가 안산이고 산은 낮으나 상당히 알찬 혈이다.

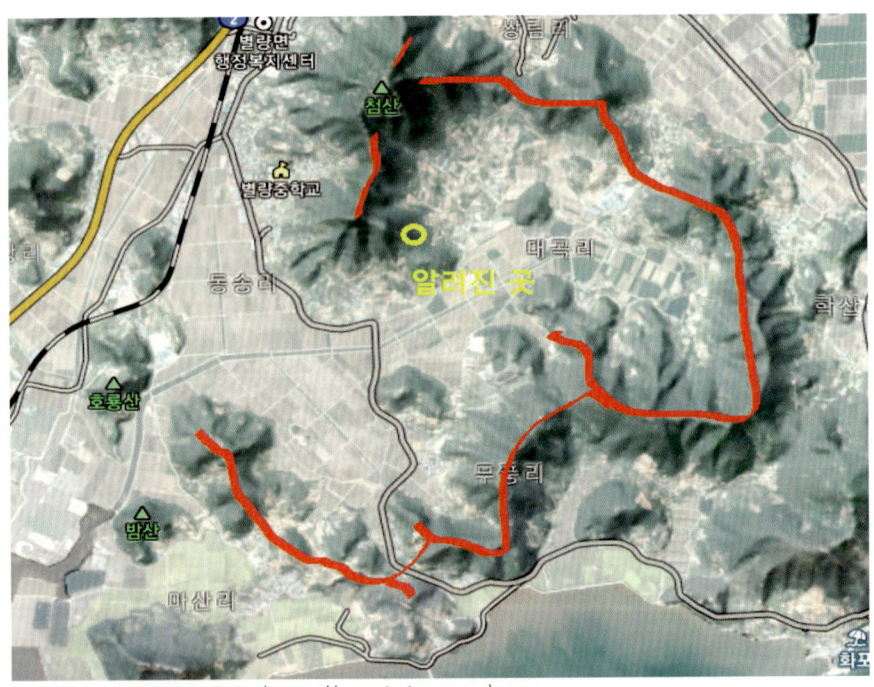

사진출처 : 카카오맵 스카이뷰(https://map.kakao.com)

3. 비학심소(飛鶴尋巢)(학을 찾아라)

* 비학 산도

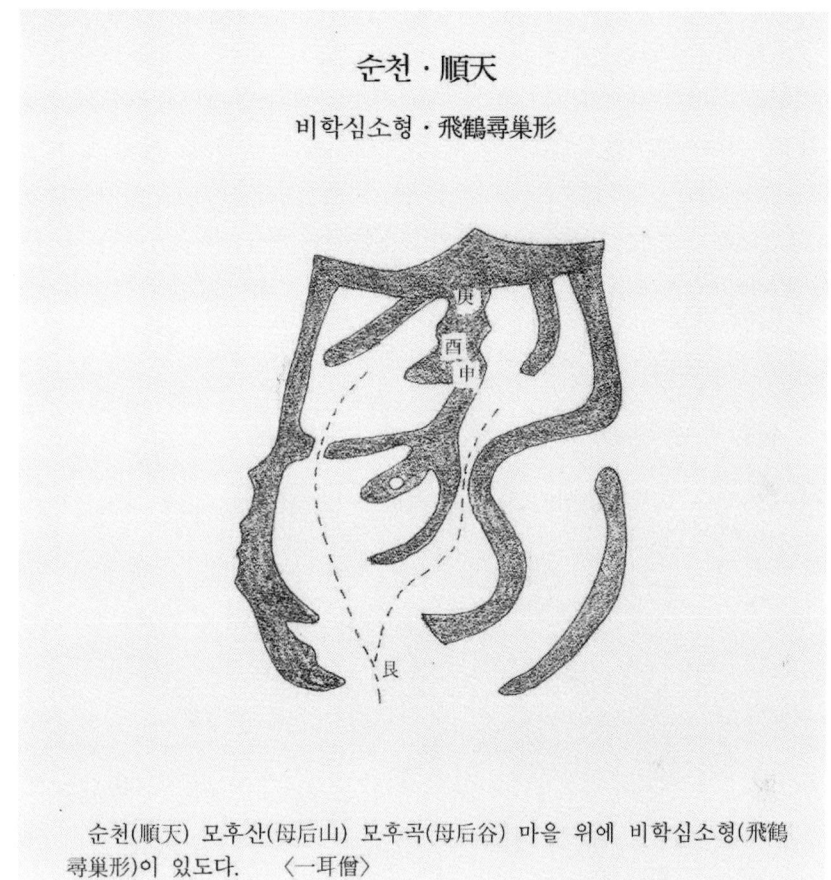

순천(順天) 모후산(母后山) 모후곡(母后谷) 마을 위에 비학심소형(飛鶴尋巢形)이 있도다. 〈一耳僧〉

* 모후산(919m. 전남 화순과 순천 경계)은 고려 공민왕이 1361년 홍건적란을 피하여 1년 간 피난한 곳이고 최초의 고려인삼 재배지이다. 모후산 밑에 후곡리가 있어서 결록에서 말하는 모후곡으로 알고 찾아갔다. 마을은 제법 넓고 발 아래 주암호가 아름답다. 마을을 한 바퀴 둘러보니 모후산 정상은 보이지 않고 모후산 남쪽 기슭과 600m 무명봉이 보일 뿐 뚜렷한 봉우리 또는 마을로 내려오는 산줄기가 보이지 않아서 막막했다. 이

러한 때에는 주제(테마)를 찾아야 실마리가 풀리는 법이다.

우선 학산(鶴山)을 찾아보니 마을 백호 쪽에 뾰족한 학체가 2봉(峰)있었는데 학체自體에는 결혈되는 곳이 없었다. 결록에 마을 위에 있다고 하였으나 주산과 래룡이 애매하여 찾기 어려웠다. 학이 두 마리가 바라보는 곳에 집중한 덕택으로 혈처를 찾을 수 있었다. 혈처는 마을 상부에 있고(후곡리 3@) 주산에서 함께 내려온 넓은 평야가 혈전 명당이 되고 안산은 학이다.

* 혈처 일원 지도-- 일부 풍수는 모후산 중출에 있다고 한다.

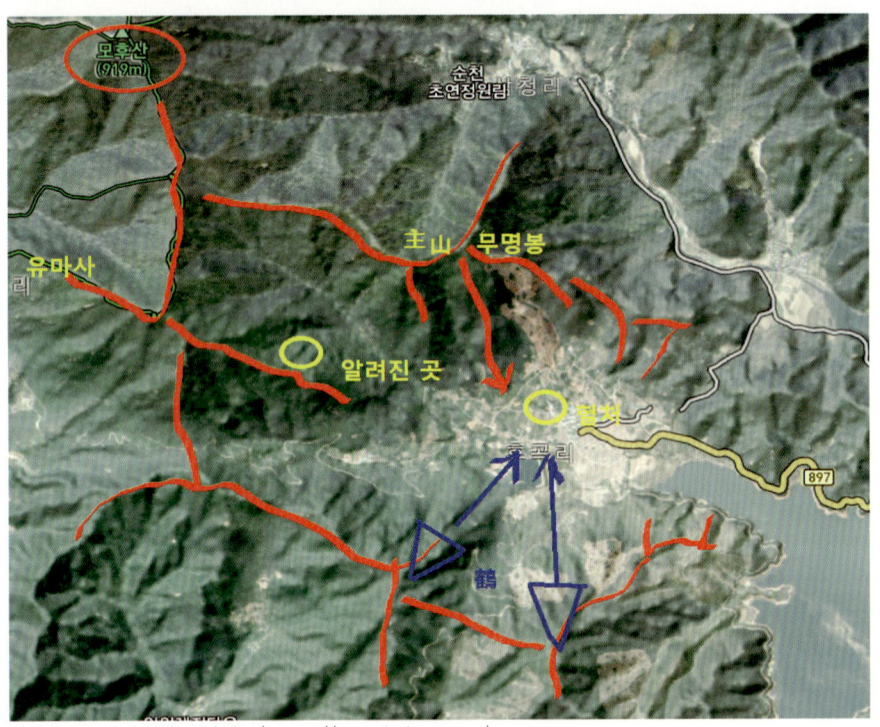

사진출처 : 카카오맵 스카이뷰(https://map.kakao.com)

4. 양계쟁소(兩鷄爭巢)(찾기 어렵다)

* 일이승 산도

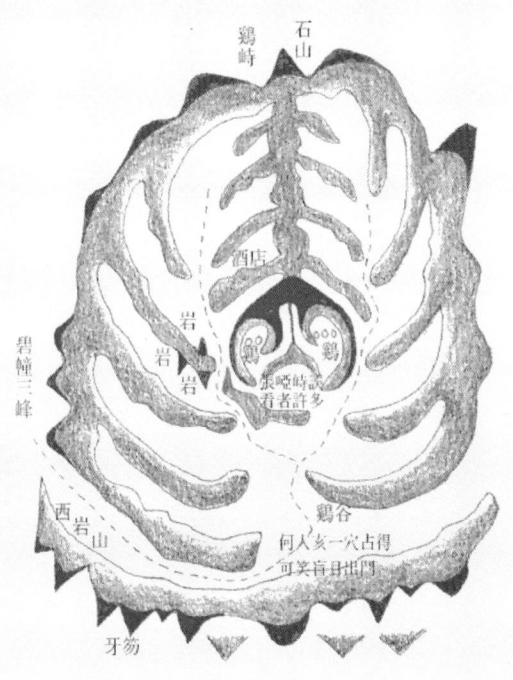

순천(順天) 서쪽 사십리(四十里)의 계치(鷄峙) 아래, 계곡(鷄谷) 위에 양계쟁소형(兩鷄爭巢形)이 있으니, 용삼호사(龍三虎四)에 곡곡유수(谷谷流水)하고, 벽당청류(碧幢淸流)로다. 이 자리는 건해이혈(乾亥二穴)에, 임감삼혈(壬坎三穴)이니, 신안(神眼)이라야 분별할 수 있지 속안(俗眼)이 어찌 점지할꼬. 왼쪽에는 삼곡(三谷)이 있고, 오른쪽에는 삼암(三岩)이 있고, 아홀(牙笏)이 열지어 서있으니, 세세대발(世世大發)하여 장사필출(壯士必出)하고 문장(文章)이 부절(不絶)하리라. 〈己亥九月〉

*탐사-- 이 산도는 옥룡자유세비록에도 올려져 있으나, 己亥九月 작성된 일이승 산도가 잘못 실린 것이다. 鷄峙下, 鷄谷上, 곡곡 유수하고 벽당청류라 하였으니 계곡에 있는 것처럼 보인다. 그러나 산도가 주점 있는 마을 부근에 있다고 표시하였므로 보통 유흥리 일대를 찾는다고 하나 국세가 원만치 못하다. 신안이 아니면 못 찾는다고 하는 터이라 필자는 속안임을 인정하고 산도를 무시하고 닭봉 아래 유사한 혈처가 있는지 탐색하였다.

그 결과 마을 근처에서 양계 쟁소에 유사한 장소를 찾았다. 건해 2혈을 찾아보니 1혈은 중등중급이나, 나머지 1개는 소혈이고 임감 3혈은 대혈이 없을 것 같아서(청룡은 좋으나 안산이 산만하였다) 탐사하지 않았다. 한마을에 5개의 혈이 전부 대혈일 수는 없다. 닭 두 마리는 혈전에 있고 혈은 닭집에 있다

*양계쟁소의 지도-- 닭봉 래맥

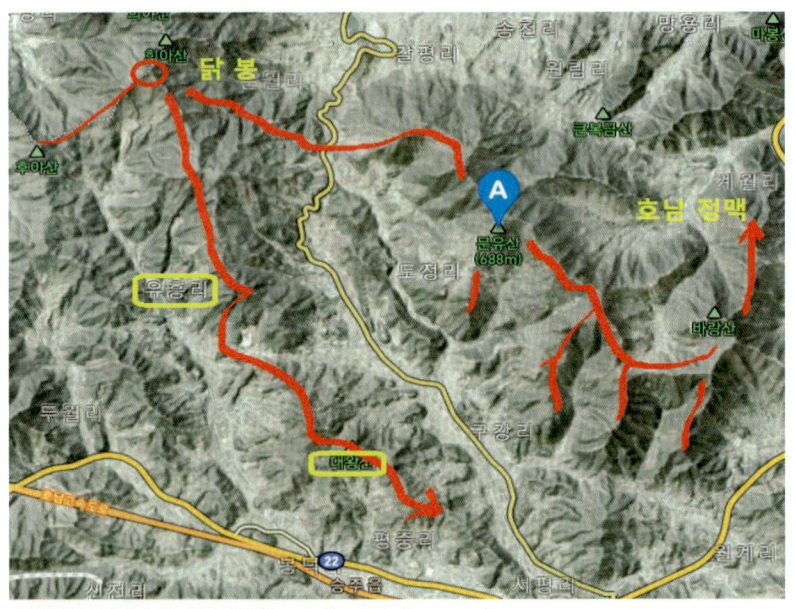

사진출처 : 카카오맵 스카이뷰(https://map.kakao.com)

*이 혈처에 대하여 일행은 일리는 있다는 반응이었고 나도 자신은 없다.

5. 구호와령(九虎臥嶺)(옥룡자결과 일이승결의 관련)

아홉 마리 호랑이가 고개에 모여 있는 형상이다. 옥룡자 결에 "五虎와령 굽어보니 천리행룡 기묘하다. 용요(龍腰)에서 혈이 맺혀 山川水가 폭주하고 절절마다 결혈하니 五代三公나리로다." 일이승은 九虎와령인데 옥룡자는 五虎와령이다. 답사해 본즉, 양 결록지는 동일한 혈처인데 혈 아래 어린 호랑이 네 마리, 혈 뒤에 큰 호랑이 네 마리 그리고 혈처가 암 호랑이이다. 전체 합계는 九虎이고 어미와 새끼만 계산하면 五虎이다.

* 일이승 산도

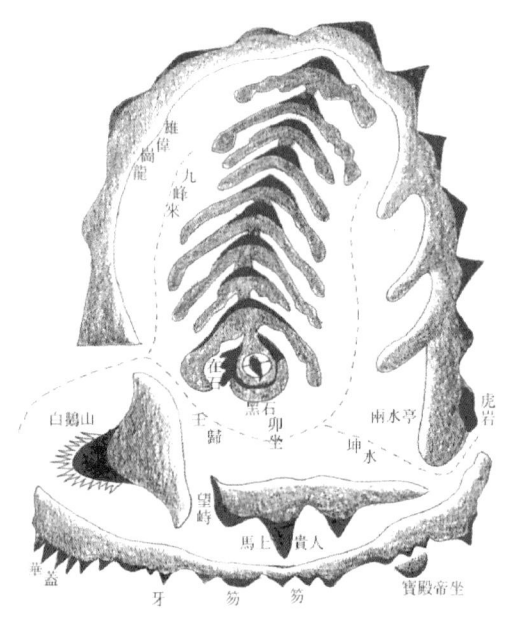

* 일이승 산도의 결록

순천(順天) 북쪽 사십리(四十里)에 구호와령형(九虎臥嶺形)이 있으니, 일룡이호(一龍二虎)에, 왼쪽에는 호암(虎岩)이 있고, 혈은 석돈지중(石墩之中)에 있도다. 이 자리는 손사절절(巽巳節節), 갑묘절절(甲卯節節), 구봉(九峰)이 구호(九虎)가 되었고, 갑묘입수(甲卯入首)하여 을좌신향(乙坐辛向)에 곤득임파(坤得壬破)로, 9대 구상(九相)이 나고, 대대로 문장(文章)이 나리라.

＊구호와령 지도

사진출처 : 카카오맵 스카이뷰(https://map.kakao.com)

＊필자가 앞장서서 혈처에 이르러 산도의 요건을 따지려고 하니 뒤 따라온 순천 지인이 자기가 이전에 찾은 곳이고 더 따질 필요가 없다고 했다. 두 사람이 각기 다른 시기에 찾은 혈처가 동일한 경우는 드문 일이다. 우리는 희희낙락했다. 순천 사람들은 송치고개 지하로 철길과 도로 세 개가 터널로 지나고 있어서 외면한다고 하더라.

6. 일행의 의견

일행은 장군과 학소는 대체로 동의하고 닭집은 일리 있다는 정도이었고 호랑이 혈은 의견 일치를 본 셈이다.(2021.3.)

전남 여수시 유산록 2혈

유산록 후편을 보면 광양 백운산 아래에 혈이 무려 30개 있다고 적혀 있다. 그 중 용의 행진이 끝나는 곳을 탐방하였다.(2018.6.)

1. 여수시 화양면 안포리 금구입수

유산록 후편 192p. 화양면 안양산이 탁립, 그 아래 극귀혈. 해중지대작(海中地大作) 불가론--여수 화양고교 뒷산을 찾아갔던 바, 용은 해변으로 더 진행하여 금구입수형으로 결혈하였다. 속발 거부지지. 중등 초급.

2. 여수시 오림동 공동묘지 비봉함서형

* 유산록 후편 194p. 호랑산-천성산(소조산)-평지낙맥. 호암산. 귀격이다.
* 봉황이 기쁜 소식을 물고 오는 형상이다. 전면에 고락상, 장군산, 종고산, 마래산이 둘러섰는데 모두 봉황체이다. 일대는 공동묘지인데 혈처는 비어 있다. 주변이 허잡하여 중등 초급.(2018.6.)

3. 무선산 대혈(후편 192p)

주변에 아파트가 들어서서 쓸모없게 되었다.

전남 영광군 불갑산 부근 옥룡자 3혈
(옥룡자도 실수할 때가 있다?)

1. 옥룡자 유세비록(유청림 편저)

유세비록에는 호남혈처로 482개를 수록하였는데 당시의 지역명의가 변경되어 알 수 없는 경우가 많다. 최근 김○설 선생이 방마출구형(放馬出廐形, 말이 마구간을 나간 모양)을 극찬하기에 그 부근의 옥룡자 결지인 금성와혈과 자학귀소형을 함께 간산하였다.

2. 삼각산 금성와혈

*옥룡자 결록-- 竹杖으로 山을 치니 삼각산이 여기로다. 산정에 올라보니 경태건해맥(庚台乾亥脈)이로다. 四節下에 둥근 星體 穴在窩中하였구나. 비문을 上考하니 권씨 묘가 이곳이나 말 물을 곳이 전혀 없어 거저 가기 섭섭하다. 필랑 속의 붓을 내어 이산 運路 기재하여 혈중에 묻어두고 흔연(欣然,기쁘게)히 돌아서니 日後에 유식군자 과히 꾸중말아서라. 흠탄을 금치 못하고 생실(영광 생곡리)로 내려오니….

요지는, 삼각산(불갑면 생곡리) 경태건해 4절 아래 金星窩中에 있다. 권씨 묘라는 비문이 있다. 산의 운로를 기재하여 혈 가운데 묻어두고 생실로 내려 왔다는 것이다. 생실마을 뒤에 삼각산 래룡(來龍)의 금체가 몇 개 있다. 그 중 권씨 묘 부근에 진혈이 있다는 말이다. 천이백 년 전에 세운 비석이 있을지 모르겠다.

*답사-- 생실마을에서 전경을 보니 들에는 학이 놀고 강 건너에 큰 달이 떠있어 참 아름다웠다. 마을에 양택 2개가 생지로 있었다. 음택은 금성와에 정씨 묘(생곡리 산57)가 몇 기 있는데 혈처에 적중하지 못했다. 권씨 비석이 없으니 진혈을 찾지 못했다고 할 수 있으나, 필자가 일이승 산도에

기재된 석물을 찾은 것은 장흥 유치면 오룡쟁주에서 신씨 비석뿐이다. 4백 년(일이승) 또는 천2백 년(옥룡자) 전에 세운 비석은 소실되거나 실묘로 다른 이가 묘를 쓴 경우가 종종 있다. 예컨대 영광 용사취회혈이라는 한공 묘는 왕비와 정승이 배출되었다고 하지만, 5백 년 간 실묘되어 10여 姓씨가 비석을 파묻고 자기들 묘를 썼다. 조선 8대 명지라는 경북 고령 신씨시조 묘도 한때 외인이 비석을 파묻고 봉분을 허물었다.

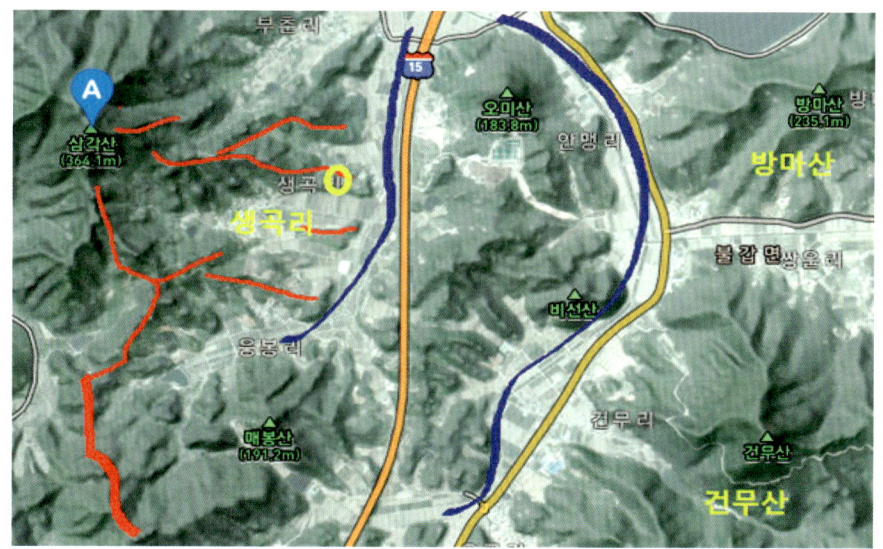

사진출처 : 카카오맵 스카이뷰(https://map.kakao.com)

3. 방마산 방마출구(放馬出廐)

 * 결록-- 방마산을 넘어서니 임자 없는 저 망아지 마구간을 옆에 두고 나아갈 길 전혀 몰라, 말뚝바위 바라보고 비습한 데 숨었구나. 이 혈을 찾자 하니 주인 없어 어이하리. 만일 하나 얻어쓰면 文千武萬 날 것이요. 명망 자손나면 백대유전하리로다.

 * 답사-- 방마산은 불갑산 래룡이다. 회복제(불갑면 쌍운리 425) 제방 부근이라는 견해도 있으나 제방에 올라가 보면 한눈에 저수지 위쪽에 있는 혈처가 보인다.

사진출처 : 카카오맵 스카이뷰(https://map.kakao.com)

4. 삼학리 자학귀소 (雌鶴歸巢, 암것 학이 집으로 돌아온다)

* 결록-- 갑산(甲山) 남쪽 둘러보니 혈이야 많건만 主人峰이 독립하니 알아볼 이 그 뉘인가, 그 중에서 귀한 혈은 자학귀소뿐이로다. 鶴洞은 앞에 있고 삼산은 뒤에 있다. 와겸 속에 있는 혈은 평지음사(平地陰沙)하였으니 만에 하나 얻어쓰면 칠대문과 三代한림 代代榮華날 것이요, 富貴無雙하리로다.

* 답사-- 학동과 삼산은 불갑산 남쪽이 아니고 북쪽이며 오봉산 래룡이다. 옥룡자도 실수할 때가 있는지, 고의로 흐트려 놓은 것인지, 또는 산도가 훼손되었는지 알 길이 없다. 혈처는 삼학1리에 있고 중상급 대혈이다.(2022.10.)

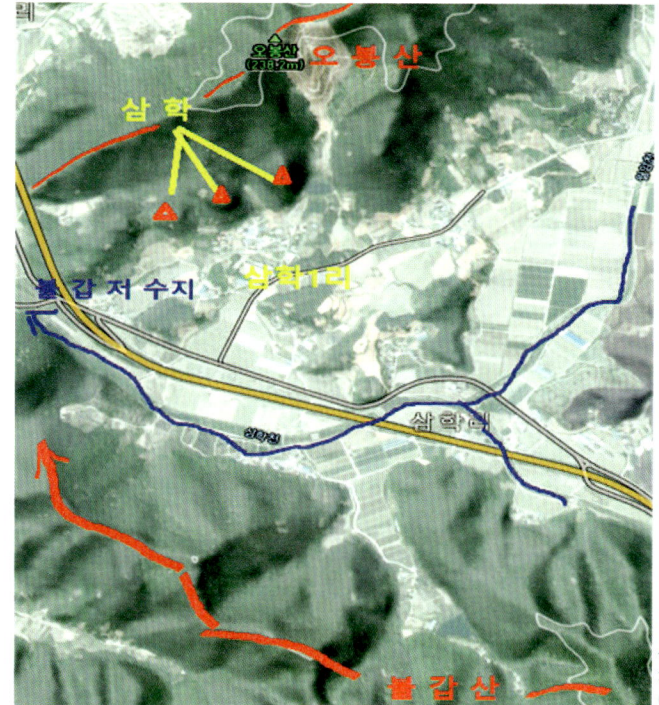

사진출처 : 카카오맵 스카이뷰(https://map.kakao.com)

전남 영암군 목란화함과 모란반개

*목란(木蘭)은 목련(木蓮)과 같은 말이고, 10m이상 높이로 자라는 나무이다.

목단(牧丹)은 중국이 원산지로 키는 2m 정도이고 꽃은 크고 화려하여 부귀를 상징하는 花中之王이라 한다. 보통 모란이라 함은 牧丹을 의미하나 목란도 모란이라 부르기도 한다.

일이승은 영암에 목란화함(花檻, 꽃바구니)과 모란반개화 산도를 남겼는데 목란화함은 목련꽃인가?

* 목련과 목단꽃

사진출처 : 구글이미지(https://images.google.com)

* 일이승 산도

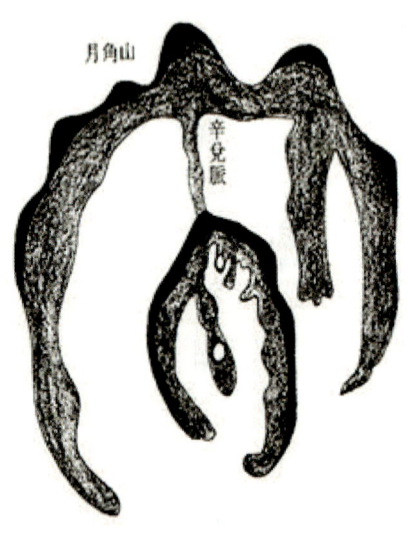
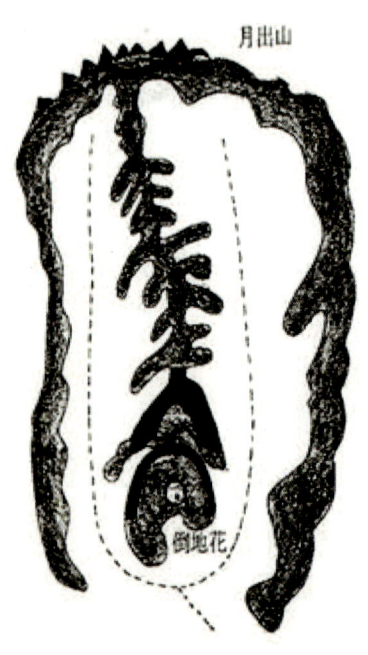

월각산 아래 목란화함형(木蘭花檻形)　　　월출산 아래 모란반개형(牧丹半開形)

＊답사

 영암 목란과 목단은 찾기 어려웠다. 강진 송월리 971의 마을은 뒷산이 작은 월각산으로 바위들이 목련 꽃송이 같고 아래에 작은 금성을 놓고 내려왔다. 금성 밑에 험산이 보이지 않는 곳에 어떤 부자가 넓은 집(酉坐)을 짓고 살았다. 옛날, 마을 앞이 넓게 벌여 있어서 기운이 샌다는 이유로 입석 3개를 세워 놓았더라. 이곳이 월각산 목련일 수도 있다고 자위하고 왔다.

 월출산 아래 모란반개 역시 산도에 적혀 있는 월각산 北西쪽에는 亥行十節을 찾을 수 없다. 강진 명산리 산10이 亥로 길게 내려와 임감으로 돌았는데, 수구가 소원하여 성패가 반반이라 하는 데다가 묘들이 있어 답사를 단념했다.(2022.10.)

전남 영암군 상은적산 대혈

 1. **유산록후편 161p 태조 월출산**-- 소조산 상은적산, 정미방 낙맥, 손사방 고발, 임감방에서 영산강 암공, 건해득, 庚方入海, 대아산, 소아산, 유달산이 바다에 그림 같이 떠 있다.

2. 답사

* 대국

사진출처 : 카카오맵 스카이뷰(https://map.kakao.com)

* 소국

사진출처 : 카카오맵 스카이뷰(https://map.kakao.com)

* 진좌술향이고 집장지 아래에 있다. 거부지지.(2022.2)

전남 영암군 용당리 가제도(可帝島) 군왕지지
(일지승이 판정한 가짜 혈)

1. 유산록 기재

"유산록 전편 392p 이하, 목포에서 나룻배를 타고 용당리에 도착하니 멀리 월출산의 일간맥(一幹脈)이 흘러 해중 깊숙이 머무른 곳이다. 동행한 만조백관이 공립(拱立) 또는 부복(俯伏)한다. 군왕봉에서 평지낙맥하여 큰 혈을 맺었으니 혈성이 풍후 단아하다. 가작(佳作) 중의 가작이다." "하늘이 어느 때 누구에게 허용하여 통치자를 내려는고?" 여기까지 읽어 보면 군왕지지(君王之地)가 있다는 내용이다.

그러나 계속하여 아래와 같은 일지승(일이승 스승) 결록 卽 "가제도에 들어간 즉, 이사(李師) 친장(親葬)이 있다. 파혈되어 후사가 없다고 한다. 이제 그 묘를 보니 역시 파혈되어 무후가 불가피하다. 이사 같은 속안(俗眼)이 경망되게 군왕지를 쓸 수 있겠는가?"를 인용하였다.

주막 노인이 가제도 서락(西落)에 군왕지지가 있어 각처 인사들이 찾아드니 꼭 찾아가 보라고 권함에 따라 다음날 군왕지지라는 곳을 관찰하니 일지승이 말한 이사의 친장이다. "어떤 이는 입향 잘못으로 발복이 없다는 등 구구하다. 군왕은커녕 일고의 가치도 없다." 이 부분을 보면 가제도에 군왕지지가 없다는 뜻이다. 그런데 뒷면(394p)에 게재된 산도를 보면 삼십대 제왕지지인 복다형(覆茶?形 다기를 엎은 형) 혈이 있다는 내용이므로 갈피를 잡을 수 없다.

* 유산록 산도

2. 과연 진실은 어떤가?

* 대국

사진출처 : 카카오맵 스카이뷰(https://map.kakao.com)

지도를 본즉, 용당초등학교와 청룡사 일원이 유력하였다. 2018.6. 현지를 찾아가니 이곳 일원은 대불공단조성공사(1989.9. 착공)로 평탄화되고 목포와 다리로 연결되어 있었다. 월출산에서 끊어질 듯 이어지면서 내려와서 한 가닥은 소아산을 거쳐 서쪽 대아산으로 갔고 또 한 가닥은 중매산, 갈마산으로 가면서 안산이 되었다. 대아산 높은 곳과 서쪽 해안은 군사기지로 출입이 통제되어 있다.

대아산을 보면 토석이 거칠어서 코끼리 엉등이 처럼 소나무가 듬성듬성하고 소아산에서 건너 오는 과협이 긴밀하지 못하고 영 시원찮다. 소아산에서 밀어주고 대아산에서 받아주는 송구영신(送舊迎新)의 자세가 없다. 안산을 보니 혈처에 정답지 않고 해변으로 흘러간다. 요컨대 대아산 어디에도 대혈이 맺힐 행룡과 국세가 없다. 이사의 친장은 확인하지 못했으나 (절후되었으니 멸실되었을 것이다) 가짜 군왕지지임에 틀림없다.(2018.6.)

* 대아산과 소아산의 과협

사진출처 : 카카오맵 로드뷰(https://map.kakao.com)

전남 완도군 영구예미 입수형
(월출산 말락지 대혈)

1. 유산록 전편 403p. 상황봉이 다하는 완도읍 화홍리 대구미리에 평지 해변 낙맥하여 영구예미 입해형이 대결(大結)하였다. 계축입수에 임자낙맥, 갑묘득곤신파, 거부만대 영화지지.

2. 완도는 월출산 래맥이고 완도읍 화룡리는 말락지이다. 섬 전체가 한 마리 거북이다. 영구예미입해형(靈龜曳尾入海形)이란 신령스러운 거북이 꼬리를 끌면서 바다로 들어가는 형국이다. 꼬리에 해당하는 숙승봉의 바위가 거대하고 볼 만하다. 이 혈의 장점은 혈전의 물이 가까운 바다에 막바로 들어가지 않고 멀리 둘러간다는 점이다. 은은히 숨은 대혈이다. 어떤 풍수가 주장하는 아래 도면의 평지 흙무덤은 혈이 아니다.(2018.3.)

  * 영구입해

사진출처 : 카카오맵 스카이뷰(https://map.kakao.com)

전남 완도군 산상 연소형(莞島山上燕巢形)
(천자지지, 더 이상 망할 것 없는 사람이 쓸 자리)

1. 유산록 간산기

유산록 전편 402p, 월출산에서 낙맥하여 해남을 거쳐 천리 래룡하여 진(盡)하였다. 달마산이 우사가 되고 신지도의 연봉이 좌사가 된다. 좌보결(左輔結) 연소형, 간(艮)임자(壬子)입수, 대반와(大半窩)중 결혈, 산 전체가 관목으로 꽉 차서 혈 찾기 어렵다. 내포지방 자미원국 연소보다 장엄하다.

2. 진혈처

완도는 하나의 큰 거북이고 월출산에서 오는 간룡은 숙승봉, 엎진봉, 백운봉, 제2전망대, 상왕산, 쉼봉으로 행진하여 대구미에서 그친다(行休).
 진혈은 백운봉에서 상왕산으로 가는 도중 절벽 위에 있다. 자연휴양림까지는 승용차가 가고, 그 위는 임도가 있으나 막아 두었다.
 혈은 산등 서쪽 방향에 있으므로 신지도 연봉은 보이지 않는다. 서쪽이 트여 있어 바람이 침범할 때가 있겠다. 상왕산 쉼봉이 독수리(다행히 바다를 보고 있다)로 안산이 될 터인데 너무 험악하다. 혈증이라고는 주변 일대 바위가 모두 제비집을 보호하고 있는 형상 정도이다. 유산록에 적힌대로 작은 나무가 우거져 재혈이 어려웠다.

3. 유산록의 대표적 오점?

유산록은 내포 자미원국에 버금간다고 칭찬하지만 통맥법회는 존재하지 않는 혈이고 유산록의 대표적 오점이라고 흉본다. 혈이 되는지 자신할 수 없으나 너무 험하여 잘못 되면 폭망하기 십상이므로 더 이상 망할 것이 없는 사람이나 쓸 자리이다.(2018.3.)

＊완도 일원

사진출처 : 카카오맵 스카이뷰(https://map.kakao.com)

전남 장성군 낭월산 옥녀산발
(결록에 적힌 용혈사수향과 맞아야)

1. 결록에 적힌 용혈사수향과 맞아야 결록지이다

　천기누설 우려 혹은 혈처를 밝힐 경우 혈처 쟁탈전이 벌어질 우려가 있으므로 비결은 혈처를 자세히 밝히지 않는다. 풍수지리를 공부하여 일정한 수준에 이르고 인연이 닿는 사람이 찾을 수 있도록 배려한 것이다. 후세에 간산기를 쓰는 사람도 선사들의 뜻에 따라 혈처를 꼭 집어 밝히지는 않는다. 그런데 신안이 아니면 사람마다 소점하는 혈처가 다르기 일쑤이기 때문에 헛혈을 점찍고도 서로 천기누설을 하지 않겠다고 입을 닫는 경우가 예사이다. 결록지를 올바르게 잡았는가의 여부를 알려면 결록에 적힌 용혈사수향에 부합되는가를 따지는 수밖에 없다. 낭월산 옥녀산발은 부근에 좋게 보이는 곳이 있기 때문에 그 곳을 결록지라고 오점하기 쉬운 곳이다.

2. 일이승의 산도

* 산도

* 용혈사수향을 요약하면, 영광 동쪽 40리 낭월산 아래 옥녀 산발형이 장기(粧器)를 앞에 두고 있다. 룡이 건해로 길게 내려와 경태로 돌았다. 경방향에서 물이 내려와 계방향(破는 물 나가는 것이 보이는 최종 방향이고 去는 눈에 보이지 않더라도 물이 흘러 나가는 방향이다. 歸庫라고도 한다)으로 흘러 나가고 손좌건향이다. 옥녀산발형이란 옥녀가 님을 만나려고 머리를 풀고 화장을 하는 형국이므로 장기 즉 경대, 분갑 등 화장기구를 앞에 두는 것은 필수사격이다.

3. 답사

* 지도를 보면 낭월산 남록인 장성군 삼서면 홍성리 산27 즉, 서재지 윗쪽이 청백이 좋고 아래에 저수지도 있으므로 명혈이 될 것 같고 실제 이곳을 옥녀산발의 결록지라고 주장하는 풍수도 있다. 그러나 결록은 손좌

건향인데 이곳은 임좌사향에 가깝고, 결록은 경수래(庚水來) 계유거(癸流去)인데 이곳은 갑수래 辛水去이다. 답사해 보니 김씨 묘가 1923.12.에 썼다. 앞은 좋은데 래룡이 역량 부족하여 초등 명당이고 작은 발복도 있었다. 어머니가 아들이 8개월된 때 남편을 사별하였으나 아이를 모범생으로 키웠고 그 아들이 일가를 이루고 효행을 하였다. 어디를 가든 어머니들이 가족을 부흥시키는 원동력이다.

* 결록지로 오인되는 곳

사진출처 : 카카오맵 스카이뷰(https://map.kakao.com)

* 진혈은 낭월산 북면인 삼계면 상도리 산133-7이다. 산도를 180도 돌려놓고 보아야 된다. 일원은 김씨들 집장지이다. 밑에서 보아 오른쪽 3단묘 중 중간 쌍분이 진혈이고 결록은 오좌인데 병좌로 썼다. 백호등의 집장은 오좌이나 비혈지이다. 후손의 손세와 묘 관리로 보아 발복하였다.(2021.12.)

사진출처 : 카카오맵 스카이뷰(https://map.kakao.com)

전남 장성군 덕진리 와구형(음택)과 박주형(양택)

* 일이승 산도

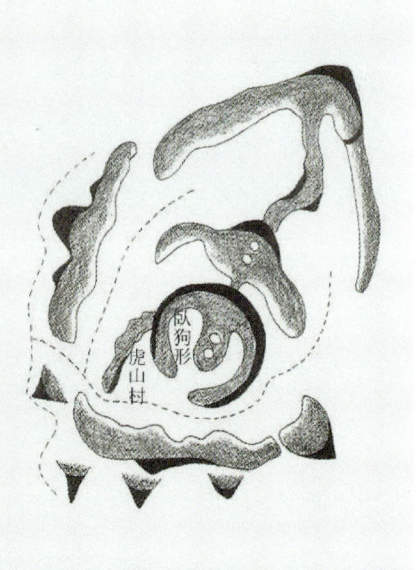

장성 · 長城

구신치 와구형 · 狗腎峙 臥狗形
박주형 · 泊舟形(陽宅)

장성(長城) 구신치(狗腎峙)의 갑묘룡(甲卯龍)이 남쪽으로 틀어서 (轉南) 을자(乙字)로 결인(結咽)하였으니, 이는 와구형(臥狗形)이로구나. 이 자리는 위 아래의 혈이 다같이 간좌(艮坐)로, 용회위안(龍回爲案)하였도다. 이 혈은 부귀가 세상을 덮을 백세불멸지지(百世不滅之地)로다. 또 양수(兩水) 합금처(合襟處)에 양택이 있으니, 이는 박주형(泊舟形)이로다.

*답사

구신치는 지도상 구신재로 표기되어 있고 병풍산 래룡으로 유명한 장성 북하면 삼손룡과 가까운 거리에 있다. 음택은 강능 유씨 집장지 옆에 있고 묘 3기 묘역에 있는데 역시 적중하지 못했다. 간좌.

박주형 양택은 호산촌 맞은편 동네에 있는데 비어 있다. 진좌. 중등초급. (2022.10.)

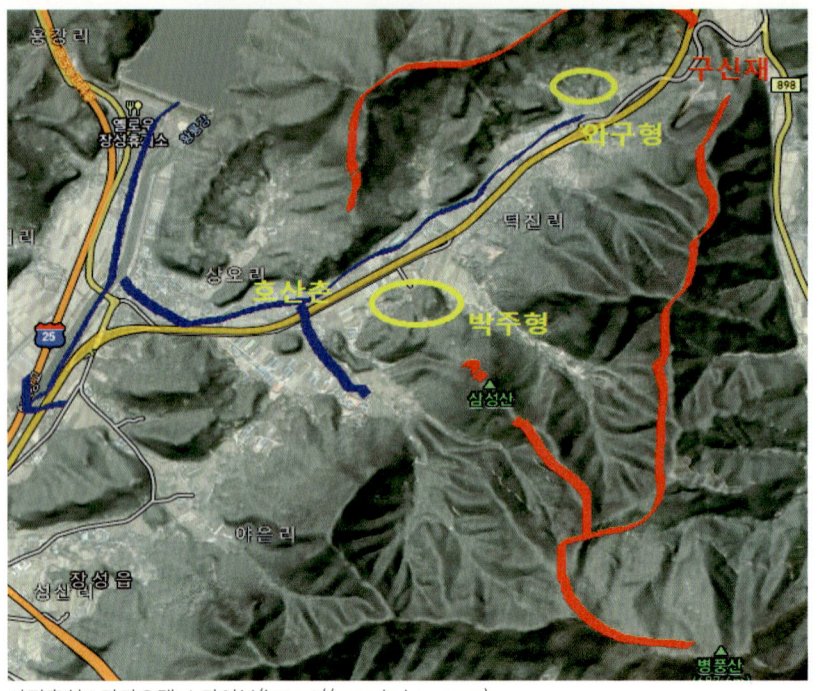

사진출처 : 카카오맵 스카이뷰(https://map.kakao.com)

전남 장성군 백암산 군신봉조
(찾고 보면 어이없다)

* 일이승 산도

장성(長城) 백암산(白岩山) 산중에 군신봉조형(君臣奉朝形)이 삼석(三石峰)으로 안대를 하고 있도다.

* 결록

長城 白岩入首峰 西麓轉南 乾亥入首靑龍自起峰 纏繞頭立 將軍岩 虎低腰 外白虎重疊 穴下中麓頭起立石 三峯眼前祥揖 文筆名武 連代不絶 朝外山

羅列相應 是 君臣奉朝形 用之十年大發連出 三台 文武兼全 大宝之極者 非
積善之人 慎勿浪傳 (일이승)

* 답사

　산도와 결록을 보면 골이 깊고 큰 산줄기가 많은 백암산 중 어디에 대혈이 숨었는 것처럼 이해된다. 찾기가 아득하다. 우선 산등이 서쪽에서 남으로 내려오고 건해입수가 되는 곳을 찾아보니, 백암산의 서쪽 가지는 사자봉 가지이고 그 중에서 도집봉 자락은 백양사와 가인 부락이 있는데 국이 좁고 앞이 험하여 대혈이 생길 수 없다.

　가인봉 줄기를 추적해 보면, 백양관광호텔 입구 주차장에 떨어졌다. 국이 넓고 전경이 아름답다. 대혈을 기대하고 찾았더니 주차장이 되어 있어서 어이없다. 그런 줄 모르고 백암산 군신봉조를 찾아 험산을 헤매다니지 말고 호텔주차장을 한번 가 보시라.(2022.10.)

사진출처 : 카카오맵 스카이뷰(https://map.kakao.com)

전남 장성군 선인무수
(총총히 쓰도 적중치 못했다)

1. 하청산은 어디인가?

일이승 산도에 전남 장성군 삼계면 하청산에 선인무수(仙人舞袖)형의 대혈이 있다고 한다. 우선 하청산이 어디에 있는가를 알아야 되는데 지도를 보면 하청산은 없고 태청산은 大小 2개가 있으나 결록은 물길이 서쪽으로 흐른다고 했는데 그런 곳이 없다. 고성산의 서쪽에 산도와 비슷한 곳이 있어 심혈하여 선인무수로 보이는 곳을 찾았다. 하청산을 알고 있는 고수가 있다면 바로 잡아주시면 좋겠다. 고성산(546m)은 방장산(743m), 축령산, 구황산, 고산(528m)을 거쳐서 왔다.

2. 일이승 산도

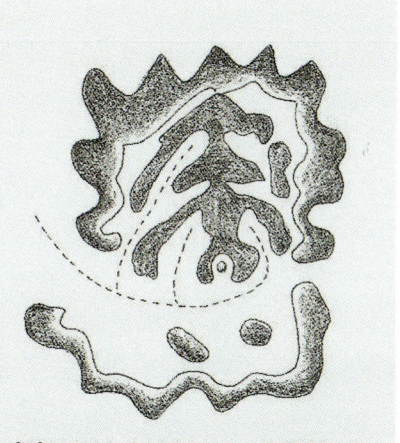

장성 · 長城

선인무수형 · 仙人舞袖形

장성(長城) 삼계(森溪) 하청산(下淸山)의 첫 과협(過峽)에서 내려오는 용의 제3 병풍바위 중의 용요(龍腰)에서 분개(分介)하여 선인무수형(仙人舞袖形)이 격고안(擊鼓案)을 하고 있구나. 이 혈은 호단용장(虎短龍長)하고, 가지마다 회포(回抱)하였고, 국내(局內)의 좌우수(左右水)는 교합(交合)하여 석문(石門)으로 흘러 지현굴곡(之玄屈曲)으로 귀서(歸西)하여 대천(大川)으로 합류하여 남쪽으로 흐르고, 오리수구(五里水口)가 중중관쇄(重重關鎖)하였으니 이는 국내(局內) 제일이로다. 이는 문무겸전할 자리로, 누대 상서(尙書)에 2대 삼공(三公), 도집병권(都執兵權)하고, 내외손(內外孫)이 향화연면(香火連綿)하리라. 〈一耳僧〉

3. 심혈

* 혈처 중국

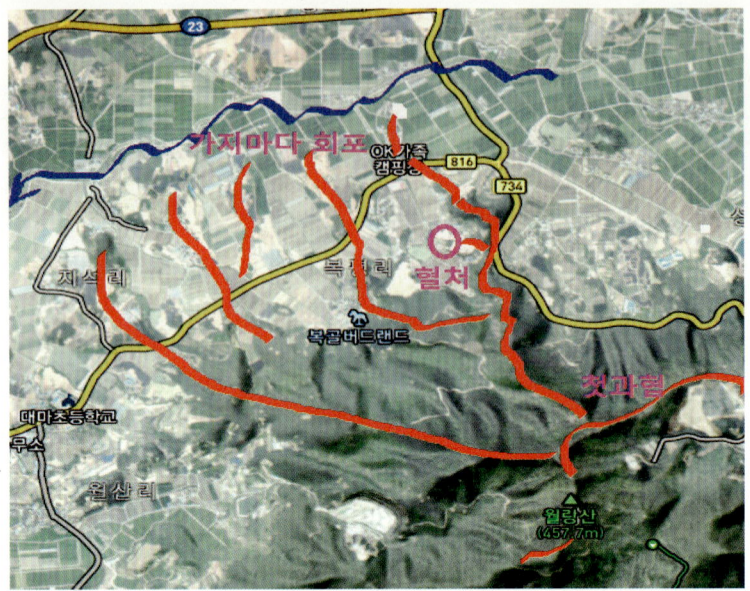

사진출처 : 카카오맵 스카이뷰(https://map.kakao.com)

* 혈처 소국-- 영광 복평리 329 복평제 동북, 북채가 옆에 있다.

사진출처 : 카카오맵 스카이뷰(https://map.kakao.com)

* 전주이씨 묘역-- 10餘 기가 있다. 그 중 유인 정경향 묘비문을 본즉,

　정경향(1886~1959)님은 19세 때 시조부가 경상좌도 병마절도사를 지낸 이씨 집에 시집와서 이틀 후에 시조모가 사망하고 2개월 뒤 부군이 사망하였다. 층층 시집살이와 6명의 시동생을 뒷바라지 하였고 양자를 들여 교사로 만들었는데 그마저 행방불명이 되고 74세에 영면하였다. 묘비는 1982년 증손이 세웠다.

　기구한 할머니의 일생을 담담히 새겼다. 정씨 할머니가 이렇게 무거운 짐을 지고 인생여정을 걸어 가야했던 연유는 무엇일까? 풍수로 설명하기 어렵다. 명리학 고수에게 물어 보면 알 수 있을까? 순서를 맞추어 묘를 설치한 것으로 보아서 할머니 비석을 세운 1982년경 집단 이장한 것 같은데 10여 기를 쓰면서도 혈처를 비켜났더라.(2021.11.)

전남 장성군 남면 면구형과 금구음수형

* 일이승 산도

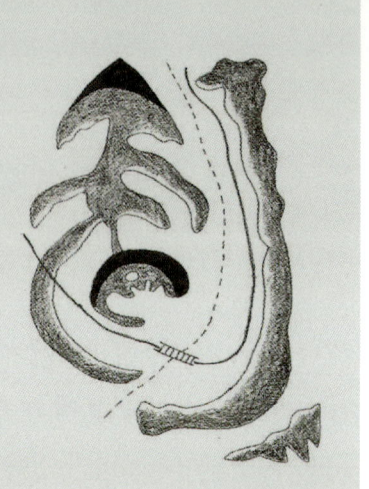

장성 · 長城
면구형 · 眠狗形

장성(長城) 남쪽 이십리(二十里)의 학정봉(鶴頂峰) 아래에 면구형(眠狗形)이 되어있구나. 이 혈은 관사(官砂) 삼봉(三峰)을 앞에 하고 용이 건해(乾亥)로 길게 멀리 내려가다가 신태(辛兌)로 결인(結咽)하여 술좌진향(戌坐辰向)에, 간인수(艮寅水)가 손사(巽巳)로 돌아갔도다. 이는 이백화(二白花) 삼걸(三傑)에 부요(富饒)할 자리로서 먼 후손의 몫이로다.

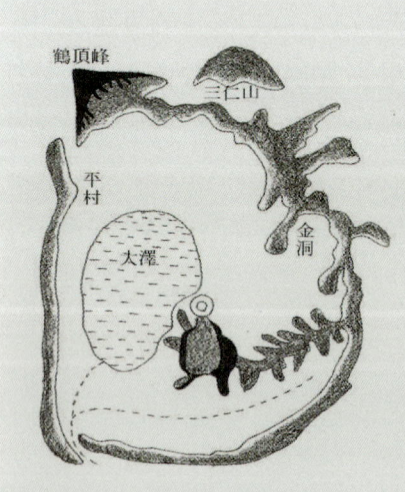

장성 · 長城
금구음수형 · 金龜飮水形

장성(長城) 남쪽 이십리(二十里)의 학정봉(鶴頂峰) 아래 원맥하(遠脈下)에 금구음수형(金龜飮水形)이 안마산(鞍馬山)으로 안대를 하고 있구나. 이 자리는 곤좌간향(坤坐艮向)에 을득임파(乙得壬破)로, 3대 거부(巨富) 후 자손이 점점 쇠잔해지리라. 〈辛丑三月〉

＊답사

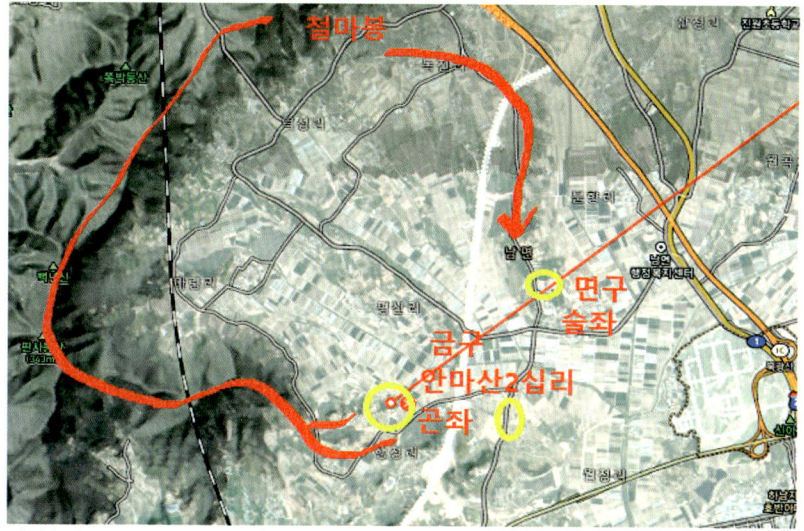

사진출처 : 카카오맵 스카이뷰(https://map.kakao.com)

면구형은 분향초등 부근에 있다. 금구음수형은 평산리 산에 있을 것 같은데 결혈된 곳을 찾을 수 없었다. 결록에 3대 거부 후 몰락한다고 하니 찾아본들 재미가 없다.(2022.10.)

전남 장흥군의 국세

장흥은 처음 볼 때는 제암산, 사자봉, 억불산이 버티고 있는 대단한 지세(地勢)로 보인다. 사자산은 주먹을 불끈 쥐고 내어지를 듯하고 억불산은 부처님이 앉은 모습 같다. 그러나 자세히 보면 주위 산들이 장흥에 기운을 쏟아붓는 게 아니다. 제암산은 주화산에서 광양 백운산으로 가는 호남정맥의 중간지점이고, 사자산과 일림산은 제암산이 백운산으로 행진하겠끔 뒤를 받쳐주고 밀어주는 산이다. 또 사자산 맞은편에 있는 억불산은 천관산과 천태산으로 가는 시발점이다. 풍수에 능한 선비들이 잡은 향교가 강 건너 낮은 산에 있는 것만 보아도 알 수 있다.

장흥초등학교 부근은 동학군이 최후 결전을 벌여 전멸한 아픈 역사터이다. 그러나 워낙 주변 산세가 좋아서 중급 명당은 많다. 일이승 산도 가운데 장흥에 관한 산도가 27개나 있다.(2021.5)

전남 장흥군 금장산 황사출림(黃蛇出林)

* 일이승 산도

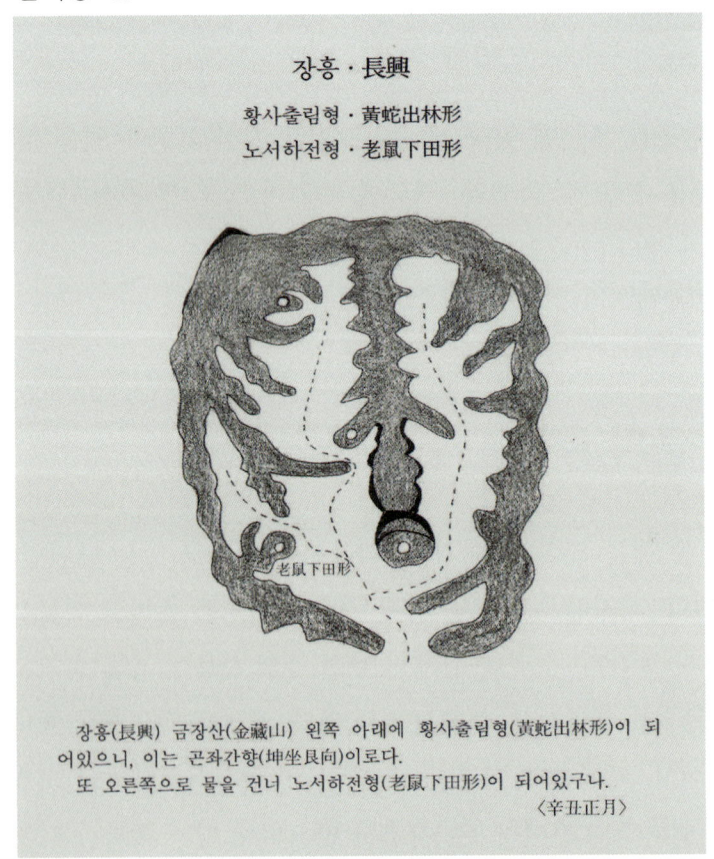

*답사

 장흥에 금장산은 찾을 수 없고 금성산은 있다. 금성산은 제암산에서 동진하여 광양으로 가는 호남정맥상의 활성산에서 가지가 나와 10여km를 북상하여 보성강을 만나자 멈추어 넓게 앉은 산인데, 도중에 결혈처를 맺지 않았으므로 상당히 기다랗고 행룡이 좋은 뱀이다. 녹양리 산42-3 백초당(남평문씨 작은집 사당, 녹양리 산1에 큰집의 백초당 사당이 있다) 부근에 큰 혈이 맺혔다. 행룡은 대단하지만 사격이 오밀조밀하여 작은 인물이 많이 나지 않을까? 결록에 있는 "금장산 왼쪽 아래"와는 일치하는데 "곤좌"와는 맞지 않는다. 보성강은 만궁을 그리며 완만하게 흐르고 평온한 분위기이다. 실속을 기준삼는다면 백대혈에 버금가겠다. 산등에 있는 지금의 문씨 선산은 결록지가 아니다.(2022.11.)

전남 장흥군 내동리 풍취라대(風吹羅帶)

*일이승 산도

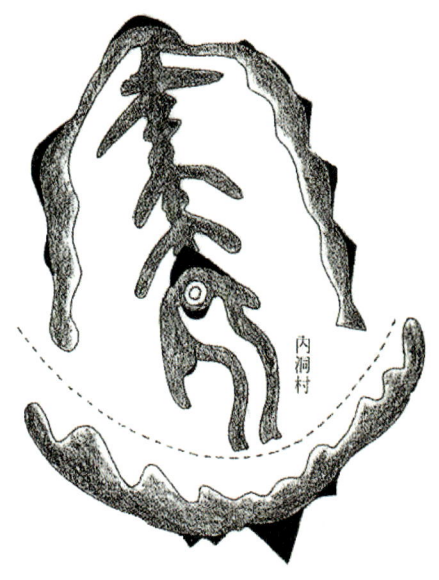

장흥(長興) 북쪽 시오리(十五里)에 풍취나대형이 선빈안(仙賓案)을 하고 있구나. 이 자리는 건해룡 임감맥에 간좌로 앉아 병득신귀(丙得辛歸)로 되었도다. 이는 먼 후손의 것으로 부호(富豪)장구할 향화지지(香火之地)로다.

* 답사

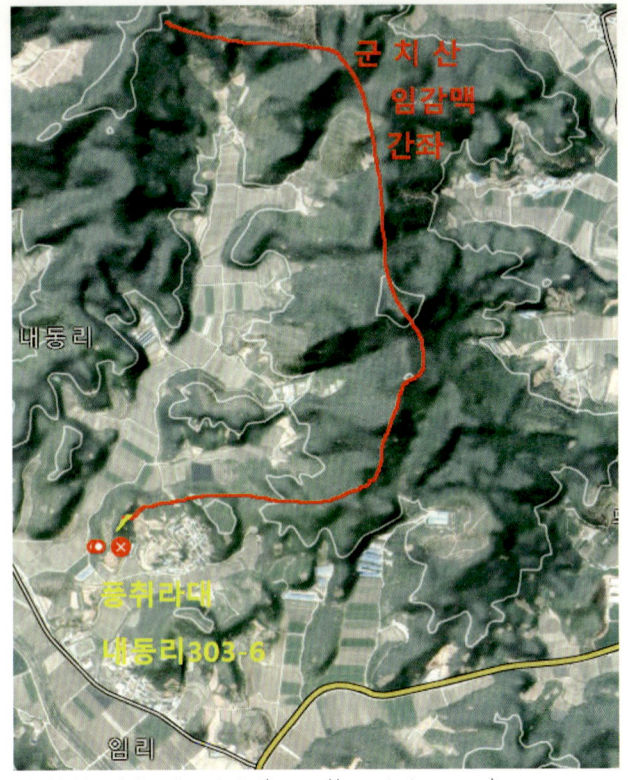

사진출처 : 카카오맵 스카이뷰(https://map.kakao.com)

문씨 집장지인데 최근 묘역까지 진입도로를 개설하여 바람이 들어오게 되었다. 비석의 지번은 오기이다.(2022.11)

전남 장흥군 만년리 노승배주

* 일이승 산도

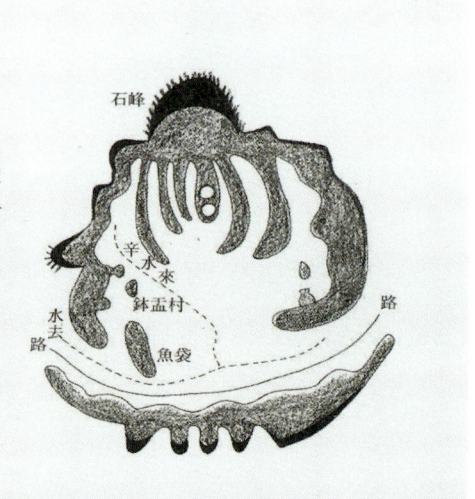

장흥 · 長興

노승배주형 · 老僧拜珠形

장흥(長興) 동북쪽 이십리(二十里)에 노승배주형(老僧拜珠形)이 임감룡(壬坎龍) 계축맥(癸丑脈)에 되어있구나. 이 자리는 용삼호사(龍三虎四)하고, 수래신방(水來辛方)하고, 어대(魚袋)가 경방(庚方)에 나와있고, 잔주(盞注)가 좌우에 열지어 있고, 인갑방(寅甲方)이 다봉(多峰)하니 세세등영(世世登榮)하리라.

〈庚子二月〉

* 답사

여기서 구슬(珠)은 염주를 말한다. 산도를 보면 만년리 산37-1인 듯 보이지만 자신이 없다. 안산이 토성으로 힘차고 계좌이다. 고총의 청룡쪽이다.(2022.11.)

전남 장흥군 안양면 수락리 옥녀직금

* 일이승 산도

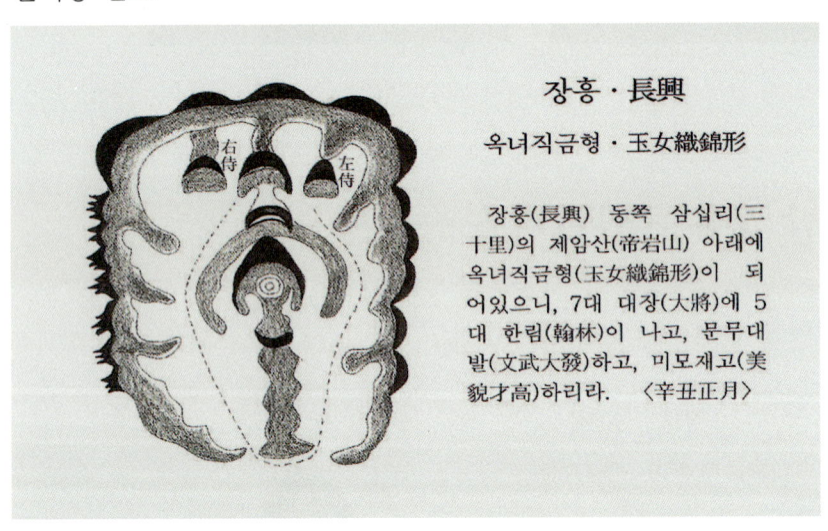

* "장흥 東 三十의 제암산 아래"라는 뜻은 장흥 東쪽이고 제암산 래맥이라는 뜻이다. 태조 제암산, 중조 사자산, 조산 일림산을 거쳐 수락리에 맺혔다. 중등중급 대혈인데 기측량기구 없이는 재혈이 어려울 것이다.(2021.5.)

전남 장흥군 봉미산 일이승 10혈은 어떻게 되었는가?

1. 장흥 봉미산 10혈

무학대사 지리전도서를 보면 장흥에 27개혈을 소개하였고 그 중 10혈이 봉미산에 있다. 봉미산(507m)은 영암 월출산 東쪽 출용이 화순 계당산까지 가는 도중에 남으로 내린 산이다. 높지도 크지도 않고 온통 흙산인데다가 수체(水體)로 가지를 내려서 과연 혈이 10개나 맺힐지? 모두 대혈일지? 이미 묘가 들어있는지? 평소에 궁금하였다.

우리는 남원에서 일박하고 아침 일찍 출발하여 임실 비봉포란, 순창 노서하전, 능주 행주형을 찾아보고 오후 1시경 우신리에 도착하였다. 시간 부족으로 답산에 오류가 있지 않을까 염려된다. 일이승 산도를 보면 봉미산 10여 개의 혈을 경자(庚子) 이월(二月)에 모두 간산하였다.

2. 금구예미

* 일이승 산도

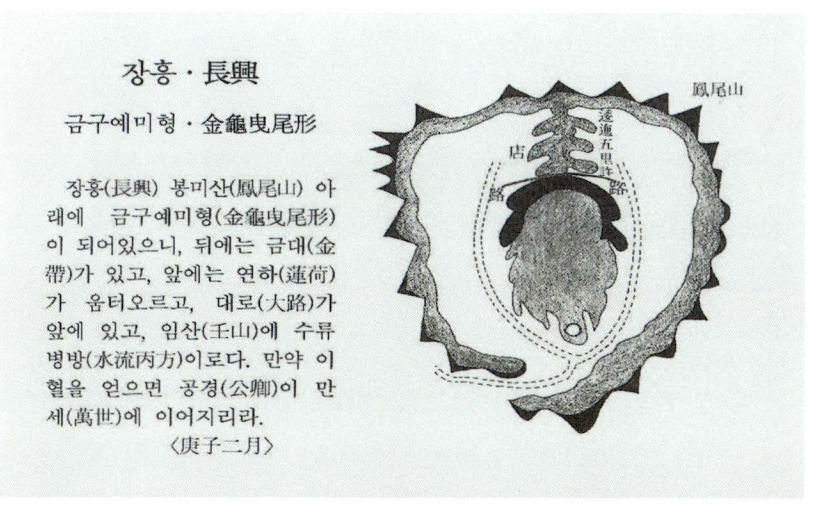

＊답사

산도를 보면 봉미산 서쪽 가지에 있는 것 같다. 자동차로 한 바퀴를 돌아보니 생기가 모여 있는 곳이 보여서 찾아 올라가니 김씨 쌍분이 있고 백호쪽 묘가 진혈이었다. 밑에서 보기와는 달리 산들이 적당한 거리에서 內外廓을 둘러싸고 빈틈이 없다. 작지만 야물다. 청룡리 955-1@, 간좌, 중초.

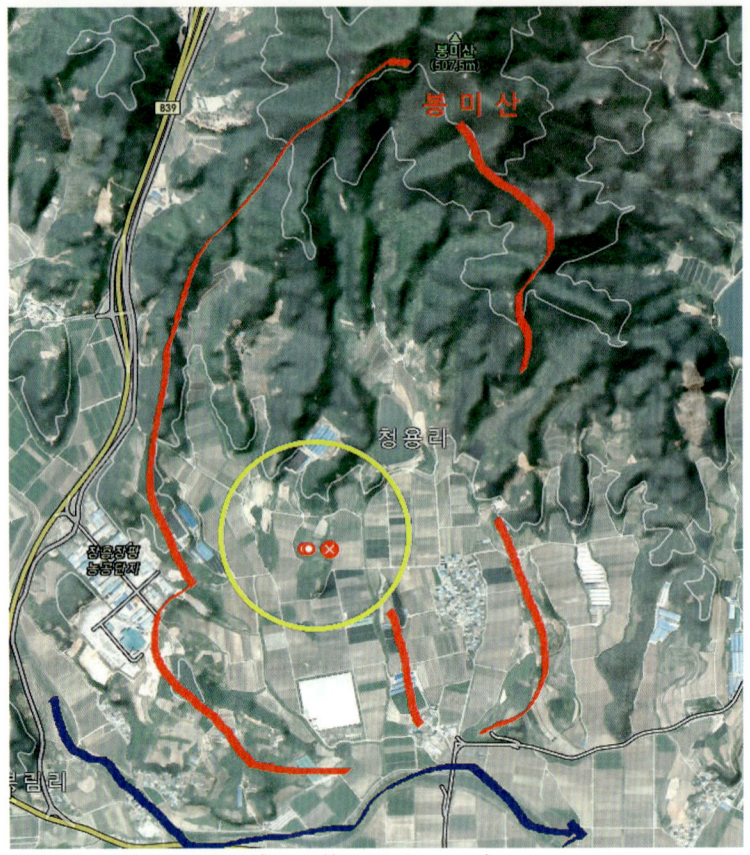

사진출처 : 카카오맵 스카이뷰(https://map.kakao.com)

3. 작약대수

* 일이승 산도

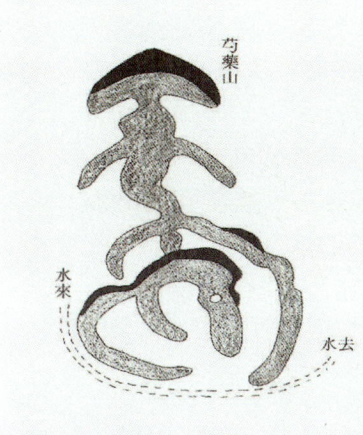

장흥·長興

작약대수형·芍藥帶水形

장흥(長興) 봉미산(鳳尾山) 아래에 작약대수형(芍藥帶水形)이 있으니, 건해룡(乾亥龍)에 임좌병향(壬坐丙向), 수래신방(水來辛方)으로 되었구나. 이 자리는 안산이 미인마상귀(美人馬上貴)로 되었고, 손신방(巽辛方)에는 문필봉(文筆峰)이 빼어나게 솟아있고, 한문(捍門)에는 오호(五戶)가 나열해 있으니, 혈은 어디에 있을꼬. 휘늘어진 한떨기(一朶)에서 세가지(三枝)가 뻗어났으니 자손이 문무(文武) 백세영화(百世榮華)할 땅이로다. 문총(文塚)이 위 아래를 범했구나(犯上犯下).

〈庚子二月〉

* 답사

건해룡, 임좌, 수래辛方, 3개의 가지를 기본으로 찾아 보니 기동리 석정 마을 뒤에 있다. 봉미산 生地혈 중 제일이다. 중등중급. 결록은 문총이 아래와 위를 범하였다고 하는데 현장에는 문총이 없었다.

4. 연소, 비봉, 갈마

* 일이승 연소와 비봉포란 산도

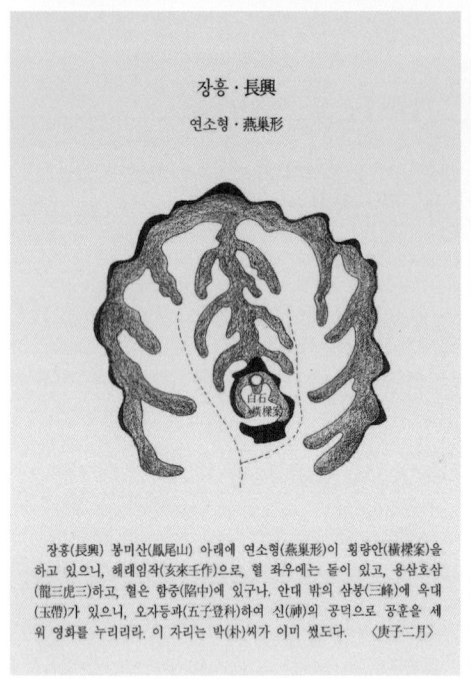
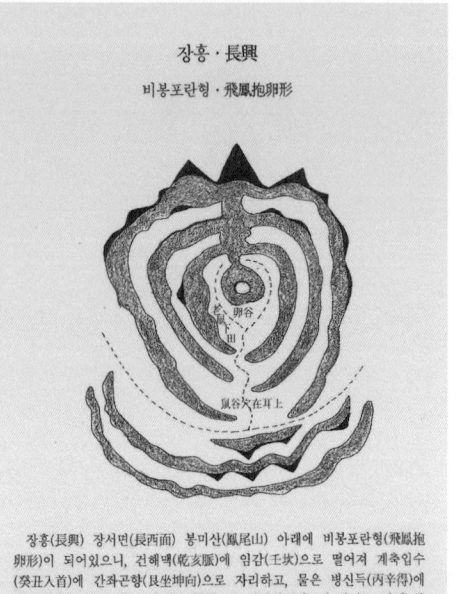

장흥(長興) 봉미산(鳳尾山) 아래에 연소형(燕巢形)이 횡랑안(橫樑案)을 하고 있으니, 해래임작(亥來壬作)으로, 혈 좌우에는 돌이 있고, 용삼호삼(龍三虎三)하고, 혈은 함중(陷中)에 있구나. 안대 밖의 삼봉(三峰)에 옥대(玉帶)가 있으니, 오자등과(五子登科)하여 신(紳)의 공덕으로 공훈을 세워 영화를 누리리라. 이 자리는 박(朴)씨가 이미 썼도다. 〈庚子二月〉

장흥(長興) 장서면(長西面) 봉미산(鳳尾山) 아래에 비봉포란형(飛鳳抱卵形)이 되어있으니, 건해맥(乾亥脈)에 임감(壬坎)으로 떨어져 계축입수(癸丑入首)에 간좌곤향(艮坐坤向)으로 자리하고, 물은 병신득(丙辛得)에 당문파(當門破)로 나고, 용삼호삼(龍三虎三)하였구나. 이 자리는 다섯 한림(五翰林)에 삼공(三公)과 두 상승(二相丞)이 나고, 백자천손(百子千孫) 하리라. 〈庚子二月〉

* 갈마음수 결록

봉미산 아래에 갈마음수형이 되어 있으니 건해룡 임감맥에 龍回虎遠하고 水流三谷하여 병정득 손파로구나, 삼양이 多峰하니 직위가 삼공에 이를 것이고 赦文이 래조하니 영구히 災禍가 없으리라.〈庚子二月〉

* 답사한 바, 연소형은 기동리 439-3인 듯한데 주택건설로 훼손되었고, 비봉포란은 기동리 438인데 래룡이 허약하여 중초급이다. 갈마음수는 기동리 333-@인데 물 먹기 위하여 길게 내밀은 말목이 생동감 있고, 작지만 확실하다. 노씨부부 묘 중 청룡쪽 묘가 정혈이다.

＊현장지도

사진출처 :
카카오맵 스카이뷰
(https://map.kakao.com)

5. 오공형

＊산도에 있는 결록--봉미산 아래에 오공(蜈蚣)형이 있으니 임감룡 계간 맥에 용삼호삼하고 혈은 겸안에 있고 四神이 並秀하니 五子登科하리라〈庚子二月〉

＊장평면 광평리 산43-1에 있다. 봉미산의 제일 동쪽에 지네가 굼틀거리며 내려왔다. 묘가 많이 있어 올라가지 않았다.

6. 현종형과 쌍구봉수형

＊결록을 보면 현종형은 종정촌(鐘亭村)에 횡량안을 하고 있다. 진간룡(震艮龍) 계갑맥(癸甲脈), 고각탁립(鼓角卓立)이라 한다. 선정리 303 일원이 종정촌이다. 혈은 선정리 666 골프장 내에 있는 것 같다. 쌍구봉수형(双龜逢水形)은 종정촌 부근에 있으나 국이 협소하고 기존 묘가 있어서 가보지 않았다.

＊현종과 쌍구 지도

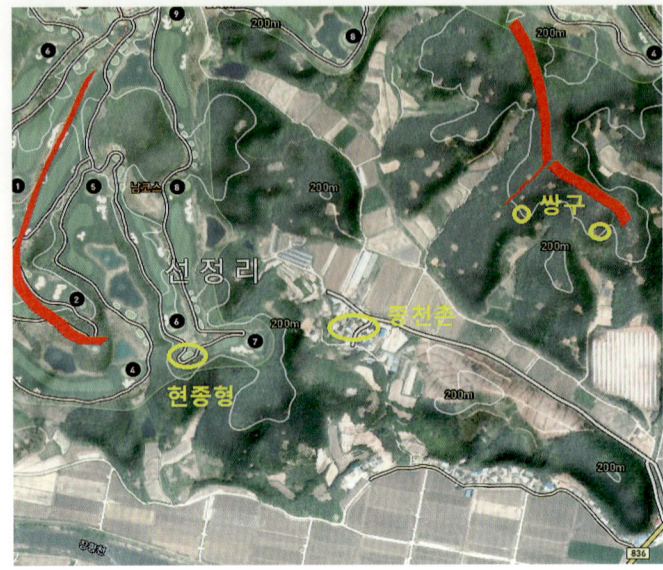

사진출처 :
카카오맵 스카이뷰
(https://map.kakao.com)

7. 토우은복과 호승예불

＊결록에 의하면 土牛隱伏은 경태룡 미곤맥 水流龍頭라 하였다. 봉미산에서 경태행룡에 미곤맥은 임천천을 앞에 둔 곳밖에 없다. 녹양리 마을 일대가 유력하나 주룡과 안산이 무기력하여 혈이 생겨도 명당급은 아니다.

＊호승예불은 건해룡(乾亥龍) 회룡좌(回龍坐) 신수귀(辛水歸)라 하였다. 기동리 산110-1이 유력하나 묘가 있어서 가지 않았다.

8. 간산 소감

봉미산은 큰 산은 아닌데다가 가느다란 가지를 내린 수체이므로 대혈이 10개나 맺힐 체질이 아니다. 작약대수만이 중등중급이고 나머지는 초등명당급이다. 대혈이 아니다보니 쉽게 임자들이 나서서 진혈에 묘가 들어있는 경우가 많았다. 작약대수만은 대혈인 덕으로 아직 생지로 남아 있었다.(2022.10.)

＊봉미산 혈처 지도

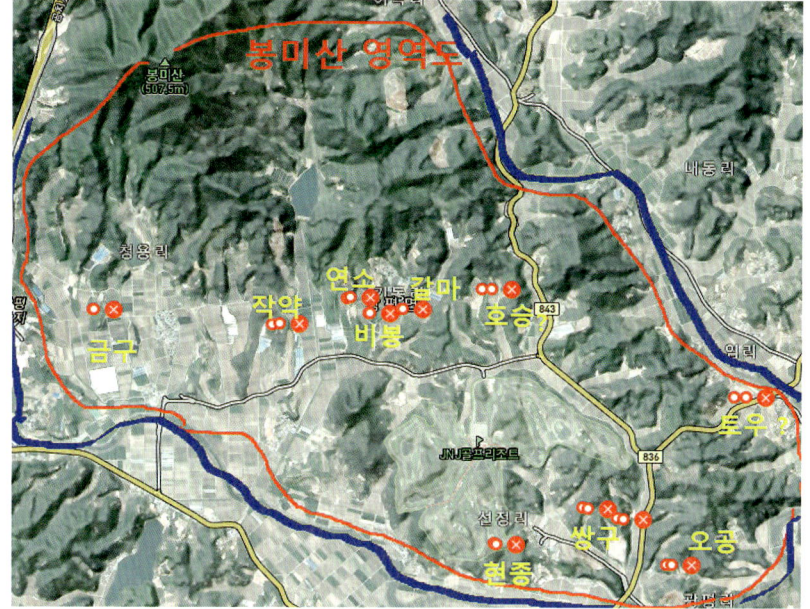

사진출처 : 카카오맵 스카이뷰(https://map.kakao.com)

전남 장흥군 억불산 래용(來龍)의 유산록 4혈

1. 억불산에서 조약도까지

제암산은 사자산을 앞세워 호남정맥이 동쪽 보성으로 90도 방향 전환을 하도록 하였고 사자산의 서쪽 사자머리봉은 남쪽으로 가지를 내려 과협 후 억불봉을 세워서 고금도를 지나 조약도까지 행룡하였다. 그 면적이 2개의 읍, 7개의 면에 이르렀다. 용산면에 상수구, 선인무수, 금계포란(이상은 용산면에), 천관산 상제봉조, 부산산 금구농월, 대구면 정수사 부근 군신봉조(결록에 없는 혈을 장선생님이 찾은 곳)가 대혈이고 필자는 간산기를 발표한 바 있다. 유산록 후편 168p 이하에는 위의 대혈 이외에 10개

혈을 소개하고 있다. 필자는 의산, 덕암과 함께 제암산 상제봉조를 찾아본 뒤 오후 1시경 출발하여 지도상 혈처를 추정할 수 있는 9개소를 찾아 나섰는데 시간부족으로 4개 혈을 겨우 찾았다.

2\. 노승산하 병오맥(丙午脈)에 노승진념(老僧眞念)형은 무흠대지이다

풍길리 산107-1 이씨들 집장지인데 진혈은 비어 있다. 여러 명의 노승이 함께 있다. 진좌.

3\. 하발리상에 일혈 맺혔으니 해변대지(海邊大地)로 부귀여 천지동행격이다

승주산(331m)이 소조이고, 밀바위산(191m)이 주산이며, 큰산(73m)이 안산이다.

멀리서 안산에 힘을 모아주고 수구에 합수되는 모양이 좋다. 소쿠리형으로 거부지지이지만 왼쪽 어깨너머로 노승봉이 엿보고 있어 반드시 조림으로 가림을 해야 된다. 해좌.

4\. 부용산을 지나 휘봉산에서 중축낙맥 월송리에 가혈하나 맺었다

유좌에 임자파-- 월송리 산104 일원인 듯, 나무가 촘촘하고 시간이 부족한 탓으로 패스하였다.

5\. 부용산 말기처에서 간인 낙맥. 인좌에 곤파중중관쇄 장상지

강진 단월리에 평지낙맥, 래용이 노화편룡이고 연화부수형으로 국면이 넓고 혈처도 풍후하다. 중등상급대혈이다. 인좌보다는 묘좌가 적격인 듯 보였다.

6\. 위의 혈처 부근에 있다는 야중(野中)의 행주형, 단월리 횡락혈, 봉대산下 원포리 근처의 가혈은 찾지 못했다.

7. 고금도 덕암산(德岩山) 아래 부귀무궁지 대혈

덕암리 525에 간좌로 결혈되었는데 주택지로 조성되었다. 혈처에 백암 고령토가 보이고 앞산이 환포하였다. 억불산 아래의 지형은 오밀조밀하고 해안은 다도해로 경치가 좋아서 음양택이 많이 있을 것 같다.(2022.8.)

전남 장흥군 억불산하 금계포란
(무심하였던 대혈)

1. 장익호 유산록 후편 168p

제암산-사자산-억불봉(517m)아래 금계포란, 삼길육수, 천관산이 조산(朝山), 칠백연화 삼천분대, 음양혈, 天下甲地.

2. 간산

* 사람들이 관심을 두지 않아 다른 책에도 없고 간산기도 없다. 그러나 찾고 보니 굉장히 좋은 대혈이다. 일대에서 닭벼슬이 보이지 않는 탓에 주산을 찾기가 어렵다. 억불산의 오른쪽 어깨가 광춘산을 만들고 광춘산에서 분지한 남동자락의 말낙지에 안산을 앞에 두고 동그란 계란을 만들었다. 다른 가닥은 괴바위산, 부용산, 휘봉산, 보록산, 성바위산을 거쳐 용산면 들판을 빙둘러서 70리를 행진한 끝에 계란 가까이로 접근하였다.

유산록은 천관산이 朝山이라고 하나 우리가 찾은 곳에서 천관산은 서면 보이고 앉으면 보이지 않더라. 음양혈이란 乳突중 窩혈?

* 이 물형을 어떻게 파악할 것인가?

억불봉을 금계의 몸통, 연대봉이 머리(벼슬처럼 바위들이 있다)로 보고, 날개 끝에 계란이 있고, 70리를 날아서 다가온 산등에 까마귀가 있다. 계란 앞에 있는 안산이 보호막이다. 보호막이 없으면 너무 험하다. 금계는 까마귀가 알을 해칠까 걱정하여 초경계 태세이다. 70리를 날아와서 남상천 하나를 사이에 두고 접근한 까마귀산이 일품이다. 이런 특이한 사격이 있어야 대혈이 맺히는 것이다. 대구 달창 저수지변의 금계포란과 비슷하다.(2021.10.)

* 금계포란 대국세

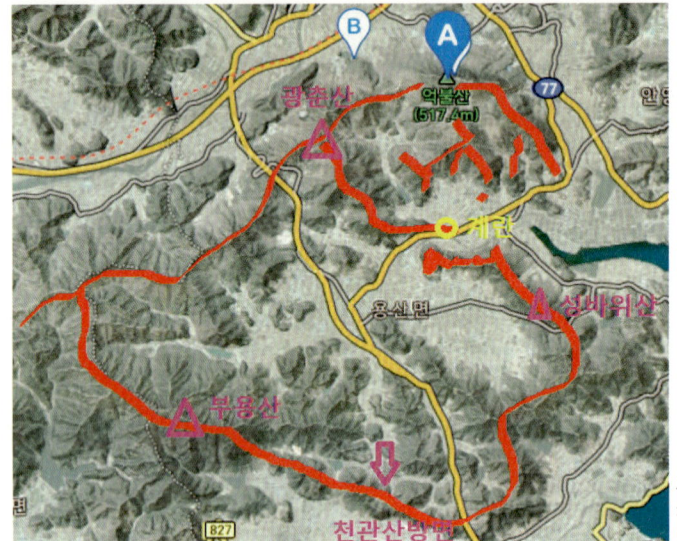

사진출처 :
카카오맵 스카이뷰
(https://map.kakao.com)

* 계란 부근-- 혈은 계란 부근을 안산으로 하고 멀리 천관산이 보인다.

사진출처 :
카카오맵 스카이뷰
(https://map.kakao.com)

전남 장흥군 용산면
(전남 제일의 양택과 명당 많은 고장)

1. 호남 5대 생지양택

* 전북 제일의 個人用 생지양택(生地陽宅)은 진안 天苑垣局(결록 없음), 회문산하 오룡음수형(이의신)의 順이고, 전남 쪽으로는 광춘산 아래 용산면 양택(장익호 유산록은 비룡음수형이라고 하나 선인단좌?), 삼인산 아래 만물시생도(도선국사 비결지), 영광 법성포 와우형(옥룡자 유세비록)의 順이다. 양택은 각자의 취향에 따라 순위가 다르겠지만 오복을 고루 갖춘 곳 그리고 생활 불편이 없는 곳을 기준 삼아서 판별해야 된다. 이 정도의 양택(이하 生地陽宅을 말함)은 전국 순위에 들어갈 등급이므로 더 좋은 곳을 찾기 어려울 터이니 앞으로 순위를 바꿀 만한 양택이 나타나지 않을 것 같다.

* 지금 게재하는 양택은 장익호 유산록을 보고 찾은 것인데 동일한 곳인지 잘 모르겠다. 장선생님은 전래되는 결록지 중 두사충이나 일이승의 결록과 중복을 피하고 선정하여 유산록으로 남겼고, 스스로 발견한 명혈은 선사들의 결록에 없다고 밝혔으며, 태조산부터 혈처에 이르기까지의 행룡을 밝혀서 후학들이 간산하는데 많은 도움을 주었다. 그러나 구체적인 재혈처는 내 견해와 다른 곳이 많았다. 이곳 양택도 일치하는지 잘 모르겠다.

* 장흥군 용산면은 음택으로 상수구와 선인무수가 있고 개인 양택으로 선인단좌(유산록은 비룡음수)가 있으며, 용산면사무소 일원은 오룡취회형의 명당이고, 평화로운 어산마을, 문필가가 끊이지 않는 묵촌리, 삼재팔난을 피해왔다는 금곡마을, 고시합격자가 많다는 척산마을이 있다

2. 유산록 후편 169p

* 억불봉 西進, 광춘산, 자울재(윗쪽에 자울재가 있다)를 지나 바람재에

서 동락하여 즉암리(卽岩里, 현지명은 인암리인 듯) 상에 一大陽基를 결혈하였으니 후일 부귀대발하여 만세에 임(臨)할 것이다. 또한 접정리에 반월형이 결혈되었으니 賢才가 다출할 것이다.

  * 인암리 양택-- 어산리는 바람재에서 동락한 것이 아니고 그 직전의 어산봉(?)에서 동락하였다. 혈처 앞에 남상천이 완만한 금성으로 흐르고 저 멀리 천관산이 조안하고 있는 등 문무부귀의 사격이 조화롭다. 특히 전면 2시 방향에 있는 문필봉은 바위산으로 빼어난데, 이 곳뿐만 아니라 용산면 전체에 文의 기운을 주어 문장가와 고시합격자 다수를 배출한다. 현장을 찾으면 후일 부귀대발한다는 뜻을 짐작할 수 있다.

  * 문필봉

3. 용산면

용산면사무소 일대는 오룡취회형의 명당이고 수구가 꽉 조여 재물이 새어나가지 않을 것이다. 어산마을은 부유하고 평화롭다. 접정리 묵촌마을은 청룡이 짧아서 비보하는 묵촌리 동백림으로 유명한데 유산록에 기재된 반월형도 여기에 있는 듯하다. 금곡마을은 어산봉에서 용산면 사무소를 빙 둘러 24km를 행진한 용의 끝머리에 숨어 있어서 한번도 전화를 입지 않았던 작은 십승지라고 한다. 척산마을은 저 멀리 문필봉이 비추고 있는 덕인가? 고시합격자가 많이 배출된다는 내용의 돌 안내판이 세워져 있다.(2021.10.)

*용산면 지도

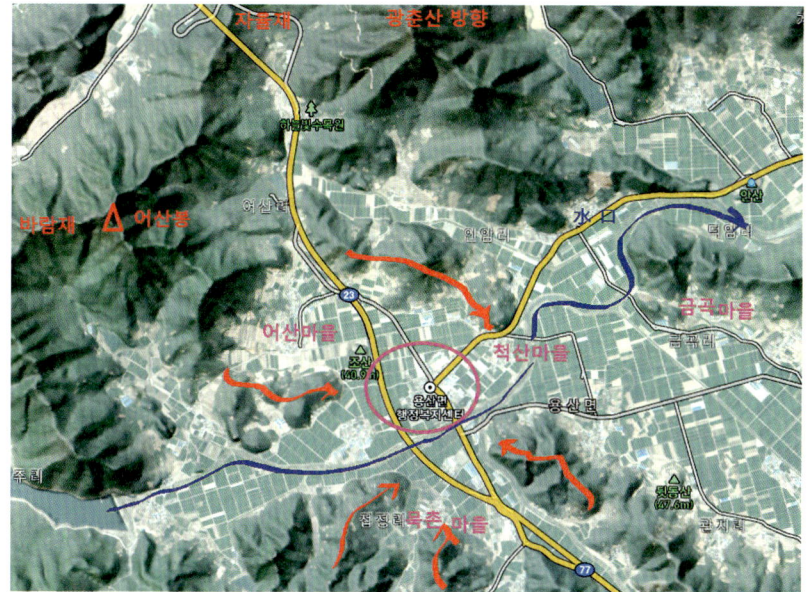

사진출처 : 카카오맵 스카이뷰(https://map.kakao.com)

전남 장흥 유치면 오룡쟁주
(오룡이 장난치며 노는 五龍遊戱形이다)

1. 오룡쟁주형이란?

*五龍爭珠形은 다섯 마리 룡이 구슬(如意珠) 하나를 두고 서로 차지하려고 다투는 형상이고, 그 중 가장 힘센 룡이 구슬을 차지할 것이니 그 룡에 혈이 맺힌다. 그런데 이곳의 산도는 구슬이 4개 있고 한 마리는 구슬이 닿지 않는 곳에 있으되 백운이 맞이하니 발복이 장원(長遠)하다고 한다. 혈처

를 찾고 보면, 오룡이 구슬을 두고 다투는 것이 아니고 강변에 모여서 놀고 있는 형상 즉 오룡유희 모양이다. 이곳 오룡은 서로 연관없이 각자 독립된 물형을 갖추고 있다. 아마도 일이승은 쟁주형이라 하지 않았을 텐데 전해오면서 변질되었지 않나 생각한다. 오룡이 노는 장흥댐은 97.11. 착공, 2006.6. 준공되었다.

2. 산도와 결록

* 산도에 제1청룡, 제2백룡, 제3흑룡, 제4자(紫)룡, 제5황룡의 결록을 기재하였다. 결록 내용은 이해하기 어렵지만 득수 파구, 좌향 등이 혈 찾는데 도움이 된다.

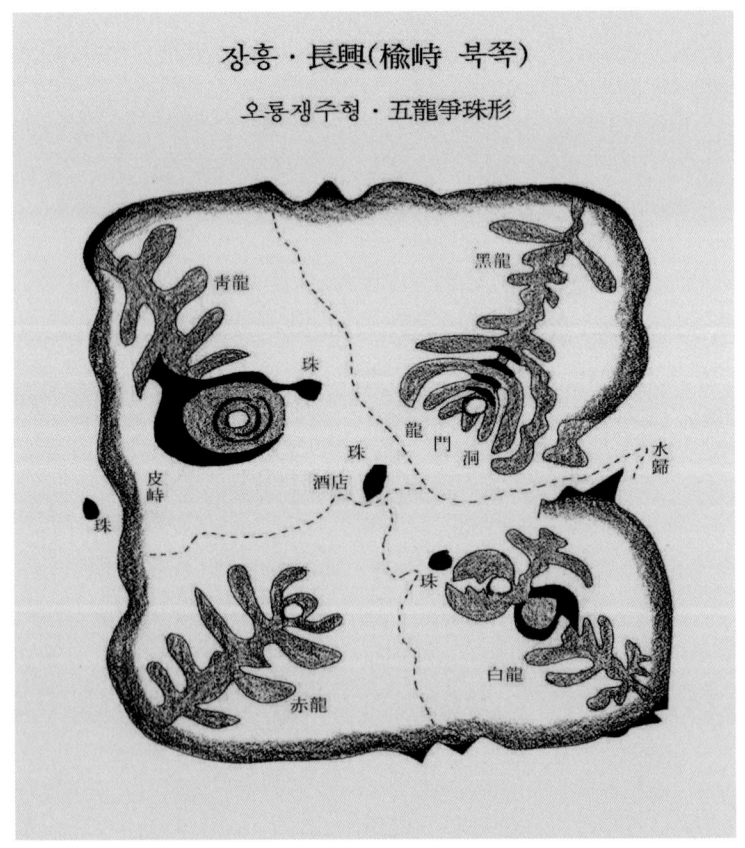

3. 제1 청룡혈

＊결록의 요지-- 을좌신향, 임수귀경(壬水歸庚), 구슬이 案邊에 있고 백자천손, 申영화가 범뇌장(犯腦葬)하고 석물구비, 진혈은 아래에 있도다.

＊유치면 일대에서 을좌신향과 임수귀경으로 된 국세를 찾아보면 용문리 산36 일원이다.

＊청룡형 좌향과 수로

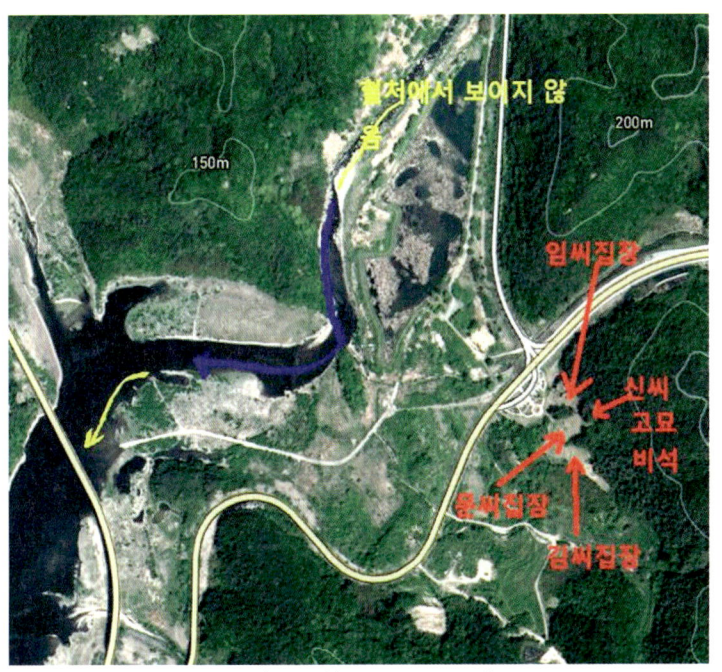

사진출처 : 카카오맵 스카이뷰(https://map.kakao.com)

＊청룡혈처의 현장-- 용문리 산36 일원에는 임씨, 문씨, 김씨 집장지가 있는데 문씨 묘역내에 진혈이 있다. 결록에 있는 신씨 비석(석물)도 그 위쪽에 있다. 문씨 집장지는 댐건설로 2000년경 이곳으로 이장해 왔다. 원형이 변경된 것 같으나 진혈처는 비어 있으되 찾기가 어렵다. 기탐지봉으로 최종 확인해야 된다. 안산을 멀리 있는 토성으로 볼 것인가, 가까이 있는 산으로 볼 것인가도 연구감이다.

* 청룡의 몸체

사진출처 :
카카오맵 스카이뷰
(https://map.kakao.com)

* 신씨비석-- 관리 상태로 보아 벌초하지 아니한지 몇 년 된 것 같다. 과연 일이승시대에 만들어진 석물인지? 후손들의 형편은 어떠한지? 그 지역 고수의 연구가 필요하다.

사진출처 :
카카오맵 스카이뷰
(https://map.kakao.com)

4. 제2 백룡

* 三奇行龍이 牛頭入首, 배절향련(背節向連), 壬甲峰이 용출(聳出 높이 솟다), 구슬은 안변에 있고, 문총이 오른쪽 어깨 침범, 진혈은 陽中陰(와중돌?)에서 구하라.(지도에 표시한 삼기행룡은 필자의 추측이다)

* 백룡국세

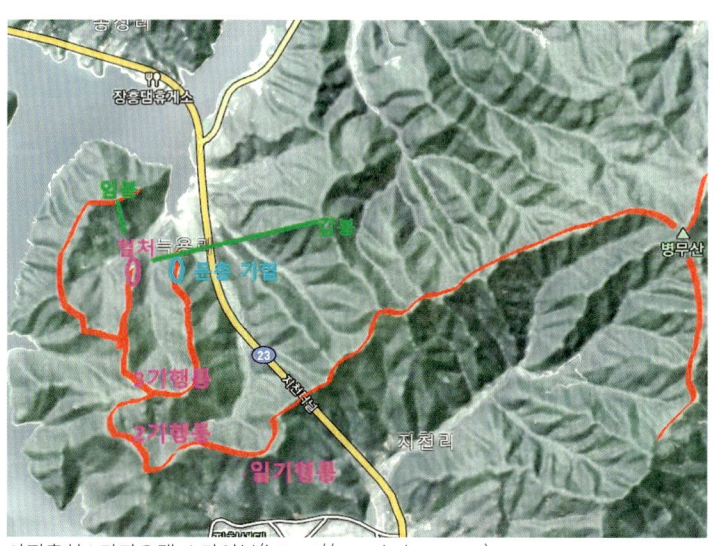

사진출처 : 카카오맵 스카이뷰(https://map.kakao.com)

* 백룡 진혈처-- 결록에는 문총이 있다고 하는데 진혈의 백호에 상석있는 문총이 있으나 묵뫼가 되었고 그 위에 묵뫼 2기가 있다. 모두 진혈이 아니고 그 아래 최근 쓴 묘가 있으나 소혈이다. 진혈은 임갑봉이 솟았고 의릉의 능참봉 인천 이씨묘가 있다. 의릉(1688~1724)은 장희빈의 아들 경종(1688~1724) 부부 묘이다. 중등상급의 대혈이고 오좌자향으로 정확히 재혈되어 있다. 입구에 안내 비석이 있고 넓은 임도가 개설되어 있다. 아마도 상당한 발복을 받았을 것이다. 주산과 행룡이 묵직하고 아름다우니 미룡농주(美龍弄珠)이다. 맞은 편에 있는 청룡이 남성이고, 이곳은 여성이다.

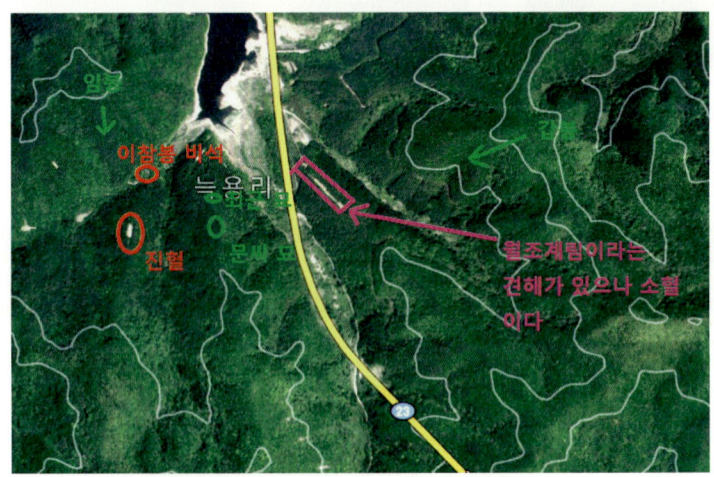

사진출처 : 카카오맵 스카이뷰(https://map.kakao.com)

5. 제3 흑룡

* 천황행룡이 保身入首, 임좌병향, 甲庚水가 流丁, 구름이 맞이하니 발복장원, 조씨가 上下葬을 범했는데 혈은 中左邊에 있다.

* 임좌병향과 갑경수가 丁으로 흘러가는 곳은 유치면 송정리 187-2밖에 없다. 남평문씨 묘 오륙 기가 여기저기 있다. 진혈찾기 게임을 할 정도로 어렵다. 쌍룡이 배경에 우뚝하고 혈전에 구름 있다. 용은 멀리서 내려와 노기를 푼 듯 만 듯 강하다. 일곱 구비를 틀면서 나르는 七節비룡형이다.

＊흑룡 국세

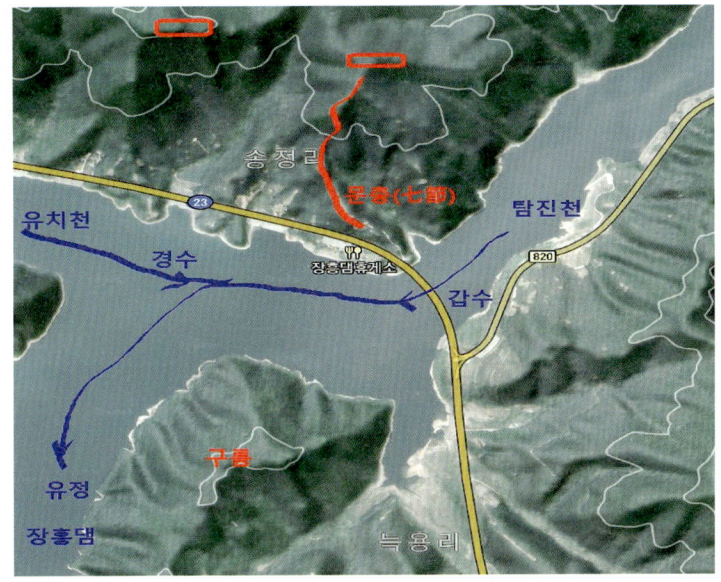

사진출처 : 카카오맵 스카이뷰(https://map.kakao.com)

＊흑룡 혈처는 유치면 송정리 187-2이다. 5룡 중 가장 좋은 중등상급 대혈이다. 제실에 개가 사납게 짖었으나 빵조각을 주었더니 꼬리를 흔들었다. 개에게 줄 뇌물을 갖고 가야 되고 차를 제실까지 타고 가면 돌릴 데가 없으니 밑에 두고 가야 된다.

6. 제4룡 자룡

남극행룡이 老人입수(? 뜻을 모르겠음), 壬亥水 歸庚方, 구슬은 호변에 있다. 장차 문씨 입장하리라. 해득하기 어려우나 부산면 지천리 208 부근인 것 같다.

7. 제5룡 황룡

＊천시해룡이 金牛입수, 계좌정향, 池塘之邊에 구곡지상, 물외인간, 萬物之基에 山藏水回.

＊댐 건설로 못과 구곡을 알 수 없어 혈 찾기 어렵지만 짐작가는 곳은 있다. 다만 접근하기 어렵고 수몰 가능성이 있어 포기했다.

＊제4룡과 제5룡

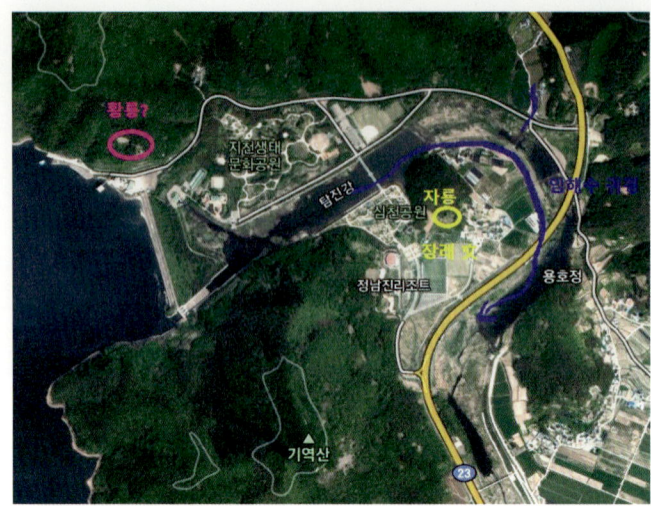

사진출처 :
카카오맵 스카이뷰
(https://map.kakao.com)

8. 아룡도강

＊결록에 없는 곳이나 백호 쪽 깃대봉이 좋다. 중등중급 혈이다. 문씨 집장지인데 진혈을 놓쳤다.(2021.1.)

＊아룡도강형-- 송정리 산62-8 일원

사진출처 :
카카오맵 스카이뷰
(https://map.kakao.com)

전남 장흥 유치면 노승진념과 보검출갑형
(노승과 보검이 함께 있다)

* 일이승 산도

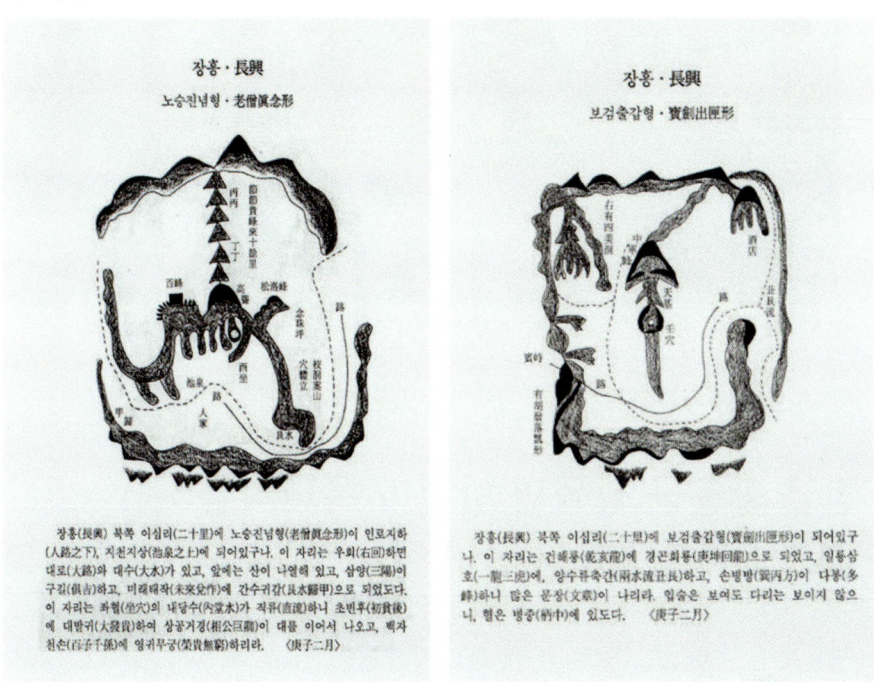

* 답사

두 개 산도의 작성시기가 庚子二月이고 혈처가 장흥 北20리로 똑같다. 일이승이 같은 날 인근 장소에 있는 노승과 보검을 찾았다고 여겨진다. 찾고 보니 아깝게도 주위가 댐에 수몰되었다. 그런 줄도 모르고 엉뚱한 곳을 찾아 헤매는 헛수고를 할 수도 있겠다.(2022.10.)

사진출처 : 카카오맵 스카이뷰(https://map.kakao.com)

전남 장흥군 장동면 만년리 옥녀직금
(결록에 없는 곳)

제암산이 내려 보고있는 곳에 옥녀직금혈이 있다. 배틀을 갖추고 있고 주산이 힘 있다. 중등상급 대혈인데 결록은 없다.(2022.5.)

전남 장흥군 제암산 극존(極尊) 상제봉조형
(극존대혈은 그림의 떡이다)

1. 제암산

호남정맥은 백두대간 영취산에서 진안 주화산(주줄산)으로 와서(금남호남정맥이다) 남으로 내장산, 장흥 제암산(807m)을 거쳐 광양 망덕산까지 행진한다. 제암산은 사자산을 만들어 호남정맥이 90도로 방향을 바꾸어 광양쪽으로 행진하도록 하는 역할을 한다.

* 호남정맥 지도

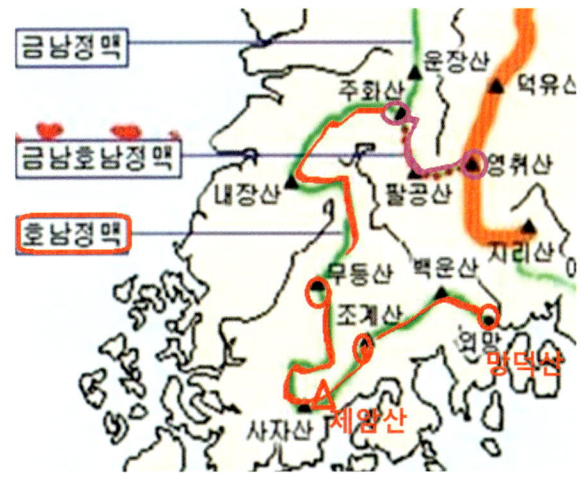

2. 유산록

유산록 후편 168p는 옥룡자 결록을 인용하면서 대혈로 소개하고 있다. 옥룡자 소위 "구산하 상제봉조(龜山下 上帝奉朝)" "좌유삼태기하(左有三台 其下) 재상지지(宰相之地)"라 하는 혈이다.

존성뢰락(尊星磊洛) 박환평지(剝換平地) 준기(峻起)삼길성(三吉星)하고 작제좌(作帝坐)하였으니 극존상제봉조(極尊上帝奉朝)형이다. 좌사(左砂) 삼태(三台)아래 상하(上下)혈이 맺혔다.

3. 답사

오전 11경 제암산 자연휴양림에 도착하여 입장하니 녹음이 우거져서 하늘이 보이지 않고 가족 나들이와 산책객들이 붐볐다. 다행이 데크 산책길이 잘 개설되어 있는 덕에 제암산 삼봉을 볼 수 있는 고도에 갈 수 있었다. 제암산 삼봉이 제자(帝字)형세이므로 이를 유념하여 혈을 찾았다. 험한 山

中에서 박환되고 풍후한 혈장을 만들었는데 內백호가 겹겹이고 外청룡이 우람하다. 지도상으로는 삼길성 아래가 평평한 분지로 보였으나 현장에 가서보니 말티재 아래에 깊은 계곡이 있어서 데크길이 없었으면 삼길성을 볼 수 없어 혈을 찾지 못했을 것이다. 미좌축향이다

유산록은 상하 2혈이 있는 것처럼 소개하였으나, 옥룡자 결에 삼길성 아래에 혈이 있다고 하였을 뿐 상하 2혈이 있다는 말은 없다.

* 제암산 삼봉중 2봉

4. 대혈은 범인이 용사하면 안되는 그림속의 꽃이다

물심으로 적덕선행한 사람 또는 선정을 배푼 관리가 복받고 악행을 저지른 자가 상응한 벌을 받는 것이 천도(天道)에 맞는 일이다. 인과는 장기적으로 보면 꼭 실현된다. 중상급 대혈은 적임자는 받아들이고 부적격자에겐 재앙을 준다. 어떤 인과없이 대혈을 차지할 수 없고 억지로 차지한다고 하더라도 발복은커녕 화를 입는다. 탈신공개천명이란 혹세무민하는 말이고 범인이 대혈을 탐하는 것은 백해무익이다. 그저 자기의 분수내에서 최대한의 복지(福地)를 구하면 만족해야 된다. 풍수가 부귀영화를 누리지 못하는 사실을 보면 풍수란 효용이 없지 않느냐는 물음에 대한 해답이 되겠다.(2022.8.)

전남 장흥군 장평면 천마시풍
(괴혈인데 버리기 쉽다)

* 일이승 산도와 결록

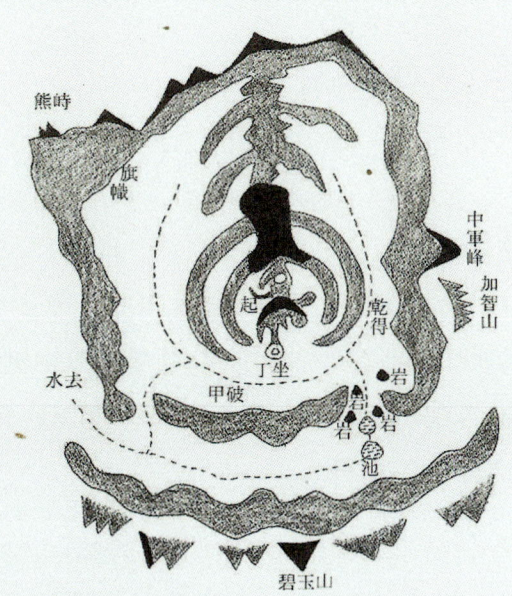

장흥(長興) 북쪽 삼십리(三十里)에 천마시풍형(天馬嘶風形)이 되어있으니, 산지오(山之午)에 좌지정(坐之丁)이로다. 이 자리는 수래건(水來乾)하고, 감인갑방(坎寅甲方)이 다봉(多峰)하고, 가지산(加智山)이 암조(暗照)하고, 벽옥산(碧玉山)을 향하였으니, 시마(嘶馬)가 어찌 봉(峰)에 있을꼬. 머리를 천문북(天門北)으로 향하였으니, 세세장상(世世將相)이 나고 문무겸전(文武兼全)하고 백자천손(百子千孫)하리라.

*답사

결록은 장흥 北30리라고 하였으나 벽옥산을 전면에 두고 午脈에 丁坐, 乾得甲破되는 곳을 찾으면 장흥 丑方 40里이다. 산도에 가지산이 암공한다고 표시하였으나 표시된 산은 고비산이고 복흥리 산167 무명봉(390m)이 주산이다. 래룡은 기이하고 혈처는 괴이하게 생겼으나 물과 안산이 좋다. 혈처는 두봉리 산에 있는데 벽옥산 서쪽 말락이 안산이다.(2022.10.)

전남 장흥군 천관산 상제봉조
(용은 웅장한데 혈은 허접하다)

1. 다수의 견해가 있는 곳
* 천관산(722m)은 제암산에서 내려온 한국 100대 명산 중 하나이다.
* 결록은 만대불패지지라고 하는데 여러 견해가 있는 곳이다. 결록기재와 사뭇 다른 곳을 지적하는 견해도 다수 있다. 진혈처는 허접하여 결록지가 맞는지 의심스러울 정도이다.

2. 결록
* 옥룡자 유세비록

천관산 금체봉에 전후좌우 혈도 많다. 건해맥에 子入首 석중토혈 그중 좋다. 왕자맥 팔절하에 언연하게(偃然, 거만하게) 생겼구나.

* 일이승 산도

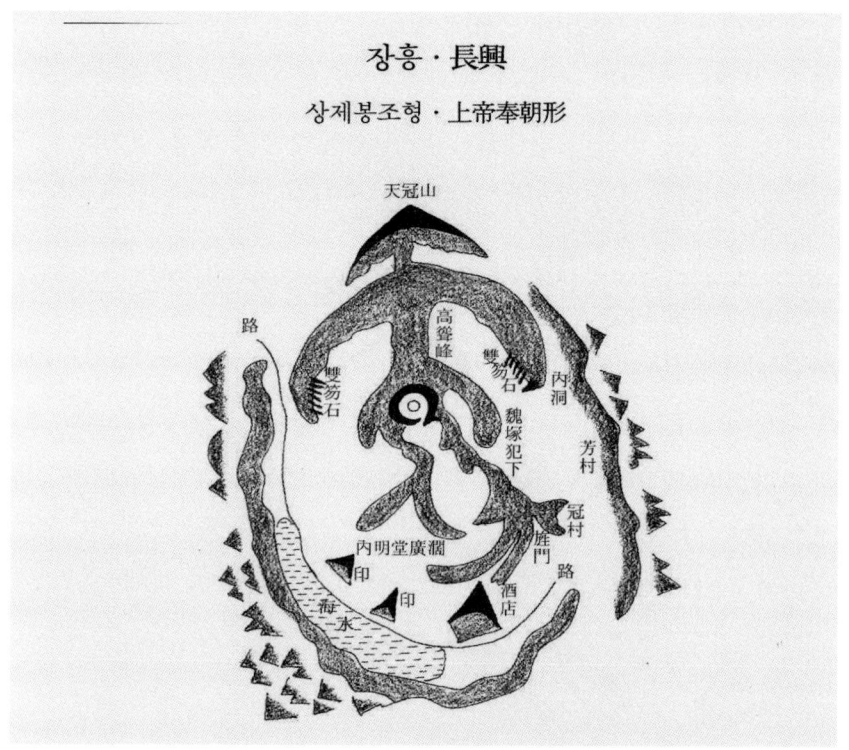

* 산도에 부기된 결록

장흥 천관산 동쪽 삼십리에 상제봉조형이 군신안을 하고 있구나. 건해룡 임감맥(壬坎脈), 오룡사호(五龍四虎), 안산에 천봉나열, 쌍홀석층(双笏石層)이 좌우에 나와 있고, --(일부 생략), 양인(兩印)이 있고 좌우에는 선인이 시립해 있으니 만대불패지지(萬代不敗之地). (庚子二月 方村店留宿二夜)

* 장익호 유산록 전편 405p--천관산 정상에 입석한 모양이 관(冠)과 같다. 거문성(토성)으로 정맥이 흐르는 곳에 평지 결혈하였다. 군왕지지.

3. 각 견해

* 예전에는 가뭄이 들면 부근 마을사람들이 천관산 정상에 몰려가서 암

장한 묘를 찾아 파묘하였다 한다. 합천 황매산 무지개터와 같은 소동이 있었던 모양이다. 현재 진혈이 정상에 있다는 견해는 없다.

*다수 견해는 일이승 결록이 건해룡 임감맥(옥룡자결은 자입수)이라고 함에 따라 대덕읍 연지리 일대를 지적한다(일이승이 장흥 東이라 한 것은 東南의 오기이다). 어떤 탐침봉 풍수는 곤신입수 간인파로서 관산읍 (방촌리와 외동리)에 있다고 하는데, 일이승 산도를 보면 방촌은 일이승이 2박한 곳이고 결록과 다른 엉뚱한 곳이다.

*한편 유청림은 혈처될 만한 곳은 현재 토석상잡하여 드러나지 않았고 장차 지진이나 해일로 토석이 걷어내어 지면 들어날 생성중(以待後人, 임자를 기다린다)인 혈이라고 하면서 연지리에 있는 회진이씨 집장지를 가리키고 있다.

*연지리와 관산읍 일대

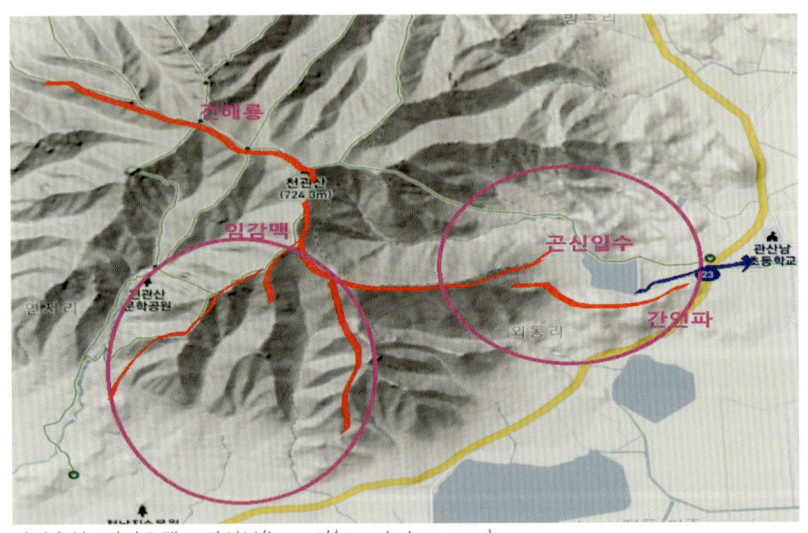

사진출처 : 카카오맵 스카이뷰(https://map.kakao.com)

*연지리의 국세-- 유청림선생 지적의 회진리 이씨들의 집장지. 1세대는 1805년, 2세대는 1865년, 3세대는1886년 묻혔는데 3세대가 참봉사과를

지낸 것 말고는 내세울 벼슬을 하지 못했다. 4세대는 석물도 없다. 200년이 지난 오늘까지 묘역을 깨끗이 관리하고 있는 효심이 돋보인다.

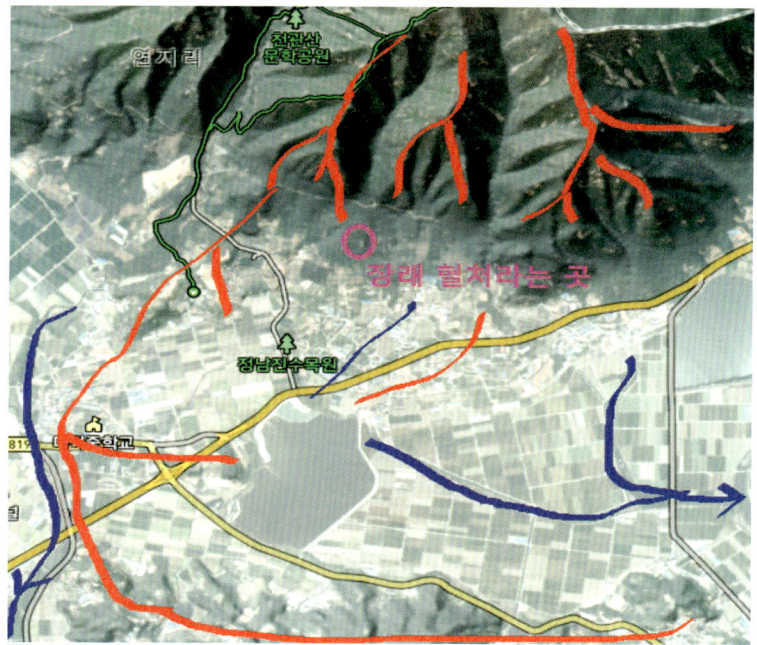

사진출처 : 카카오맵 스카이뷰(https://map.kakao.com)

* 이씨 집장지

＊연지리 수구

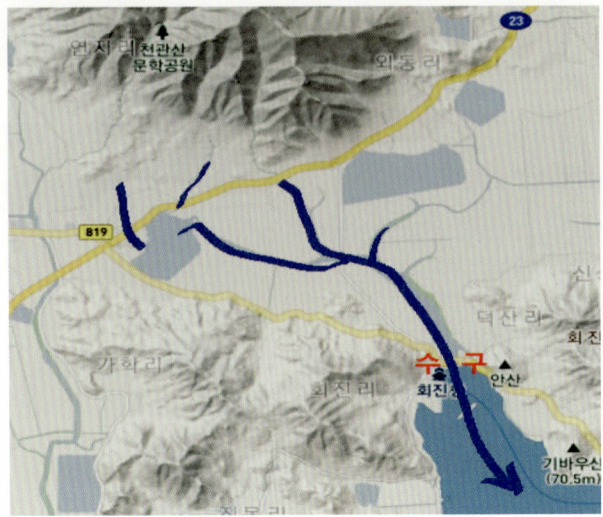

사진출처 : 카카오맵 스카이뷰(https://map.kakao.com)

4.진혈

　진혈은 연지리에 있고 땅이 순하고 장풍이 된다. 청백이 포옹하고 水口에 印沙등 산도와 일치한다. 다만 용은 웅장한데 혈은 허접한 용장혈졸(龍將穴卒)이다. 중등상급.(2021.8.)

전남 함평 무결록지 음택 2혈 양택 1혈

1. 음택 2혈

＊함평 수호리 637-@ 술좌 음택, 밑에 양택.

＊함평 대전리 39@ 금반혈 자좌, 집장지.

2. 양택-- 학교면 곡창길 원곡제 변(邊). 중등초급.

전남 함평군 대동면 상옥리 산81
철성산 맹호 출림

 유산록 전편 41p. 간인봉 특립하여 금성체. 갑묘득 병파, 문무 장상 연출-- 철성산 맹호가 숲에서 나오려고 하니 앞에서 호랑이 한 놈이 보고 있다. 아깝다. 어떤 몰지각한 자가 산중에 건물을 신축하느라고 일대를 깎고 토목 공사를 하다가 망(亡)하여 폐허가 되었다.(2019.2.)

전남 함평 해보리 행주형

* 일이승 산도

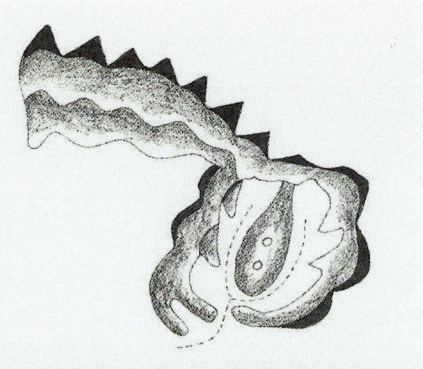

＊지도-- 함평 해보리 산8-1

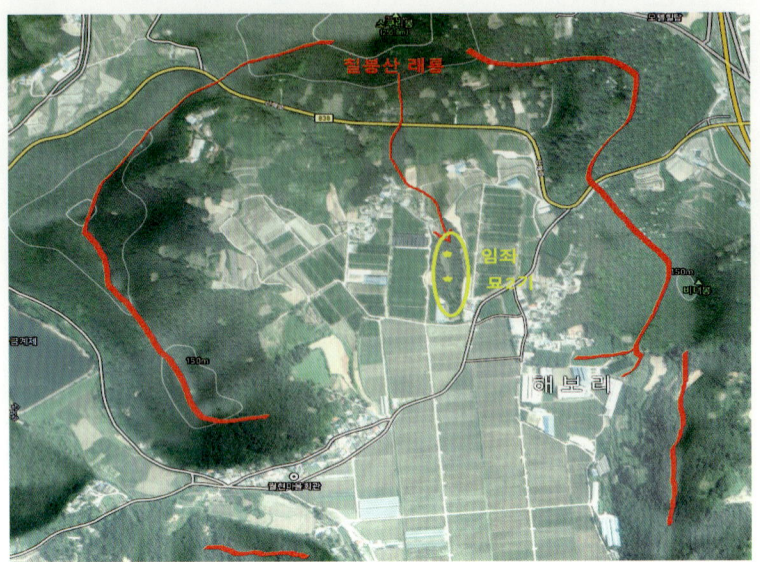

사진출처 : 카카오맵 스카이뷰(https://map.kakao.com)

＊묘 2기가 있는데 윗 뫼 아래가 정확할 듯하다, 재혈 공부감이다. (2022.5.)

전남 해남군 흑성산 군신봉조

1. 유산록 후편 159p

＊태조 월출산-성산-흑석산(黑石山), 개국천리, 오성구비, 해수조당, 군신봉조, 不可論.

＊흑석산 안내문에 의하면 흑석산 능선은 학의 목덜미, 두억봉 능선은 왼쪽 날개, 당산리 사촌은 오른쪽 날개이다. 원래 학산인데 학이 날아가버리면 지기(地氣)가 쇠한다고 하여, 멍에 가(駕)자를 붙여서 가학산이라 부른다고 한다. 지도상 가학산은 흑석산과 별개로 명칭을 붙였으나 흑석산의

봉우리 가운데 하나로 치부된다.

2. 음택과 양택

군신봉조 음택이 유명하지만 법관 배출이 많은 방춘마을이 더 유명하다.

* 흑석산 구조

사진출처 : 카카오맵 스카이뷰(https://map.kakao.com)

3. 답사

① 표시 지점을 찾아갔으나 혈이 없었다

② 표시 지점을 찾아가니 선인독서형인 방춘마을이다. 금계포란 마을이라는 사람도 있으나 금계도 없고 알도 없다. 방춘정이라는 서당이 있어서 귀 밝은 사람은 글 읽는 소리를 들을 수 있으리라. 음택은 높은 곳에 있는 것 같았다.(2022.2.)

전남 화순군 갈룡음수

* 일이승 산도

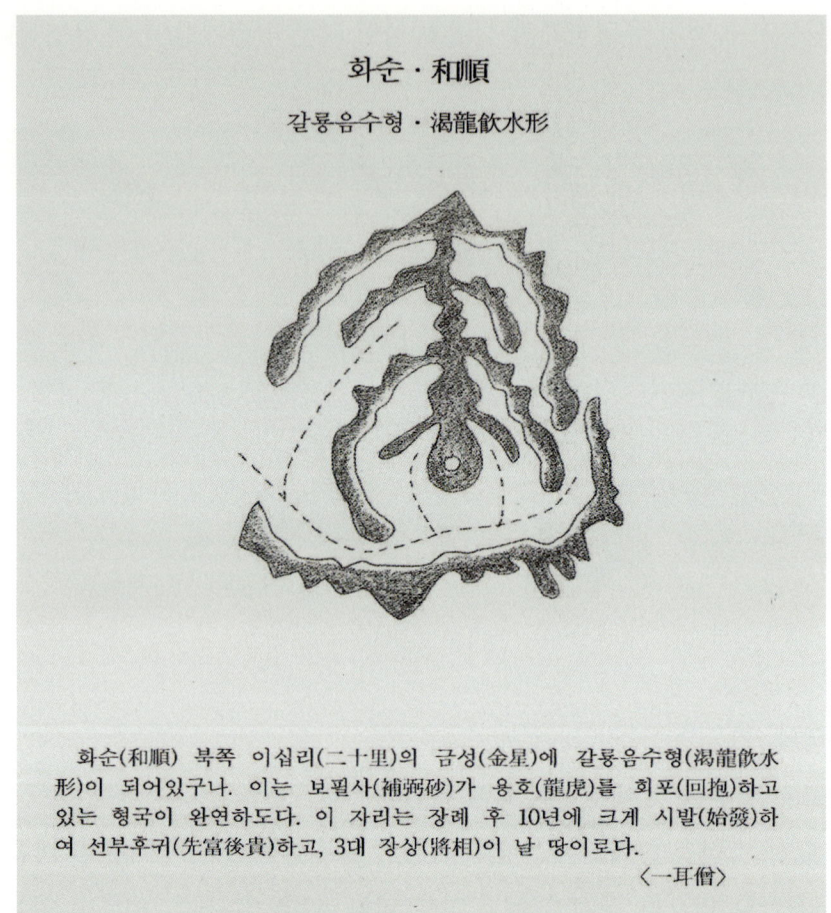

화순(和順) 북쪽 이십리(二十里)의 금성(金星)에 갈룡음수형(渴龍飮水形)이 되어있구나. 이는 보필사(補弼砂)가 용호(龍虎)를 회포(回抱)하고 있는 형국이 완연하도다. 이 자리는 장례 후 10년에 크게 시발(始發)하여 선부후귀(先富後貴)하고, 3대 장상(將相)이 날 땅이로다.
〈一耳僧〉

* 답사

화순 北20리 및 보필사가 용호를 감싸 안은 것 외에는 힌트가 없다. 그런데 화순 북20리는 무등산 자락이다. 그곳에는 결록지와 유사한 곳은 찾을 수 없다. 거리는 무시하고 북 60리 백아산 우측가지 중턱에 결혈되었다고 본다. 입수래룡이 좁고 넓음, 급하고 느림을 갖추었고 웅장한 기상이며 안산이 휘감았다. 중상급의 대혈로 보였다. 갈룡음수보다는 飛龍行雲形에 가까워서 결록지인가 자신이 없다.(2022.10.)

전남 화순군 금장괘은구
(용맥이 잘려도 생기는 오는가?)

1. 연구해야 할 과제

탐사해 보니 연구해야 될 과제가 2개 있었다.

첫째, 산도의 도면에 표시된 곳과 진혈처가 다를 경우, 산도가 잘못되었는지 아니면 시력(視力)부족인지 곤혹스럽다는 점이다. 이곳 산도는 혈처를 흩트려놓아 진혈을 숨겼다고 생각된다.

둘째, 이곳은 진혈처로 가는 용맥이 도중에 도로로 잘렸는데 생기도 단절되는가? 생기가 연결된다고 하더라도 혈에 미치는 영향은 없는가?, 하는 문제이다.

2. 큰 국세(大局)

* 결록은 혈처가 능주 동남쪽 풍류동이라 하는 바, 금장과 은갈고리형을 찾으면 풍암리와 용두리의 경계(능주 동남 拾五里)이고 지도상 풍류치라는 지명이 있다.

* 무등산-안양산-별산-구봉산-천운산-태악산-성재봉에서 한 가지는 용암산으로 가서 혈의 앞산이 되고, 서재봉에서 분리된 다른 한가지는 두봉산-계당산-봉화산-고비산-봉미산-화악산-금성상을 거쳐 주산인 예성산이 되었다. 성재봉에서 분리된 두 개의 산이 혈처 부근에서 만나 좁은 통로를 만들어 국내의 물이 나가는 것을 조종하고 있다.

큰 호리병의 모가지 역할을 하는 곳에 대혈이 생기는 경우가 더러 있다. 예컨대 밀양 유천 30대 거부지, 합천 상리부서, 법성포 아룡도강 등은 몇 개의 면(面)물이 지나가는 것을 조절하는 수구에 있고 거부지지이다. 이 곳도 좀 과장하면 千山 萬谷水가 모이는 곳이다.

 * 전체 국세

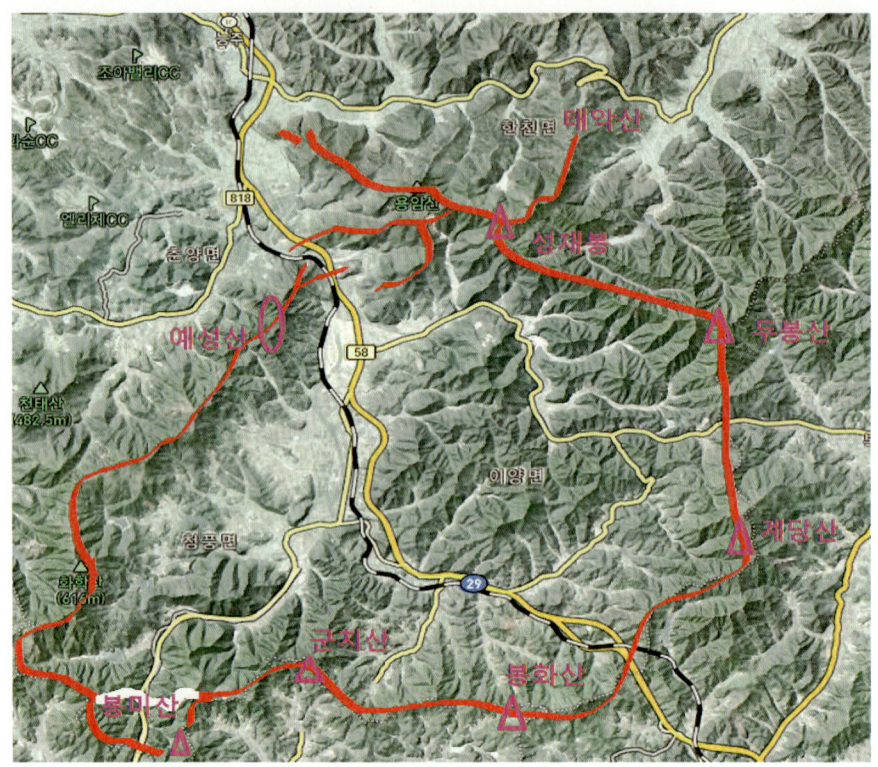

사진출처 : 카카오맵 스카이뷰(https://map.kakao.com)

3. 일이승 산도

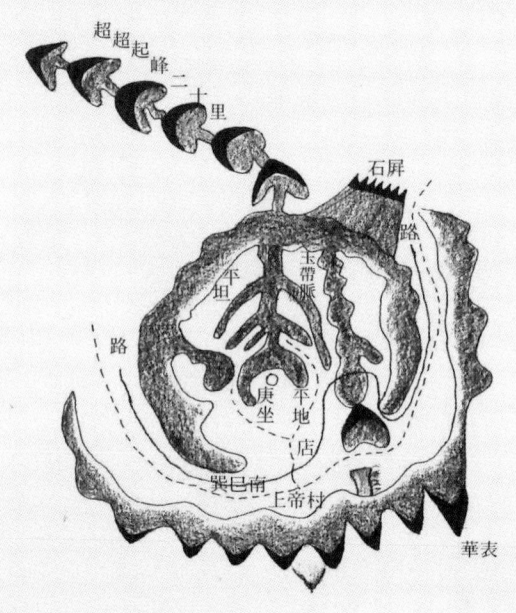

능주(綾州) 동남쪽 풍류동(風流洞)에 금장괘은구형(金帳掛銀鉤形)이 되어있으니, 경태맥(庚兌脈)에 유좌묘향(酉坐卯向)이로다. 물은 손사득(巽巳得)에 갑파(甲破). 이 자리는 삼양(三陽)이 단아(端雅)하고 회룡번신(回龍翻身)하여 금토산곤괘(金土山困掛)로 되었도다. 정총(鄭塚)이 비록 동북쪽의 왼쪽 골짜기를 범했으나 진혈(眞穴)은 그 가운데에 있도다. 대대로 부귀를 이어갈 자리로다.

4. 산도에 표시된 현장

*산도와 현장의 대비

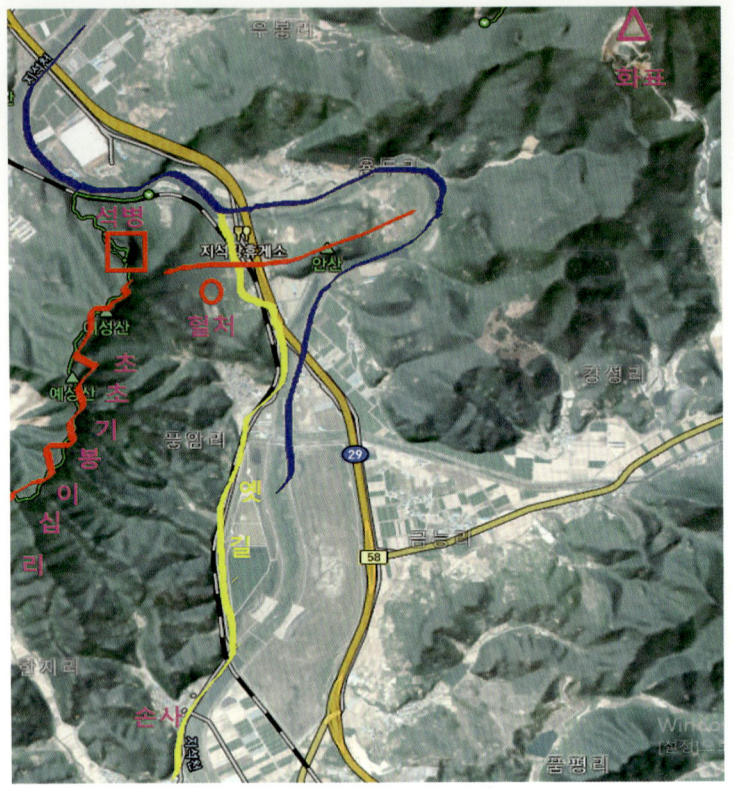

사진출처 : 카카오맵 스카이뷰(https://map.kakao.com)

*예성산과 석병

* 산도에 있는 화표

* 산도에서 혈처로 표시된 곳

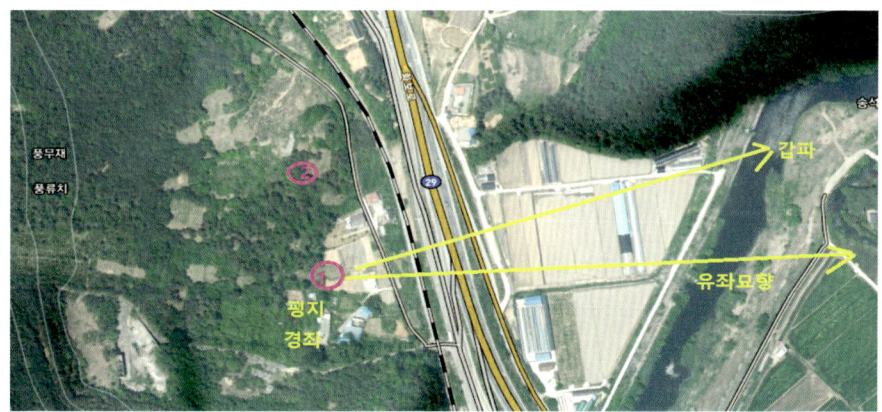

사진출처 : 카카오맵 스카이뷰(https://map.kakao.com)

　산도에 표시된 평지 경좌(유좌묘향) 손득 갑파는 ①의 표시밖에 없다. 전체적으로 보면 산도가 지적하는 곳은 여기이다. 그러나 무엇보다도 은갈고리와 연관이 없다. 래맥이 없고 생기가 없다. 여태껏 비어 있다가 최근(2003년?)에 나씨가 썼다. 옛 사람들의 눈은 매서워서 결혈처가 빤히 보이면 비워두지 않는다. 눈에 쉽게 보이는데 고총이 없다면 일단 비혈지가 아닌가 의심해야 된다. ②의 표시 일원으로 보는 견해도 있는데 무수한 묘가 흩어져 있으나 생기가 없다.

＊나씨 묘

5. 진혈

＊금장괘은구(金帳掛銀鉤, 金帳은 錦帳--비단 장막이 옳을 듯)는 금장막에 은갈고리를 걸어둔 형이라고 해석된다. 휘장과 갈고리를 찾은 다음 어느 곳에 결혈되었는지를 찾아야 되는데, 철도와 도로의 윗쪽이 휘장이고 길 아래가 갈고리에 해당된다. 답사하니 휘장에는 결혈된 곳이 없고 갈고리에 결혈되었다.

＊그런데 철길과 국도(산도에 있는 도로는 아직도 시멘트로 포장되어 철로 위쪽의 풍류고개를 넘는 길로 남아 있다)로 많이 절단되어 있다. 그럼에도 혈처에 생기가 내려왔다. 아마도 생기 흐름길을 새로 만들었을 것 같으나 기운의 강도와 양이 많이 저하될 것이다.

＊이런 곳의 혈처는 파괴되어 못쓰게 되거나 또는 흉지로 변하는가? 이미 쓰여 있는 곳이라면 기운이 감소하여 손해 볼 우려도 있으나, 용맥이 훼손된 상태의 생지에 용사한다면 처음부터 역량이 감소된 상황이므로 손해보는 일은 없지 않을까? 천석군이 백석군으로 변하면 손해보았다고 아우성이겠지만, 처음부터 백석군이 되었다면 손해라는 말이 나올 여지가 없다.

＊앞쪽 산과 물이 둥그렇게 혈처를 감싸 안고 있어서 산태극 수태극 형세이고 사격이 아름답고 좋은 곳인데 훼손되어 아깝다.(2021.8.)

전남 화순군 동면 대포리 양마희륵 음양택

* 일이승 산도

화순·和順

양마희륵형 · 良馬戲勒形

· 화순(和順) 동쪽 십리(十里)의 천운산(天雲山) 용에 양마희륵형(良馬戲勒形)이 수토산향괘(水土山恒卦)로 되어있고, 천기(天基: 양택)는 선빈안(仙賓案, 或云 산호안)을 하고 있구나. 이 자리는 3대 문과(文科)에 백화(白花)가 5인 나리라. 〈一耳僧〉

* 지도-- 음택은 인좌이고 박씨 집장지 부근이다. 음양택은 화순 동면논 공단지 上에 서로 가까운 거리에 있다.(2022.10.)

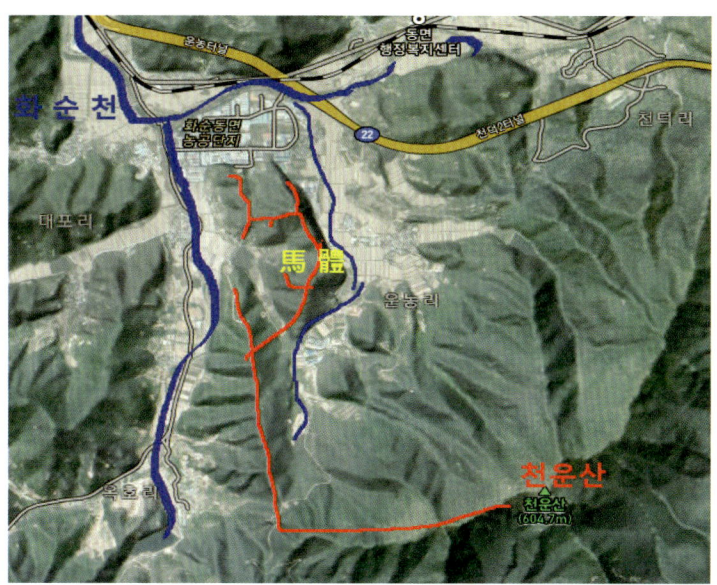

사진출처 : 카카오맵 스카이뷰(https://map.kakao.com)

전남 화순군 동복 연소형
(풍수의 집념은 무섭다)

1. 동복(同福) 연소형(燕巢形 제비집)

옥룡자 결록과 일이승 산도가 있고 우리나라 최대 연소라는 주장도 있다. 고수들의 지적지가 몇 개로 나뉘는데 장선생님은 이미 썼다고 하고 어떤 이는 자기가 용사하였다고 한다. 동복호가 조성되기 전에는 강을 건너 접근하였던 것 같고 산도는 댐 조성 이전에 작성되었음에 유의해야 한다.

2. 동복湖와 적벽

원래 1971년 높이 19.3m의 댐을 건설했는데, 광주시가 1985년경 상수도용으로 높이 44.7m를 건설하였다. 상류로부터 강변에 7km에 걸쳐 몰염 적벽(몰염정 건너편, 김삿갓이 죽기 전에 자주 찾은 적벽), 창랑 적벽, 노루목(獐項) 적벽, 보산 적벽 등 4개의 큰 적벽이 있다. 기묘사화로 유배된 최산두(1483~1536)선생이 중국 적벽에 비유하여 적벽이라고 이름 지었다.

노루목 적벽이 높이 90m로 가장 높아(현재는 30m가 수몰) 대표적 적벽이고 화순 적벽 또는 이서 적벽이라고도 한다. 그 서쪽 600m 거리에 보산 적벽이 있는데 다수는 위 2개의 적벽 부근에 혈이 있다고 한다. 하필 혈이 있다는 화순 적벽과 보산 적벽은 상수도 보호구역으로 출입금지가 되어 있고 지형상 접근이 매우 어렵다.

＊ 전체 지도-- ①~③은 혈이 있을 듯한 장소

사진출처 : 카카오맵 스카이뷰(https://map.kakao.com)

3. 결록과 산도

＊유산록 전편 408p에 의하면 1977.8. 답사, 이서면 도석리에서 일박하고 안산이 될만한 곳을 찾아 관망하니 대천 건너 혈처가 보였다. 강을 건너 혈처에 가서 보니 고총이 쓰여 있는데 곤신방 대살을 범하여 당대 절손되고 양자가 관리하고 있다.

＊옥룡자 유세비록 유청림 편저 78p에 의하면 적벽상의 연소혈은 공후(公侯)지지 완연하다. 산도는 일이승 산도와 같은데 좀더 상세한 일이승 산도를 인용한다.

＊무학지리전도서 458p 일이승 산도--- 적벽수구上, 백아산 초초기복

수리허, 갑묘병오로 전환, 갑묘입수에 갑좌, 乾水洋洋, 流玄丁方, 石樑이 혈순, 용삼호삼.

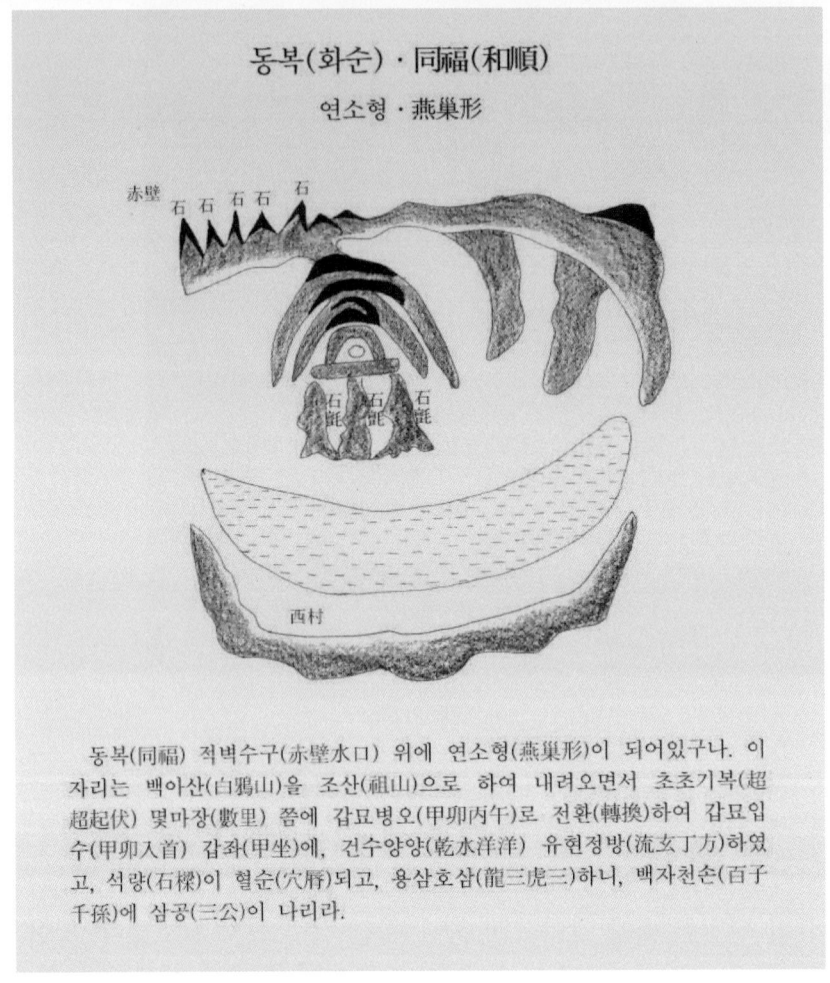

동복(同福) 적벽수구(赤壁水口) 위에 연소형(燕巢形)이 되어있구나. 이 자리는 백아산(白鴉山)을 조산(祖山)으로 하여 내려오면서 초초기복(超超起伏) 몇마장(數里)쯤에 갑묘병오(甲卯丙午)로 전환(轉換)하여 갑묘입수(甲卯入首) 갑좌(甲坐)에, 건수양양(乾水洋洋) 유현정방(流玄丁方)하였고, 석량(石樑)이 혈순(穴脣)되고, 용삼호삼(龍三虎三)하니, 백자천손(百子千孫)에 삼공(三公)이 나리라.

* 결록은 갑좌인데 득파에 관하여 놓거는 壬득丁파, 김○설은 乾득丁파라고 한다.

* 그밖에 동복향교가 있는 연월리에 있다는 견해, 안성리 산268-1에 용사하였다는 주장이 있으나, 결록의 적벽수구상 갑묘입수 갑좌라는 구절과 맞지 않아서 상론치 않는다.

4. 검토

* 화순 적벽도 갑좌가 될 수 없다.
* ①은 보산 적벽 부근인데 가장 유력하다. 뒤에서 자세히 본다.
* ②는 갑묘병오 행룡이 아니다.
* ③은 갑묘입수 갑좌가 될 수 있는 곳인데 온통 대구 서씨의 무해무득한 공동묘지이다.

* 화순 적벽과 보산 적벽

* 보산 적벽

* ② 보산 적벽 부근 지도-- 세 곳의 유력지에는 모두 묘가 있는데 가운데 있는 곳이 龍三虎三라는 구절에 맞다.

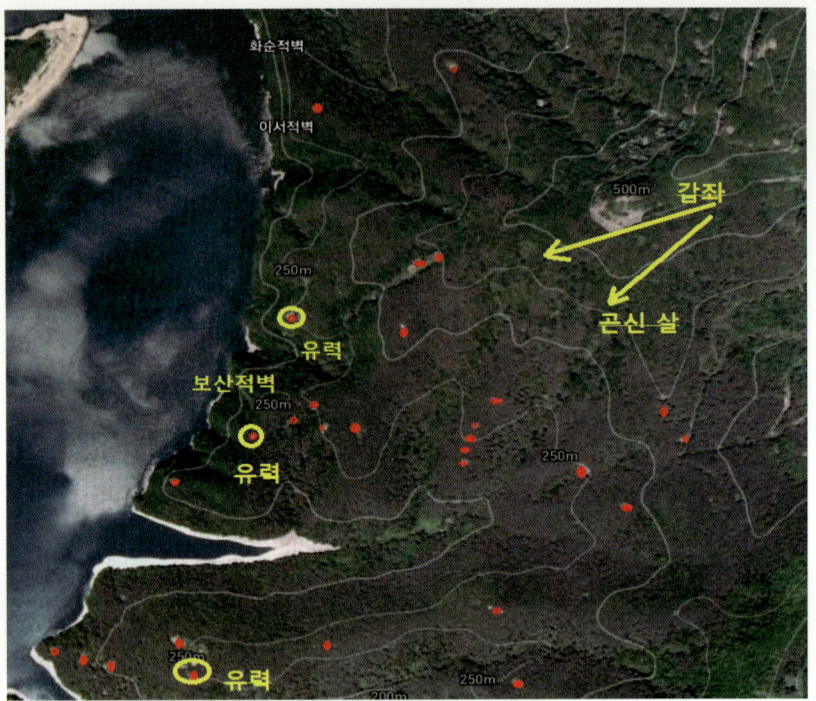

사진출처 : 카카오맵 스카이뷰(https://map.kakao.com)

5. 답사

* 험난한 접근 길-- 옹성 정상 등산길이 있으나 혈처는 고개에서 접근해야 된다. 알기 쉬운 길은 군부대가 막고 있어서 저수지를 돌아 가는데 애를 먹었다. 하산하여 지도를 보니 신성마을에서 올라가는 길이 있었다. 길을 벗어나면 고생한다. 500m 고지의 바위 밑을 돌아 적벽쪽으로 내려갔는데 험하다. 우리는 길을 잘못 들어서 혈처 부근까지 두 시간 넘게 걸렸다. 일부 구간은 풀을 헤치고 가야 하니 겨울 답사가 좋겠다.

풍수들이 다녔는지 오솔길이 나있고 천광을 파서 무단으로 묘를 쓸 준비를 한 곳도 있었고 소주병들이 흩어져 있었다.

* 적벽 위의 묘는 맨몸으로 내려가도 후들거리는데 유골을 갖고 내려가 매장하고 둘레석으로 치장하고 성묘 다니는 것이 참으로 감탄스럽다. 목숨 걸고 쓴 묘이다. 그러나 절벽 위 낭낭 끝에 혈이 맺힐 리 없다. 진혈 행룡은 갑묘병오 또 갑묘병오 한 다음 갑묘입수했다.

* 장선생님은 도석리에서 지금은 수몰된 다리를 건넜을 터인데 곤신대살을 범한 묘는 혈처 부근에 없었다. 서산 자미원 연소보다 두어 단계 아래이다.

* 풍수의 집념과 욕심이 아니라면 이렇게 험한 곳을 찾는 이가 있으며 목숨걸고 60m 적벽 위에 묘를 쓰겠는가? 일이승이 산도를 남기지 않거나 소혈로 결록을 내었다면 자연을 훼손하는 일은 없었을 터이다.

* 적벽까지 가지 못하고 도중에 집을 지은 제비도 많다. 명산으로 이름나서 묘가 많다고 한다.(2021.6.)

전남 화순군 동복 단봉함서

* 일이승 산도

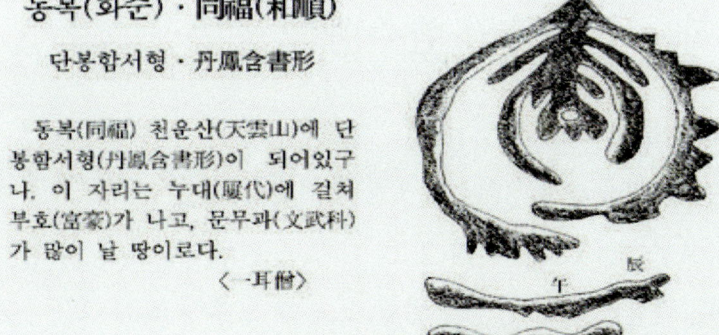

＊답사

 천운산에 단봉함서가 되어 있다고 하고, 도면에 혈처 전면에 진(辰) 오(午)라는 표시밖에 없다. 천운산 남쪽 방면을 탐색한 즉, 반곡리 부근이 유력했다. 이 혈은 혈장이 괴이하였다. 결록이 없었다면 명혈인 줄 알지 못했을 것이다. 자좌 (2022.10.)

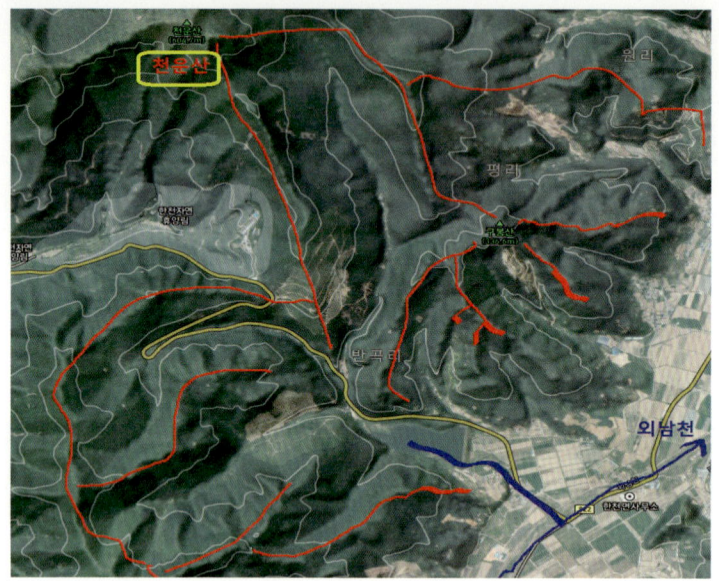

사진출처 : 카카오맵 스카이뷰(https://map.kakao.com)

전남 화순군 동복의 행주형과 능주의 행주형

1. 일이승 결록지 중 사용불가 3혈

 일이승 결록에 능주 西 40리 행주형은 청풍면 세청리에 있는데 동네 가까워서 사용불가하고, 동복 西 20리 대로변 반월형은 오동리 산84-9로 추정되는데 탄광용 도로가 맥을 잘랐고, 동복 모후산 西落 다산 上谷 행주형은 정씨 종산(다산리 561)에 있는데 재혈 공부감이다.

2. 동복 행주형
* 일이승 산도

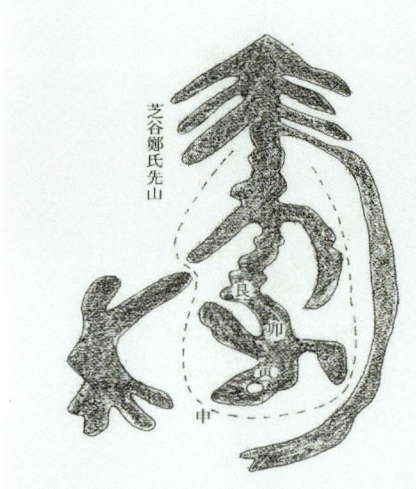

*답사-- 동복 다산리 561 평지에 섬처럼 떨어진 동산이 배이고 산 위는 배의 갑판격인 넓은 평지가 있다. 잘 관리되고 있는데 맨 위가 중시조 丁 묘이고(산도는 鄭씨 종산이라 한다), 두 번째 묘의 청룡쪽에 진혈이 있다. 이런 곳에서 진혈을 찾는 연습을 해야 된다.(2022.10.)

사진출처 : 카카오맵 스카이뷰(https://map.kakao.com)

3. 능주 행주형

* 일이승 산도

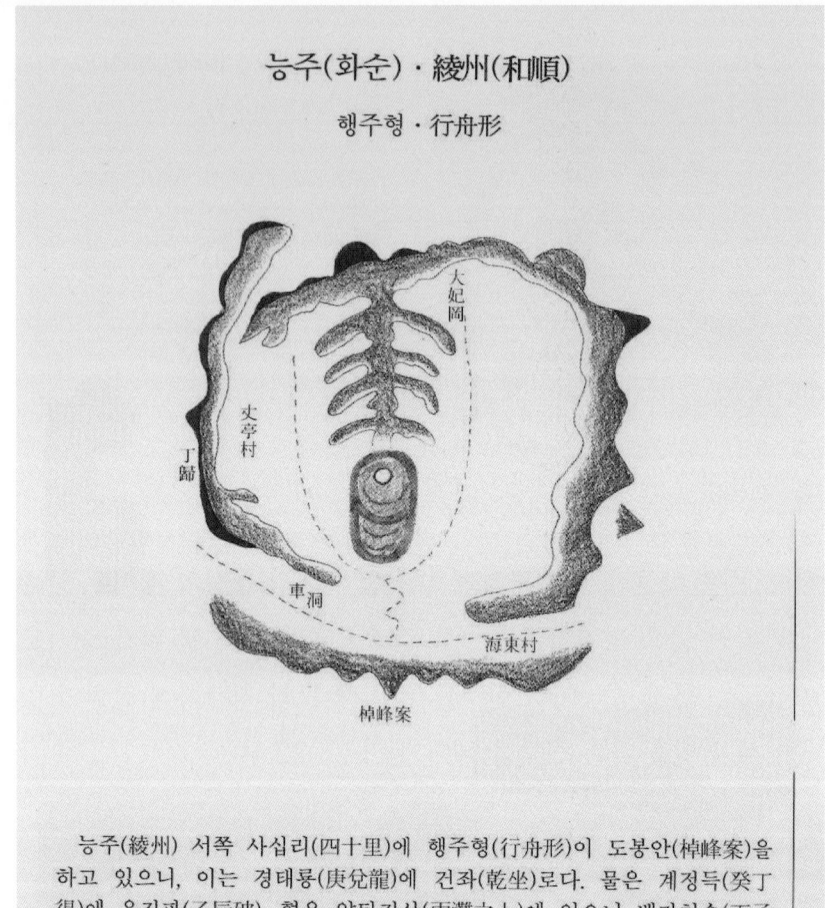

* 답사

능주 西 40리는 나주가 된다. 산도에 적힌 차동 해동촌을 추적해 보면 혈처는 청풍면 세청리 일원이고 능주면 사무소에서 南 30리가 된다.

유청림 풍수기행 178p를 보면, 위의 결록을 일지승 訣로 소개하면서 도

마재로 내려와서 굴등산 행주정 아래에 맺힌 혈(경태입수 계좌 도산봉案)이 주혈이고 굴등산과 도산봉(棹山峰, 棹는 배의 노)이 배이다. 차혈은 결록상 "건좌 계정득을진파"라는 부분으로서 대비리에 있는 소형 선박이라고 한다. 혈이 맺힐 가능성이 있는 곳은 대비리(大庇里, 영조의 어머니 인헌왕후 구씨(1578~1626)가 태어난 마을, 大妃를 뜻하는 것이 아닐까?) 왕자봉, 굴등산, 선하동의 세 곳이다.

답사한 바, 대비동 왕자봉은 태양광 설치로 알아볼 수 없으나 死穴인 것 같았다. 큰 배의 형체는 도산봉이고 그 배가 굴등산이라는 부두에 매여 있는 모양새이다. 굴등산과 도산봉 사이에 골짜기가 있어서 분리되어 있다.

진혈은 선하촌(船下村)에 있다. 선하촌에는 배 모양의 동네라는 안내판이 세워져 있다. 결록은 노(棹)를 안으로 하는 건좌라 하였으나 해좌로 보였다. 다만, 도면은 대비강(岡, 언덕)이 혈의 청룡쪽에 있으므로 혈은 대비동 방면을 지적한다.(2022.10.)

＊선하촌 안내판

* 능주행주형 지도

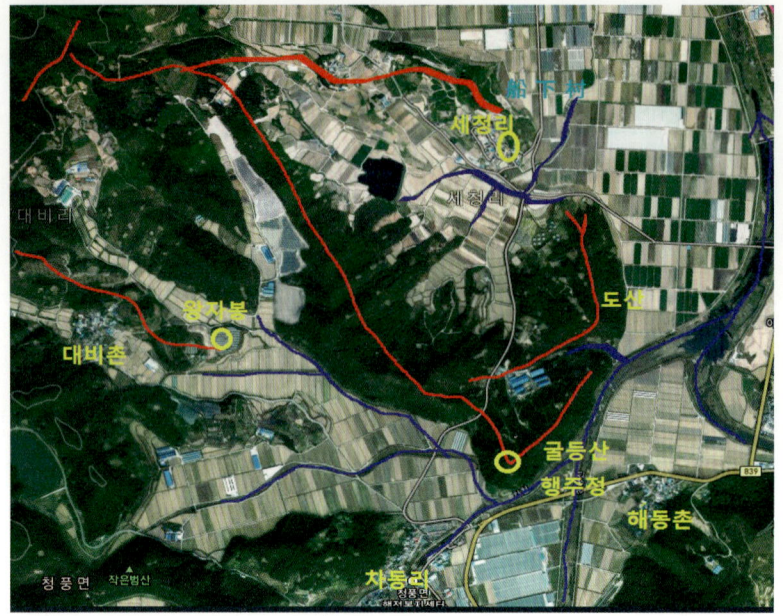

사진출처 : 카카오맵 스카이뷰(https://map.kakao.com)

전남 화순군 앵무산 앵무봉충형
(가능성있는 곳은 네 곳뿐?)

1. 앵무새인가 꾀꼬리인가?

 *앵무봉충형(鸚鵡 逢虫形)은 옥룡자 유세비록에 결록이 있고 작성 명의가 없으나 일지승 또는 일이승이 작성하였다는 산도가 있다. 일이승의 호남지역 산도에는 노정, 일이승이란 이름을 쓰거나 또는 작성 연월이 적혀 있는데 이 산도는 그런 기재가 없으니 작성자를 알 수 없다. 그러나 그림 스타일로 보아 일이승 작품이라 추정된다.(두사충作이라는 말도 있으나 두사충은 성명을 기재한다)

＊호남대혈로 알려져 있고 카페나 블로그에 여러 편의 간산기와 사진이 올려져 있다. 제주양씨들은 자기들의 선산이 봉무앵충혈이라 주장하고, 다수설이 지지하지만 반대설도 만만찮다.

＊유청림 간산기가 볼만한데 여기의 앵무는 앵무새(鸚鵡)가 아닌 꾀꼬리(앵. 鶯)를 말한다고 한다. 그 이유는 앵무새는 열매를 주식으로 하고 벌레를 먹지 않으니 벌레를 만나서 기뻐할 이유가 없다는 것이다. 반면에 꾀꼬리는 벌레를 주식으로 하기 때문에 춤추는 꾀꼬리(鶯舞)로 보아야 된다고 한다. 백과사전을 보면, 앵무새는 300여 종이 있고 추운 곳에는 살 수가 없어 우리나라에는 자생하지 않으며 중국 남부에 많이 산다고 한다. 열매, 버섯, 꿀 등을 主食으로 하고 드물게 곤충도 먹는다고 한다. 한편 꾀꼬리는 여름 철새(5월~9월)로 노란색 몸이 예쁜데 곤충을 주식으로 한다. 벌레를 보고 기뻐한다면 꾀꼬리가 맞다. 그러나 명칭은 전해오는 대로 앵무새로 사용하지만 내용적으로는 꾀꼬리가 벌레를 잡으려 한다는 날쌘 기상임을 염두에 두기로 한다.

2. 결록과 산도

＊옥룡자 유세비록

서남쪽의 앵무치에 앵무봉충 貴하도다
七代文科 간간 나고 五代공후 나리로다
庚좌원에 艮水귀을 자동류남(自東流南)하는구나
(유청림은 양씨 묘를 진혈로 보기 때문에 임좌원에 곤수귀병 自西流南이라고 한다)

* 일이승 산도

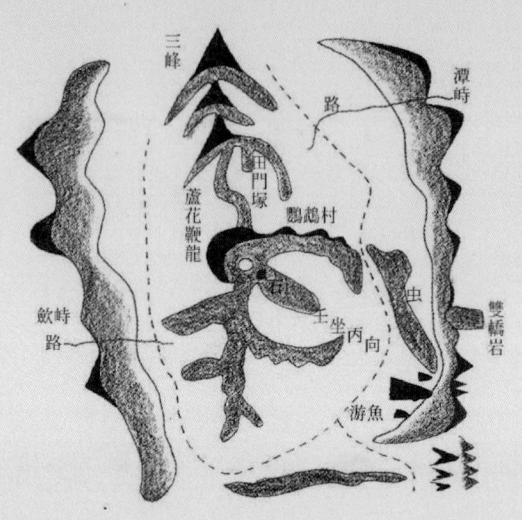

화순(和順) 서쪽 이십리(二十里)의 앵무산(鸚鵡山) 아래에 앵무봉충형(鸚鵡逢虫形)이 되어있구나. 이 자리는 해룡장원(亥龍長遠)하여 임감작혈(壬坎作穴)하고, 용삼호사(龍三虎四)에, 곡곡유신(谷谷流神)하고 노화편룡(蘆花鞭龍)하니 이를 누가 알꼬. 태산내룡(泰山來龍)이 진회두(盡回頭)하여 금사유어봉수회(金蛇游魚逢水喜)로다. 남쪽에는 비스듬이 날아가는 한아(寒鴉)가 자리하고, 화표한문(華表捍門)은 오호(五戶)에 줄지었고, 퇴화적고간(堆禾積庫間)은 겹겹이 둘러싸이고, 길(路)로 인하여 허리가 잘린 것은 흠하지만 색반위지(塞返爲之)하니 도리어 길(吉)하도다. 상운(祥雲)이 비래(飛來)하여 손신상(巽辛上)에 있으니 몸이 삼공(三公)에 이르러 세불이(世不移)하리라. 혈은 돌 위(石上)를 여러모로 자세히 살펴보아야 하리라.

3. 답사

가) 제1차 답사(형세와 형기에 따른 답사)

화순 앵무촌 앞 국도를 따라 가면서 안산될 곳을 찾고 다시 안산 쪽에 가서 혈처될 만한 곳을 살펴보니 네 곳 정도를 점찍을 수 있었다.

사진출처 : 카카오맵 스카이뷰(https://map.kakao.com)

①은 청룡은 좋으나 백호가 밖으로 돌아가서 수구가 벌어졌다. 頂上(현무)에서 혈처까지 래룡이 희미하다. 형세상 대혈은 결혈되지 않는다고 보여져 탐방하지 않았다. 그러나 뒤에 알고 보니 제주양씨 집장지이고 후손이 잘 되었다고 하며 다수가 진혈로 본다.

② 겸으로 보겠는데 혈처가 연약하다. 이 곳 혈처는 앵무새 주둥이고 안산인 벌레와 가깝게 느껴지는 곳이 좋다.

③은 옥룡자 결에서 말하는 경좌가 될 수 있는 유일한 곳이나 생기가 없고, 지금은 도로 공사로(벌채된 곳에 터널을 뚫고 있다) 파혈되었다.

④ 가장 유력한 곳으로 앵무새 코 근처이다. 도로공사로 인하여 전남학숙 뒤에서 접근하는 길은 없어졌다. 동네 뒤로 비스듬히 산등에 가는 길이 있다. 현장에 묘 3기가 줄지어 있는데 아래 묘 2기는 亥좌로 혈처가 아니

고 윗 묘는 2~3년 전에 사토를 하였고, 7~8년 전쯤 묘주 위에 연산홍과 동백을 심고 묘를 잘 관리하고 있었다. 월아 뒤에는 무엇을 하려는지 두 곳에 벽돌더미를 쌓아두었더라. 희미하게 내려오다가(결록에 있는 노화편룡, 곁가지없이 일정한 넓이로 래룡) 혈장에서 뚜렷하고 단단한 장유가 되었다. 혈판이 풍후하였더라면 대혈이 되었을 터인데 아깝다. 재혈이 어려운 탓인지 혈처를 조금 벗어났다. 주둥이 끝이 도로공사로 파괴되어 손상되었다.

* 공사 전후 사진

나) 제2차 답사

자료를 찾아보니 다수는 제주 양씨 묘가 진혈(그 중에서 맨 위의 통덕랑 묘)이라 하므로 제2차 답사에 나서서 산도와 현장을 맞추어 보고 미심쩍은 부분을 확인하였다.

* 옥룡자 결의 경좌는 오기라 보여지고(양씨 묘처럼 임좌가 맞다) 물(水)에 관한 限 양씨 묘는 곤수귀병 自西流南(옥룡자는 自東유남)이다. 확연히 다른 곳이다.(일이승 결은 물에 관하여 말이 없다)

* 일이승 결에 해룡장원 임감작혈이라 하는 바, 양씨 묘는 해룡인가 의심스럽고 ④는 맞다. 또한 龍三虎四, 남쪽으로 비스듬히 날아가는 까마귀, 수

구 五戶가 줄지어 있다는 사격도 ④가 맞고 양씨 묘는 다르다.

 * 제2차 답사시 양씨 묘에 가서 보니 위에서 생기가 내려오지 않고 당판이 급경사이어서 기운이 멈출 수 없고 표면 흙이 거칠더라. 또한 당처에서 보면 도망가는 백호끝을 안산으로 삼았더라. 만약 통덕랑 양제관(1803년 死, 학포 양팽손(1488~1545)이 달아실 양씨 파조) 묘가 진혈이라면 그 밑에 문관이라든지 공후 묘가 있어야 될 터인데 자식과 손자(4명)을 비롯한 후손들이 벼슬살이 한 묘는 없더라.

 * 결론을 말하자면, 양씨 묘는 새집(鳥巢)형의 평범한 묘이다. 교장을 역임한 장손이 거의 매일 찾아와서 풀 뽑고 관리하며(우리가 갔을 때에는 그 분이 돌아가셨는지 잡초가 우거져 있었다) 후손이 의사와 변호사로 성공하였다고 한다. 그러나 후손들이 잘 되었다면 원래 통덕랑이 효자로 유명하였는데 후손이 그 혈통을 이어받아 선조를 공경한 덕에 묘지발복이 아닌 혼령발복을 받았을 것이리라. 진혈은 ④이다.

 * 용삼호사, 오호

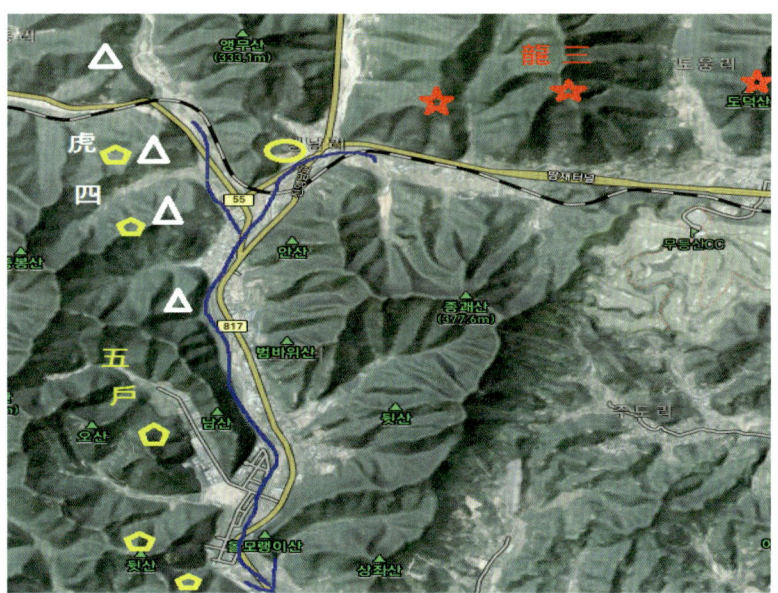

사진출처 : 카카오맵 스카이뷰(https://map.kakao.com)

* 진혈의 안산과 임좌

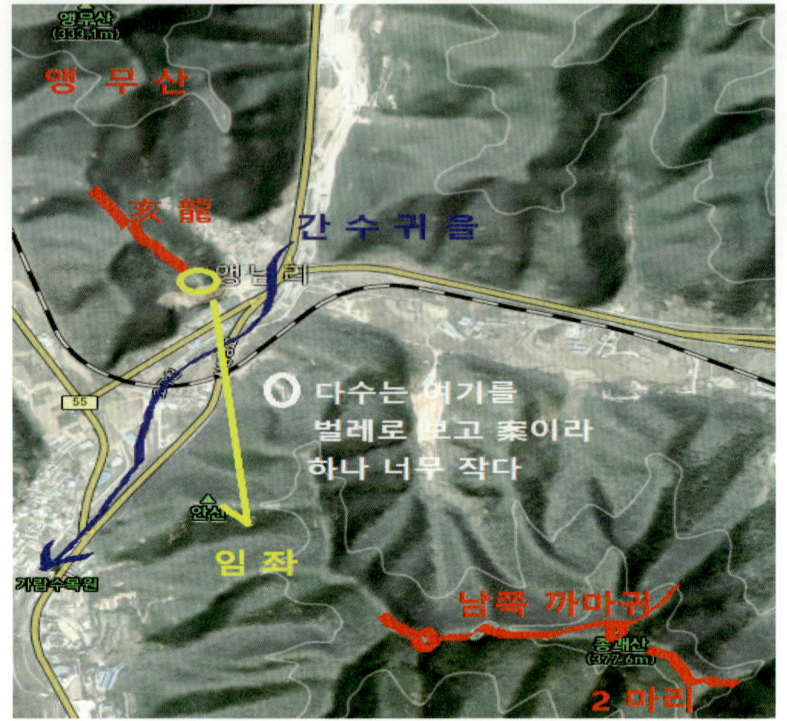

사진출처 : 카카오맵 스카이뷰(https://map.kakao.com)

*③지점 밑 길가에 10여 개의 비와 제실이 있기에 혹시 제주양씨 묘의 발복인가 생각되어 가서 보니 광산이씨 승지공 이달선(1475~1506) 묘비(사후1년 뒤 세웠다)였다. 승지공의 선조도 유명한 인물이지만 손자는 대사간 이중호이고 증손은 이발이며 그 후손들도 유적비를 남겼더라. 혹시 이 곳 부근에 승지공의 묘가 있다면 앵무봉충일 가능성이 있는데 공의 묘지는 알 수 없었다. 다만 공은 임란 90년 전에 돌아갔는데 일이승은 임란 후 60년경 활동하였으니 앵무봉충에 묘가 쓰여 있었다면 그런 기재를 남겼을 터이므로 같은 혈처가 아니다.(2021.8.)

전남 화순군 만수리 연운초월

* 일이승 산도

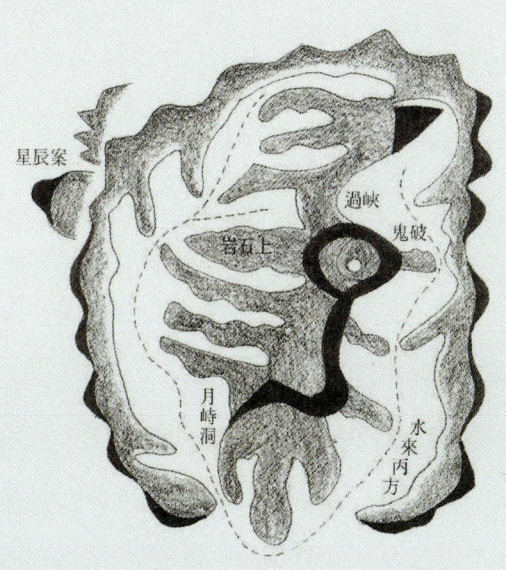

능주(綾州) 북쪽 시오리(十五里)에 연운초월형(烟雲初月形)이 귀하게 잘 되어있구나. 이 자리는 양고봉(兩高峰)이 태락(兌落)으로 내려오다가 진향회두(震向回頭)하였으니, 대대로 관작(官爵)이 끊이지 않으리라.

＊지도-- 음택은 인좌이고 박씨 집장지 부근이다. 음양택은 화순 동면 논 공단지 위에 서로 가까운 거리에 있다.(2022.10.)

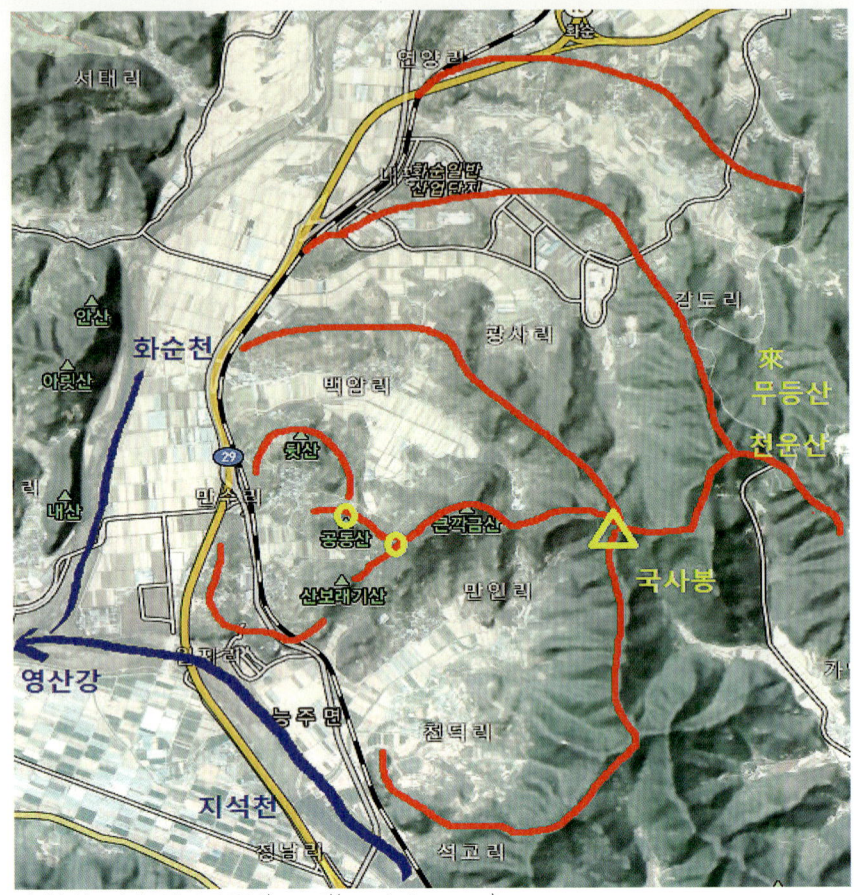

사진출처 : 카카오맵 스카이뷰(https://map.kakao.com)

전남 화순군 옥녀탄금

* 일이승 산도

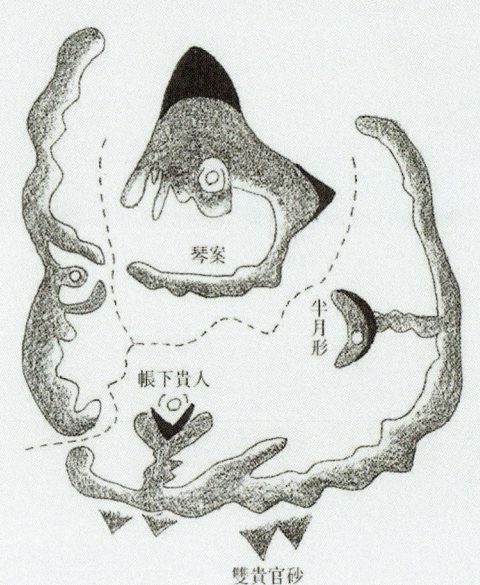

화순·和順

옥녀탄금형·玉女彈琴形

화순(和順) 동쪽 이십리(二十里)에 옥녀탄금형(玉女彈琴形)이 쌍귀관사(雙貴官砂)로 안대를 하고 있구나. 이 자리는 갑묘(甲卯)로 위이장원(逶迤長遠)하여 간좌(艮坐)로 되어있고, 물은 정건수(丁乾水)가 신경방(申庚方)으로 현류(玄流)하였으니 백화다출(白花多出)하고, 백대향화(百代香火)하리라. 〈辛丑四月〉

* 답사-- 화순 부곡리 마을회관 뒤 간좌이다. 집장을 하였으나 적중하지 못했다.(2022.10.)

사진출처 : 카카오맵 로드뷰(https://map.kakao.com)

전남 화순군 종괘산 현종형
(호남 십대 혈에 새로이 편입?)

1. 종괘산

종괘산(377m)은 광주 무등산(1187m)-만연산-지장산-소룡봉(404m)을 거쳐 왔다. 태조산을 장수 영취산, 중조산을 주화산, 소조산을 무등산으로 보는 견해도 있으나, 주산이 품성을 내려 받는 최상부의 산을 태조로 본다면 너무 소급하면 옳지 않다. 장익호 유산록이 혈처가 태조산의 품성을 승계한다고 강조하는 것은 옳다.

* 종괘산 래룡

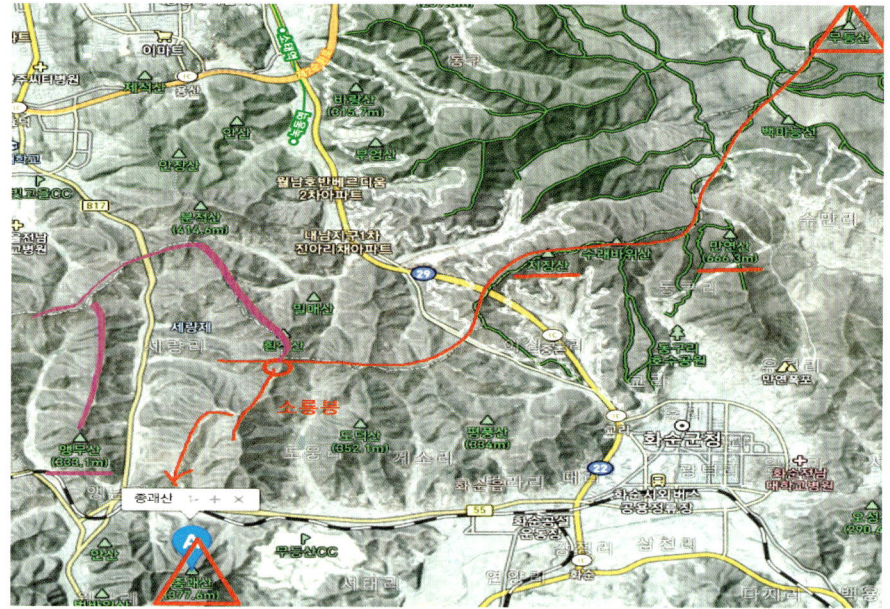

사진출처 : 카카오맵 스카이뷰(https://map.kakao.com)

2. 일이승 산도에 종괘산 현종형이 2개 있다

* 현종형 산도1

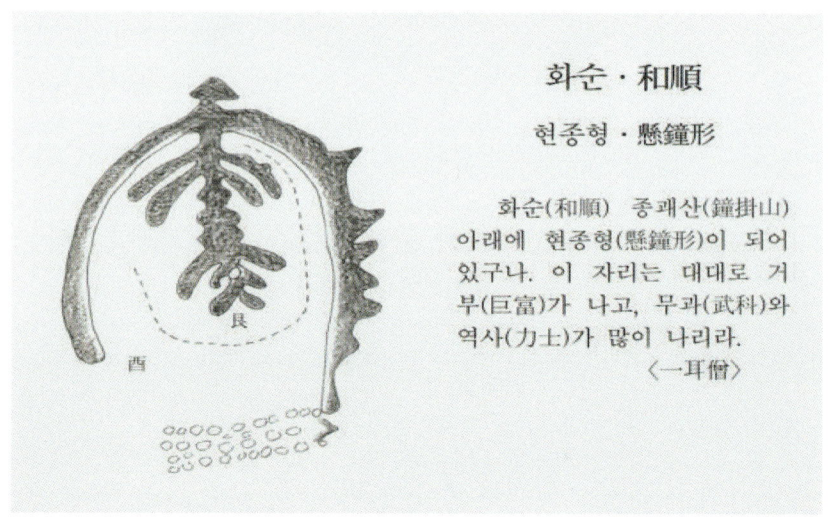

* 현종형 산도2

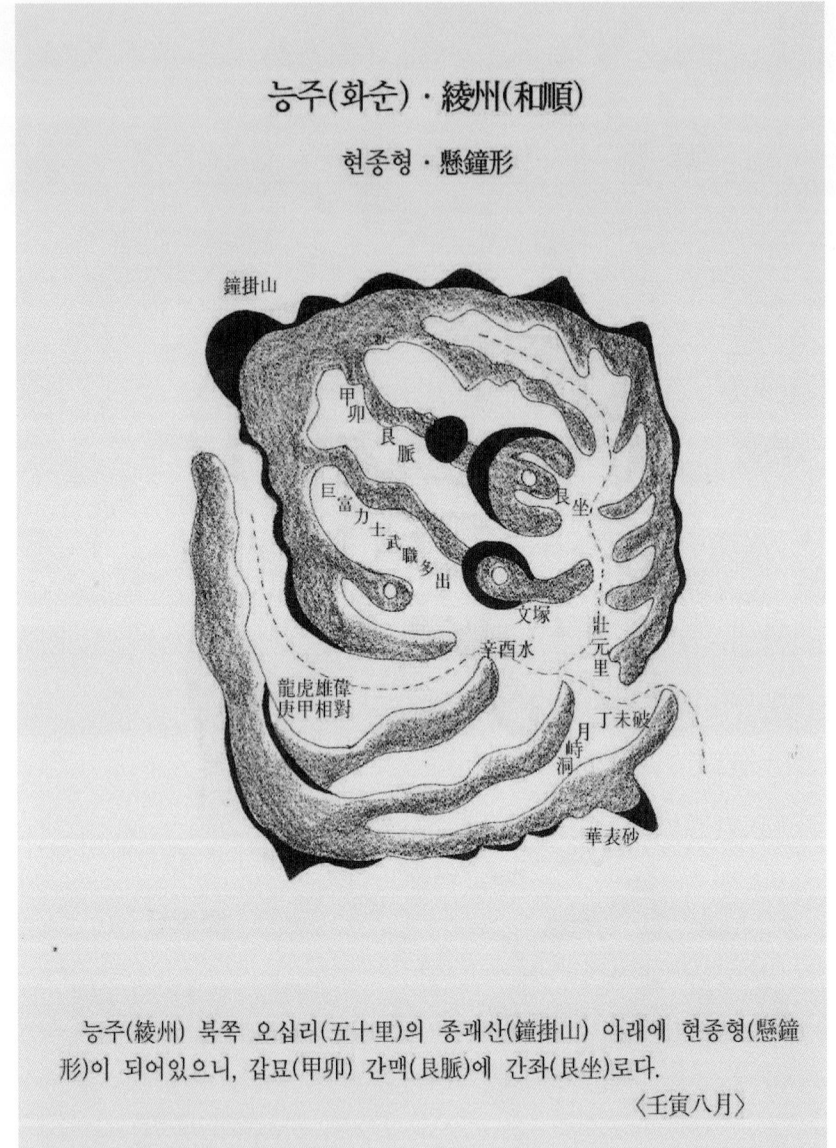

능주(綾州) 북쪽 오십리(五十里)의 종괘산(鐘掛山) 아래에 현종형(懸鐘形)이 되어있으니, 갑묘(甲卯) 간맥(艮脈)에 간좌(艮坐)로다.
〈壬寅八月〉

*두 개의 산도를 비교해 보면 부호 역사다출, 간좌는 같고 도면만 약간 다르다. 답사해 보니 같은 혈처로 생각되었다.

3. 답사

＊종을 걸어둔 형상이므로 우선 鐘부터 찾아야 된다. 종괘산에서 종을 찾으면 아래 지도와 같이 상좌산이다.

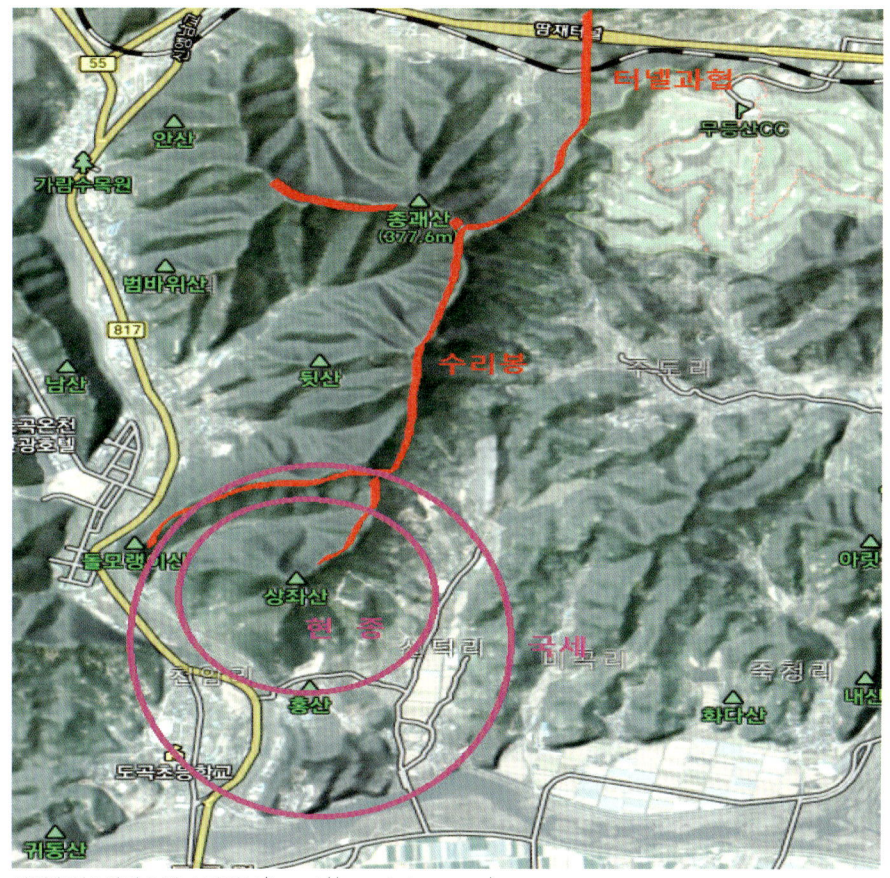

사진출처 : 카카오맵 스카이뷰(https://map.kakao.com)

＊수리봉을 백호, 상좌산을 백호끝으로 보는 견해도 있으나 어디서 종을 찾을 것인가?

＊수리산 상좌산으로 내려가는 룡이 간룡이고 죽청리 방면으로 전개된 룡은 가늘고 약해서 力士가 날 산세가 아니더라. 죽청리에는 이경휴 가옥이 양택으로 결혈되었다. 그 집은 비봉포란이라고 하나 알이 없어서 봉소

형이다. 2백 년 내려온 가옥으로 현재 세 번째 주인이 산다. 결국 종괘산 현종형의 음택은 상좌산 방면에 있는 한 개뿐이다.

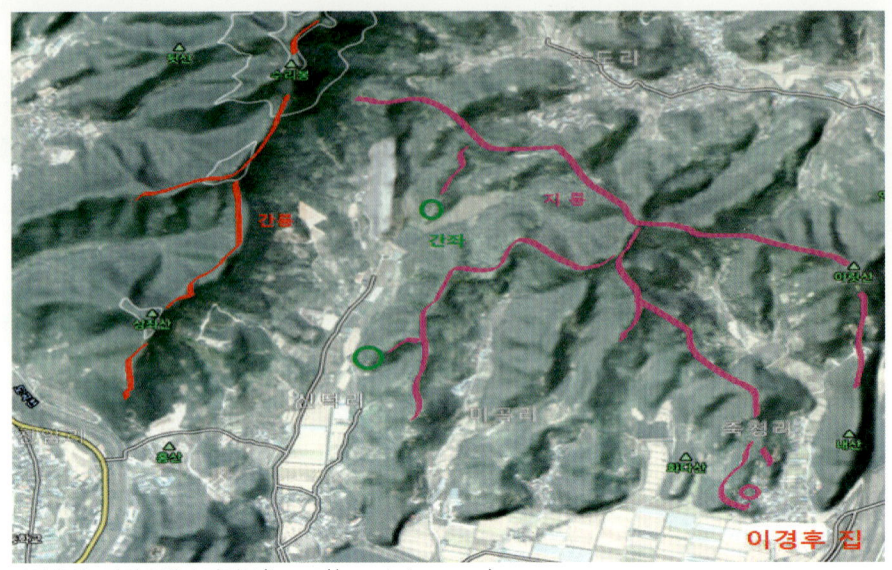

사진출처 : 카카오맵 스카이뷰(https://map.kakao.com)

4. 호방한 대혈

이 혈은 무등산 말락지로 호방한 대혈이다. 나주호 방면으로 펼쳐진 푸른 산들이 아름답기 그지없다. 호남 8대혈이라는 영광 아롱도강이 파혈되었으니 그 대신 이 혈로 교체하여도 좋겠다.(2021.8.)

전남 화순군 한계리 비학심소

* 일이승 산도

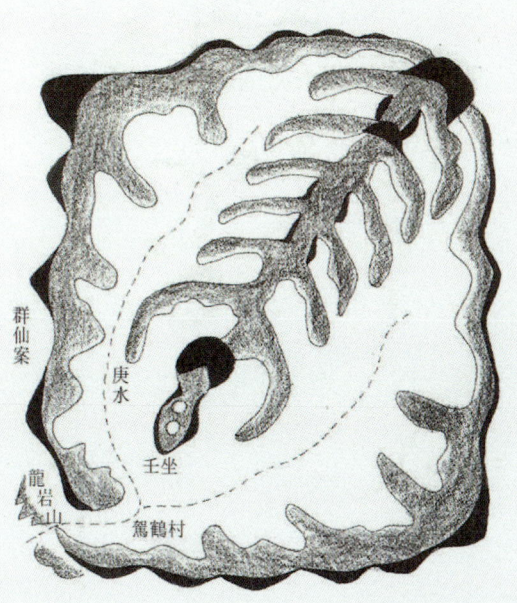

능주(綾州) 북쪽 이십리(二十里)에 비학심소형(飛鶴尋巢形)이 군선안(群仙案)을 하고 있구나. 이 자리는 임감룡(壬坎龍)에 경갑수(庚甲水) 임좌(壬坐)로 되었도다. 〈壬寅八月〉

* 현장-- 한계리 마을 둘레에 있다. 임좌

사진출처 : 카카오맵 로드뷰(https://map.kakao.com)

경북·대구 (30)

경북 경산시 자인면과 용성면 유산록 학비등공 3혈

1. 자인면 읍천리 학비등공
*유산록 후편 33p. 구령산-금박산(영천시 대창면 구지리) 손사낙맥, 자인동 5리, 오목천 회환, 부귀만천하.

*경산시 자인면 읍천리 산89-1 말골못 위쪽 김씨 납골당 터로 추정된다. 원래 통정대부의 묘를 헐고 납골당으로 개조하였고 원형을 알 수 없다. 이 곳 외에는 토지가 물러서 혈이 생길 곳이 없다.

2. 용성면 일광리 마을회관 뒷산 학비등공
유산록 후편 35p. 앞의 학비등공 외에 같은 형의 혈을 산도로 게재 하였다.-- 혈은 공동묘지 아래쪽에 있다. 명당이 아름다우나 결인과 전순이 집중되지 아니하여 천년향화지.(이곳의 직접적인 발복은 없고 다른 곳의 덕으로 향화가 이어진다)

3. 유산록 후편 36p에는 경산시 남천면 대명동에 부귀지지가 맺혔다고 하는데 남천면 삼성리 산16으로 묘가 쓰여 있다.(2019.3.)

경북 경주시 남산 부근 고위봉 아래 명혈
(장군대좌? 선인단좌?)

1. 남산 고위봉

경주 활천 IC에서 경주 IC로 가다가 보면 왼쪽에 뾰족한 산봉우리가 있고 바로 아래 넓은 평지가 보인다. 풍수인은 저런 곳엔 명당이 있을 것 같은 느낌을 갖고 한번 가보자는 생각을 하게 된다. 뾰족한 산봉은 고위봉(高位峯 494m, 경주 내남면 용장리)이고 그 아래 평지(300m 고지)는 천룡사(天龍寺) 사지(寺址)이다. 고위봉은 단석산(827m, 경주 건천읍)에서 백운산, 천마산, 치술령, 묵장산, 마석산, 남산, 금오산을 거쳐 우뚝 섰고 남산 부근이 최고봉이다. 천룡사는 7세기 이전에 세워져 조선 말기에 소실되고 최근 유물 발굴로 3층석탑을 재건했다.

2. 답사

*고위봉 등산로는 용장골에서 접근하나 천룡사지는 틈수골에서 진입해야 된다. 걸어서 30분쯤 올라가니, 1단계 평지가 있고 큰 봉분 2개가 있는데 울타리 밖이고 기운이 없다. 다시 5분쯤 올라가니 넓은 2단계 평지가 전개되고 있었다. 주위를 둘러 보니 고위봉에서 한 줄기 맥이 살기를 풀고 가로로 얕게 내려오는데, 다시 정자(丁字) 맥으로 내려와 결혈하고 전순 끝에 얕은 산등이 기운 빠지는 것을 막았다.(그 밑이 큰 골이다) 앞에 있는 얕은 산등이 가까운 자기안(自己案)이고 원안(遠案)은 화려하다.

고위봉 간룡은 청룡사지 좌측으로 행룡하여 산기슭에 유명한 정씨 시조묘를 결혈하였고, 이 곳은 선인이나 장군이 앉을 자리를 만든 것인데 폭이 좁아서 음택이다. 고위봉은 선인체이고, 장군체가 갖추어야 할 기치, 창검, 투구, 북, 청마 등의 사격이 하나도 없어서 장군대좌는 아니고 선인(仙

ㅅ) 단좌형이다. 다만 다수는 장군대좌라고 하고 필자의 지적지와 다르다. 중등 중급.

＊또 다시 5분쯤 올라가면 사찰을 창건한다는 현수막이 걸려 있는데 대웅전 될 자리는 이미 요사채를 신축하였고 요사채 될 자리에 대웅전을 짓겠다고 시주를 받고 있더라. 욕심이 자리를 바꾸어 놓았다.(2019.8.)

＊다수인의 지적지와 필자의 지적지

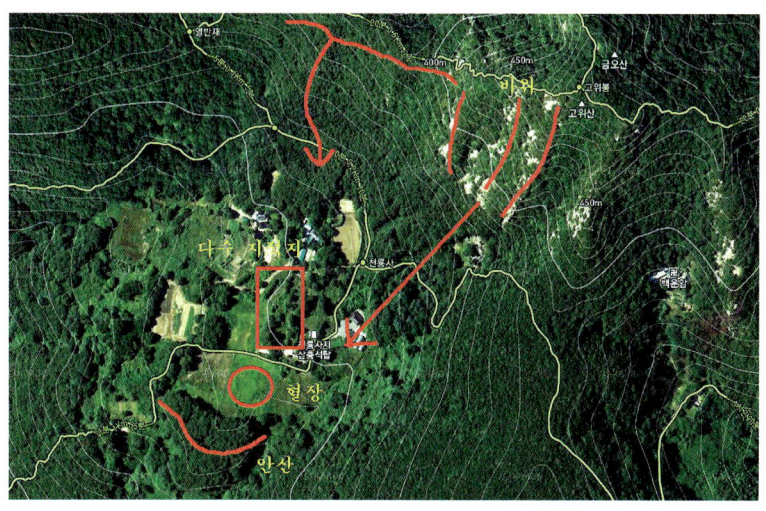

경북 경주시 산내면 내칠리 군신봉조형

　유산록 후편 32p. 내칠리 동편, 수구관세, 구봉래작(九峰來作) 文千 武萬, 만세영화지지-- 월항마을 부근에 있다. 보현산의 군신봉조와 비슷한 생김이다. 중등중급.(2018.12.)

경북 경주시 음택 2혈(무결록지)

＊경주 내남면 덕천리 성부산 아래 현동에 연화부수형이 있다. 중중.
＊경주 내남면 망성리 동네 윗쪽에 중중대혈이 있다.(2023.12.)

경북 경주시 천북면 서산 아래 대혈
(서산에서 십리 떨어진 곳에)

　1. 유산록 후편 53p 오천면 진전동(註; 포항 오천읍 진전리)에서 분맥한 일지는 북행, 천북면 시루봉(502m. 註; 포항 대송면 산여리)에서 서락하여 화산국교(註; 폐교) 근처에서 평지낙맥, 청전도수, 西山을 세웠고 그 아래 보기 드문 명혈대지를 결혈, 산태극 수태극, 사궁도회, 적덕선인 아니고는 쓸 수 없다.

* 산도

2. 서산까지 행로

토함산-백두산-무장산-시루봉-화산리 골프리조트-골산-황학산-산업단지-서산(265m 경주 천북면 화산리)의 행로를 거쳤다. 골프리조트를 거치면서 평지를 뚫고 물을 건넜다.

* 서산 행로

사진출처 :
카카오맵 스카이뷰
(https://map.kakao.com)

3. 혈처

　서산 남쪽 자락은 산도와 비슷하게 보이지만 타박고구마 터지듯 산자락이 터져서 혈이 맺히지 않는다. 서산 동북면에도 혈이 맺힐 곳이 없다. 서산으로 오는 간룡은 계속 북서쪽 경주 모서리 방향으로 나아가 서산 십리 허에 결혈되었다. 전반적으로 산이 연약한 가운데 한가닥 장유가 생겼고 4~5기의 묘가 있으며 그 중 고총 위에 혈이 있다. 형상강을 기준으로 보면 산태극 수태극일 수 있으나 대혈은 아니다.(2019. 가을)

　＊서산 남쪽에 혈 없다

사진출처 : 카카오맵 스카이뷰(https://map.kakao.com)

＊ 모서리 혈처

사진출처 : 카카오맵 스카이뷰(https://map.kakao.com)

경북 경주시 효현동 선도산
선녀(仙女)헌과형(獻果形)

＊일이승 산도 517p-- 앙천와혈, 신래곤작, 미좌, 공후지
＊앙천와혈로 선도산 정상에 있는 것처럼 결록을 내었으나, 태종무열왕릉이 있는 서악리 고분군이 옥녀가 과일을 바치는 제상이다. 山정상은 화산으로 혈이 생길 수 없고 사찰 유사시설이 있는데 관리인 이야기로는 가끔 무당들이 찾아온다고 하더라. 진흥왕릉이 위쪽에 있어서 마치 진흥왕이 선영을 모시고 절하는 모습이다.(산도는 훼손되었다) (2018.4.)

경북 구미시 유산록 2혈, 학조대사 3혈

1. 도개면 도개리 산 52. 도곡지 회룡 은산

유산록 후편 19p. 배틀봉에서 청화연봉을 거쳐 선산군 도개면에 결혈, 내당수 긴새 불통주, 운무안, 부귀 형언불가.---선산군은 구미시에 편입되었다. 내당수 긴새로 보아 도개리 산5-2인데 지도상 이미 묘 2기가 설치되어 있어 올라가 보지 아니했다.(2019.1.)

2. 구미시 천생산 38대 왕후장상지

유산록 후편 14p. 차룡細論을 금한다.-- 구미시 인동중학교 부근인 듯하나. 천생산은 수많은 등산길이 생기고 아파트가 건축되어 세론 不要.

3. 선산의 학조대사결 3혈

*선산은 낙동강을 중심으로 동쪽은 배틀산, 청화산 등 굵직한 산맥이 흐르고 있으나 서쪽은 수산, 화산으로 대혈은 없다.

*학조결에 의하면 선산남(南) 15리허(許)에 반룡형이 있다는데, 김천시 아포읍 예리 서당못 위에 있다. 은혈로 내려와서 와중유로 결혈, 중등초급. 또 설산북 십오리 금채형은 선산읍 신기리 용마사(산24-1) 위쪽에 있다. 선산 南 20리 영구예미형은 구아읍 괴평리 산10에 있다.(2019.1.)

경북 문경 농암면 일이승 3혈

무학지리 전도서에 군조조봉, 매화낙지, 연화도수, 연엽부수의 4혈이 게재되어 있는데, 그 중 군조조봉형(群鳥朝鳳形)의 양택은 문경읍 내에 있으므로 간산기를 생략한다.(2022.8.)

1. 경북 문경 가서면(現 농암면) 대병동 매화낙지

*일이승 산도

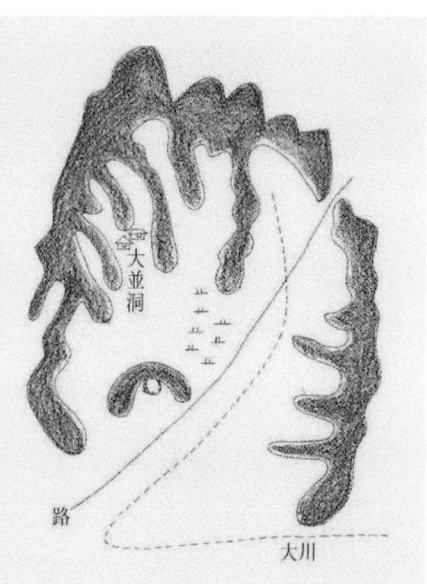

*답사

　가서면은 농암면으로 지명이 변경되었고 대병동은 현재 지명을 알 수 없다. 우리가 찾은 혈처는 연엽산 말낙지이다. 소조산은 연엽산인데 산봉이 닭벼슬처럼 생겼고 주산에서 혈처로 내려오는 용은 화성, 목성, 금성으로 아름답다. 혈처는 넓은 미돌 가운데 있어서 전후좌우로 잘 살펴야 된다. 매화낙지는 솔솔 바람을 탄다고 생각해야 된다. 화서면 최고의 음택대혈이다.

* 화산리 매화낙지

사진출처 : 카카오맵 로드뷰(https://map.kakao.com)

2. 경북 문경 농암면 시루봉 말락지 연화도수형(蓮花倒水形)

* 일이승 산도

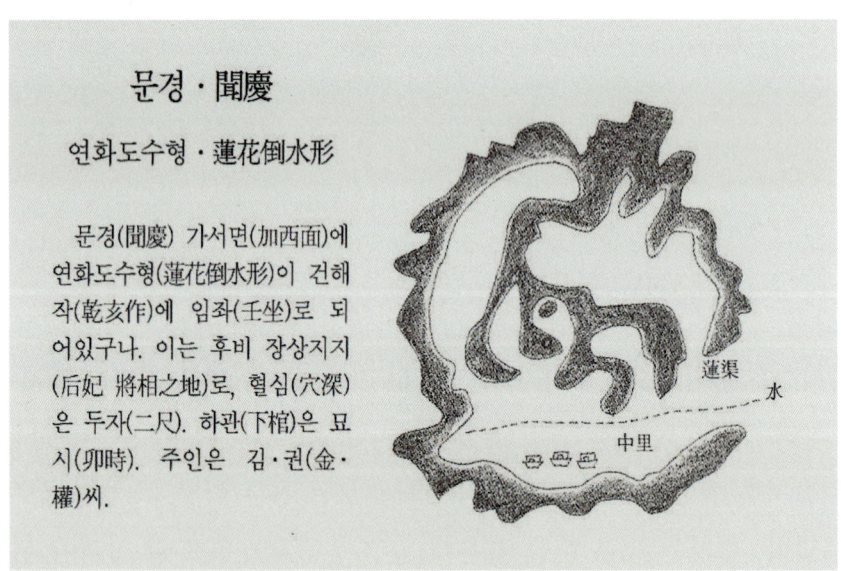

* 답사

청화산 시루봉으로 이어진 행룡의 강변 말락지이다. 건해 임좌를 맞추어야 된다.

3. 경북 문경 농암면 대정리(大井里) 연엽부수형(蓮葉浮水形)

* 일이승 산도

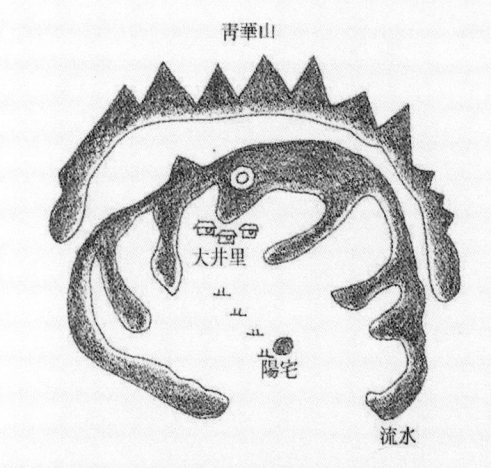

* 답사

대정리는 현재 종곡리이다. 윗쪽은 음택이고 아래쪽은 양택이다. 음택은 인가(人家)가 가까워서 쓸 수 없고 양택은 사용할 수 있다. 안산이 그림같이 아름답다.

＊종곡리 마을

사진출처 : 카카오맵 스카이뷰(https://map.kakao.com)

경북 문경시 동로면 천주봉 장군대좌

＊문경 연주패옥을 찾으러 가는 길에 우뚝 앉은 장군봉이 있기에 올라가 보니 천주사가 나오고 장군봉은 머리 위에서 내려다보고 있었다. 소백산-황장산-대미산(1115m)에 이르렀고 대미산 좌측 간룡이 공덕산을 만들고 그 아래 좌측 말락봉(末落峰)이 천주봉(836m)이다. 장군체로서 아름답고 위엄있다. 연주패옥 결록에 혈처에서 공덕산은 보이고 천주봉은 보이지 않는다는 구절이 있다. 장군대좌가 맺혔는데 중상급 대혈이지만 용혈사수가 모두 거세어서 범인이 욕심을 내면 화를 당하리라.

＊일이승 결을 보고 의아하게 생각하였으나 뒤에 유산록 후편(87p)을 보니 공덕산 重重과협 삼태(三台)作하고 장군대좌 극귀(極貴)혈이 되었다고 쓰여 있더라.(2020.3.)

* 천주봉의 웅자

경북 문경시 왕의산 제왕지지

1. 유산록 후편 87p

소백산 래룡이 문경군 용궁면에 이르러 왕의산을 세우고 그 산 아래 제왕지지인 대혈을 맺었다. 천사(千砂)만수(萬水)회환하고 금수장막 두른 곳에 은은히 숨었으니 누가 알아볼까.(장선생님 작성의 산도가 있으나 생략)

2. 답사

왕의산은 소백산, 용문산, 국사봉을 거쳐왔고 동서로 십리 폭으로 개장하였다. 혈은 왕의산 최상봉에서 내려온 위만리 산12에 결혈되었고 혈전에 펼쳐진 야산은 신하격이고 멀고 가까운 조안산들은 넋을 잃게 한다. 혈은 백씨들 집장지 내에 상하 2혈이 맺혔는데 主穴인 상혈은 도로가 일부 침범했고 하혈은 온전하다. 자좌, 중등상급.(2022.8.)

* 문경 왕의산 제왕지

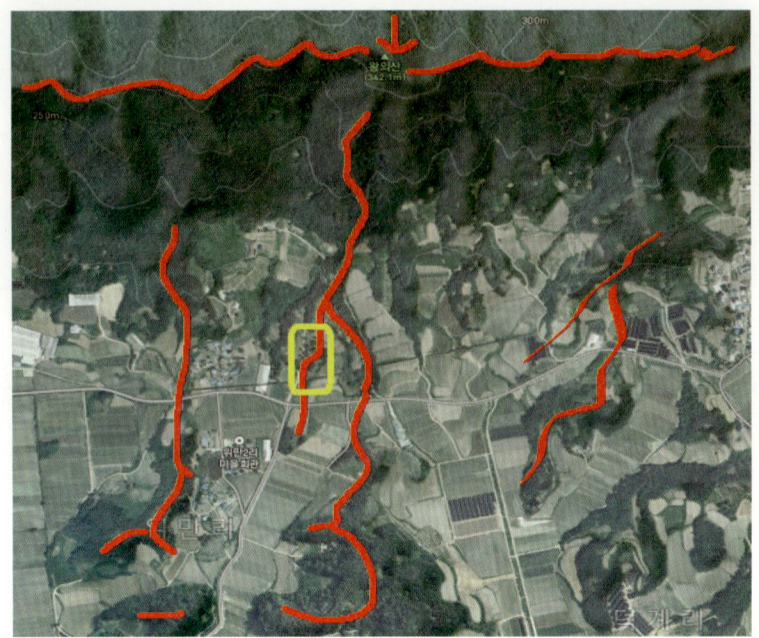

사진출처 : 카카오맵 스카이뷰(https://map.kakao.com)

경북 문경시 조령 남쪽 7대 장상지
(유산록은 오점?)

1. 두사충 결록과 유산록

* 두사충 결(무학대사 지리전도서 부록 269p)-- 조령 남쪽에 장군대좌형이 동향을 하고 있구나. 혈심은 칠척오촌, 구마한문(龜馬捍門)과 쌍천귀인사, 육수방이 용립(聳立; 높이 솟다), 당대발복, 문무겸전, 자손연면(連綿), 7대장상.

* 유산록 후편 88p-- 조령 南 십리허에 장군대좌형, 칠대 장상지지이다.

2. 조령南 몇 리쯤에 있는가?

 * 조령을 깃점으로 십리쯤 되고 동향이 되는 곳을 찾아보니 조령산 동면이고 주흘산을 바라보는 곳이다. 혈이 생길 곳도 없고 결록이 말하는 육수의 사격이 없고 혈앞에 명당(明堂)이 형성된 곳도 없었다.

 조령산 행룡을 추적해보니 조령산이 행진하여 성주산을 세우고 개장한 중출에 이르러서 결록에 기재된 사격을 갖춘 대혈이 결혈되었다. 조령으로부터 남쪽 14km 된다. 유산록이 조령 남십리허(결록에 없는 구절이다)라 한 것은 오점이다.

 * 진혈은 문경전씨(錢氏) 시조 묘에서 조금 떨어진 곳(문경 모곡리 산69)에 있다. 시조(始祖) 전유겸은 1351년 원나라 노국공주를 배행하고 고려에 들어와 최영장군의 누이와 혼인하고 살다가 이성계가 집권하자 항거한 탓으로 문경(옛 冠山)조령산 남쪽에 귀향살이를 하였다. 문경전씨는 3천명 남짓하고 전국 성씨중 3백 등 정도 된다. 지

 금은 시조 묘를 단장하였으나 고색창연한 비석하나 없는 점으로 보아 상당한 기간 동안 허수룩하여 다른 사람이 인근에 묘를 쓸 수 있었을 터이다. 중등상급의 대혈인데 혈처 찾기가 쉽지 않아 공부가 된다.(2022.6.)

* 조령에서 혈처까지

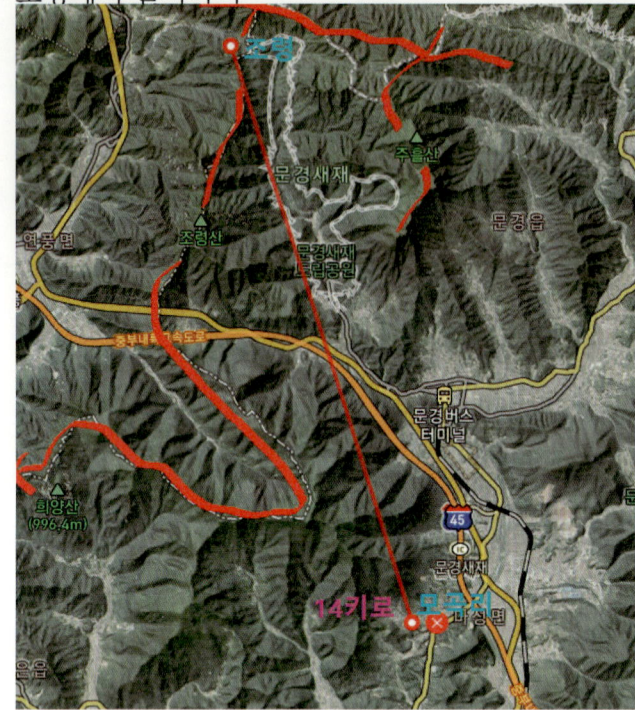

사진출처 :
카카오맵 스카이뷰
(https://map.kakao.com)

* 장군형의 중국

사진출처 :
카카오맵 스카이뷰
(https://map.kakao.com)

경북 상주시 이안면 영구하산 금구음수형

유산록 후편 91p. 천황봉-건해 낙맥 십여리 형제봉-칠봉산-작약산-수정봉 건해낙맥-오동지 수절(數節)후 영구하산음수형.-- 이안면 사무소 뒤 진주강씨 제실 옆이다. 거부지지, 중등중급.(2018.8.)

경북 영덕군 남산리 금반형
(동해안에는 결록지가 적다)

1. 동해안 결록지
* 태백산, 소백산은 한반도의 척추를 이루면서 가지를 서쪽으로 전개하기 때문에 호서, 호남지역에 명혈이 많다. 동해안은 산들이 급하고 평지가 적어서 탈살이 안 되기 때문에 명혈이 적고, 교통이 불편한 탓으로 두사충

과 일이승같은 신안은 아예 답사를 하지 않았다고 추측된다. 남사고의 고향인 울진을 찾아가는 도중에 국도변에 있는 덕흥사(德興寺) 근처 금반혈을 탐사하였다.

　＊유산록 후편 66p-- 영덕군 남산리 덕흥사 근처, 금반형, 무동안(舞童案) 동향, 오십 천 만환(彎環) 금성수, 부여 석승. 다시 2,3리 거리에 2혈이 있다.

　2 답사

　＊중국-- 앞에 무동안이 있다는 것을 염두에 두면 찾을 수 있다. 2~3리 거리에 있다는 차혈은 찾지 않았다.(2018.10.)

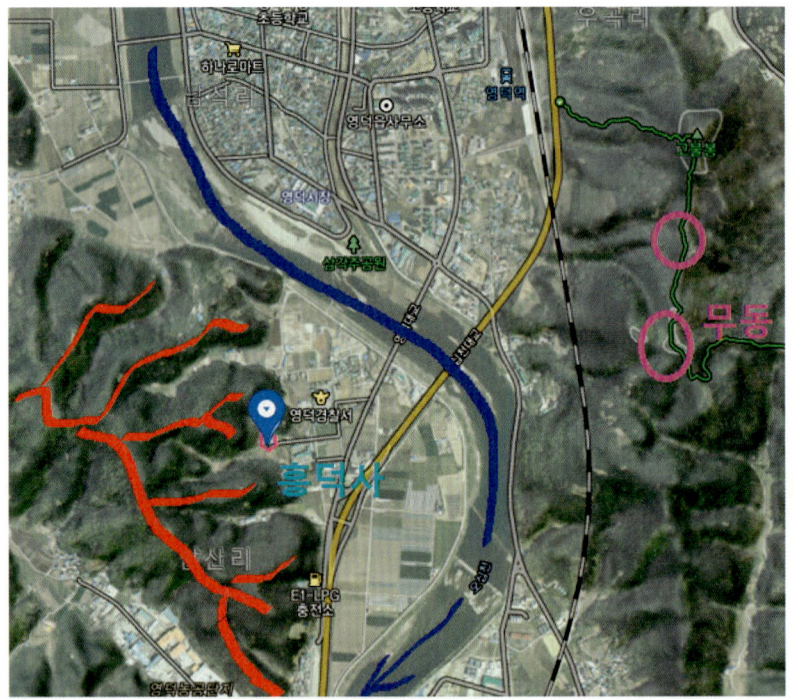

사진출처 : 카카오맵 스카이뷰(https://map.kakao.com)

경북 영양군 일월산 아래 양택

* 일월면 주곡리 주실마을은 시인 조지훈의 고향이고, 박사14명이 배출된 양택명당으로 꼽힌다. 한양조씨 입향조가 사화로 낙향하면서 매를 날려서 매가 앉는 곳에 터를 잡았다고 한다. 그러나 국세가 작고 안산격인 문필봉도 웅장하지도 않다. 160명의 박사가 났다는 임실 삼계면에 못 미친다. 모두 한양에서 자의반 타의반으로 낙향한 선비들의 후손들이 학문에 매진하는 성향과 명석한 DNA덕이겠다.

* 또 유명 풍수가 일원면 칠성리 마을회관 일원이 양택명당이라고 주장하였으나, 그 곳은 국세가 험하며 무당집이나 들어설 자리이다. 옆은 칠성바위가 줄지어 내려가고 안산은 도검이다. 예전에 어떤 부자가 이 곳에 기와집을 짓고 이사왔다가 지금 폐가로 되어있다. 양택은 순한 곳이 좋다.

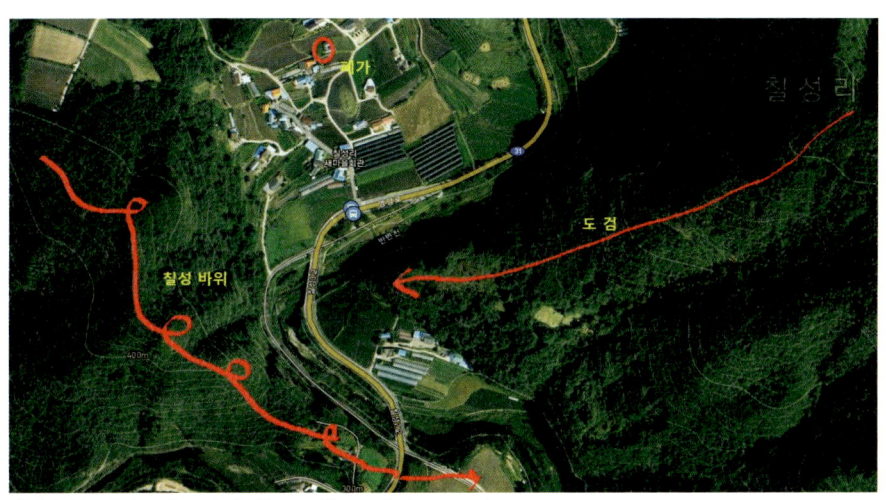

사진출처 : 카카오맵 스카이뷰(https://map.kakao.com)

* 칠성리 강가에 일지매 영화 촬영지가 있고, 그 아래 강가에 금동불상이 출토되었다고 한다. 영화촬영지가 속발할 대지이지만, 개인 주택지로는 너무 강하므로 사찰터이다.(2018.3.)

경북 영주시 풍기읍 금계리
(남사고의 십승지 중 첫째)

*십승지는 전쟁, 질병, 기아를 피할 수 있는 곳을 말한다. 풍기는 남사고의 격암유록과 정감록이 일치하여 십승지로 꼽는다. 금계리 입구에 금계포란마을이라는 안내판을 세워두었다. 십승지는 한두 사람을 위한 양택지가 아니고 몇 개의 마을을 합친 여러 사람의 양택지이다. 금계리 외에 백리도 십승지에 포함된다. 개성 사람들이 많이 이주해 와서 인삼재배를 하였고 지금은 사과농업으로 부유한 동네가 되었다 한다.(2020.6.)

*현장지도

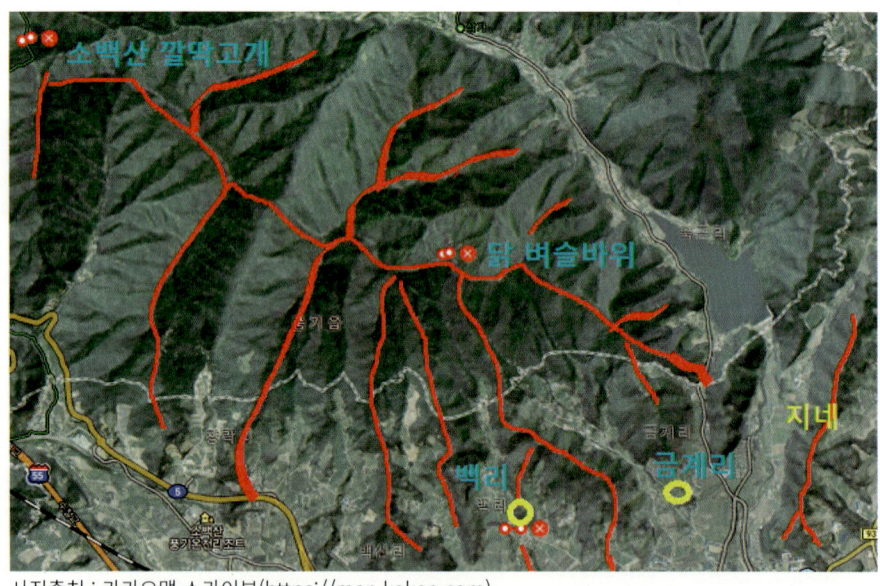

사진출처 : 카카오맵 스카이뷰(https://map.kakao.com)

경북 영천시 신녕면 화남 3리
삼중(三重) 옥계(玉階)형

*유산록 후편 11p. 화산낙맥 혈암산이 되고 평지낙맥 좌우호위 각 8~9 중 3중 옥계 개장(開帳), 경상도에서 처음 보는 용세, 난심지혈. 어느 적덕 귀인 얻어 쓰면 왕후 장상, 대부귀 날 것이다.

*신녕면 화남 3리 경로회관 맞은편에 있다. 용맥이 옆으로 넓게 단을 이루고 3단으로 내려온 행룡이 영남에서는 보기 어려운 장관이다. 중등상급 대혈이 분명한데 자동차 전용도로와 고속도로가 겹으로 지나고 있어서 혈처 환경도 손상되고 도저히 접근할 수가 없었다.(2018.11.)

경북 영천시 화북면 정각리
보현산(1,124m) 군신봉조

*유산록 후편 9p, 보현산 남락하여 대결(大結), 만수가 외당회동, 중중포리 중 조용히 앉은 인간지보화(人間之寶貨)를 어느 누가 알쏘냐, 계좌에 곤파, 道內 일급지.

*보현산 천문대에 올라가 두루 살피니 보현산 남락(南落), 과협이 크고 대단하더라. 멀리 내려가 결혈될 줄 알았는데 과협 후 우뚝 솟아 그 아래 마을에 맺혔다. 기룡산등이 안(案)이 된다. 안산이 단조로워서 중등중급이다. 8p에 산도가 있으나 별 도움이 안 된다.(2018.11.)

경북 영천시 화남면 오공비천형

＊유산록 후편 9p. 기룡산 좌편일지 오공절, 남향정미파. 당대발복. 문무병발지, 삼십대 향화지지, 12p에도 등재하였는데, 자좌에 간득정파, 수구는 대내지, 백자천손, 대귀대부.

＊남향 정미파가 생길 곳은 화남면 죽곡동, 한국 전통염색 학교 부근 뿐이다. 유산록에 게재된 설명은 과찬이고, 현장은 혈처가 좁아서 중등초급 정도.(2018.11.)

경북 의성군 화심혈
(중등상급 대혈, 무결록지)

＊주왕산에서 출행한 룡은 보현산을 거쳐 곤지산과 문암산을 세우고 그 산에서 西의성의 안계면, 단북면, 다인면을 전개하였다. 서(西)의성은 대국(大局)으로 보면 낙동강으로 둘러싸인 연꽃 모양이고, 래룡(來龍)은 복잡하여 찾기 어려울 정도이다. 남향으로 낙맥한 가운데 대혈 연화(蓮花)화심형(花心形)이 맺혔다. 중등상급의 대혈로 생지 백대혈(百大穴)에 올려도 손색이 없겠다. 이 혈은 결록에는 없다.(2024.5.)

경북 청도 금계포란 유산록 1혈, 일이승 1혈

1. 풍각면 봉기리 금계포란

＊유산록 후편 39p. 비슬산 건해낙맥, 청도군 풍각면 흑석동 근처 금계

포란 승마산 안(案), 신좌을향, 오백년 공후지.

  * 풍각 논공단지 도로를 벗어나서 금계로 볼 만한 산과 계란, 승마산을 찾고 계란 부근에 산도에서 말하는 신좌을향에 맞추어 산줄기를 찾으니 요양원 입구쪽 방향이었다. 정상으로 따라가니 묘가 몇 기 있었으나 산이 추루(醜陋)하여 내키지 않았다. 그래도 계속 가니 대단한 과협이 나타났다. 용(龍) 따라 되돌아 내려오니 출발점인 요양원 입구이었다. 그곳에 혈이 있는데 산세가 잘짜여 있고 과협이 좋아서 중등초급 수준은 되었다.

2. 청도읍 원리 981 적천사 금계포란

  일이승 산도가 있다. 적천사는 664년 원효대사가 창건한 절인데 대단한 명당이지만 높은 곳이어서 한적하였다. 간래, 인작, 축좌될 곳을 찾아 청룡 등에 갔다가 없어서 절 뒤로 올라가 백호 등을 타보았으나 찾을 수 없었다. 2시간 가까이 사방을 헤맨 끝에 찾았는데 영산각 부근이더라. 간래 인작이 은혈로 이루어진 탓에 찾기 어려웠다. 영산각 나한상이 볼 만했다. (2018.11.)

경북 청도군 매전면 일이승 1혈, 무결록 2혈

1. 매전면 호화리 만궁혈

  일이승 산도가 있으나 별 도움 안 된다. 동산천 양쪽 강변이 모두 호화리이다. 어떤 이가 호화마을 회관 뒷산 기슭에 만궁혈을 찾고 가묘를 설치하였다고 하더라. 가묘 쓴 곳과 청도학생 수련원 부근을 찾았으나 실패하고 호화 1리 마을회관 뒷산에서 찾았다. 좌향이 구만산으로 적혀 있는데 예상하기 어렵다. 용각산 말낙이다. 중등초급.(2017. 가을)

2. 매전면 동산리 매화낙지(무결록지)

* 기도원 있는 과수원에 음택 일혈이 있다. 동내산, 호랑산, 뒷메산이 감싸고 있고 호화동산이 역(逆)으로 올라오는 모습이 벌떼가 날아오는 것 같다.

* 매전면 사무소와 교회를 지나 산줄기 끝에 매화낙지형의 음택이 맺혔다. 전체적으로 보면 전면이 트여있어 음택보다는 공공기관이 들어오면 좋겠더라. 최근 지나가다 보니 평탄화하여 면민 체육시설이 신축되었더라.(2017. 가을)

경북 청도읍 용각산 아래 안인리 산4@ 웅장형(熊掌形)

* 유산록 후편 36p. 대왕산(경산시 남산면)-선의산-용각산 중추낙맥--웅장형. 곰실 근처이고 종산(宗山)이다. 대와 중에 묻힌 혈을 어느 누가 재혈할 것인가.

* 용각산에서 팔치산을 거쳐 복숭아밭에 맺혀 있다. 백호가 형성되어 있어서 찾기 어렵지 않다. 앞에 곰 손가락이 잘 세워져 있다.(2018.8.)

경북 청도군 유호리 대운암 부근 장군대좌와 유산록

1. 장익호 선생의 제자를 찾아가다

장선생님의 제자 김이중 씨를 2019.3. 만나서 들어보니 선생님은 일본

대학을 중퇴하고 평생을 풍수공부에 전념하였고 혈처를 많이 그린 지도를 남겼는데 혈처가 만오천 개가 넘는다고 한다. 매년 300개씩 찾아다녀도 5십 년이 소요되는 대단한 분량이다. 모두 현장을 갔다고 볼 수 없고 중요한 혈처는 유산록 상·하권에 기술하였으며, 하권 집필(2001년) 후 주로 기호지방에서 찾은 중요 혈이 발표되지 않았다고 한다.

2. 장선생님 지도책

김이중 씨가 장선생님이 혈처를 표시한 지도책을 보여주면서 맘에 드는 곳을 골라 보라 하여, 거제도를 보니 유산록과 같았고 다른 곳도 중요혈은 책에 기재되어 있다고 생각되었다. 밀양을 보니 오례산성과 대운암 사이에 동그라미 3개가 그려져 있는 것을 보고 책을 돌려주었다. 우리가 책을 빨리 돌려주는 것이 의외인 듯한 표정이었으나, 책에 있는 혈도 다 못 찾는데 체면 안 서게 욕심 낼 이유가 없었다.

혈처를 찾아서 대운암에 들렸다가 암자 5백m 못 미친 곳에서 오른쪽으로 좁은 시멘트 포장길이 갈라지기에 그 길따라 쭉 가니 커다란 묘지가 종점이 되어 있다. 거기서 산등성에 올라가서 등성을 따라가면 크고 작은 여러 개의 묘가 오랫동안 방치된 것을 보게 된다. 약간 높은 봉우리를 오르기 전에 장군대좌가 있다(유호리 산66). 만두같은 주산에서 일눈지가 약간 틀면서 내려오고 바위가 입수까지 연결되어 있다. 국세가 크고 혈처가 순화되면서 풍성하다. 더 올라가 본들 더 이상 혈은 없을 것 같아 술 두 잔 올리고 하산했다.

낮은 곳은 비어 있는 곳이 없고 높은 곳은 비어 있지마는, 누가 실묘할 위험을 무릅쓰고 묘를 쓰겠는가?(2019.4.)

경북 청도군 일이승 천마시풍 2혈

1. 각남면 대전리 천마시풍

* 일이승 산도-- 축래간좌

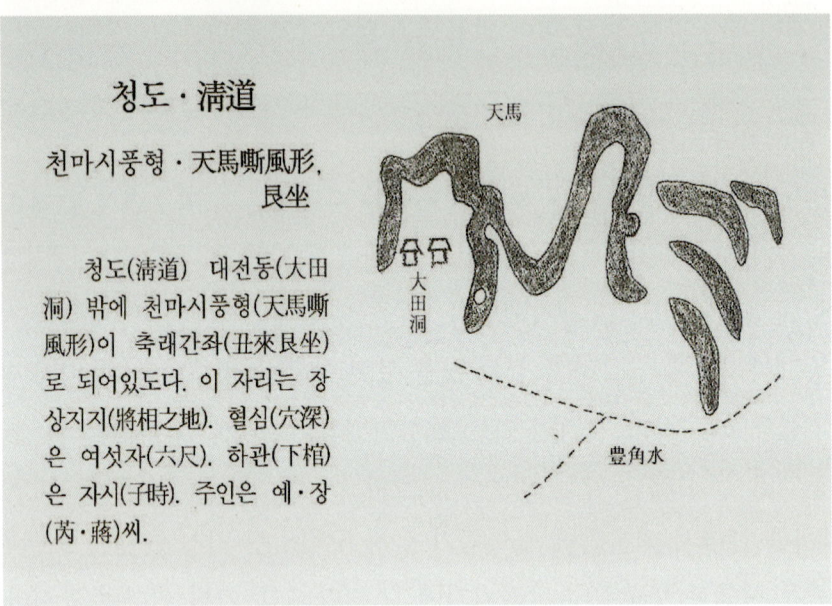

 * 대전리 마을 속에 1,300년된 은행나무가 천년기념물로 지정되어 있다. 그곳에서 전면을 관찰하면 혈처를 짐작할 수 있다. 골프장 일대에 말들이 많이 있다. 부와 권세가 있을 듯하고 중등중급 명당이다. 지방도 옆인데 대전리가 표기된 산도가 없었다면 천마시풍 혈이 있다고는 꿈에도 생각할 수 없었을 것이다.

2. 청도군 운문면 청마시풍 (공암리 668. 산56)

* 일이승 산도-- 술래건작 해좌

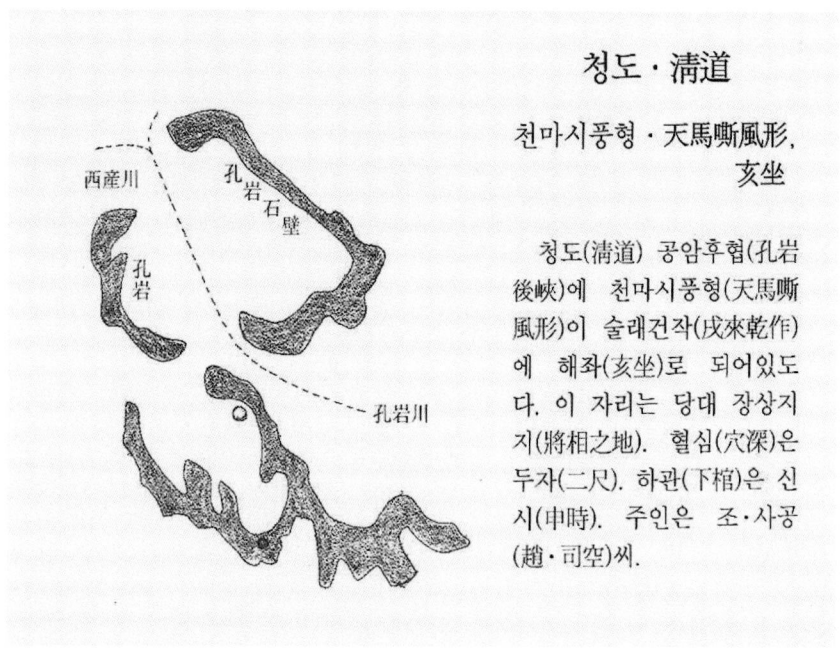

＊산도에 표시될 곳은 찾을 수 없었다. 공암마을에 가서 유명 인물의 선영이 있는가 물어보니, 박정희 대통령 시절 수도경비사령관이던 윤필용 장군의 부모 묘가 고개에 있다(공암리 668)고 하였다. 윤장군은 위세가 대단하였는데 일거에 낙마하였다. 전순이 약하여 밑에서 오는 바람을 막기 어렵다. 이 묘를 진혈로 보는 사람도 많다. 그러나 좌가 맞지 않는다. 공암리 산56에 있는 애국지사의 묘소가 진혈로 보인다.(2018.10.)

경북 청도군 풍각면 차산리 호승예불형과 유지앵서

＊차산리에 술래유좌로 된 호승예불형의 산도가 있다. 일이승 산도라고 하나 무학대사 지리전도서에는 없고 허잡하다. 차산리 초등학교(폐교) 앞에서 두루 관망한 즉, 술래유좌가 될 만한 곳은 학교 뒤 제실이 있는 동산이다. 안산이 멀고 앞에 흐르는 하천이 밋밋하다. 초등급. 산도는 위작?

＊마을입구(차산리 24)에 유지앵서가 있는데 한때 부산 제일의 재벌이던 동명목재 강회장님의 부모 묘가 있던 곳이다. 이 묘를 부산 동명불원으로 이장하고 망하였다. 동명불원의 묘가 호화분묘로 알려지자 박정희 대통령이 조사를 지시하였고, 강회장은 처벌을 면하려고 동명불원을 부산시에 헌납하였다. 이를 계기로 경제활동도 제약을 받아 망하였다. 그런데 당시 합판제작은 사양 산업이었으므로 업종 전환을 시도하지 않던 동명목재는 조만간 몰락하게 되어 있던 터이라, 묘 이장은 몰락을 앞당긴 계기가 된 것이다.(2018.1.)

경북 청도군 흥선리 풍양지변(池辺) 옥녀탄금

＊유산록 후편 38p 산도, 39p 해설, 청도군 이서면 금호동에 옥녀탄금형이 횡결로 맺혔다. 횡금안이 아름답고 풍양지가 수구되었더라. 문무대대 부절, 대대거부-- 호수가의 연화부수로 생각하기 쉽다. 사방이 아름답고 고요하다. 중등중급 당대발복.(2017.10.)

대구 달성군 가창면 행정리 갈마음수형

유산록 후편 36p. 용각산-상원산-달성군 가창면 동학산-병풍산을 거쳐 행정동에 갈마음수 결혈. 혈 앞에 여러 갈래 물이 모여들고 신술파. 당대 대부--- 혈은 행정리 한천 서원 부근에 있는데 호화롭지 않아서 놓치기 쉽다.(2020.9.)

경남·부산 (90)

경남 거제군 동부면 유산록 음택 3혈

1. 동부면 탑포리 금구입수

* 유산록 후편 227p 계룡산-산자산-북병산 남락-동부면 율포만 해안, 극귀혈, 옥인안(玉印案), 청파에 떠도는 도서(島嶼)들은 선경(仙境) 같다.

* 율포만 해변가에 옥인으로 볼 만한 작은 섬은 하나밖에 없어서 관찰해 보면 금구입수형이 보인다. 노자산 남쪽 맥이다. 중등중급의 대혈이나 마을 뒤이므로 쓰기 어려울 것이다.

2. 동부면 산양리 68@ 연소혈

* 유산록 후편 230p. 계룡산 임감 낙맥, 건해, 선자산 아래 연소혈. 수구에 일월한문 간인 갑묘수조당, 병오수조당, 경유방입해, 희대의 보화.

* 간인간묘와 병오의 2개 하천이 혈처를 조공하고 오른쪽으로 돌아 바다로 간다. 2개의 하천이 조공하는 곳과 바다로 나가는 곳을 찾으면 된다. 당대발복, 중등상급 대혈, 주택지 부근.

3. 동부면 노지산 귀룡은산형

* 유산록 후편 228p. 노자산 손사낙맥 부춘리에 大富혈, 어느 복인이 얻을 것인고?

*노자산 맥으로 부춘저수지 부근이다. 속발거부지지. 중등초급.(2018.11.)

경남 거제군 둔덕면 유산록 2혈

거제도 동쪽해변은 거센 바다와 직면하고 있어서 장목면 김영삼 전 대통령 생가 부근 이외에는 대혈이 없다.

1. 둔덕면 술역리 안치봉
*유산록 후편 227p. 안치봉 횡작, 충무 망일봉이 안산, 부귀영원.
*안치봉은 340m 높이이다. 술역 저수지에서 북쪽으로 치고 올라가서 산등과 안치봉을 거쳐 하둔리 206, 전원주택 쪽으로 내려왔다. 제법 산행길이 멀었다. 혈은 안치봉 근처 포대에 있고 망일봉을 안산으로 하면 유좌묘향이다. 중등중급.(2019.2)

2. 둔덕면 산방산 장군 대좌
*유산록 후편 227p 대봉산 서편 산방산, 그 아래 청룡 백암균균(白嵓均均, 흰바위 촘촘)하게 두른 곳에 가혈(佳穴) 맺었다. 안치봉案.
*산방산이 장군으로 앉은 장군대좌형인데 산등성에 있다. 혈처는 삼죽전마을 뒤인데 접근이 어렵다. 혈장이 작고 고지대이므로 묘 쓰기는 어려운 것이다. 부와 권세. 중등초급.(2018.11.)

경남 거제면과 둔덕면 양택 3혈(무결록)

1. 둔덕면 술역리 호곡마을 금구입수(양택)

별학산-안치봉을 거쳐서 거북이 해변으로 내려온다. 안산이 분주하다. 가까이에서 보면 가치를 모르지만, 한산도 쪽에서 배편으로 바다를 건너면서 보면 큰 거북등이 감탄스럽다.

2. 거제면 법동리 비룡음수(양택)

바다가 내명당이고 가까이에 작은 섬이 금낭이다. 다복지지.

3. 거제면 내간리 내간교회 옆 매화낙지(양택)

여러 사람이 이용하는 음식점 등이 차지하면 大發할 것이다.(2016.12.)

경남 거창군 가조면 숙성산 장군대좌 (무학대사 노숙지)

거창 숙성산(899m)은 무학대사가 노숙하면서 별을 보고 점을 쳐서 팔도의 방향을 찾았다고 하여 숙성산(宿星山)이라 한다. 동남쪽으로는 합천호가 아름답고 서쪽은 산악지대로 골짜기에 학산마을이 있을 뿐이다. 무학대사는 숙성산에서 학산마을로 내려와서 마을 하단에 있는 느티나무(지금은 목재 태크로 쉼터를 조성했다) 아래에서 노숙을 하는데 모기가 들끓자 도술을 부려서 모기를 쫓았고 그 이래 지금도 모기가 없다고 한다. 대사는 장군대좌를 구경하고 그냥 떠나기가 아쉬워서 하룻밤 노숙한 것 아니겠는가?

국세가 크고 청룡이 좋다. 가조면 물이 전부 모여서 서쪽에서 동쪽으로 구비구비 흘러 황강으로 들어가는데 관쇄(關鎖)는 더 말할 필요가 없다. 중등중급.(2019.10.)

＊숙성산과 장군대좌

경남 거창군 대야리 상리부수(霜鯉浮水)

1. 산도

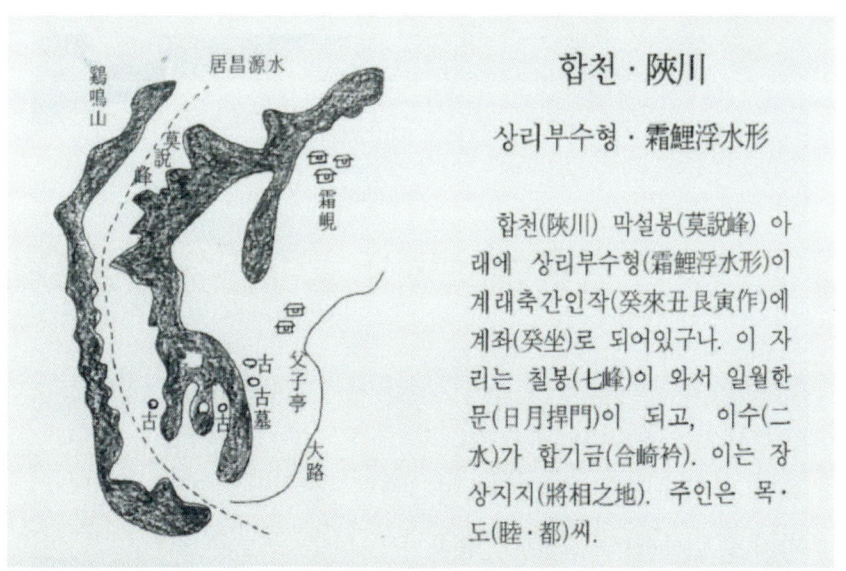

2. 혈처

거창 남하면 대야리 산에 있다. 거창 가북면 양각산에서 발원한 가천천은 남하면과 가조면의 물을 모아 60리 길을 흘러 혈 앞을 거쳐 황강으로 들어간다. 혈 앞에 칠봉이 있고 수구에 큰 산이 막아섰다. 겨울철 잉어가 가만히 입을 내밀고 물에 떠 있는 형상이다. 재혈이 어렵다. 고총은 실혈. 速發거부지지.(2019.5.)

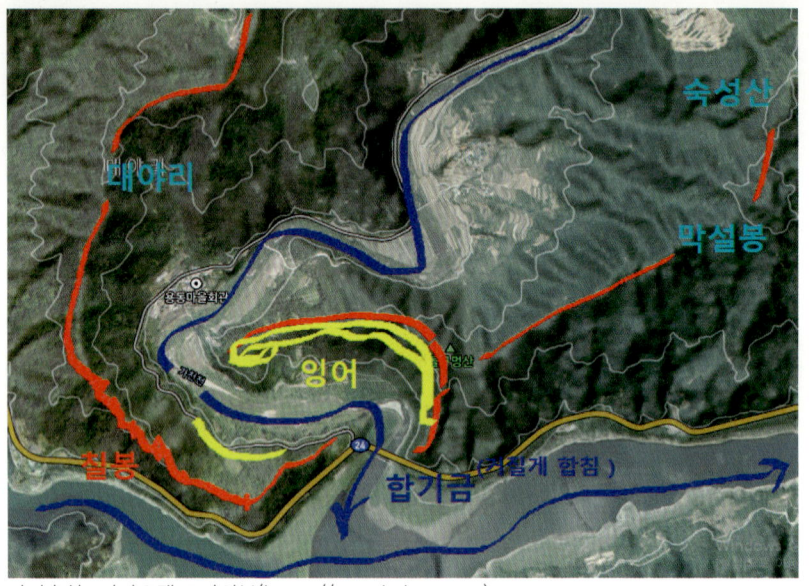

사진출처 : 카카오맵 스카이뷰(https://map.kakao.com)

경남 거창군 신원면 보록산 갈마음수(무결록지)

기백산(1331m) 태조-망덕산(700m)-무촌리산 285(800m)-매봉산(800m)-갈전산(760m)-보록산(650m)에 이르러 갈마음수 결혈. 소조산 7개 옥계 단락하였고 행룡길이 칠성체로 굽이쳤다. 결록에 없으나 속발 거부지지 중등상급이다.(2019. 8.)

경남 거창군 일이승 7혈

무학대사지리전도서에는 거창에 관한 일이승 7혈이 게재되어 있다.

1. 주장고모, 방백오천, 장군출동형
* 산도

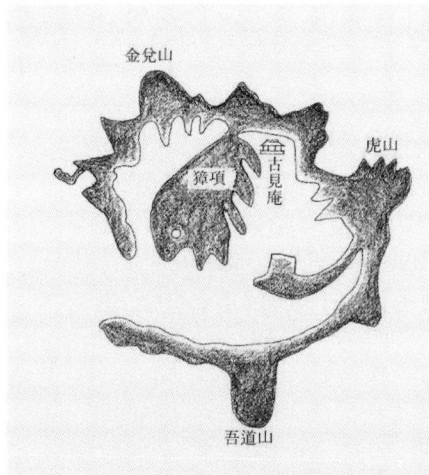

거창 · 居昌
주장고모형 · 走獐顧母形

거창(居昌)에 주장고모형(走獐顧母形)이 건래술입(乾來戌入)에 해좌(亥坐)로 되어있도다. 이 자리는 공후지지(公侯之地). 혈심(穴深)은 넉자(四尺). 하관(下棺)은 유시(酉時). 주인은 노·정·조(盧·鄭·趙)씨.

거창 · 居昌
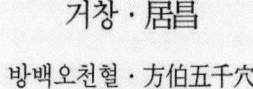
방백오천혈 · 方伯五千穴

거창(居昌) 송하(松下)에 오래병(午來丙作)으로 큰 혈이 되어있다. 이 자리는 주자(朱子)와 같은 큰 인물이 한 사람 나고, 방백(方伯) 5천명이 나리라.

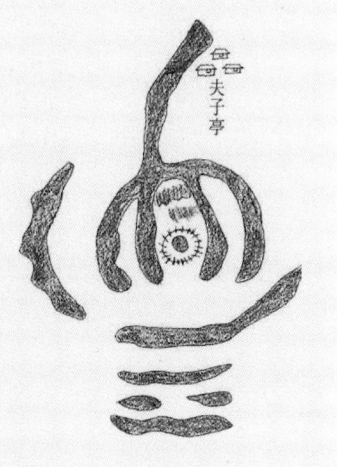

＊고견암 주장고모형은 거창 수원리 산 전원주택지 뒤에 있어 사용불가하다.

＊거창 송하에 있다는 방백오천형은 송하라는 지명을 알 수 없으나 산도에 있는 부자정(夫子亭, 원래 건물은 합천댐으로 수몰되어 몇 십m 상부인 합천 상현리 산94-5로 이전) 부근이라면 합천면 압곡리 부근인데 오래병작(午來丙作)되는 곳이 없다. 이 혈은 숙성산 서남쪽(거창 가조면 기리 학산마을 부근)에 낙맥하였는데, 안산이 우뚝하고 멀리 가북면 암봉들이 방백오천을 배출할 사격이 되었다.

＊장군출동형은 합천군 봉산면 산29 노씨 묘역에 있다.(합천과 거창은 합천댐 건설로 행정구역이 일부 변경되었다.) 산도는 생략한다.

2. 무촌(茂村) 손룡(巽龍)과 진목리(眞木里) 선인(仙人) 입산(入山)

＊산도

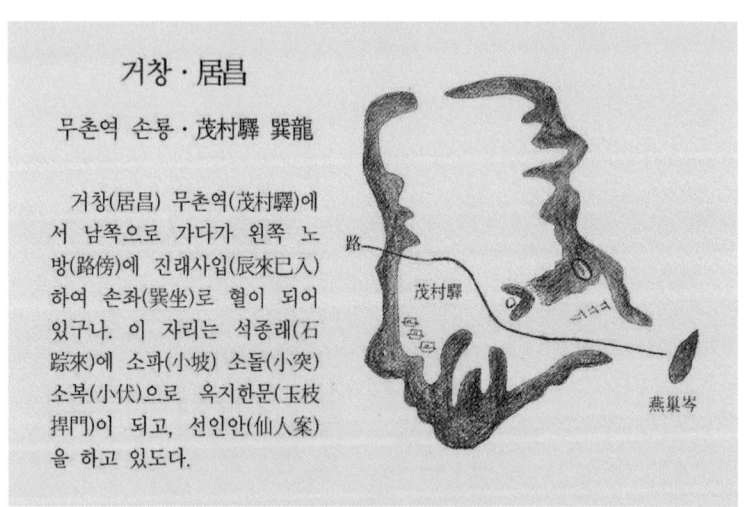

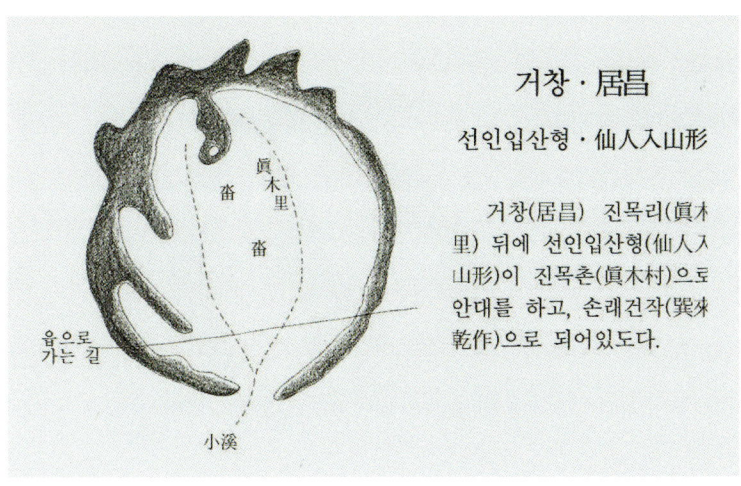

* 무촌 손룡은 감악산 래용으로 거창 오계마을 부근에 겸으로 맺혔다.
* 선인 입산형은 진목촌을 안산으로 하고 둔동리 산에 있는데 결록이 손래건작이라 한 것은 잘못되었다. 손래손작이라야 진목리를 안산으로 삼을 수 있다. 혈처에 관하여 일행 6명 사이에 두 발자국 정도 의견 차이가 있었으므로 다수결로 혈처를 정하고 술 한잔씩 올렸다

3. 진목리 비연심소와 유지앵소
* 산도

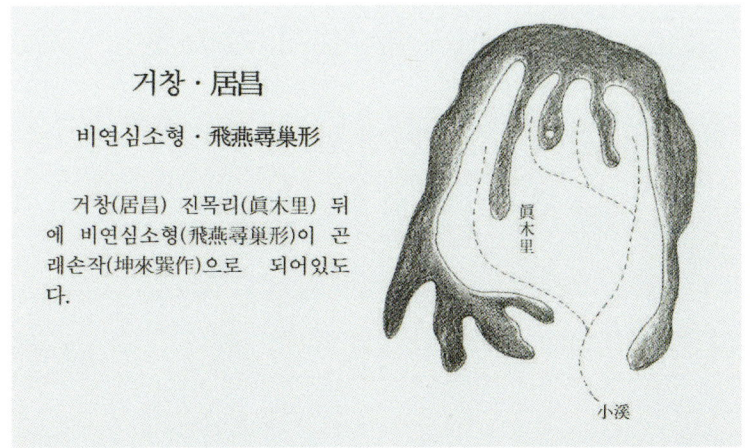

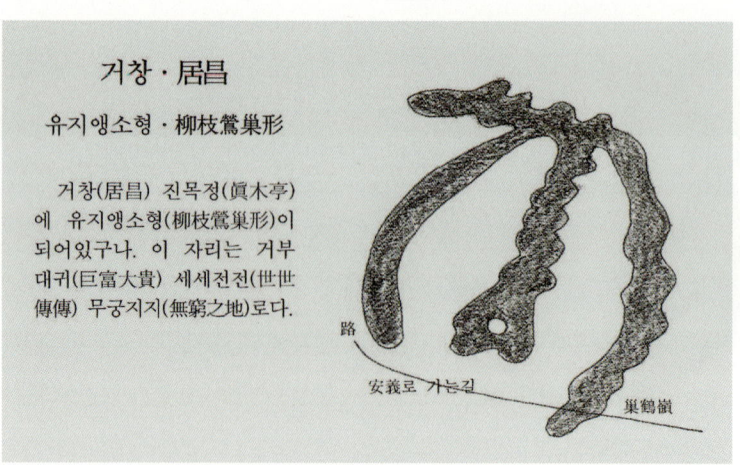

* 비연심소는 결록에 곤래손작이라 하였으나 진목리 마을 뒤에 그런 곳은 없다. 진목 소류지 부근 같은데 마을 부근이어서 사용 불가할 것 같아 답사하지 않았다.

* 유지앵소는 마을 서쪽에 있는데 개간으로 입수래용은 흐트러졌으나 혈처는 살아 있다. 자좌 거부지지.(2022.9.)

경남 고성군 동해면 시루봉 아래 극귀혈

유산록 후편 220p 도면이 있다. 답사한 바, 큰 독수리가 구절산에서부터 해변으로 날아 어의도 옆 바다고기를 잡으려 낙하하는 형상이다. 중등 중급.(2018.9.)

경남 고성군 음양택 2혈
(결록에 없는 곳)

1. 하일면 학동 최씨마을과 하일초등학교

고성 학동 최씨마을은 좌이산이 사격으로 좋다. 학동 최씨들이 옛날엔 토호들이었다. 하일초등학교 터는 중등중급 양택명당이다.

2. 영도면 양산리 선유산 음 양택(무결록지)

선유산에 명당 있다는 지인의 말을 듣고 찾아가 보았더니 영오면 양산리 동네 뒤 음택 소혈이 있고, 그 마을 258-@에는 야무진 양택이 있더라.(2018.7.)

경남 고성군 하일면 좌이(左耳)산 8혈

좌이산에는 8개 혈이 있다고 전해온다.

1. 하일면 사무소에서 좌이산 해안도를 따라가면,

①송천리 산33-4에 학동 최씨 묘가 노학하전형으로 있다. 학이 바다고동 먹으러 내려오는 형이다. 크게 발복하였고 좌이산 최고의 명혈로 친다. ②계속 진행하면 좌이산 등산로 입구가 있는 고개에 이르고 등산로를 따라 10분 정도 가면, 하일면 동화리 산 36-5 일원에 동아대학 재단 창립자 정 총장 가족 묘가 있다. 별도로 기재한다. ③다시 해안 쪽으로 가면, 마을 뒷산에 장군대좌, 해안에 유어농파가 있는데 이미 묘가 쓰여 있다. ④해안에 임란시 사용된 진터가 있고 최근 성곽이 재건축되어 있다. 예부터 만재(滿

載)보선(寶船) 있다고 전해온다. 별도로 쓴다. ⑤춘암마을 가기 전 춘암리 산20에 복치(?) 혈이 있고 발복한 것 같다. ⑥춘암마을 뒷산에 佳穴있으나 안산 부근이 석산 개발로 흉하게 되었고 ⑦춘암리 산 87에 좌이산 삼봉이 옹호하는 혈이 있으나 혈장 찾기가 쉽지 않다. ⑧유산록 후편 221p에는 횡락일렬, 화개산 결혈, 서향, 부귀무쌍이라 적혀 있고, 장익호 동호회가 올린 답산기를 보면 靑龍寺上 산정의 佛像 뒤에 바위로 싸여 있고 이미 쓰여 있다고 한다. 그 곳은 탈살이 안 되어 혈이 아니고 이미 무연고 묘가 되어 잡초가 무성하다. 청룡사 산신각 밑이 진혈이고 연소혈이다.

2. 경남 고성군 하일면 동화리 좌이산 陣터 滿載寶船

보선의 갑판은 성곽으로 둘러싸여 있는데 갑판에 기운 모이는 혈처가 있다. 주위 산들이 동그랗게 싸고 있고 바다가 깊숙이 백호쪽으로 들어와서 달이 떠 있는 것처럼 아름다웠다. 바닷물은 간만 조수에 따라 조용히 들어오고 나가기를 쉬지 않으나(생동감을 준다), 수구가 겹겹이어서 물이 나가는 것도 보이지 않고 파도가 없어 호수같다. 성곽 안이므로 사용할 수 없어 외면하지만 사용가능 여부를 떠나서 감상하면 상등초급 대혈이다.

3. 경남 고성군 하일면 동화리 산33. 장군등단형(만년향화지지)

동아대학총장 가족 묘가 있다. 육관 손석우가 잡은 터이고, 뒤에 투구봉 바위가 있고, 당처가 단상처럼 생겨서 장군등단형이다. 육관은 '터'라는 풍수소설을 발간하여 풍수에 관심을 끌게 한 공로가 있으나, 말년에는 헛묘자리를 많이 팔았다. 이 묘는 청룡, 백호, 안산이 없어서 세속적인 발복은 없다. 그러나 풍수적으로 래용이 좋고 외관상으로 보기에 훤하고 아름답게 보여 소위 '만년향화지지'이다.

만년향화지지 가운데는 고시레 묘(진묵대사 어머니 묘), 밀양 순교자 김범우 묘 등 세속적 발복은 없으나 여러 가지 연고로 향화가 끊이지 않는 곳이 많이 있다. 이 곳 묘도 동아학숙에서 마을사람을 직원으로 채용하여 잘 관리하고 있고, 정총장님 직계손은 뚜렷하지 못하지만 이 곳을 학교 재단 재산으로 편입시켜 향화가 계속될 것이다.(2020.10.)

경남 고성 일이승 산도 2혈

1. 고성읍 천왕산 천왕설연(天王設宴)

무학대사 지리전도서 614p, 고성에 있는 일이승 산도는 천왕설연과 둔군형 두 개이다. 천왕설연형은 찾기 어렵다.

＊천왕 설연 산도-- 결방산 산정에 곤래미작, 신좌

고성(固城) 천왕산(天王山)에 천왕설연형(天王設宴形)이 졌으니. 이는 결방산(結放山) 산정(山頂)에, 곤래미작(坤來未作)에 신좌(申坐)로 되어있도다. 이 자리는 후비지지(后妃之地). 혈심(穴深)은 일곱자(七尺). 하관(下棺)은 미시(未時). 주인은 두·마(杜·馬)씨.

* 첫날은 천왕산(대가면 581m) 뒤 고개(사슴농장)로 가서 정차하고 정상으로 올라갔다. 정상 남쪽 밑에 2년 전쯤 만들었다고 짐작되는 假墓가 있었는데 산도와 흡사한 위치에 있다. 그러나 바람이 사방으로 몰아치는 凶地이고 봉분 동쪽이 바람에 흐무러지고 있었다. 가묘는 어느 사기꾼의 장난으로 추측된다. 정상에서 곤래미작 신좌라면 연지리 방향인데 혈이 없었다. 두 번째는 고성읍 방향으로 야산을 한 바퀴 돌았으나 없었다. 세번째는 못 찾으면 포기하기로 작정하고 무량리 마을 뒤 서재봉에 올랐으나 없었다. 다시 산도를 보니 결방산 정상에 있다 하였으므로 주민에게 결방산을 물으니 모른다고 한다. 천왕산이 노기를 풀고 곤래미작 신좌로 된 곳을 찾아서 고성-사천 간의 국도 쪽으로 가보니 길 옆에는 없고 정상에서 크게 과협을 지어 국도를 건너 내려온 갈모봉 산림욕장 쪽이 유력하게 보였다. 20분쯤 등산하니 해안에서 넘어오는 소금쟁이 고개가 있고 그 곳에서 산등을 따라 가니 곤래미작 신좌혈이 있었다. 사방이 산으로 둘러싸여서 바람이 멎었고 안산이 화려하다. 술잔을 들고 있는 천왕의 오른 손이더라. 지금은 사용하기 어려우나 재물과 권세, 당대발복 중등중급대혈.(2018.7.)

* 혈처

사진출처 :
카카오맵 스카이뷰
(https://map.kakao.com)

2. 경남 고성군 회화면 배둔리 둔군형(屯軍形)

* 일이승 산도-- 대해안, 술래건작, 임해행에 자좌, 세세공신지지.

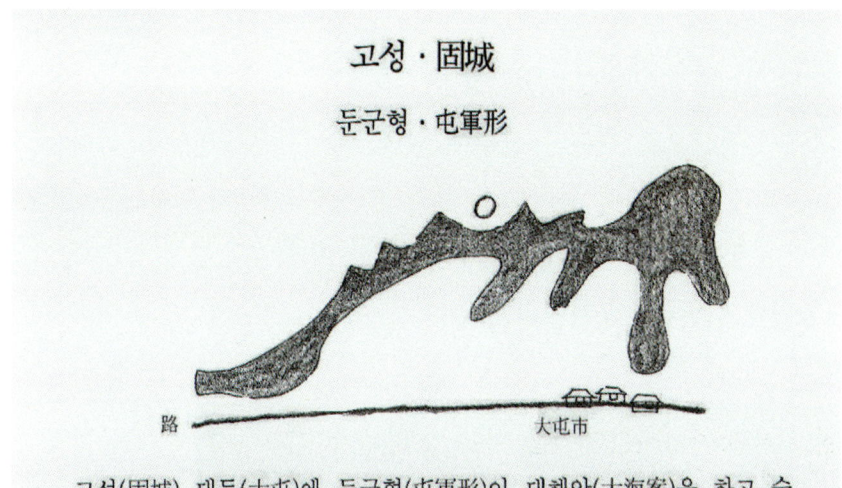

고성(固城) 대둔(大屯)에 둔군형(屯軍形)이 대해안(大海案)을 하고 술래건작임해행(戌來乾作壬亥行)에 자좌(子坐)로 되어있도다. 이 자리는 세세공신지지(世世功臣之地). 혈심(穴深)은 두자 반(二尺半). 하관(下棺)은 술시(戌時). 주인은 조 정 성(趙 鄭 成)씨.

* 답사한 즉, 고성 배둔 방화산 남쪽 길(영화로) 옆이고 바다쪽을 안으로 하고 있다. 안산이 험하여 싸우면서 축재할 듯.(2018.7.)

경남 고성과 울산의 손석우 소점지 3곳 (혈이 되는가?)

1. 육관 손석우

육관 손석우는 풍수지리 소설 "터"로서 단번에 신안으로 떠올랐고 많은 음택을 소점하였다. 처음엔 상당한 고수인 듯 소문이 났으나 말년엔 민폐도 있었다. 그래도 "터"라는 소설이 베스트셀러가 되는 바람에 풍수지리가 널리 전파되는 공적이 있었다. 필자가 알고 있는 육관의 소점지 세 곳은 명혈이 아니다.

2. 경남 고성군 하일면 좌이산(左耳山)

고개에서 정상으로 가는 등산길에 있다. 좌이산은 8명당이 있다는 곳인데 육관은 1970년대에 동아대 창립자 정순봉 총장 가족묘소를 소점하고 1980년대에 이씨 신후지를 소점했다. 정상 아래 투구봉이 있는데 육관은 장군등단형과 장군대좌형이라 하였다.

* 전체지도

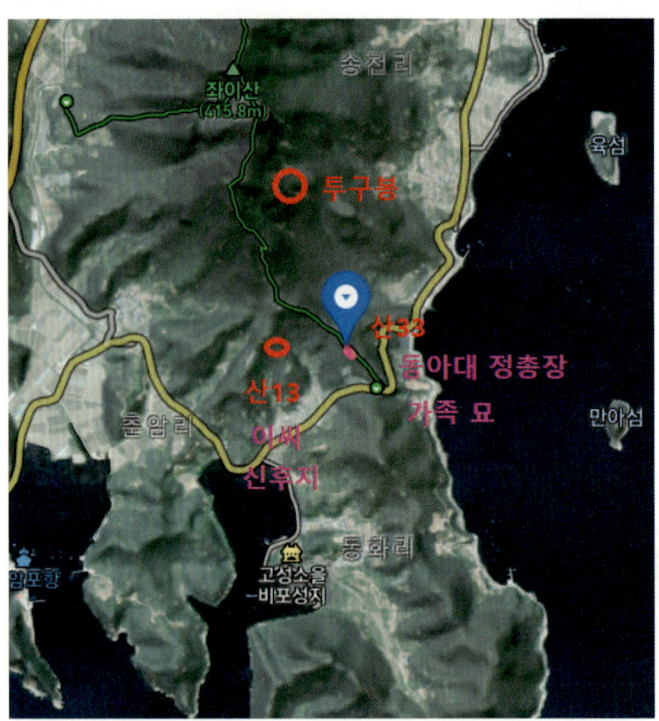

사진출처 :
카카오맵 스카이뷰
(https://map.kakao.com)

그 뒤 이씨는 신후지를 포기했고 정총장님 가족 묘는 청룡이 없는 탓인지 장남은 총장직을 승계하지 못했다.(2021.7.)

3. 울산 배내고개 소점지

＊세무서장을 지낸 박씨는 1990년대 중반 육관에게 부친 묘를 보였더니 이장하라는 권유를 받았다. 육관은 울산 상북면 이천리 산143-12 언양 배내고개 밑을 잡아 주고, 산신의 허락을 받아야 된다면서 초저녁에 산신제를 지냈는데 신들린 모습이었다고 한다. 산신제를 마친 후 이장일은 택일하여 알려줄 것이고 그때는 자신은 오지 않고 제자를 보낼텐데 이런 대혈은 제자도 잘 알 것이라 하였다. 이장 때 제자라는 스님이 왔는데 배내고개에 이르러자 제자는 앞장서서 육관이 소점한 장소와 좌향을 정확히 찾아내는 바람에 박씨는 탄복을 하고 더욱 육관의 말을 믿었다.

＊전체 국세

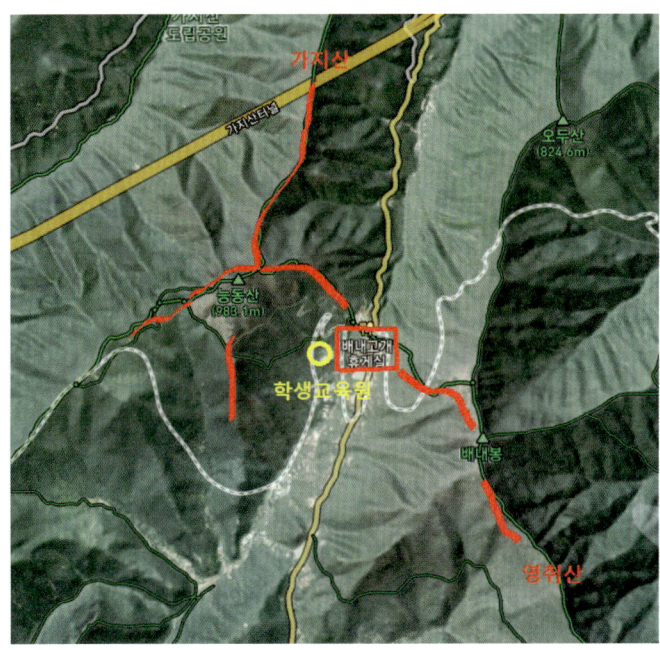

사진출처 :
카카오맵 스카이뷰
(https://map.kakao.com)

이장 후 1년은 별 탈없이 지나갔으나 곧 불법 매장신고가 당국에 접수되는 바람에 박씨는 벌금을 물고 배내고개 위로 다시 이장하였다.

＊내가 보기엔 대혈은커녕 흉지에 가까운데 제자라는 분이 어떻게 천광자

리와 좌향을 알아 보았을까. 이 수수께끼를 푸는데 2주가량 걸렸다. 나보다 빨리 푼 사람은 나보다 더 고수가 될 자질이 있는 사람이다.(사전에 묘주 몰래 제자를 데리고 현장에 갔을 것이다)

경남 김해시 상동 일이승 1혈, 성지 2혈

1. 김해의 결록지

김해에 있는 일이승 산도는 모두 9개이지만 토지개발로 인하여 사용할 수 없거나 소혈인 것이 많다. 지주앙천혈이 기혈이고(별도 간산기) 상동면에 옥녀직금(결록은 옥녀탄금이라 한다)이 사용여지가 있는데 나전고개의 옥녀탄금결록과 혼합되어 변질되었다. 성지 결로 김해 상동에 2개가 볼만하다. 상동에 관한 결록은 전부 훼손 또는 정확한 지적을 피한 것이라 생각된다.

2. 일이승의 옥녀직금과 옥녀탄금

* 산도

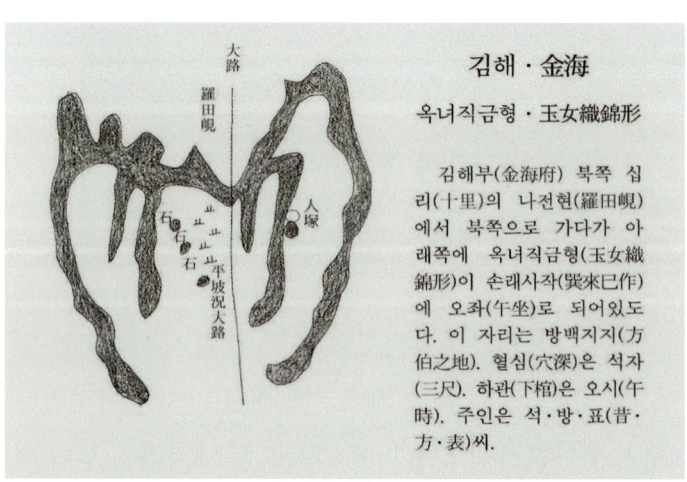

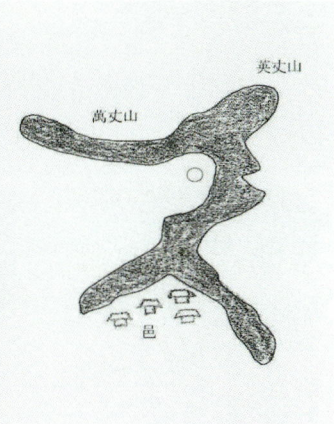

* 김해부 북쪽 십리 나전현이란 현재 김해시 나전리고개를 말하는데 옥녀직금혈은 공단 개발로 파손되었다.

* 결록에 의하면 산동산(현재 상동면) 옥녀봉은 화현지하, 봉발지상에 있다고 하는데, 현재 대구-김해 고속도로 상동터널 북쪽은 화현마을이고 남쪽은 봉발리이며 터널 위가 나현고개(지도상 화현고개)이다. 상동IC에 가서보면 한눈에 옥녀를 찾을 수 있다.

결록에서 혈 뒤에는 집이 들어서 있고 명당에는 萬馬가 달릴 만하다고 하였으나 상동에 그러한 곳은 없다. 산도일부가 훼손되었다고 추측한다. 옥녀가 베를 짜는 형국(탄금이 아니고 직금이다)으로 고속도로가에 북이 있고 청룡이 크다란 실뭉치이다. 주변이 개발되었으나 혈처는 살아 있는데 찾기가 쉽지 않을 것이다. 중등상급 대혈이다.

3. 성지의 옥녀탄금과 화림부봉

* 산도

* 옥녀탄금형은 산도를 보면 금동산 직하(대감리 산78 일원)로 추정되나, 국이 형성되지 아니한 허혈로 하수들이 속기 쉬운 곳이다.

* 화림부봉형은 산도에 의하면 봉발리 北 화현上 노변, 백노인봉案이라 하였고 현지 전설로는 낙동강이 조금 보이는 곳이라 한다. 화현고개 산등이 어느 정도 부합되는 바, 산등에 무수한 묘가 있다. 화림부봉이란 벌이 나무에 딱 붙어 있는 모양새이다. 왜 벌이 꽃에 붙지 않고 나무에 붙어 있는가? 바람이 불기 때문이고 벌의 얼굴이 나무를 향하고 있는 자세이다. 복시면장혈이다.

* 상동에 명혈이 3개 있는데 결록에 얽매이지 말아야 된다. 일이승은 1660년대에 활동하였고, 성지는 영남에서 활동하다가 명성을 얻어서 광해군(1575~1641 재위 1608~23) 때 상경하하여 득세하였다가 광해군이 몰락하자 행방이 묘연하였다. 인조반정으로 숙청되었다는 말이 통설이다. 좁은 지역에 성지가 두 곳만 찾고 하나를 빠뜨렸고 그것을 일이승이 찾았다는 것은 이해하기 어렵다.(2022.9.)

＊ 답사도

사진출처 :
카카오맵 스카이뷰
(https://map.kakao.com)

경남 남해군 덕신리 옥녀영랑(玉女迎郞)

＊ 경남 남해 노량대교를 건너면 덕신리가 있다. 임란 때 두사충이 명나라 군사진 터를 잡아주기 위하여 이여송을 따라 우리나라에 왔다가 종전 후 귀국하여 황제를 알현한 바, 황제는 조선에도 명당이 있던가를 물었다. 두사충이 3대에 과부 하나 생기는 것은 구우일모(九牛一毛)격인 옥녀영랑이 있다고 대답하였다고 한다. 후세 사람들이 이런 전설을 듣고, 옥녀가 좋은 신랑 만나 옥동자 낳고 백년해로하는 명당이 있는 줄 알고 찾아 헤맸으나 찾지 못했다고 한다.

＊ 필자도 몇 번 가보았지만 찾지 못 하던 중 가만히 생각하니 옥녀가 신랑을 만나는 형상이니 옥녀 위주로 찾을 것이 아니라 신랑을 찾는 편이 빠르

겠다고 생각하고 다시 찾아보았다. 찾고 보니 신랑은 변강쇠 같은데 옥녀는 옹녀 같지 않고 매우 허접하였다. 옥녀는 남편에게 꼼짝 못하고 남편은 놀고 먹으며 건강하게 살 터이니 과부가 생길 리 없다.

　두사충이 황제에게 우스갯 소리를 한 것이고 황제도 웃었을 것이다. 그래도 괴혈인데 현장이 훼손되고 있어서 안타깝더라.(2017년)

경남 밀양시 만어산 삼랑진 방면 음택 5혈

상·중·하의 3혈이 있다고 알려져 있다.

* 유산록 후편 59p 산도

1. 삼랑진읍 우곡리 S씨 3형제 부모 묘

　만어산 상단(上段)혈이고, 오른쪽 쇠뿔이 대단하다. 장남은 시장, 차남은 3선 국회의원, 막내는 검찰 고위직을 역임하였으니 이 정도면 중등상급

명당이다. 그러나 욕심이 과하여 부친 묘(원래 재혈이 잘못되어 있었다)를 이장하고 대패하였다. 유산록 후편 58p. 비봉포란이 여기라고 생각되는데 물형은 비룡은산형이 정확할 듯.

2. 삼랑진읍 용전리 산102-1, 순교자 김범우 묘

정조 때 순교. 전순이 흘러 내려서 기운이 멈추지 아니한 과룡처이다. 세속적 발복은 없고 천년향화지지이다. 요즈음 치장을 많이 하였다.

3. 삼랑진읍 용전리

성지 산도가 있다. 일어형(一漁形) 또는 잉어부수형. 만어산 중단(中段)혈이다. 용전공단 위에 있다.

4. 삼랑진읍 송지리 산49 금곡만당형(金穀滿堂形)

유산록 후편 60p. 만어산 하단 혈인데 혈 아래 묘가 있다. 중초.(2019. 5.)

경남 밀양 단장면 단장마을 양택

태조 가지산에서 출행한 용(龍)은 밀양시 단장면 안법리에 가래봉을 세우고 단장마을을 전개하였다. 許氏古家(유학자 허재가 1890년 건축, 3대 유학자 가문)가 있는데 부근에 중등중급의 양택이 있다. 허씨 고가는 면적이 넓은데 이곳은 혈장이 좁은 대신에 문필봉을 비롯한 좋은 사격이 많이 있고 긴장감이 있다.(2023.12.)

경남 밀양시 산외면 엄광리 산 66-1
촛대바위 옥촉조천형

바위봉 위에 올라가려면 맨몸으로도 힘들다. 정상에는 흙도 있고 제법 넓다. 3인이 작성한 비결 도면이 있고 큰 혈로 취급하고 있다. 이미 묘 2기가 쓰여 있는데 진혈을 놓쳤다. 묘를 쓰면 올라가기 힘들어서 무연고 묘가 되기 십상이므로 지금은 묘를 써서는 안 되는 현대판 금혈(禁穴)이다. 최근 다녀온 사람은 묘 관리가 되고 있다 한다. 골짜기 안에 박연차 회장 생가터(엄광리 127)가 있는데 촛대바위는 독수리 역할을 한다.(2017.2.)

* 산도

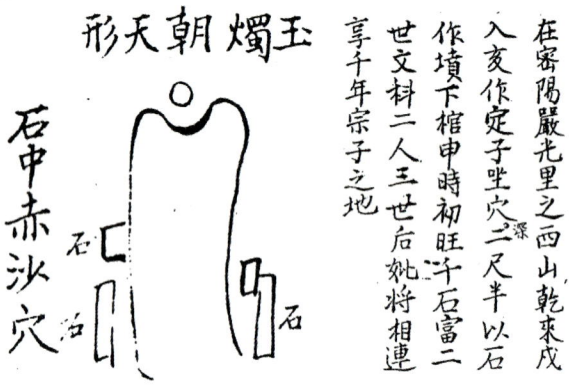

경남 밀양시 산외면 희곡리 용암산 상제봉조

유산록 후편 54p, 중산-임자낙맥-건해전신(용암산) 금곡리 상에 상제봉조. 칠탄산이 안이되고 임감입수, 정파, 당대재상, 부귀, 장상과갑(將相科甲)부절(不絶)-- 금곡리 상이 아니고 희곡리에 있다. 칠탄산이 안산이 아니고 승학산 말락이 안산이다. 중등중급 대혈.(2018.4.)

경남 밀양시 삼랑진읍 행곡리 옥녀탄금

＊유산록 후편 58p. 취서산의 우맥은 금오산에 이르러 좌우개장하고 구남리 후에 결혈하였다.(성지 산도에 대혈로 소개하였으나 과장된 것이다)

＊취서산(울주군 상남면, 1081m, 일명 영취산)은 엽수봉, 매봉산을 거쳐 삼랑진읍 행곡리에 이르러 금오산이 우뚝하고 南으로 천태산, 西로 구천산으로 개장한 가운데 중출맥의 끝에 옥녀탄금형이 결혈되었다. 아래쪽에 천태호가 수구가 되고 3가지를 펼친 가운데 중지에 결혈되었다. 혈처는 협소하고 무연古墓가 옆에 있는데 급경사로 접근이 어렵다. 부귀 속발지. 중등초급.(2019.2.)

경남 밀양시 청도면 호암산 장군대좌
(소태리에 있는가, 요고리에 있는가?)

1. 유산록 간산

＊유산록 전편 449p에 의하면, 무안에서 일박(一泊)하고 화악산 西便에 있는 호암산 정상에 올라 중심출맥처를 찾았다고 한다. 그러나 장선생님 같은 고수가 정상에 혈처가 없는데 600m의 고지를 등산하였을까, 의문이다. 아마도 높이 올라가지 않았을 것이다.

＊중심출맥, 一大유혈, 장군대좌, 장상지지이다. 물은 丙午方으로 사라진다. 만산이 호위하여 백리에 달하고 혈성이 풍후하다. 大乳를 이루어 평평하게 수두(垂頭)하였으니 혈은 미미하게 머리를 들어 원와(圓窩)를 형성한 고총 바로 뒤이다. 혈의 직전과 후방에 무수한 고총이 있으나 적중하지 못했다. 해좌사향이면 大發할 것이나 작은 차이라도 있으면 패망할 것이다.

2. 탐사

*대구 비슬산(1084m)은 천왕산(619m)으로 와서 세 갈래로 나누어져 동쪽으로는 배바위산과 화악산(932m)으로, 서편으로는 창녕 태백산으로, 남쪽으로는 화왕산(757m)으로 간다. 호암산(600m)은 천왕산에서 화악산으로 가는 도중에 횡으로 낙맥한 짤막한 산이다. 혈처는 호암산으로 가기 전에 남쪽으로 낙맥하였는데 이런 경우 천왕산 낙맥이라 하겠으나 옛 사람들은 높은 산이 있으면 그 일대의 낮은 봉은 모두 높은 산 소속으로 보았고, 더욱이 호암산은 행룡 도중에 있는 횡맥인데다가 수두를 혈처로 향하고 있다. 호암산 장군대좌라 불러도 좋다는 뜻이다.

*호암산 중출은 요고1리 방면처럼 보이나 호암산 정상이 수두하는 곳은 소태리이다. 눈으로 정상이 수두하는 곳을 따라가 보니 장군체를 찾을 수 있어 혈처를 찾아 갔다. 산자락에는 무수한 묘가 있었는데 혈처는 밑에 와로 된 곳에 고총 1기와 그 밑에 1기가 있었고 혈처 위에는 묘가 없었다. 즉, 전후로 고총이 있다는 유산록과 차이가 있다. 자좌로 보면 깨진 바위가 안이 될 것이므로 대패할 것이고 재혈이 매우 어렵다.

*호암산 수두와 장군

사진출처 : 카카오맵 로드뷰(https://map.kakao.com)

* 호암산 래용(來龍)

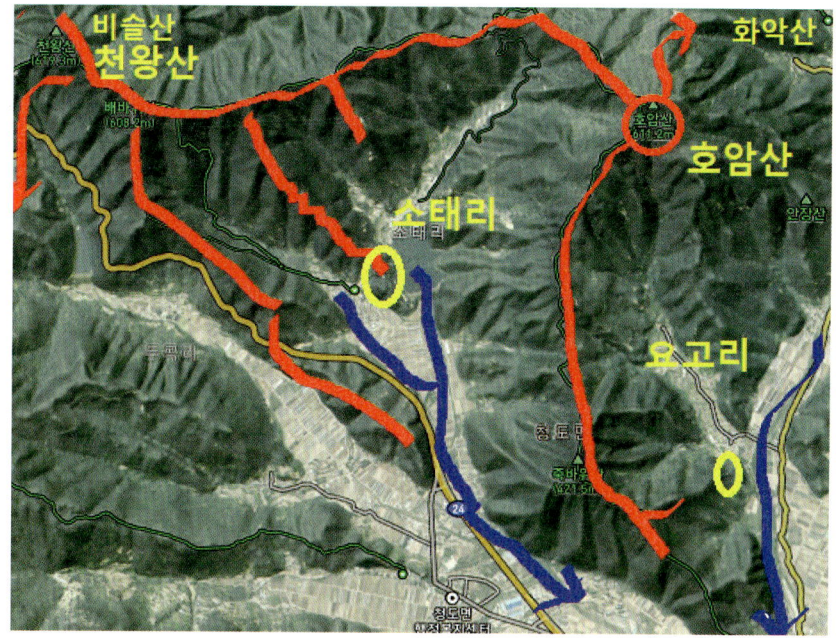

사진출처 : 카카오맵 스카이뷰(https://map.kakao.com)

4. 요고리 說

 * 모풍수는 호암산 남쪽 평전마을(추정; 청도면 요고리 1803-1)에 진혈이 있다고 주장한다.(밀양 유산록 4혈 간산기 참조) 그러나 주장지는 호암산 계축낙맥(유산록은 건해낙맥이라 함)이고 반궁수이다.(2021.2.)

경남 밀양시 유산록 4혈
(탐침봉 풍수 B의 소점, 전부 가짜혈이다)

1. 밀양시 4혈

 * B씨는 유산록에 의거하여 밀양에 있는 호암산 장군대좌, 위양리 매화

낙지, 동산리 선인 앙장을 찾아 보고 간산기를 썼다. 유산록 전편 449p 는 호암산 장군대좌에 대하여 자세히 해설하였으나 나머지 2혈은 후편 45p에 산도를 표시해 놓았을 뿐 해설하지는 않았다. B씨의 간산기는 허혈을 지적하였는 바, 철제 탐침봉과 곡괭이로 혈처를 파헤쳐 보는 습성을 버리지 않으니 산신이 진혈을 보여주지 않는 것이다.

2. 청도면 요고리 호암산 장군대좌
가) 혈처가 있을 듯한 두 곳
 유산록에 근거하여 B씨는 요고리에서 장군대좌를 찾았고 나는 소태리에서 찾았다. 어느 곳이 진혈인가?(소태리에 대하여는 필자의 간산기 참조)

나) 유산록과 B씨 간산기
 * 유산록 전편 449p-- 무안에서 일박 후 호암산에 오르니 중심출맥, 일대유두혈(一大乳頭) 장군대좌이다. 만산이 호위하여 백리에 달한다. 혈 前後方에 무수한 고총이 산재하였으나 적중치 못했다. 진혈은 원와를 형성한 고총 직후이다. 해좌사향이 합법이다.
 * B씨 간산기는 호암산 건해낙맥하여 요고리에 결혈, 혈앞 조그마한 봉우리가 북이고 뒷봉이 무곡성체(金星体)이다. 혈 앞 정경부인 여주이씨 묘가 있고(술좌) 혈 후 贈 정경부인 경주안씨의 묘(자좌)가 있다.

다). 검토
 * 주장지는 요고리 평전마을 건너편으로 추측된다.
 그러나 반궁수이고 유산록은 호암산 건해낙맥이라 하는데 주장지는 계축낙맥 건해입수이다.

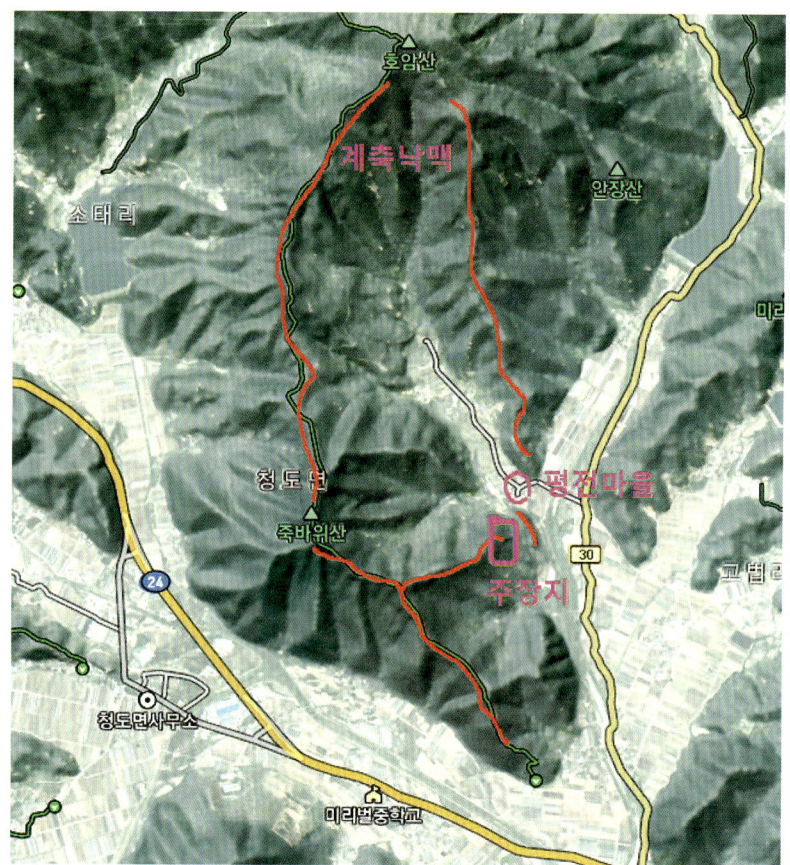

사진출처 : 카카오맵 스카이뷰(https://map.kakao.com)

3. 유산록 산도(후편 45P) 3혈

＊산도-- 유산록은 3혈을 표시하였다. 글자가 작아서 보기 힘든데 위양리 매화낙지, 퇴로리 행주형, 동산 선인 앙장이라고 짐작된다. 그러나 산도에서 물길을 보면, 동산은 중항마을(청룡이 동산이다)이고 선인앙장형이 아니고 연소형이다.

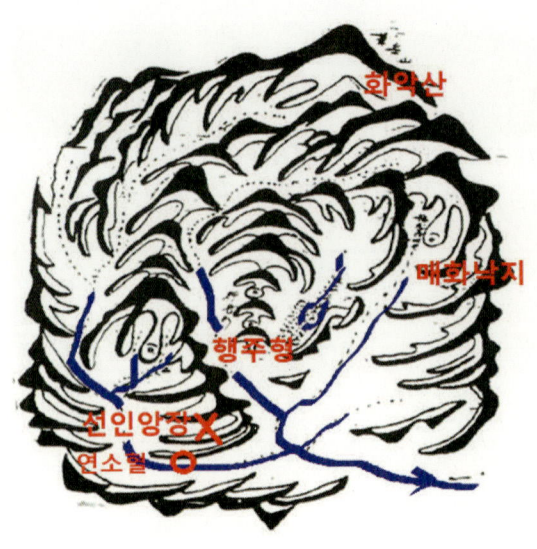

* 위양, 퇴로, 대항리 중항마을 지도

사진출처 : 카카오맵 스카이뷰(https://map.kakao.com)

가) **위양리 매화낙지**는 아래 지도 표시(지적지로 추정)가 간입수 계좌정향. 수구 위양지는 맞으나 청백이 무정하고 국세가 산만하다. 동네길지급이다.

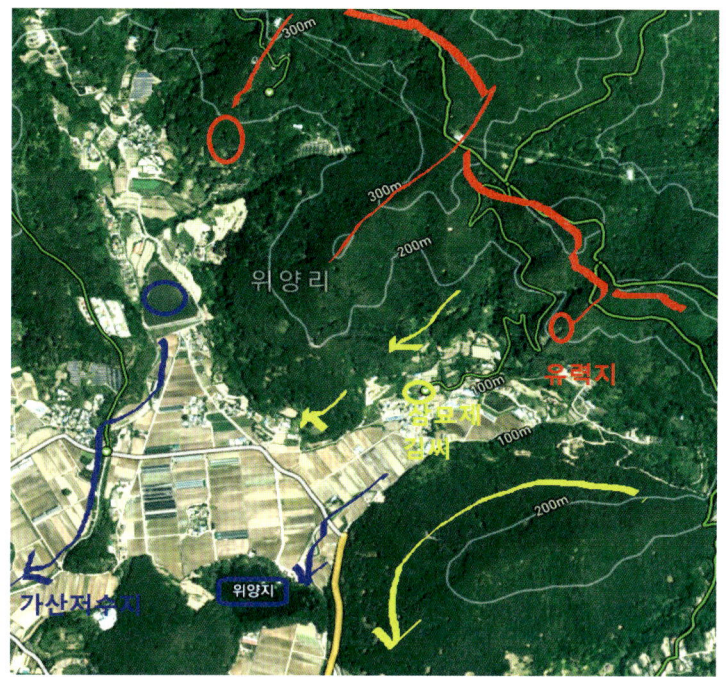

사진출처 : 카카오맵 스카이뷰(https://map.kakao.com)

나) 퇴로리 행주형

산도에 있는 퇴로리 행주형은 음택은 아니고 돗대산 아래 이씨들 마을로 유명한 양택이다(영화촬영지). 양반으로 어깨 힘주며 공부를 잘해서 서울대 출신이 많다. 요즈음도 주말이면 후손들이 많이 온다.

다) 중항마을 황씨 집성촌

산도 중 퇴로 옆 혈지는 부북면 대항리 가운데 중항 마을인데도 B씨는 산 하나 너머에 있는 엉뚱한 무안면 동산리를 찾았다. 아마도 동산이란 단어에 혼동된 것 같다. 중항마을은 연소형이고 장수황씨 집성촌으로 5십여 호에 제실이 네 개나 있다. 동네 뒤 황씨 입향조 묘와 황씨들 묘가 많이 있다. 안산이 되는 남산이 일품이다.

＊중항리와 동산리 지도

사진출처 : 카카오맵 스카이뷰(https://map.kakao.com)

4. 동산리 선인앙장

＊유산록이 제시하는 곳은 중항마을이다. B씨 주장의 무안면 동산리 산은 청도천이 반궁수로 보인다. 주산 내지 현무가 빈약하여 혈이 아니다. (2021.2.)

경남 밀양시 일이승 산도 3혈

밀양에 일이승의 음택 산도가 몇 개 있으나, 소혈이거나 개발로 효용가치가 없다.

1. 초동면 맹호도강

* 일이승 맹호도강 산도

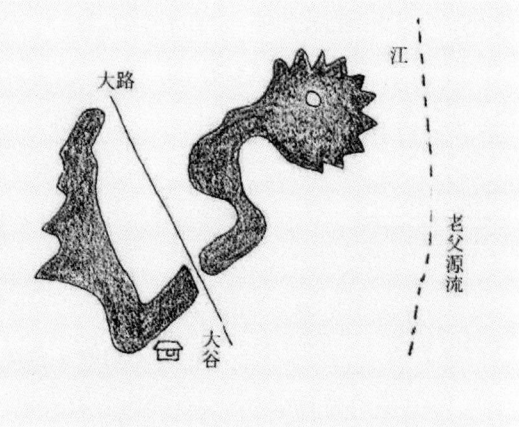

* 초동 검산마을 부근 검안리 산인데 규모가 작다. 중등초급.(2018.2.)

2. 상남면 동산리 선인무수

* 일이승 산도

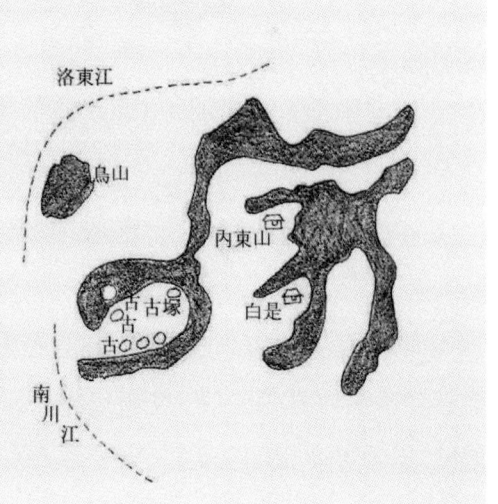

＊산도는 큰 길 아래 강가를 표시하였다. 그 곳은 추루하고 안산도 무기력하여 혈이 생길 수 없다. 근처에 무수한 묘가 있다. 진혈은 도로 위 동네 뒤쪽에 있다. 당대발복 초등명당.(2017. 가을)

3. 가곡동 비룡등천 형
＊일이승 산도

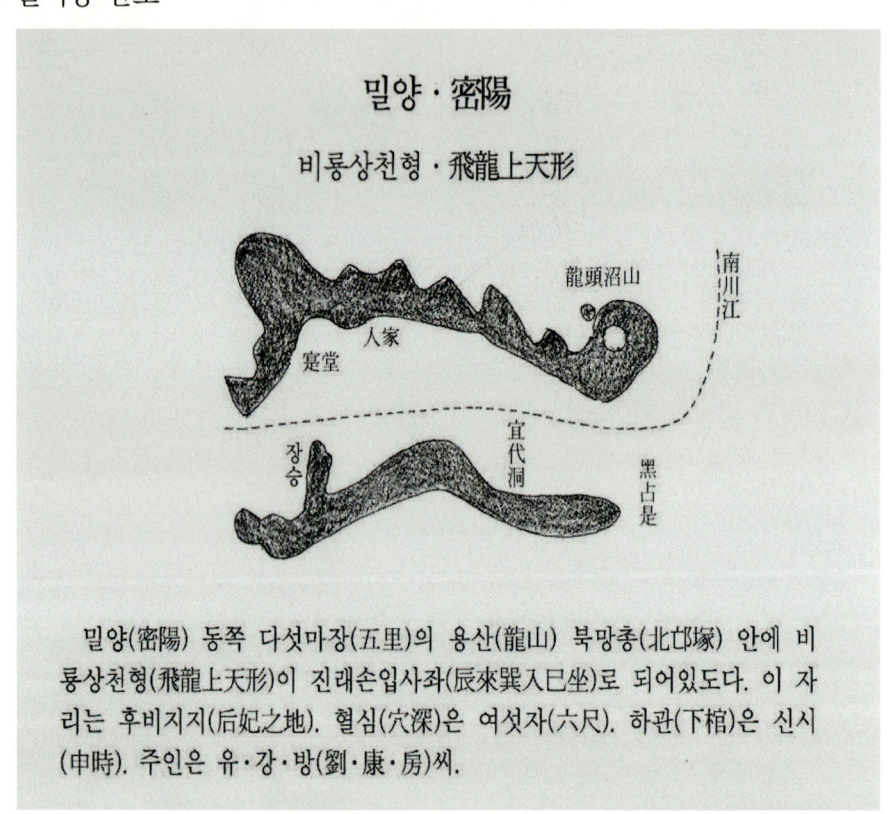

＊산도에 좌향이 없으면 찾지 못할 곳이다. 청용사와 천경사 사이에 있고 밀양강이 굽이쳐 흐른다. 청룡이 없는 듯 보이나 암공하는 청룡이 감아 돌았다. 초등명당.(2017.4.)

경남 밀양시 초동 면사무소 동북 금계포란

＊유산록 전편 448p. 많은 사람이 초동면 사무소 부근에 있는 금계포란을 찾고 있으나 오늘까지 찾았다는 사람이 없다. 면사무소 뒷산에서 박환 낙맥한 일지는 무곡성(註;금성)이 중후하게 돈립(頓立 조아리다) 낙맥하여 결혈. 수거신술방(水去辛戌方), 향은 손좌건향, 거부지지, 혈 전후에 묘를 썼는데 후장(後葬)은 패(敗)하였을 것이다.

＊화악산에서 남쪽으로 내려오다가 한 줄기는 종남산, 하남읍으로 가고 한 줄기는 연상리, 오방리 초동면 사무소로 온다. 초동면 사무소 일원에서 수거신술방 손좌건향이 생길 만한 곳은 한 곳 뿐이다. 평판 결혈하여 찾기 어렵다. 대혈은 아니고 동네 길지급?. 유산록은 혈 前後에 묘가 있다고 하는데 면사무소 일원에서 손좌건향의 묘가 있기는 하나 수거신술이 되지 않는다. 장선생님 지적지는 우리와 다르다.(2018.1.)

경남 사천시 서포면 비토 해안 음양택 3혈
(無결록지)

＊서포면 비토리 폐교된 초등학교 왼쪽 부분에 양택이 있고 옆 산등에 길지급 음택이 있다.

＊서포면 선전리 검섬길에 연화부수형의 중등급 양택이 있다. 혈처에 서면 큰 연꽃 속에 있는 느낌이다.

＊서포면 구랑리 산 72-2에 크게 팔을 두 번 벌리면서 내려온 중등중급의 좋은 혈(옥토망월?)이 있었는데 남평문씨들이 집장지를 조성하면서 원형을 파손하였다.(2019.9.)

경남 사천시 와룡산 비룡도해
(탐침봉 풍수의 소점, 진혈은 따로 있다)

1. 삼천포 와룡산은?

＊와룡산(사천시 백천동, 801m, 옛 삼천포)은 지리산에서 고성 천왕산으로 갔다가 180도로 회전하여 무이산을 거쳐 회룡고조한 산이고, 민재봉(799m), 새섬바위(801m), 상사바위(630m)의 삼봉을 합쳐 와룡산으로 통칭한다. 최근까지 민재봉이 정상인줄 알고 정상석을 세웠으나 높이가 800m에서 1m 부족한 799m이었고 지도상 800m는 되어야 산으로 대접을 받는다는 규정 때문에 삼천포 사람들의 애를 태웠다. 다행히 최근 측량 결과 새섬바위(천지개벽시 온통 바다가 되었는데 새섬바위가 섬처럼 남아서 새 한마리가 앉아 피난하였다는 전설이 있다)가 801m라고 측정되었다 하니까 정상석을 옮겨야 하겠다.

＊새섬바위

2. 유산록 후편 223p

와룡산에서 손사로 낙맥한 대지(大枝)는 명지재에서 낙맥하여 대결, 삼천포의 주혈, 하동 금오산(849m)이 조산(朝山), 부귀여산(富貴如山), 상론 불가.

와룡산에서 손사로 낙맥하였다는 뜻은 손사방을 향하여 진행한다는 뜻이 아니고 손사방향에서 출발하였다는 뜻이다. 헷갈리기 쉽다.

3. 간산기

모 풍수가 2021.2. 작성한 산도를 보면 용현면 구월리, 비룡도해형(飛龍渡海形), 경유파, 묘좌유향, 금오산이 조산(朝山)이라 하였다.

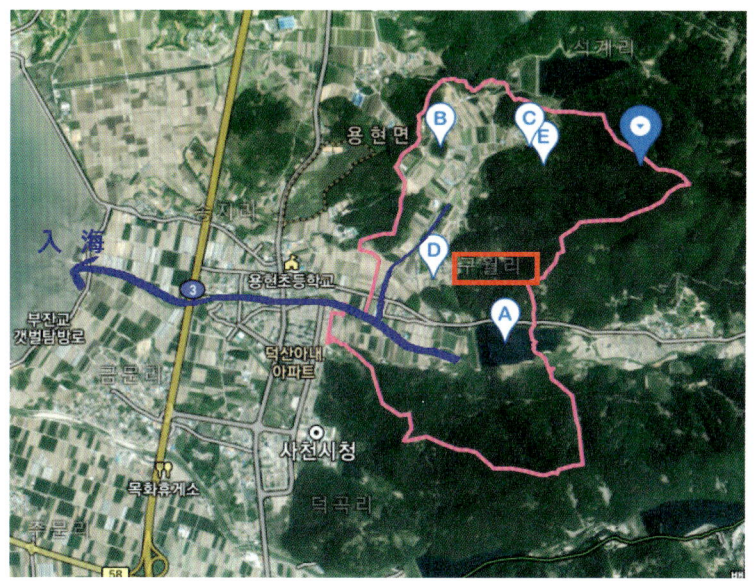

사진출처 : 카카오맵 스카이뷰(https://map.kakao.com)

4. 검토

*모 풍수는 구월리마을 뒷산을 지적하는 것 같다.(간산자가 올린 사진은 구월리 309에서 촬영한 듯)

* 그러나 구월리는 물이 앞으로 바로 나아가(直去) 바다로 들어가고 수구가 짜이지 않았다. 수구가 짜임새 없이 넓게 퍼져 있는 곳에는 옥답과 천 칸 집이 있어도 다음 세대까지 내려가지 못하고 저절로 흩어 없어지리라.(이중환의 「택리지」 말이나 음택에도 적용된다)

* 진혈처는 신복리에 있고 물형은 아룡은산형이다. 상론 불가할 정도의 대혈은 아니고 중등초급이다.(2021.2.)

경남 사천시 이명산 아래 유산록 2혈

1. 서포 영구망해

* 유산록 전편 455p-- 사천 서포(西浦)북 십리허(十里許)에 영구망해형, 유좌묘향, 손사득 계축파, 이명산에서 건해낙맥 20여 리, 좌우사중첩, 대해조당, 郡內수혈.

* 모풍수의 지적지로 추측되는 곳는 진혈처가 아니다. 그리고 항룡농주라고 기술하였으나 영구망해의 지적지이다. 진혈은 동네쪽이다.

사진출처 : 카카오맵 스카이뷰(https://map.kakao.com)

2. 황룡농주

＊유산록 전편 457p-- 그 아래 해변으로 내려가니 황룡농주형이 결혈되었으니 만대부귀할 것이다. 어떤 이가 근거리에 범장하였다.

＊모풍수는 구랑리 811-5, 정미입수에 정미좌, 간인파, 누군가 건좌손향으로 범장했다고 썼다. 그러나 왜 지적지를 혈처로 보았는지 모르겠다. 진혈은 유산록 후편 217p. 자세한 기록이 있어서 찾기 쉽다.(2021.2.)

경남 사천시 진교면 고이리 蛇頭穴

＊일제 때 인물나는 것을 막기 위하여 혈처에 저수지(청룡저수지?)를 조성하였다가 논으로 개간하였는데 풍수들이 지금도 다녀간다고 한다.

이명산 중출맥이 고이리 방면으로 내려오다가 도중에 한걸음 옆으로 옮겨 몸을 틀고 사두를 만들었다. 청룡쪽에서 내려온 큰 개구리가 안산이 되고 그 끝이 쭉 내려가 수구가 되었다. 外 청백이 겹겹이 보였다. 큰 뱀이 개구리 쫓는 대사추와(大蛇追蛙, 逐蛙)형이다. 그러나 뱀은 高貴한 物象은 아니므로 속발 거부 권세지지이고 문무 장상지는 아니다. 중등 초급. (2019.11.)

＊전체 지도

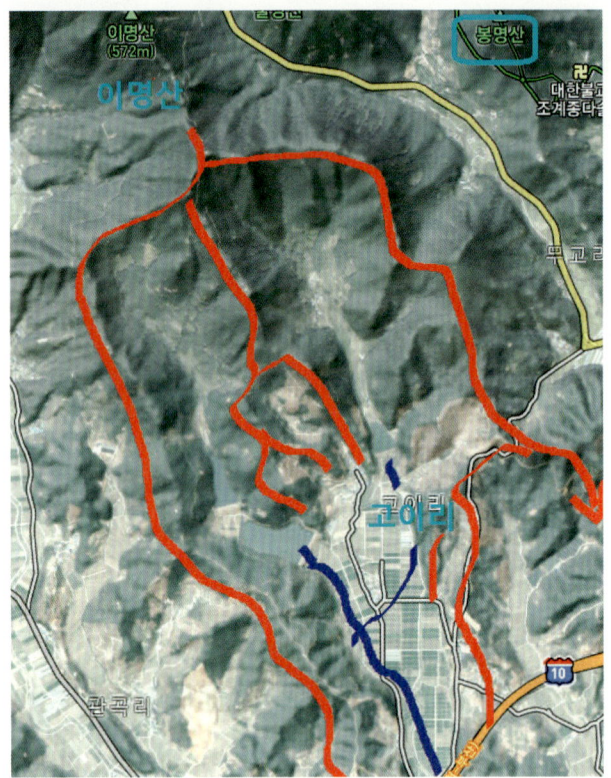

사진출처 : 카카오맵 스카이뷰(https://map.kakao.com)

경남 산청군 경호강변 성인혈과 병오계주혈
(天下大穴인데)

1. 왕산의 경호강변 말락지

왕산(925m)은 지리산 천왕봉에서 내려왔다. 왕산 자체에 있는 혈은 다른 간산기를 쓴 바 있다. 왕산의 경호강변에 일이승 산도의 성인혈(聖人穴)과 병오계주혈(丙午繫舟穴 병오방 즉 남쪽에 묶어둔 배)이 있다. 왕산은 지리산 천왕봉으로부터 기운을 내려받아서 계주혈을 통하여 실어 나르기 때문에 계주혈은 천하대혈이다. 너무 큰 혈이므로 적임자를 구하지 못하는 바람에 파손되었다. 성인혈은 전원주택지 부근이고 중상급 대혈인데 좌향 잡기가 어렵다.(2022.5.)

2. 성인혈과 병오계주혈

* 산도-- 성인혈은 봉하산 아래에 있고 병오계주혈은 필봉산 아래에 있다.

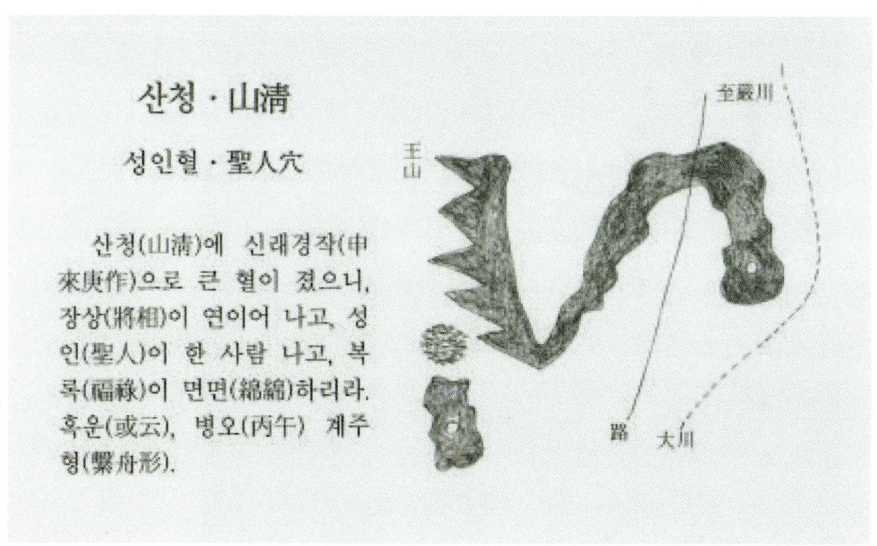

* 혈처 지도

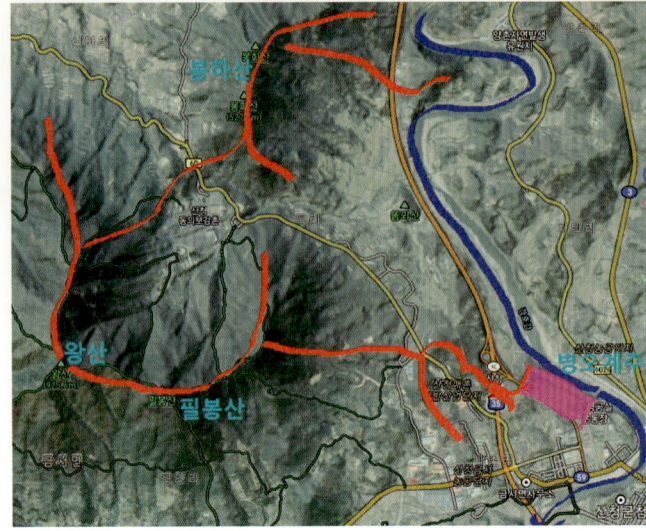

사진출처 :
카카오맵 스카이뷰
(https://map.kakao.com)

* 천왕봉에서 왕산

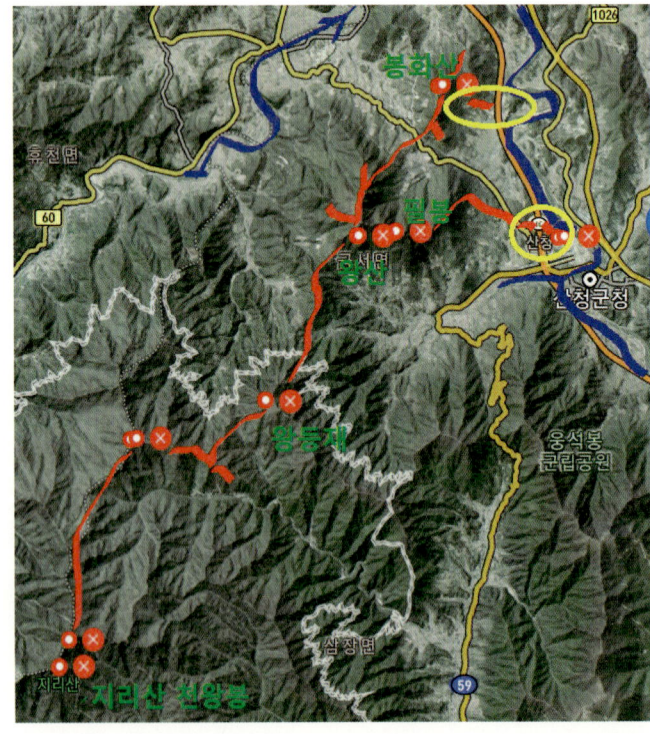

사진출처 :
카카오맵 스카이뷰
(https://map.kakao.com)

경남 산청군 단성면 음양택

1. 강누리 교동 마을 양택(금환낙지)

백마산이 옥녀이고, 적벽산이 머리빗. 남강이 거울이라고 설명하는 분도 있다. K씨의 기와집 부근이 진혈이지만 전면이 짜이지 못하여 허전한 감이 있다. 중등초급.

2 단성면 방목리 음택

산청 복음전문병원 옆에 자라목 좌우로 음택 2혈이 있다. 월명산, 백마산이 특립하고 남강이 왼쪽에서 전면으로 흘러가지만, 빠져나가는 곳은 보이지 아니한다. 중등초급.(2019.4.)

경남 산청군 신안면 월명산 만산(滿山)명월

유산록 후편 110p. 산성리 후에 명혈 맺었으니 부귀관세 만세 영화지지. 답사한 즉, 중촌리 백마산과 월명산 중간에 산성마을이 있고 이씨 제실 있는 부근인데 평면 지도로 보아서는 알 수 없다. 입수에 이르는 행룡이 기묘하다. 속발부귀 중등중급. 아래에는 초등상급의 양택이 있다.(2019.1.)

경남 산청군 왕산 황우앙천외 2혈

왕산에는 황우앙천, 옛 국쇄 제작소, 구형왕릉 세 곳이 풍수적으로 볼만하고, 경호강변으로 내려오면 일이승 산도에 병오계주형과 聖人형의 대혈이 있는데 파혈되었다.

1. 금서면 왕산 황우(黃牛) 앙천형(仰天形)

*유산록 전편 395p. 지리산 천황봉 낙맥 수십 리 탁립 녹존대성. 大江은 멀리서 싸고 돌아가고 직락 수십장, 개겸(開鉗)하여 혈을 맺다. 어느 도인이 알아볼까. 암소는 앞에 있고 황우는 한번 크게 웃는다. 天下의 보화(寶貨). 그 아래 평지 낙맥하여 매화낙지가 결혈. 다시 유산록 전편 10p, 황우앙천형은 누군가 표시를 해두었다. 매화낙지는 고령토 채취로 결인처(結咽처)가 절단되었다.

*황우앙천산도-- 황소가 하늘을 올려보고 웃다.

*왕산(王山, 923m)은 고속도로를 지나다니면 웅장한 모습을 볼 수 있는 산이다. 앞에 있는 암소가 아름답다. 필봉산(858m)이 쇠뿔이고 혈은 소 입에 있다. 치표는 없었다. 좌는 신좌. 거부지지 중등중급. 그 밑에 있다는 매화낙지는 공단조성으로 파혈된 것 같았다.

2. 금서면 한방테마 공원 뒤(옛 국쇄 제작소)

*10여 년전 토목공사 때 가본 적 있다. 명장인 민모 씨가 국비지원을 받아 전국을 찾아다닌 끝에 이곳을 점지하였다고 한다. 민씨는 재기가 충만

하여 건물과 석물치장이 뛰어났더라. 그 뒤 국쇄 제작 방법이 전통식이 아니고 민모 씨는 전각의 대가(大家) 부산 석불(石佛)의 제자라고 자칭하지만 석불의 아들이 그런 제자가 없었다고 하는 바람에 사기죄로 징역 2년인가를 살았다.

출감 후 그 터에 관하여 풍수 책을 발간하였는데 전국을 답사한 끝에 이곳이 백두대간의 남쪽 심장부임을 확인하고 바위 3개를 세워 진산하고자 하였으나 2개는 안치하고 마지막 한 개를 안치하지 못한 탓에 본인 개인적으로나 국가적으로 많은 사고가 발생한다는 요지이다.

 * 지금은 기(氣) 수련장이 되어있다. 토목공사 때보니 청룡 쪽 저 멀리서부터 바람이 들이치고 있는데도 터를 너무 넓게 조성하고 있었다. 그 뒤에 가보니 청룡 쪽에 화로 2기를 설치하였으나 바람막이로 역부족인 듯하였다. 정부지원금으로 관광용인지 개인 왕국인지 불분명하게 건축하였으니 동업계의 시기를 받아 大敗하였을 것이다.

3. 금서면 화계리 산16 (구형왕릉)

가락국 마지막 왕 구형왕(양왕)의 피라미드 형 돌무덤이다. 양왕은 김유신 장군의 증조부라 하는데, 내가 갔을 때 인천김씨 화수계가 조화를 놓았더라. 묘터는 천옥과 같은 골짜기로 명당이라 할 수 없으나, 가락국의 마지막 왕으로 부끄러워서 숨어지내기 좋은 곳이다. 땅은 용도에 따라 가치를 평가해야 된다. 구형왕에게는 명당이겠으나 세속적인 발복과는 무관하다. 명혈은 아니지만 묻힌 사람의 역사적 지위 때문에 만년향화지가 된 것이다.(2018.2.)

경남 울주군 치술령 래룡 유산록 3혈

치술령 동쪽 산 비탈의 북쪽은 경주 땅이고 남쪽은 울산 땅이다. 유산록 후편 49p에 군선취연(群仙聚宴), 장군대좌(將軍大座), 장풍취기가혈(藏風聚氣佳穴), 금반형(金盤形)이 게재되어 있다. 장군대좌는 취술령을 장군으로 하는 혈인데 오천정씨가 사용하여 발복한 것 같고, 금반혈은 장선생님 재혈처 절(節)에서 논한다. 모두 중등중급의 좋은 혈이다.(2018.9.)

*범서읍 두산리 먹골 군선취연형-- 과수원 일대에 군선들이 모여 잔치하고 있다. 중등중급.

*경주시 외동읍 녹동리 산 114, 두산지상 장군대좌-- 오천정씨가 사용.

*경주시 외동읍 녹동리 석계지상 서쪽 장풍취기 가혈-- 큰 접시를 기울어 놓은 듯하다. 대와, 속발대부. 중등중급.

경남 양산시 정족산 유산록 3혈

1. 어떤 간산기의 오류
최근 어떤 풍수책을 보니, 유산록을 근거로 양산 정족산을 간산하였는데 2개의 유두혈에 상제봉조가 하나씩 결혈되었고, 크다란 고총이 대살처에 들어 있는데 진혈은 비어 있다고 하였다. 그러나 유산록을 보면 상제봉조 1개, 쌍룡희주(双龍戲珠) 2개, 합계 3혈이 있다.

2. 유산록
*유산록 후편56p. 취서산에서 신평리 천전도수(穿田渡水) 점점(漸漸) 고기(高起)하여 정족산(749m). 그 아래 상제봉조형이 대결(大結)하여 천봉

(千峯)이 화려하게 모였다. 혈 아래 2개 계곡물이 합류하고 배가 지나다닐 수 없게(不通舟格) 수구가 막혀 있고 굽이굽이 10여 리 관세(關鎖)하여 양산 大川과 합류한다. 文武 將相 大賢出. 쌍룡희주는 본문에는 없고 아래와 같은 산도(후편 57p)를 게재하였다,

* 정족산 쌍룡희주

3. 진혈처

2018.7. 대성암 방면으로 정족산등에 올라 관망한 즉, 수목이 우거져 앞을 보기 어렵더라. 부득이 더위를 무릅쓰고 정상으로 등산하여 내려다 보고 혈처를 추측했다. 상제봉조는 중출맥이 은혈로 내려와 대와(大窩) 중 미미한 쫓로 결혈되어 찾기 어려웠고 찾았으나 자신은 없다. 쌍룡은 상제의 청룡과 백호이다.

이 곳에 대혈이 생기는 이유는 첫째, 주산인 정족산이 빼어났다. 둘째, 멀리 천성 제2봉으로 내려가던 용의 일지(一枝)가 역으로 3키로를 치고 올라와서 큰 구슬을 만들어서 안산이 되었다. 셋째, 물길이 빠져나갈 수 없게 수구를 만들었다가 옆으로 10리를 흘러 양산대천과 합류하는 국세 때

문이다. 3혈은 모두 구슬을 안으로 삼아야 된다. 상제와 청룡은 찾았으나 백호는 골짜기가 깊어 건너지 못했다. 상제는 중등중급, 쌍용은 중등초급.

4. 사용불가

혈처를 찾아도 사용하기 어렵다. 500m 고지에 숲이 울창한데 묘를 쓴다면 1시간 이상 등산하여 묘를 관리해야 된다. 앞으로 그런 효성있는 후손이 있을까? 근래에 이장한 파묘터가 여러 基 보이고 나머지 묘는 잡목 속에 돌보는 사람이 없이 초라하게 있더라. 무연고 묘가 되었다면 자식을 원망할 테니 발복이 있을 리 없다.(2018.8.)

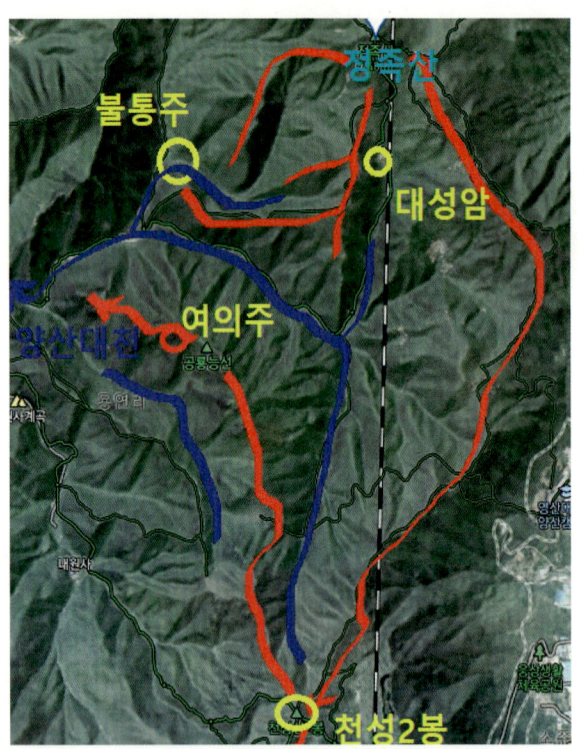

사진출처 : 카카오맵 스카이뷰(https://map.kakao.com)

경남 의령군 낙서면 무결록지 2혈

 *낙서면 율산리10@-- 한우산의 낙동강변 말락지이다. 강바람을 내청룡이 단단히 막았다. 작지만 야물다. 유지앵서형. 갑좌
 *낙서면 정곡리 15@-- 낙서초등 西쪽, 혈전 논은 예전엔 갈밭이었다. 연화부수형, 자좌.

경남 의령군 봉수면 신현리 비봉행운(飛鳳行雲)

 *유산록 후편 114p--태백산 천리래도(來到), 양계수합류 역국 20리, 낙동강과 합류 좌선, 대강은 금성수를 형성하여 을진방으로 長流, 부귀滿天下, 극귀혈.
 *합천군 봉수면은 의령군 봉수면으로 행정구역이 변경되었다. 신현리 획개골에 고총 아래에 맺혔다. 봉황은 삼봉안(三峰案)을 향하여 구름을 휘몰고 높이 난다. 자좌, 부와 권세. 중등상급 대혈.(2018.12.)
 *유산록은 미타산 건해로 낙맥하여 익구리에 가혈 하나가 맺었다고 하는데, 감암리 산33-1로 추정되나 고속도로 공사로 훼손되었다.

경남 의령군 유산록 6穴
(탐침봉 풍수의 소점지, 전부 가짜이다)

1. 모 풍수의 간산기
 *모 풍수는 2020.9.무렵 의령군에 있는 유산록의 혈 여섯 개를 찾아 간

산기를 올렸다. 남이 쓴 간산기에 대하여 나쁘게 비판하는 것은 당사자에게는 기분 나쁠 것이고 남들도 결례로 생각할 것이다. 그러나 곡괭이와 탐침철봉을 갖고 다니면서 자연을 훼손한다는 점에서 비판받아 마땅하다. 2만 풍수 중 1%인 2백 명이 탐침봉을 갖고 다니면서 한 달에 1인당 다섯 곳을 뚫는다면 일년에 1만 2천 개의 구멍을 뚫는다. 그것도 자기 땅이 아닌 남의 땅이다. 자연을 사랑하는 자가 아니면 진혈을 찾을 수 없다는 진리를 실증하고자 한다.

＊탐침봉을 자랑스럽게 게재

2. 벽화산 장군대좌

＊장익호 유산록후편 113p-- 의령 벽화산을 소조로 한 말락지, 간인 낙맥, 병오방 南江大朝, 안산은 천리를 와서 평지에 엎드리고, 소치대결, 왕후 장상지, 도안이 아니면 알아보기 어렵다

＊탐침봉풍수는 화정西 上2里, 간입수, 장군대좌형이라 하고 혈처 가기 전 오른쪽에 소류지가 있다고 한다. 지도를 보면 소류지가 네 개 있는데 간입수와 합치되는 곳은 2개이다.(이 일대는 모두 손사파이다)

＊추측되는 지적지-- 소류지 부근의 빨간 빗금이 간입수가 되는 추정 혈처이다.

사진출처 : 카카오맵 스카이뷰(https://map.kakao.com)

＊소치행룡

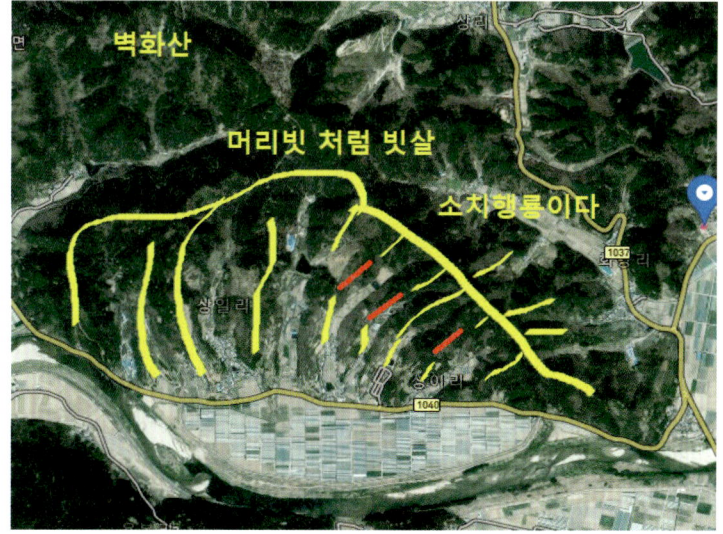

사진출처 : 카카오맵 스카이뷰(https://map.kakao.com)

* 진혈-- 소치행룡은 드물다. 지적지(추정)는 기운이 없고 소치행룡의 한 가지에 불과하다. 진혈의 물형은 장군대좌가 아니고 금구하산형이다.

3. 삼봉산 비룡등운형

* 유산록 후편 113p---의령 동북십리, 운곡근처, 래팔거팔혈, 건해좌.

* 간산자는 갑묘입수, 병오파, 혈하 고분산재, 문천무만을 추가하였다,

* 간산자가 주장하는 혈처 추정지(용덕면 운곡리)---입산 초입에 운곡리 고분군 30여 기가 있으므로 찾기 쉽다.

사진출처 : 카카오맵 스카이뷰(https://map.kakao.com)

* 진혈-- 지적지는 래팔거팔(來八去八) 행룡이 없다. 강변으로 가는 행룡에 노란색 표시의 래팔거팔이 있으나 운곡리를 벗어났다. 유산록이 100%

정확도가 있는 것이 아니다.(필자의 장선생님 재혈지 참조) 래팔거팔(來八去八) 행룡에 비천오공형의 진혈이 있다.

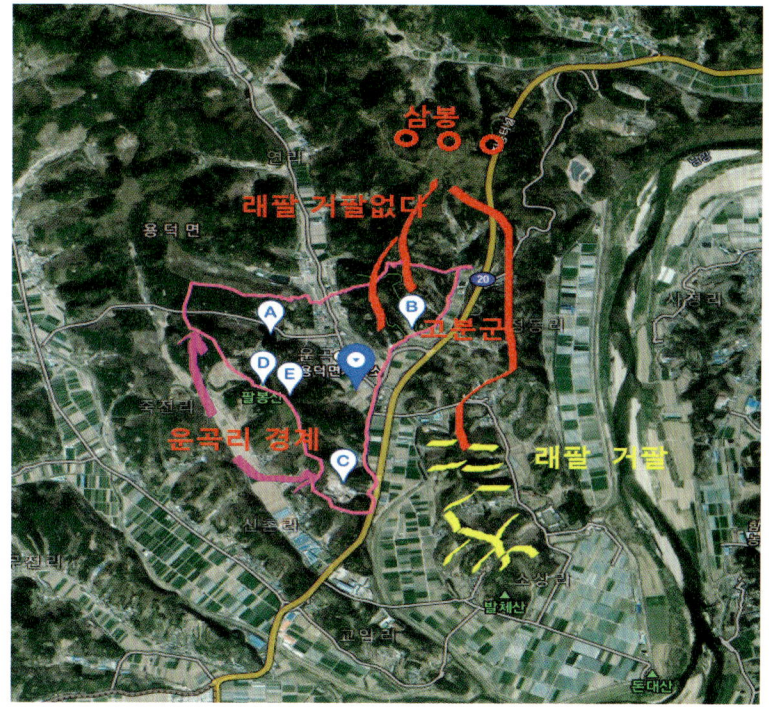

사진출처 : 카카오맵 스카이뷰(https://map.kakao.com)

4. 용두산 비학도강형이라는 곳

＊유산록 후편 113p-- 정곡면 가현리상, 대강 혈전환류, 서향, 비학도강형.

＊간산자는 간인낙맥, 계축입수, 손사파, 갑좌, 혈하 경주김씨 묘를 추가하였다. 그러나 지적지는 죽은 미꾸라지의 등이다. 진혈은 취수장 위쪽이다. 불과 몇 년 전에 쓴 묘인데 일행 중 한 사람이 망인과 알고 지내던 사이라 하면서 깜짝 놀라더라. 애석하게도 재혈을 잘못하였다.

사진출처 : 카카오맵 스카이뷰(https://map.kakao.com)

5. 봉화산 비룡도강이라는 곳

* 유산록 113p 봉화산 하, 비룡도강형, 신좌, 대강금성수, 간인파, 손사수래조, 만세영화지지.

* 간산자는 의령군 적곡리 동네 뒤, 혈하에 경주김씨 가족묘가 있다고 한다. 그러나 지적지는 기운이 없고 신좌가 나오기 어려우며 손수가 래조하지 않는다. 진혈은 위의 지적지 동북에 있다.

6. 진등산 봉황귀소라는 곳

* 유산록 후편 113p-- 성당리 후에 결혈, 유좌에 계파, 부귀대발지.

* 주장지 -- 유산록 간산기는 위와 같이 짤막하게 한 줄만 적었으나 모씨 간산기는 "진등산 신술낙맥, 봉곡리 봉황귀소, 신술입수에 유좌, 계축파, 봉곡천거수"라고 추가하였다. 그러나 추측되는 주장지는 혈 앞 좌측에 공망殺이 있어서 진혈이 아니다(아래 지도 참조). 계축파도 될 지 모르겠다.

진혈에는 군자감 담양 전씨묘가 있다. 자연 상태는 유입수 유좌 같은데 망인의 생년과 연관이 있는지 모르겠으나 경입수 경좌로 하였더라. 청룡에 태양광이 설치되어 있다. 물형은 새집(鳥巢)형인데 주변에 봉황체가 없어서 봉황집은 아니다.

* 군자감 담양전씨 묘

* 전씨묘 지도

사진출처 : 카카오맵 스카이뷰(https://map.kakao.com)

7. 왕봉산 운중선좌라는 곳

＊유산록 후편 114p-- 그 위(註; 웅곡리 이운룡 장군묘의 학비등공혈을 말한다) 십리허 삼거리(三巨里) 상에 명혈이 결혈되었다.

＊유산록은 위와 같이 간략한데 간산기는 자기가 본 허혈에 운중선자란 물형을 붙이고 길게 썼다. 왕봉산 경유락, 두곡리 선인단좌, 신술입수, 병오파, 혈 아래 저수지, 저수지上 경작 흔적.

＊혈처 주장지 지도-- 삼거리와 저수지는 지도상에 있다. 그러나 그 일원에는 토관(土棺) 하나 묻을 곳도 없다. 이미 있는 무덤도 모두 무연 분묘가 되어 있다. 진혈처는 삼거리 서쪽 고갯마루에 있는 호승예불이다. 호승머리가 동그랗고 우뚝하며 목탁도 있다.(2021.2.)

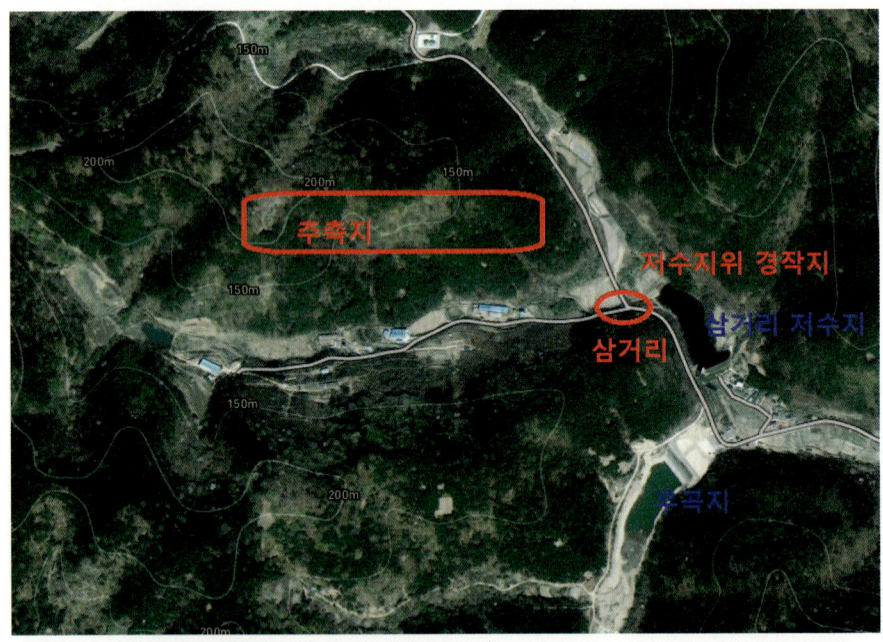

사진출처 : 카카오맵 스카이뷰(https://map.kakao.com)

경남 의령군 상리 벽화산 금섬(金蟾,금 두꺼비)형

* 일이승 산도

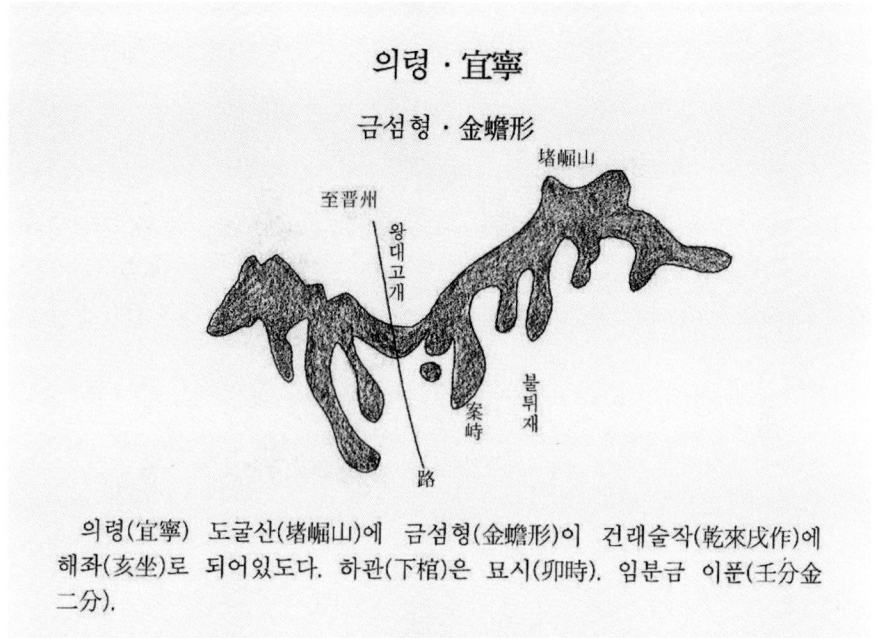

* 겸(鉗)으로 결혈되었고 백호가 안인데 좌향이 어렵다. 결록을 보면 분금이 필요하다. 중등중급.(2017.2.)

경남 의령군 일이승 음택 3혈, 양택 2혈

1. 일이승 산도

무학대사 지리전도서에 의령에 관한 혈로서 음택 6개, 양택 2개가 실려 있다. 창룡농주는 솥바위(鼎岩) 부근인데 개발되었고, 자굴산 상제봉조와 벽화산 금섬혈은 별도 간산기를 올렸다.

* 창룡농주, 유지앵소, 신반리 음양택, 남사들 음양택

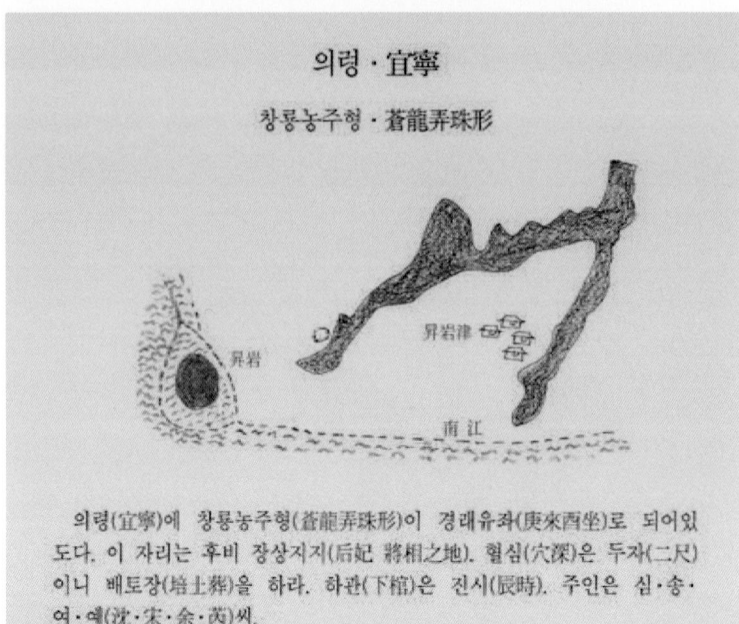

의령(宜寧)에 창룡농주형(蒼龍弄珠形)이 경래유좌(庚來酉坐)로 되어있도다. 이 자리는 후비 장상지지(后妃 將相之地). 혈심(穴深)은 두자(二尺)이니 배토장(培土葬)을 하라. 하관(下棺)은 진시(辰時). 주인은 심·송·여·예(沈·宋·余·芮)씨.

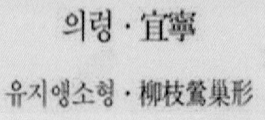

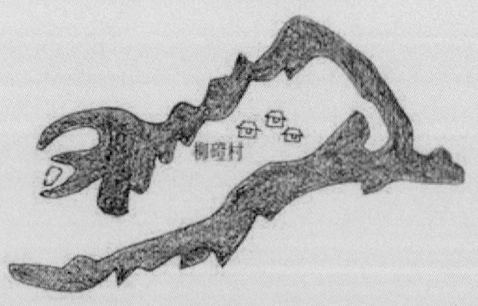

의령(宜寧)에 유지앵소형(柳枝鶯巢形)이 곤래신좌(坤來申坐)로 되어있도다. 이 자리는 방백지지(方伯之地). 혈심(穴深)은 두자(二尺). 하관(下棺)은 진시(辰時). 주인은 신·방·윤(申·方·尹)씨.

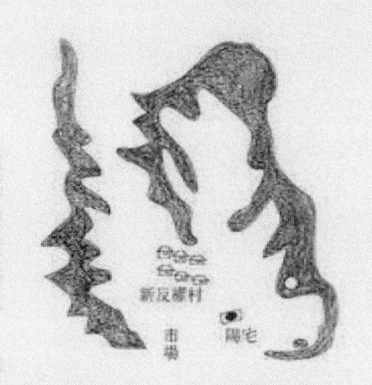

의령·宜寧
신반리 음양택
新反里 陰陽宅

의령(宜寧) 신반리(新反里)에 음양택(陰陽宅)이 있으니, 위에는 양택이 곤래신좌(坤來申坐)로 되어있도다. 부(富)는 만석(萬石)에 이르고, 벼슬은 목사(牧使)에 이르리라. 주인은 박·문(朴·文)씨.

수구(水口)에는 음택이 간래인좌(艮來寅坐)로 되어있도다. 혈심(穴深)은 두자(二尺), 하관(下棺)은 술시(戌時). 주인은 최·정·송(崔·鄭·宋)씨.

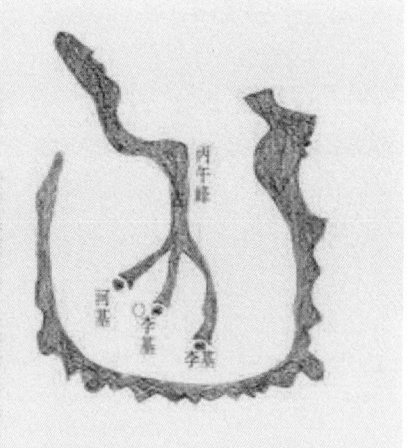

의령·宜寧
남사들 음양택·餘沙陰陽宅

의령(宜寧) 남사들(餘沙)에 음양택이 되어있으니, 양택(陽宅)은 오래곤신(午來坤申)으로 낙맥(落脈)하여 미일절(未一節)에 곤좌(坤坐)로 되었도다. 음택(陰宅)은 병오(丙午)로 뻗어내려 들 가운데(野中)에 일악(一岳)을 만들고, 칠성석(七星石)이 위훈(圍暈)하여 명당이 되었으니, 이는 도내(都內)에서 이름을 떨치는 부귀가 나리라. 혈심(穴深)은 두자(二尺), 하관(下棺)은 오시(午時).

2. 답사

* 남사들은 현재 지도상 지명이 없으나 행룡으로 보아서 세간리로 추측된다. 양택은 산도에서 지적한 未일절이 백호가 되어 90도로 굽어서 혈처를 보호한다. 결록은 곤좌 즉, 백호 너머로 보라고 하였으나 유좌가 시원하게

보인다. 속발 거부지지. 음택은 논으로 개간되어 찾을 수 없었다.

　*유지앵서는 길에서 빤히 보이는 산자락에 있는데 재혈이 의문스러웠다. 안산인 석녁산이 날개를 벌리고 춤추는 모습이 일품이다.

　*신반리 음택은 권씨 제실 뒤에 있고 혈처에는 권씨 묘가 있다. 정혈은 몇 걸음 떨어져 있다. 산도는 초등학교 뒷산을 가리키고 있으나, 그 곳은 곤래 신좌가 될 수 없다.

　*신반리 양택은 부림초등학교 래맥이고 현재 농경지이다.(2022.9.)

　*답사도

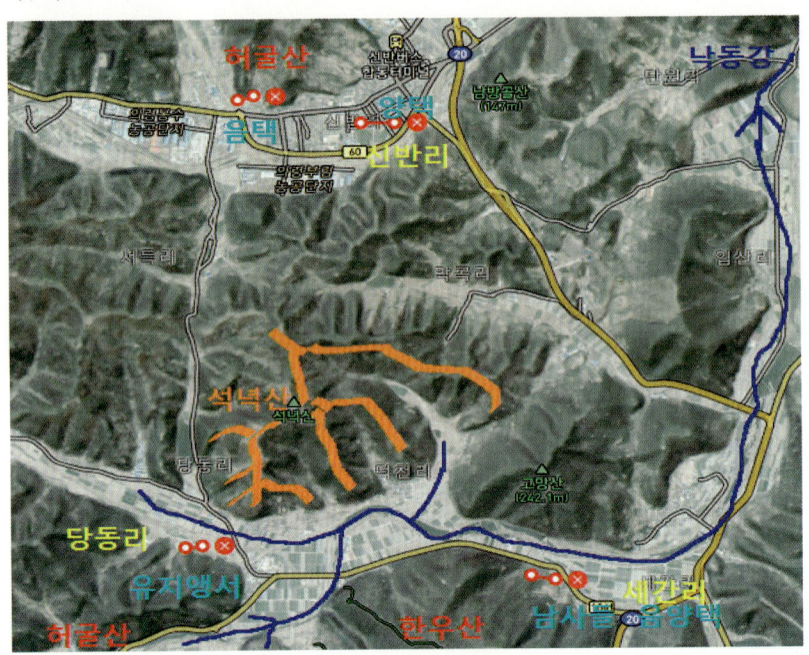

사진출처 : 카카오맵 스카이뷰(https://map.kakao.com)

경남 진주시 오방리 산 166 하륜 묘

조선 초, 대풍수인 하륜의 조부 부모가 있고 하륜 묘도 부근에 있다. 모두 속기가 없고 전순이 혈처를 받쳐주지 못한다. 하륜은 강원도에서 졸(卒)하였는데, 이 곳은 초혼장이란 말도 있다.(2019.1.)

경남 창녕군 길곡리 상길마을 양택

유산록 후편 44p. 종암산이 온천고개에서 과협 후 기봉하여 좌우개장, 산상평야에 陽宅大器 결혈-- 길곡리 상길마을에 있는데 속발거부, 문장. 바깥 수구가 허술하여 아쉽다. 중등중급.(2018.12.)

경남 창녕 남지읍 무결록지 3혈과 창녕군 봉산리 무결록 2혈

1. 남지읍 반포리 연화도수
남지읍 반포리 낙동강변에 연꽃이 물로 쏟아지고 있는 형상이다. 창녕 화왕산에서 출행하여 낙동강변에 구진산을 세우고 결혈되었다. 조용하고 아름다운데 결록에 없다. 갑좌, 부귀겸전, 중등중급.(2023.5.)

2. 남지읍 아지리 갈마음수
남지읍 아지리 서쪽 갈마음수형이 병좌로 결혈되었다. 古人들의 눈은 매섭다. 10여m 위에 관리가 되지 않는 고총이 있다. 기혈이다. 중등중급.

3. 남지읍 성사리 강변 음택대혈

남지읍 신전리 산87에서 대개장한 뒤 중출맥에서 성사리로 내려와 아름다운 음택대혈이 결혈되었다. 7~8개의 봉황이 둥글게 날아 내리며 외청룡이 되고, 그 중 3봉이 안산이 되었다. 案山 너머로 영산 영축산이 필봉되고 함안 무릉산이 노적산이 된다. 위의 성사리 음택혈 부근에 양택대혈(유좌)과 집장지도 있다.

4. 창녕군 봉산리 산215과 산173 부근에 결록에 없는 음택이 있다.

5. 창녕군 영산면 봉암리 554 임좌로 노학하전형이 결혈되었는데 장유로 내려온 산등 가운데 어느 곳인지 찾기 어렵다. 기감을 시험해 볼 곳이다.

6. 이상의 혈들은 산도로 전해야 될 큰혈인데도 일이승이나 두사충 결에 없다. 아마도 낙동강변이어서 예전엔 접근하기 어려웠던 탓이라 생각한다. (2023.3.)

경남 창녕군 태백산 유산록 군신봉조 외 3

1. 대합면 대동리 산6 태백산 군신봉조

*유산록 후편 41p, 산도는 42p-- 태백산 아래 개국 수백리, 산곡간(山谷間) 비장, 극귀혈.

*병조판서 벽진이씨 병조판서 이장곤(1474~1519) 묘(창녕 대동리 산6) 위에 있다. 입구에 금호재(琴湖齋)가 있고 묘지 관리를 잘하고 있다. 진혈이 상당히 뒤에 있다. 안산이 사룡처럼 되어 있으니 이를 피해야 하고 좌

우 청백이 특히 돋보이는 곳에 진혈이 있다. 멀리 낙동강이 보이고 겹겹 안산이 아름답다. 그러나 당판이 빈약하여 중등초급? 이장곤의 묘에 관하여는 별도 간산기 참조.

2. 대합면 장기리 학비등공

*유산록 후편 41p. 천왕산 태조, 장기리 저수지의 北, 당대 발복 부귀 무적.

*네비로 장기리 저수지를 찾아서 가만히 북쪽을 보니 혈처가 짐작되었다. 혈이 있다고 볼 만한 특징이 없어 그냥 지나치겠다. 당대발복, 배부르고, 등 따실 것이다.

3. 대합면 천왕산 군신 봉조

*유산록 후편 41p. 천왕산 갑묘 낙맥하였다가 건해 낙맥 십여 리, 칠봉래작, 속발부귀, 동방 제1승지.

*천왕산에서 천왕치(고개)에 이르러 남서쪽 한 가지는 열왕산, 화왕산으로 가고, 서쪽 한 가지는 왕령산, 태백산으로 간다. 동방 제1승지는 과찬이고, 혈의 전방은 화려하나 상제봉조가 되지 못하여 아쉽더라.

4. 대합면 간적리 왕령산 아룡은산

유산록의 태백산 군신봉조와 함께 실린 산도에 왕령산 아래에 또 다른 혈이 실려 있다. 대합면 사무소에서 동남쪽 산 고개를 넘으면 간적리 마을이 있고 장씨 제실이 2개 있다. 혈은 효자 장씨 묘 위에 있다. 효자의 공덕으로도 진혈을 차지하지 못하는구나. 속발, 거부지지 중등초급.(2018.1.)

경남 창녕군 영산면 선옹수각
(선인이 다리를 바로 세우고 있는 모양)

* 일이승 산도

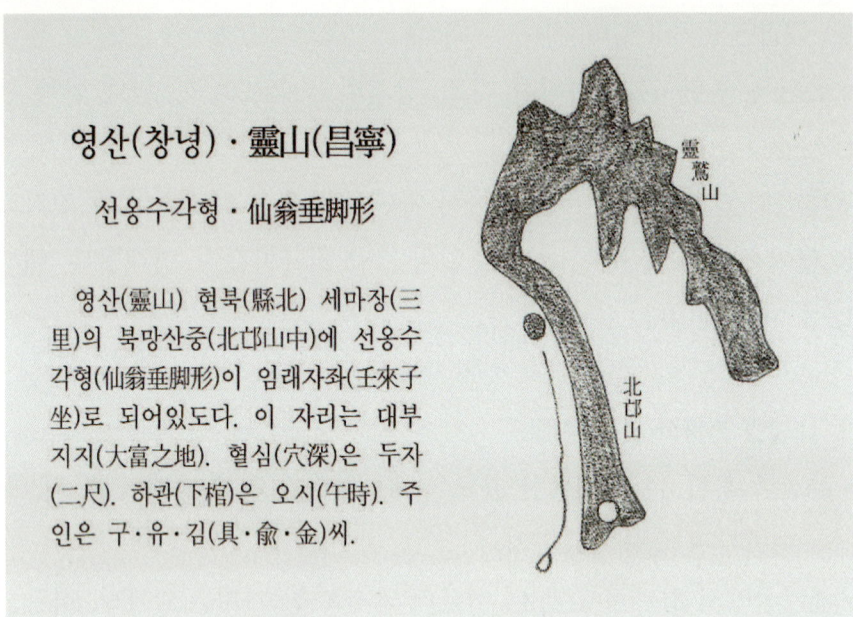

* 선인은 영취산이고 혈자리는 선인의 발끝이다. 공동묘지에 있다. 함박산이 크고 아름다운 富의 산이다. 중등초급 당대발복.(2018.2)

경남 창녕군 유어면 부곡리 마수원 갈마음수
(배토장)

* 일이승 산도

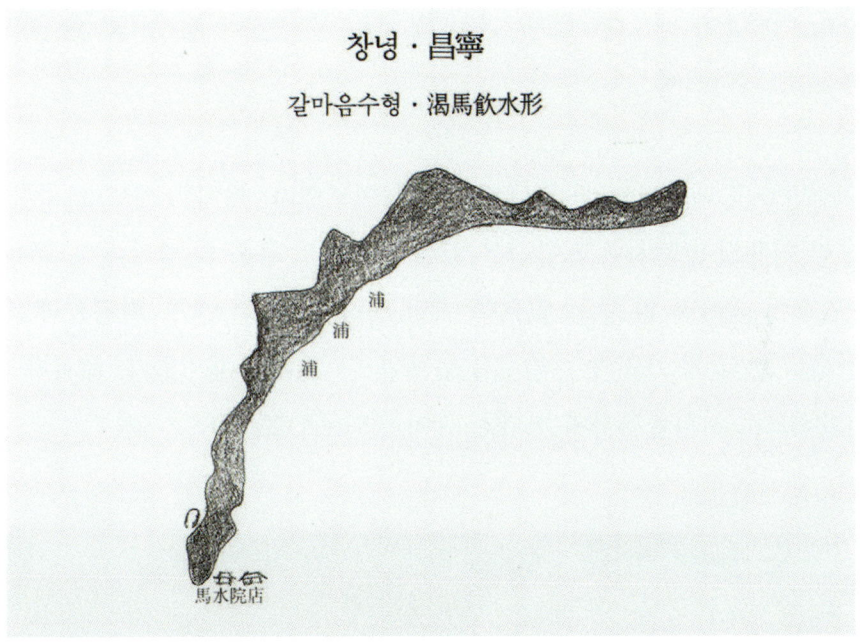

* 산도에 부기된 결록

 창녕읍(昌寧邑) 서북쪽 삼십리(三十里)에 갈마음수형(渴馬飮水形)이 되어있으니, 이는 낙동강(洛東江) 마수원(馬水院) 후룡령(後龍嶺)이 용호(龍虎)없이 독행(獨行)으로 낙동(洛東)과 동행하여, 이곳에 이르러 혈을 맺었구나. 계축간(癸丑艮)으로 와서 회두(回頭), 임감일절(壬坎一節)하여 술맥(戌脈)에 건입해작(乾入亥作)하여 임좌(壬坐)로 되었도다. 하관(下棺)은 유시(酉時), 정해분금(丁亥分金)하고, 혈심(穴深)은 석자(三尺), 반사반토(半沙半土)에, 제혈법(製穴法)은 화왕산토(火王山土) 한말(一斗)과 비슬산토(琵瑟山土) 한말을 입수맥(入首脈) 위에 쌓고, 그런 후에 이장석(二丈石)을 묘 위에, 삼품석(三品石)을 묘 오른쪽에 세워, 세 계단을 만들어 내외(內外) 계단이 되도록 하고, 하관시에 차일(遮日)로 갑묘방(甲卯方)을 막아야 강물이 침분(沈墳)하는 것을 막을 수 있으리라. 이는 도내대지(道內大地)로다. 이 자리는 화왕산이 외청룡이고, 낙동강이 내백호가 되도다. 주인은 곽·해·남·공·안·나·정·정(郭·海·南·公·安·那·丁·鄭)씨.

* 낙양寺의 백호가 강가에 내려가서 결혈되었다. 혈처는 창녕 화왕산 삼십 리 행룡의 말락지이고 안산은 의령 한우산의 육십 리 말락이다. 주변이 변경되어 정확히 알 수는 없으나 어림 짐작은 할 수 있다. 화왕산과 비슬산 흙을 한 말씩 가져와서 입수를 만들게 한 대목이 재미있다. 葬事지침이 전반적으로 시시콜콜하여 지나친 감이 있다.(2020.7.)

* 창녕 마수원

사진출처 : 카카오맵 스카이뷰(https://map.kakao.com)

경남 창원시 북면 천주봉 아래 굴치 부귀룡과 풍취나대

* 일이승 산도에 부귀룡과 풍취나대혈 2혈 있다.

* 모두 국도 아래에 있고 주변이 훼손되고 있다. 굴치 부귀룡은 백호가 안이고 풍취나대혈은 청룡이 안이다. 모두 당대 발복 중등중급.(2017.11)

경남 창원시 진동면 창원공원 묘원 오선위기

* 일이승 산도

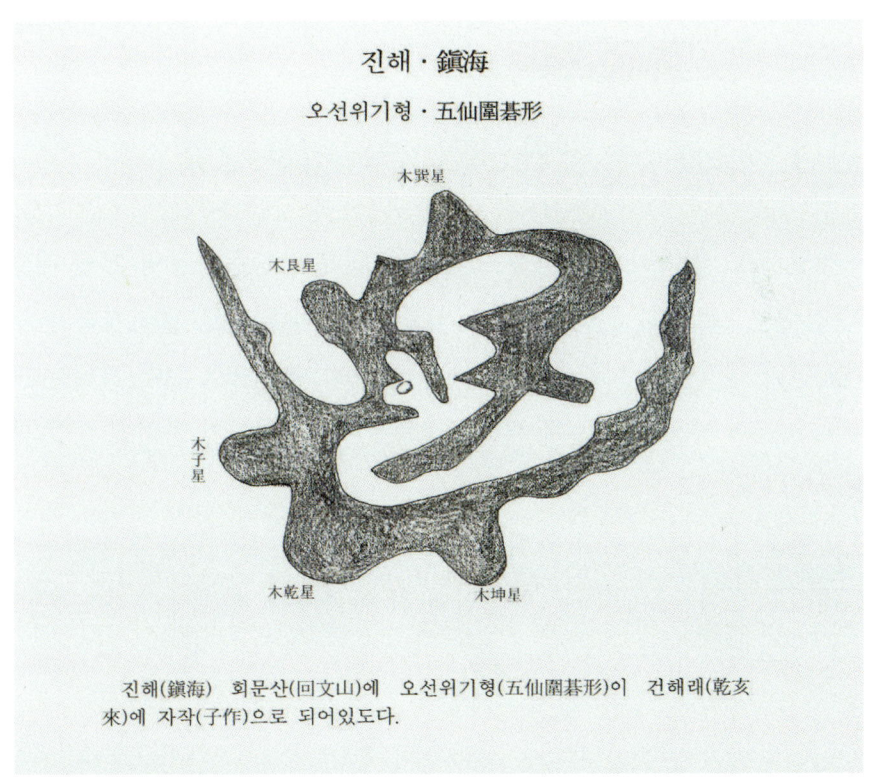

＊일이승 때 마산 진동 일대는 진해 소속이 었고 창원 공원 묘원은 회문산이다. 이곳 행룡은 작지만 굳세고 五仙이 잘 배열되고 뚜렷하다. 냇물은 섬진강과 비교가 안 되지만 충분한 수량이고, 가까운 바다로 들어가지 않고 멀리 둘러 가면서 구비치고 수구가 긴밀히 조인 모양은 일품이다. 바둑판도 여러 개 있다.

＊지금 인간 세상에서 사용하는 바둑판은 19줄 361점이다. 입신(入神)경지라는 프로 9단은 현재의 19줄 바둑 판이라면 바둑신(神)과 2점 치수로 겨룰 수 있고 20줄 이상이면 어려울 것이라 했다. 지금은 AI가 神을 대신해서 2점을 접고 9단과 접전하고 있다. 그러나 AI도 이곳 바둑판과 같이 한 면에 수천 개(50줄쯤)가 되면 하늘의 바둑신과 겨루기 어려울 것이다. (2019.8.)

경남 창원시와 함안군의 결록없는 2혈

＊창원 북면 천마산 천마시풍-- 결록에 없으나 중등중급의 거센 대혈이다. 천주산으로부터 천마산까지 수많은 말들이 일렬로 달려가다가 낙동강을 만나 대장말이 힘차게 강을 거슬러 남지 방면으로 뛰어 건너는 모습이다. 누군가 쌍봉을 썼는데 재혈을 잘못했다. 적격자가 묻히면 속발 대발할 것이다.(2017.3.)

＊함안군 칠서면 이룡리 왕쥐 출동형-- 왕쥐가 꼬리를 들고 부하들 7명을 데리고 들판으로 나가는 형상인데 참 야몰차다. 업계에서 왕노릇할 것이다. 거부지지 중등중급.(2016.3.)

경남 통영시 도선면 도선마을 양택
(연화부수형)

 지리산에서 출행한 행룡은 고성 천왕산을 거쳐 통영시와 고성군 경계에 벽방산(650m, 통영과 고성에서 제일 높은 산)을 세우고 남서방으로 나아가 천개산, 대당산, 시루봉 아래 원당마을로 행진한 다음 800m의 들판을 청전도수하여 도선마을을 전개했다. 이 마을 출신의 박완수씨가 2022.7. 경남도지사가 되자 양택을 구하려 찾아오는 사람들이 있었다고 한다. 이 마을에 연화부수형의 중등중급의 양택이 있다.(2023.11.)

경남 하동군 양보면 감당리 군신봉조

 * 유산록 후편 217p. 하동군 양보면 좌변 행룡에서 천하의 가혈 군신봉조형이 결혈되었는데 정안산이 안산이 되고 갑묘방에 이명산이 있다.
 * 감당리에 결혈되었다. 혈 앞에 신하들이 촘촘히 부복하고 정안산이 토목체로 안산이 되었고 하동 섬진강이 암수(暗水)로 작용하니 재물이 많겠다. 멀리 백설이 덮힌 천왕봉이 보인다, 국세가 잘 짜여졌으나 혈장이 좁아서 중등초급이다.(2018.2.)

경남 하동 정수리 명혈과 화정리 제왕지지

1. 정수리 옥산 아래 명혈
 * 유산록 후편 213p-- 하동군 전대리에서 일대 과협한 뒤 삼길존성 수

려한 아래 천하명혈 맺었다. 삼대강수는 건해 혹은 계축 간인방에서 래조하여 금대를 이루었다.

　＊전대리에서 일대과협하고 삼길존성이 수려한 곳이라면 하동군 옥종면 정수리 옥산이다. 옥산의 보살면에서 한줄기 가느다란 탯줄이 생기고 기운이 탯줄을 타고 내려와서 맺힌 혈처가 있다. 부근에 묘가 많으나 혈처는 비어 있다. 그러나 삼대강수(三大江水)가 금대를 이룬 곳은 아니고 대강수가 보이는 진양호 가까이에 내려가면 삼존길성이 수려한 곳을 찾기 어렵다.(2024.1.)

　2. 화정리 천황봉 아래 제왕지(너무나 화려한 朝案山)

　＊유산록 후편 213p-- 하동군 북천면 천황봉 정(頂, 600m)아래 49대제왕지가 결혈되었으니 논(論)을 금(禁)한다.

　＊발복은 과장되었지만 중상급에 가까운 대혈이다. 물길도 좋지만 조안산이 너무나 화려하다. 위는 상제봉조형 음택이고 아래는 천기(天基, 양택)이다. 자좌(子坐)(2024.3.)

　＊화려한 조안산

경남 하동군 금오산 비룡 함주등공형
(强骨에게 맞는 혈)

유산록 후편 218p. 청룡은 삼천포 와룡산, 백호는 광양 가야산과 여수 영취산, 임자방 금오산, 東은 삼천포 와룡산, 西는 광양 가야산, 南은 남해의 송등산이니 자오묘유(子午卯酉) 사신구회(四神具會), 비룡이 득세하여 여의주를 얻어 등공하니 그 기세 누가 당할쏘냐, 크고 작은 섬들이 무수히 원근에 낙화처럼 깔렸으니 별유천지(別有天地)인 양 감탄할 뿐이다.

＊유산록 후편 215p 산도

＊생각만 해도 황홀하여 신후지라도 마련할 요행을 바라고 답사하였다. 금오산 남쪽에 위와 같은 요건을 충족시키는 곳은 많지 않다. 산줄기가 넓게 혹은 좁게, 느리게 또는 급하게. 보일 듯 말 듯 흔들고 내려왔다. 운 좋게 혈처를 찾았으나, 다도해가 펼쳐진 절경(絶景)을 기대하였는데 남해 큰 산(송등산)이 앞을 막고 있어 실망했다. 국세가 크고 강하여 무골이 묻히면 대발하겠으나, 약골이 묻히면 흉처가 될 것이다. 어떤 탐침봉 풍수는

터널 위 산등을 주장하였는데, 그곳은 장풍이 안 되고 탈살도 되지 않는다.(2018.2.)

* 혈처

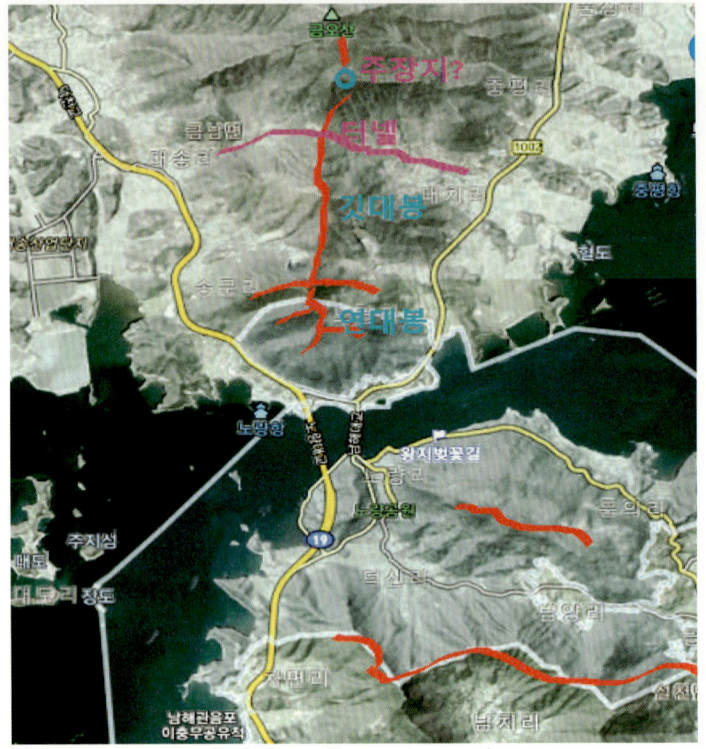

사진출처 : 카카오맵 스카이뷰(https://map.kakao.com)

경남 하동군 양보면 유산록 3혈
(모 풍수의 오점)

1. 하동군 양보면 3혈

* 양보면은 지리산에서 남해 금오산으로 가는 도중에 과협처럼 생긴 얌전한 지대이다. 산들이 순냄이고 토산이어서 큰 혈은 없다. 유산록 후편

217p를 보면 정안산을 안산으로 하는 군신봉조를 대혈이라 하고 국세를 길게 적었으나, 그 밖의 혈에 대해서는 양보면 지례리 상에 가혈대지가 많이 결혈되었다고 간단히 몇 마디 적었다.

＊모 풍수는 지례리상에 가혈 있다는 구절에 근거하여 지례리 금계음수, 박달리 금계포란을 찾았다고 간산기를 썼다. 탐사한 결과 전부 가짜 혈이다.

2. 양보면 통정리 군신봉조

＊유산록 후편 217p-- 양보면 좌편 대맥은 큰 봉만을 만든 뒤 낙맥하여 천하대지 군신 봉조형을 결혈, 경태방에 있는 정안산이 안산, 옥산(임자방), 이명산(갑묘방), 금오산(병오방), 정안산(경태방)으로 四正俱會, 섬진강 구곡조당,

＊모 풍수의 간산기-- 양보면 통정리에 있고 간인입수 정미파 주교천거수, 안산은 하동 명산인 금오산이 우뚝 솟아 조산이 되고 있다. 혈 아래 진양강씨 집묘가 있고, 혈 위에 정경부인 김해김씨 묘가 있다.(註: 밑줄 친 부분은 유산록에 없는 부분이다. 유산록은 안산이 되는 정안산은 경태방에 있고 금오산은 병오방에 있다고 하므로, 금오산이 조안산이 될 수 없고 정안산이 안산이 되어야 한다)

＊군신봉조 주장지-- 주산이라고 게재한 사진, 간입수에 계좌, 진양강씨 집묘지를 종합해 보면 아래와 같다.

강씨 묘 일대는 땅이 무르고 산이 기운이 없었다. 봉우리를 지나면 바람을 맞고 청백이 없어서 혈이 안 된다. 일행 4인은 下山하고 대표로 심마니 출신 의산이 30분 넘게 다니면서 정경부인 묘와 치표가 있는 혈처 주장지의 사진을 찍어 왔다. 혈이 아닌데 누구가 치표해 놓았는지…. 진혈은 양보면 감당리 산 2@@에 있다.

＊모 풍수가 찍은 주산 사진

3. 금계음수

＊유산록은 앞서 본 바와 같이 물형 지명을 말하지 않았는데 간산자는 지례리 저수지 옆에 금계음수형이 있다고 한다

＊후보지가 두 곳 있는데 제1후보지는 태양광발전소를 짓기 위해 산을 절개중이고, 제2후보지는 저수지를 바라보지 않고 남쪽을 案으로 하는 길지급 음택이 있었는데 태양광발전소를 건설하기 위하여 이장하였다.

4. 금계포란

＊간산자는 양보면 박달리, 보호수인 느티나무가 있고, 혈 아래에 동래정씨묘가 있고, 금오산이 조산이라 한다.

＊자동차로 박달리를 한바퀴 돌고 살피니 느티나무 뒤에 동래정씨 집장

지가 있었다. 간산자가 사진을 올린 동래정씨 묘와 비슷한 고묘가 있으나 配(부인)가 다르다. 일대에 혈을 맺을 곳이 없으므로 탐사를 끝냈다. (2021.2.)

경남 하동 지리산 목단반개화
(지리산 중턱에 핀 아름다운 목단)

1. 산도

청학동을 찾으려고 지리산 東南西의 3面을 둘러보는 도중에 좋은 혈을 찾고 귀가하여 책을 보니 牧丹半開花로 전국 순위에 든다고 한다.

* 고광창 수집의 만산도(1975년 刊) 203p-- 목단 반개화 形

* 일이승 산도

하동·河東

모란반개형·牧丹半開形

하동(河東) 북쪽 시오리(十五里)의 화개동(花開洞)에 모란반개형(牧丹半開形)이 되어있으니, 이는 전후좌우가 흠 잡을데 없는 귀격(貴格)이로다. 이 자리는 장례 후 10년에 발복, 후비경상지지(后妃 卿相之地).

* 도선풍수비법

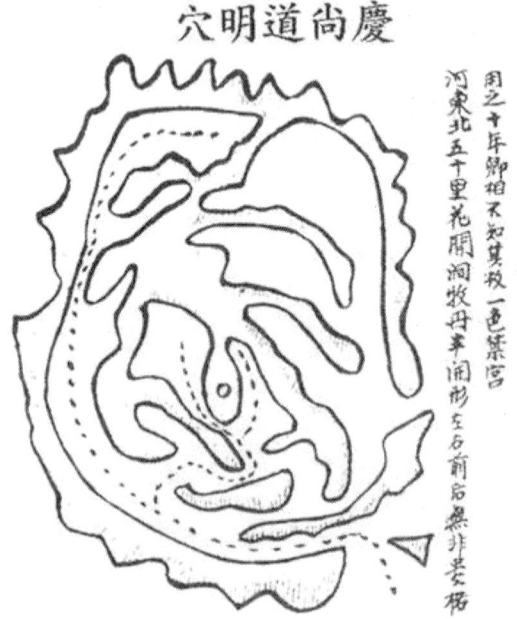

慶尙道明穴

河東北五十里花開洞牧丹半開形左右前后無非貴格

用之十年卿相不知其枝一色緊宮

2. 산도 검토

　*결록을 대비해 보면 하동 北50리 화개동(만산도, 도선풍수)라는 것과 하동 北15리(일이승)라는 것이 있다. 산도는 모두 화개동(花開洞)에 있다 하고 西出東流水로 비슷하다. 그러나 하동(河東) 北시오리에는 결혈될 곳이 없으니 일이승 결은 오기이다.

　*화개리에 목단반개화가 있는가? 우선 화개리는 하동 北방면이 아니고 西北방면이고, 산도 표시와 같이 서출동류수가 되는 곳이 없다. 화개리는 오류이다.

　진혈은 하동 북50리가 되는 고운동 운적사에 있다. 산도와 같은 서출동류수가 된다. 모두들 화개동에서 찾으니 못 찾는 것이다.

　*河東 북50리와 북서50리---北西 50里에 화개면 운수리에 쌍계사가 있고(쌍계사에서 의신까지의 계곡에 있는 작은 동네들을 화개동천이라 부른다), 北50里에 고운동이 있다.

사진출처 : 카카오맵 스카이뷰(https://map.kakao.com)

* 결록지 수로-- 동북

* 고운동 수로-- 산도와 비슷하다.

사진출처 : 카카오맵 스카이뷰(https://map.kakao.com)

3. 고운동 운적사

원묵계리 길에서 보면 外삼신봉에서 산봉들이 줄줄이 고운동으로 들어가고 있다. 고운동은 7백m의 고지로서 지리산 중턱인데도 순하디 순한 꽃잎들이 둘러싸고 있다. 혈처는 운적사(雲寂寺) 법당 앞인데 혈처와 전순이 풍후하여 왕릉을 쓰고도 남겠다. 고요(寂)한 구름(雲) 아래 목단이 반쯤 피었는데, 성미 급한 벌이 찾아와 활짝 피기를 재촉한다. 상급초등 대혈인데 부처님은 善男善女들이 기운을 나누어 받고 가도록 뒤로 물러나 앉으셨다. 10대 명혈로 보는 견해도 있으나 절 마당이 되었으니 어찌하랴.(2020.10.)

경남 하동 영구예미(靈龜曳尾)
(혈은 거북이 어느 부위에 있는가?)

1. 영남 풍수들이 찾아다닌 혈

하동 영구예미는 윗대의 영남 풍수들이 많이 찾아다닌 곳이다. 산도와 결록이 이름없는 책에 게재되어 있고 이규상『천하명당 여기에 있다』279p에 옥룡자 訣과 일지승 訣을 소개하고 李선생님의 산도를 게재하였는데 河東 岳陽之間, 天輔龍, 天門出脈이라고 하였고 도면내용은 간략하다.

2. 결록과 산도

 * 옥룡자 결-- 天柱特立 三陽浮天 百代公卿之地 四神八將羅列 玉帶在下
 * 일지승 결-- 富貴與天同行 後樂紫氣 前照天皇來 千里分水喜相逢 白雲 平沙落雁 鳳凰呈祥.

* 이상규 산도

河東 花開 岳陽之間 靈龜曳尾形 天輔龍 天門出脈
天柱特立 三陽浮天 百代公卿之地 四神八將羅列 玉帶在下 萬世榮華
〈玉龍子 訣〉

印笏 祭瓶
盡俱備

一云 富貴 與天地同行 後樂紫氣 前照天皇來
千里分水 喜相逢 白雲 平沙落雁 鳳凰呈祥
〈一指 訣〉

* 고서에 있는 산도

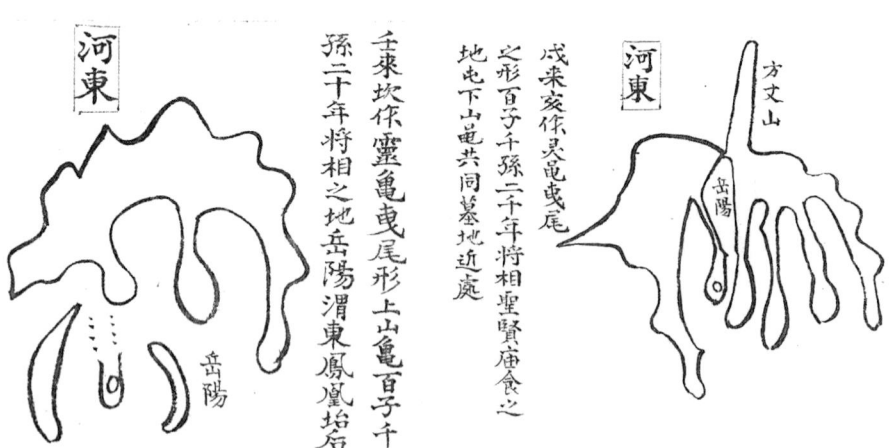

3. 답사

* 결록과 산도를 종합해 보면, 화개와 악양의 경계 근처, 임래간작 또는 술래해작, 봉황대 뒤(이상은 고서) 사신팔장 나열, 천리분수상봉, 백운, 평사낙안, 봉황(이상은 옥룡자와 일지승, 다만 이규상은 산도에서 동정호를 표시함)을 찾아서 참고해야 된다. 발복은 百代공경, 2천 년 장상지, 백자천손, 만세영화지라고 하니 상등초급은 될 것이나, 찾아보니 그에 못 미쳤다.

* 일단 고소성에 올라가보니 성벽에 따라 아래로 무연(無緣)유연(有緣)의 묘들이 즐비하였다. 옛 산도에 공동묘지 근처라고 한 것은 이곳을 두고 하는 말인 듯하다. 그러나 탈살이 안 되었고 후덕한 곳이 없었다.

* 영구예미 답사도

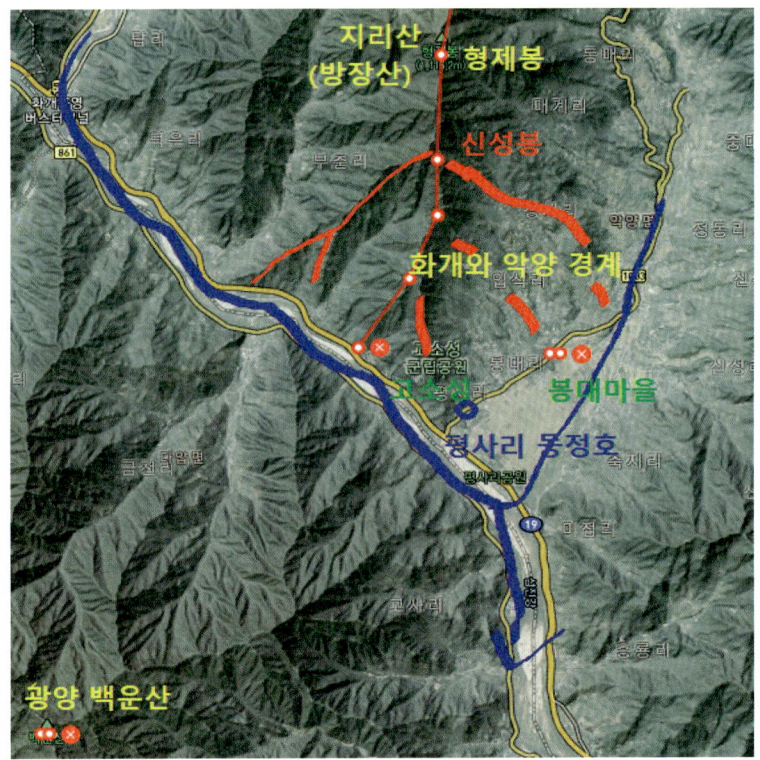

사진출처 : 카카오맵 스카이뷰(https://map.kakao.com)

* 이곳 거북이는 꼬리를 끌고 산으로 올라가는 형상이다. 거북이 꼬리 또는 머리에 힘이 있는 것이 아니고, 산을 올라가는 다리에 힘이 있었다. 임해룡에 임좌가 정확하다. 국이 넓고 호방하여 대혈이지만 청백이 단조롭고 하늘이 열려 있는 천개(天開) 형상이다. 중등상급?(2021.3.)

경남 함안군 주세붕 음양택
(최초 서원건립 학자)

1. 주세붕 선생

 상주 주씨(周氏) 주세붕(周世鵬, 1495~1554)선생은 홍문관을 거치고 청백리에 뽑혔다. 풍기군수로 있을 때 백운동서원(현재 소수서원)을 세워 장서를 비치하고 후학을 양성했다. 원래 경남 합천 문림(文林)에 태어나 7세 때 경남 함안 칠서면 외할머니가 사시는 무릉리로 이사하였다. 마을 입구에 선생님을 모시는 사당인 무산사(武山祠)가 있다. 선생의 성장지인 무릉리는 평범하다.

2. 음택(함안군 칠서면 계내리 576)

 * 묘역-- 맨 위는 부모합분, 중간은 주세붕, 하단은 장조카 묘이다. 조부는 부자이었고 부모 묘는 함경도에서 배로 실어온 돌에 가계 내력을 적어서 둘레석으로 사용했다. 주선생님은 아들이 없어서 형님 아들을 양자로 들였다. 처와 양자의 무덤은 무릉리에 있다.

사진출처 : 카카오맵 스카이뷰(https://map.kakao.com)

＊방어산, 여항산, 안국산의 행로를 거쳤다. 다수는 기러기형으로 보고 부모 묘와 선생 묘를 좋은 혈처로 보고 있으나 주혈은 부모 묘 위에 있고 장조카 묘는 차혈이다. 차혈을 놓치지 아니한 것으로 보아 지관이 잡았을 것이다.(2023.7.)

경남 함양군 백전면 백운산 장군대좌

＊유산록 후편 108p, 남덕유산에서 육십령을 지나 장수군 장안산과 함양군 백운산이 우뚝한데 장안산(1237m)에는 38현인(賢人)연출지(連出地)인 화심혈(花心穴)이 결혈되고 백운산(註;1218m, 운산리 산155이다. 백운리 산4의 백운산은 930m이다)에는 20대 장상지(將相地)인 장군대좌가 있다. 화심은 완벽하나 장군은 내당수가 직거(直去)함이 흠이다.

＊장안산 화심혈은 별도 간산기 참조. 백운산은 중출맥, 직룡직좌, 장유이고 내당수 직거는 수구가 좁게 형성되어 큰 흠은 아닌 듯하다. 혈은 상·

중·하의 3혈(백운리 산1@@)이 맺혔는데 의산은 하단혈이 좋다고 하고 나는 상단혈이 좋다고 했다.(2019.9.)

경남 함양군 개평동 와룡은전형

* 산도

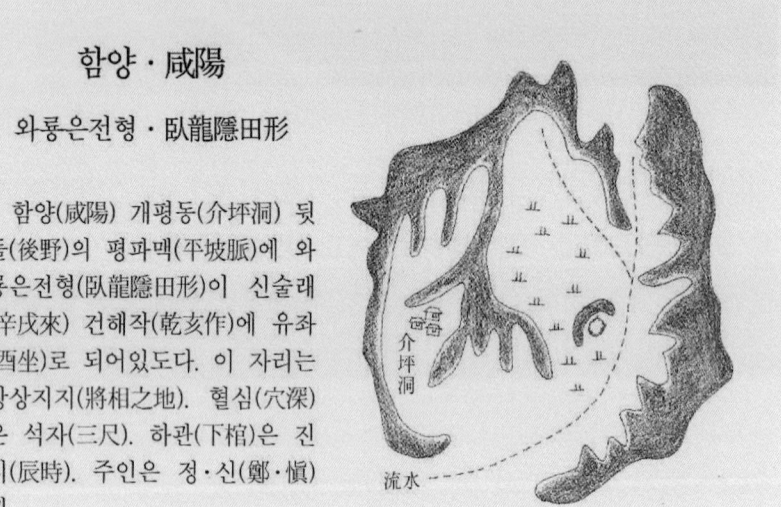

* 함양 지곡면 덕암리 덕암천 부근에 있다. 밑에는 유명한 개평리 고택마을이 있다. 유좌라는 향이 특이했다. 찾기 어려워서 정씨, 노씨 등 선비마을에서 가까운 데도 비어 있었다고 생각된다.(2022.6.)

경남 함양군 병곡면 옥계리 새집형 양택
(無결록)

백운산(1279m) 좌측 간룡은 소조산 감투산(1035m)으로 온 뒤 남쪽으로 진행하다가, 옥계 큰 마을 좌측 고개에서 과협하고 남행하여, 소현 마을에 새집 형태로 결혈하였다. 앞에는 위천 대강(大江)이 흐르고 백운산 우측 가지가 안산으로 둘렀다. 자좌로 잡기 쉬우나 근안은 백호 끝 봉우리 쪽으로 보아야 대살을 면할 수 있다고 일행들이 말한다. 중등중급 속발 거부지지.(2019.8.)

경남 함양군 보산리 도숭산 아래 금오분수

* 일이승 산도

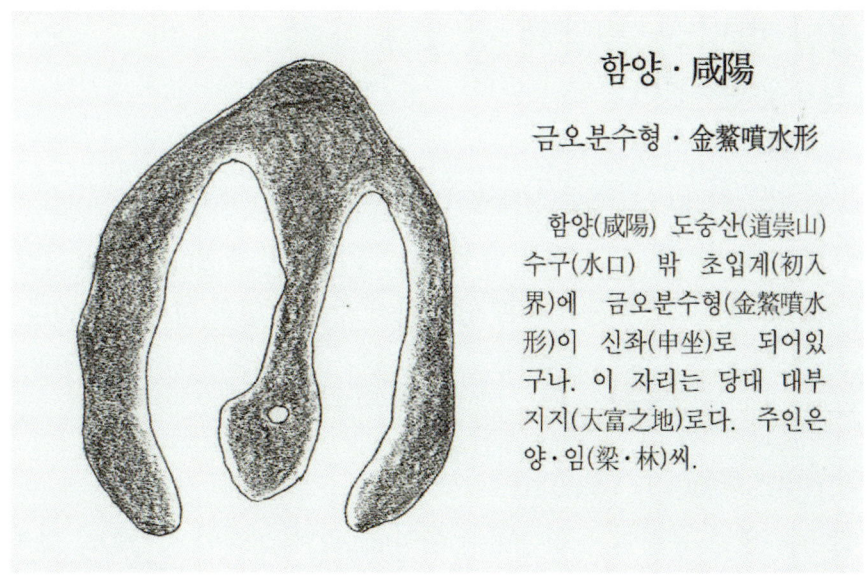

＊지도--중국이 잘 짜여있으나 훼손되었다.(2022.7.)

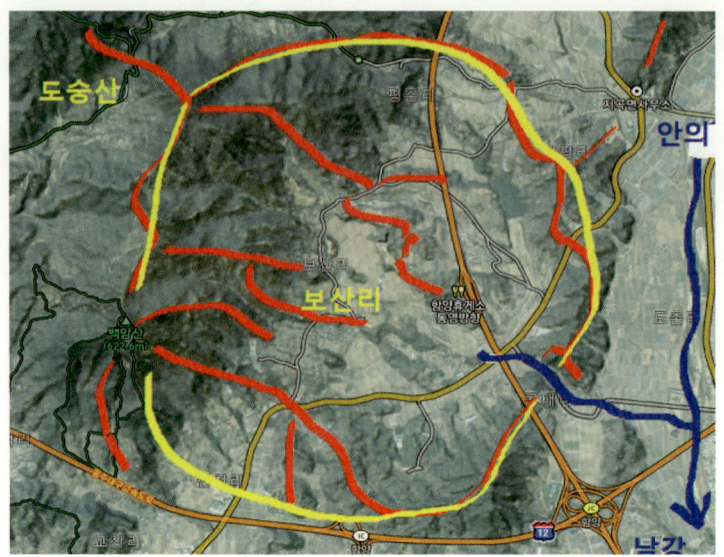

사진출처 : 카카오맵 스카이뷰(https://map.kakao.com)

경남 함양군 음양택 각 1혈
(결록없는 곳)

1. 서상면 대남리 산155@(상제 봉조) 골프장 옆 전원 주택지 밑

상제가 뭇 신하들 거느리고 출행하는 형국이다. 개장, 과협, 안산이 좋고 청백이 몇 겹 싸고 물이 길게 굽이쳐서 수구가 멀리 형성되어 있다. 중등중급.

2. 안의면 이전리 177@(양택)

안의는 옛날 유림이 득세하던 고을이다. 앞에 필봉이 날카롭고 청백이 멀리서 부드럽게 옹휘한다. 마을 뒤 3봉 중 가운데 봉 아래에 넓은 개인

집이 있는데 대대로 잘 살았다고 하더라. 그래도 마을 서편에 있는 양택 자리가 더 좋다. 동남향이다. 중등 초급이다.(2018.12.)

경남 함양읍 삼산리 호전니형

* 일이승 산도

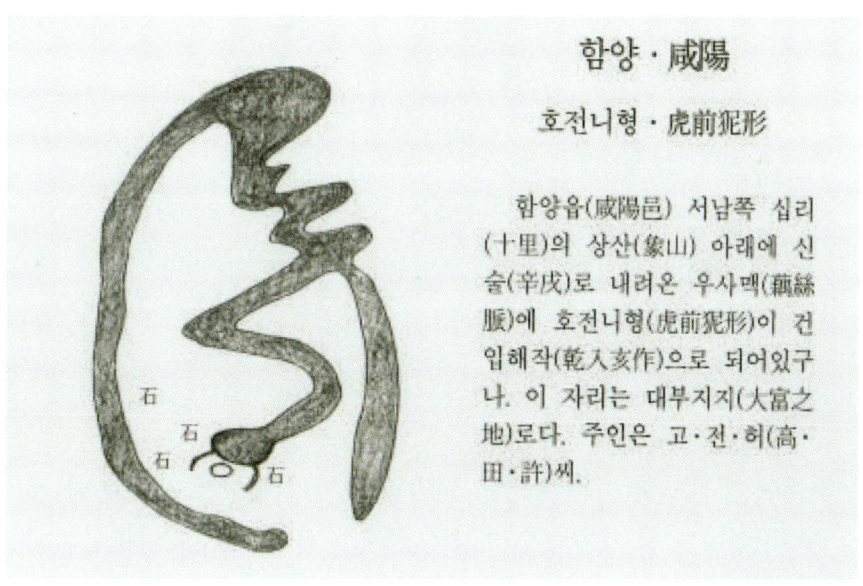

* 함양읍 삼산리 국도변 영선암 옆이다. 오봉산 동쪽 줄기인 천령봉 아래에 결혈되었다. 재혈이 어렵다. 중등초급.(2022.6.)

경남 함양군 오천리 보검장갑
(계곡에 숨은 괴혈)

＊일이승 산도

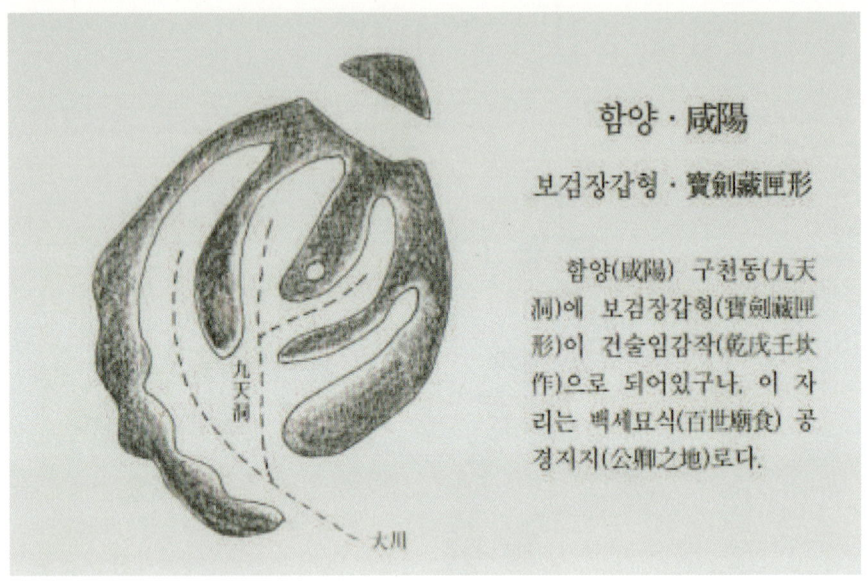

＊결록에 적힌 구천동은 함양군 백천면 오천리 계곡(오천리에 큰 계곡은 하나뿐이다)이고 혈은 안산을 주산으로 하고 칼 손잡이에 있다. 계곡에 숨은 괴혈이고 속발 부귀지지.(2022.6.)

경남 함양군 휴천면 남호리 비룡은산
(결록이 없는 곳)

법화산 동쪽 가지에 남호리가 형성되어 있고 남호리 동부에 비룡은산형이 있다. 날아오던 용이 강과 호랑이를 만나자 산곡에 숨어서 나아갈 형세를 살피는 형이다. 안산이 토성, 목성, 금성 순서로 내려온다. 중등상급의 대혈인데 결록에 없다.(2022.7.)

경남 함양군 유림면 화장산 未개화와 既개화

1. 삼혈(三穴)

화장산(花長山, 花藏山 586m)은 남덕유, 태조 백운산에서 온 산이다. 주위 산에 비하면 낮은 야산인데 정상에서 사방의 전경이 좋다. 일이승 산도에 화심혈 두 개가 있고 회동마을 안내판에 금오탁시 명당이 있다고 쓰여 있다.

* 화장산 행룡

사진출처 : 카카오맵 스카이뷰(https://map.kakao.com)

2. 미개화와 기개화

＊일이승 산도-- 동방갑족(甲族)이 되는 음택이라 하였으므로 많이들 찾는다.

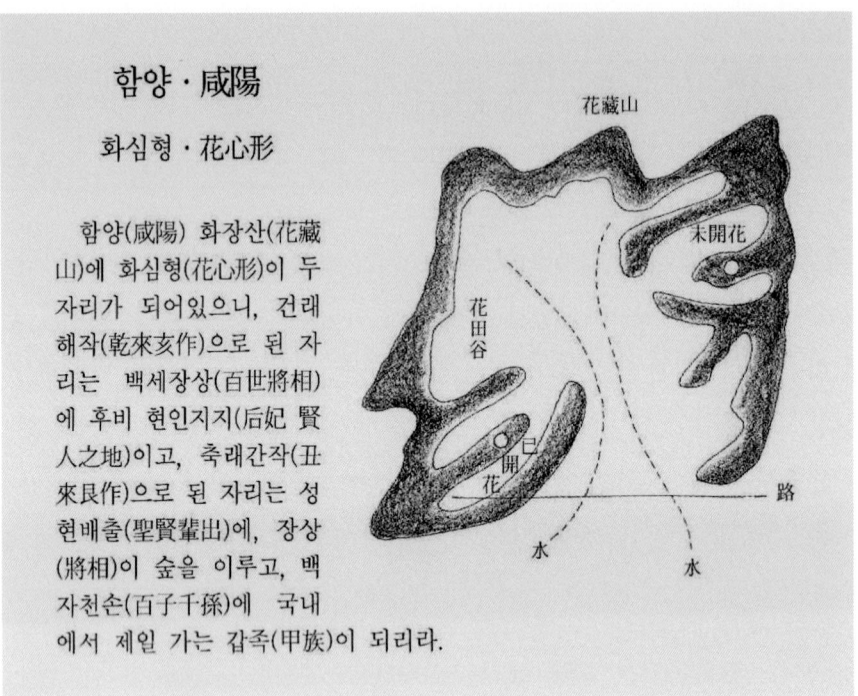

＊답사한 즉 기개화(旣開花)는 건해작으로 화정사 아래 저수지쪽에 있고 미개화(未開花)는 축래간작으로 화촌리에 있다. 미개화는 찾기 어려운데 혈처 줄기에 이상하게 치장한 정씨 묘가 있다. 속기 쉬운 허혈이다.

3. 금오탁시-- 서주리 회동마을에 금오탁시가 있다는 돌비가 있는데 화심처럼 대혈은 아니나 알차다.(2022.6.)

*삼혈의 전체 지도

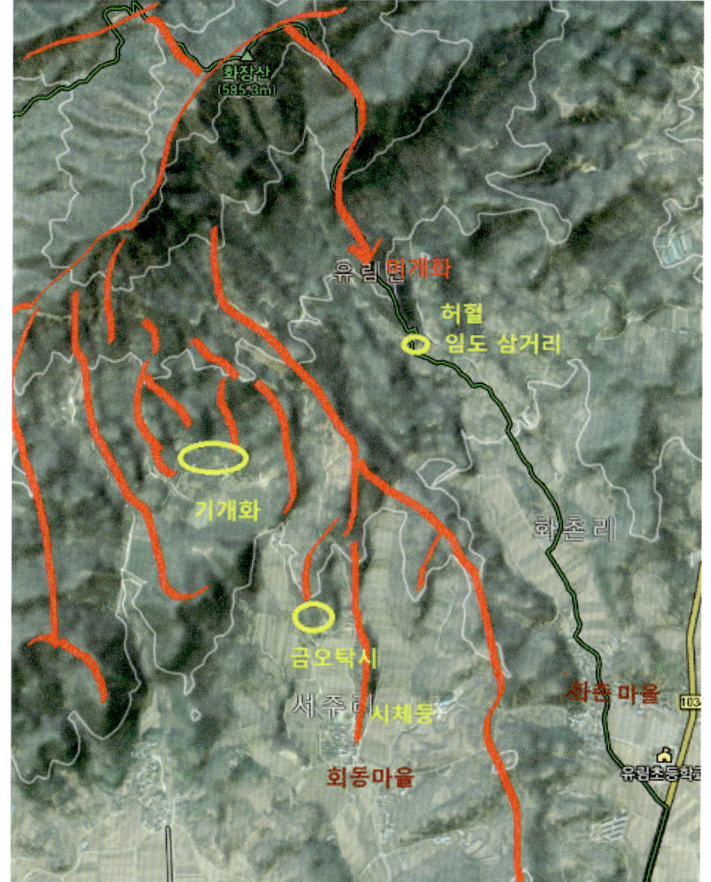

사진출처 : 카카오맵 스카이뷰(https://map.kakao.com)

경남 함양 장항리 주장고모
(혈이 없는 곳)

1, 일이승 산도

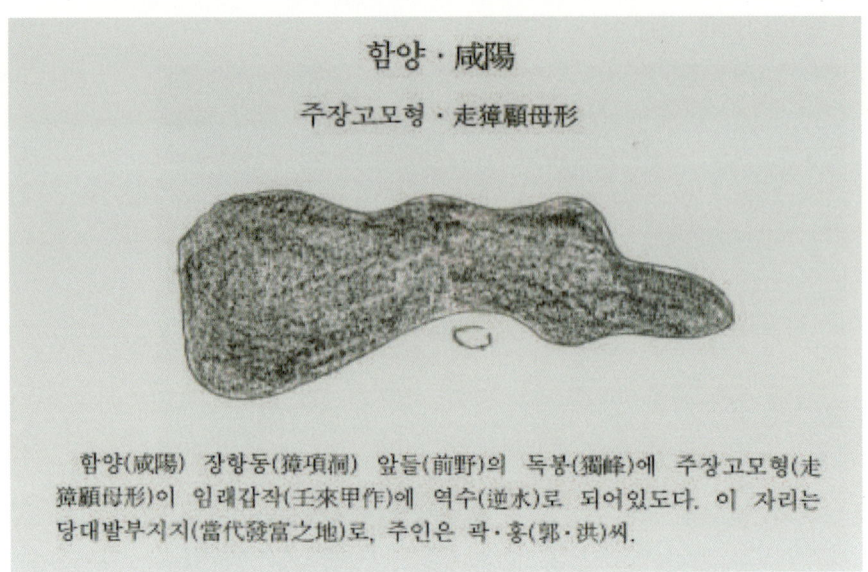

2. 답사 현장 지도

* 지도

사진출처 : 카카오맵 스카이뷰(https://map.kakao.com)

　* 노루목은 마을 뒷산에서 일직선으로 내려오는 가느다란 산줄기이고 노루머리는 강가에 건해로 앉은 작은 동산이다. 주장고모(走獐顧母)란 노루

가 달아나다가 어미를 뒤돌아 본다는 뜻이다. 돌아 보는 머리에 혈이 맺힐 것인데(임래갑작) 갑작되는 곳에 혈이 없다. 혈처로 오는 래룡은 위이 기복하는 형태가 좋은데 노루목은 직거하는 모양이므로 고급래룡이 아니다.(2022.5.)

경남 함양군 휴천면 법화산 장군좌막形 (찾기 어렵다)

1, 일이승 산도

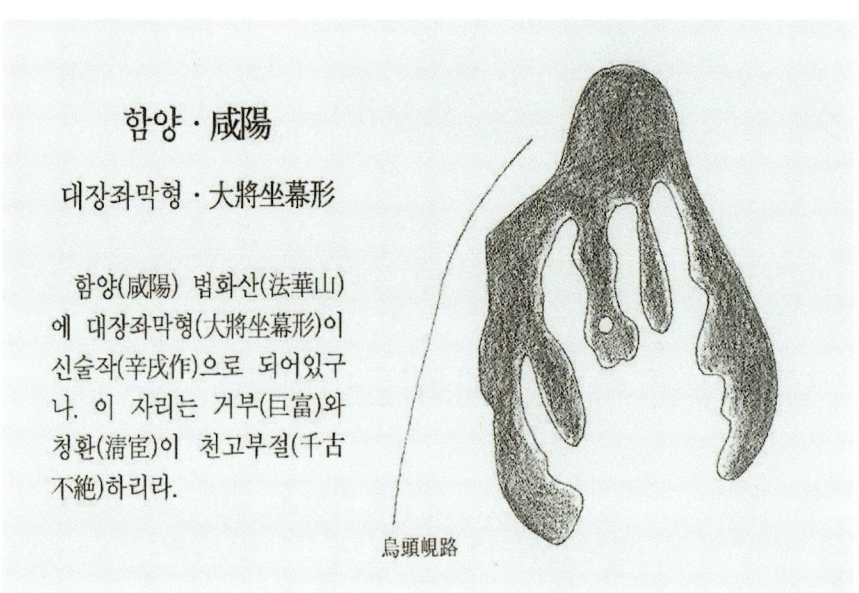

2. 답사

*법화산(992m)은 남덕유, 백운산, 봉화산, 오봉산, 삼봉산, 오도재를 거쳐 왔다. 법화산이 장군체이다. 혈은 문정리에 맺혔는데 찾기가 어려운 곳에 결혈되었다.(2022.5.)

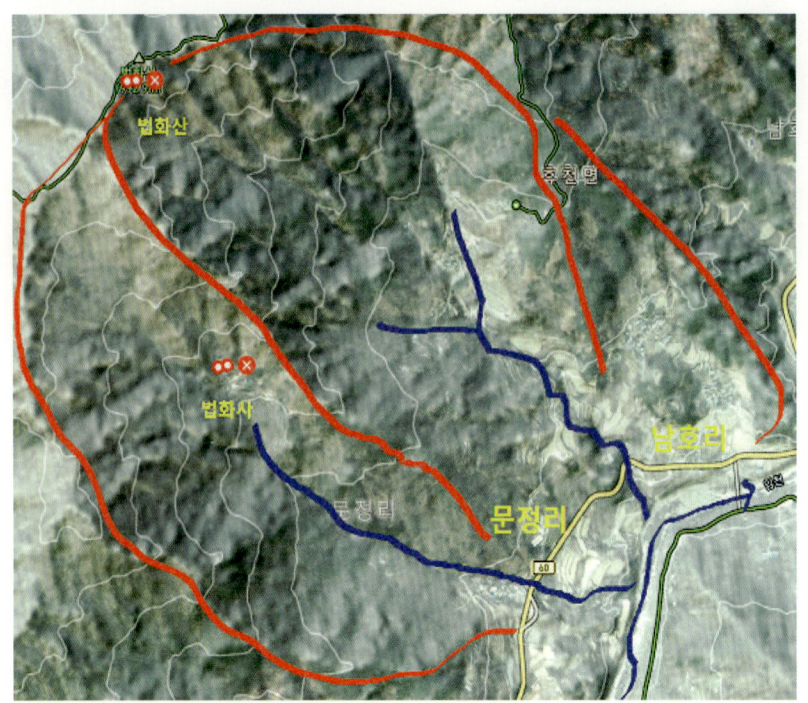

사진출처 : 카카오맵 스카이뷰(https://map.kakao.com)

경남 합천군 가회면 매화낙지(양택)

  예전에 황매산 무지개 터에 올라 관망을 하니 한 곳에 기운이 모인 것 같아서 일행에게 물어보니 가회면이라 하였다. 찾아보니 황매낙지의 양택으로 사방의 산과 물이 참 좋더라. 결록지에 없으나 함부로 탐내면 화를 받을 것, 중등중급.(2019.1.)

경남 합천군 가회면 오도리 호승 예불

* 유산록 후편 111p. 삼봉산 래용, 횡계대장, 거문혈(토성에서 중출), 水口獨山, 자좌, 정파(丁破), 삼성칠현.

* 오도리 기산 아래에 맺혔다. 사방이 순하고 아름답다. 물형 기재는 없으나 호승예불형이다. 목탁은 청룡 끝에 있고 수구(수구독산이란 덕촌리 뒷 매산을 말한다)가 좋아서 부귀와 문(文)이 있을 듯. 중등중급.(2019.1.)

경남 합천군 대병면 상비형

* 산도

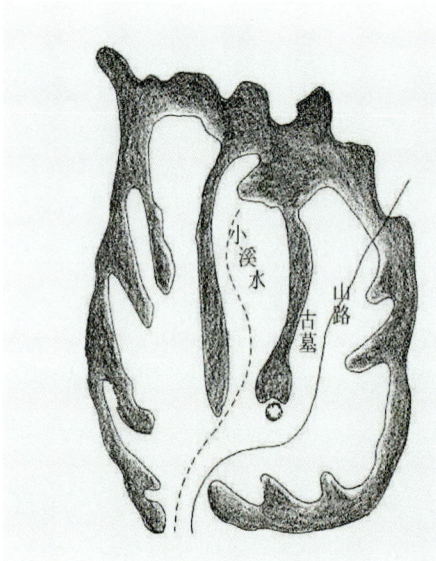

* 합천 대병면 상천리 마을 부근에 있다. 결록에 적혀있는 고총이 위에 있는데 지금도 관리되고 있다. 중등중급.(2022.9.)

경남 합천군 덕곡면 소학산 일이승 3혈

1, 소학산은 덕곡면과 율곡면에 같은 이름의 산이 있다. 덕곡면 소학산에는 3개의 일이승 결록이 있는데 그 중 비연상천(飛燕上千 하늘을 나는 제비)은 무수한 묘가 있어서 탐색할 흥미가 없다. 학족침강(鶴足沈江 학이 다리를 강에 담그고 있는 모양)은 어떤 책에는 전국구 명혈로 평가하고 있으나 북향으로 음섭하여 탐나지 않았다. 모우독형(母牛犢形 어미 소의 젖을 먹는 송아지)은 안산이 좋고 송아지 모양이 또렷한 명혈이다.(2020.7.)

2. 학족침강형과 모우독형의 산도

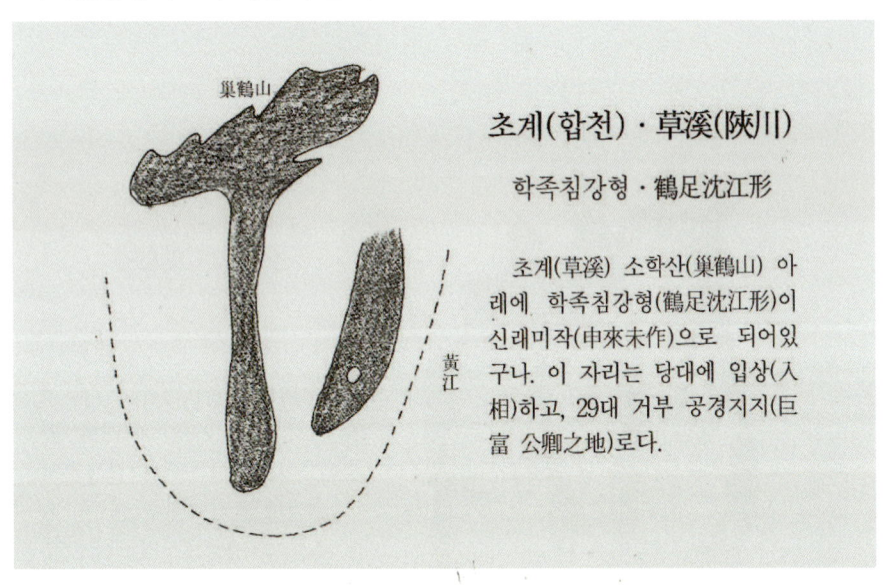

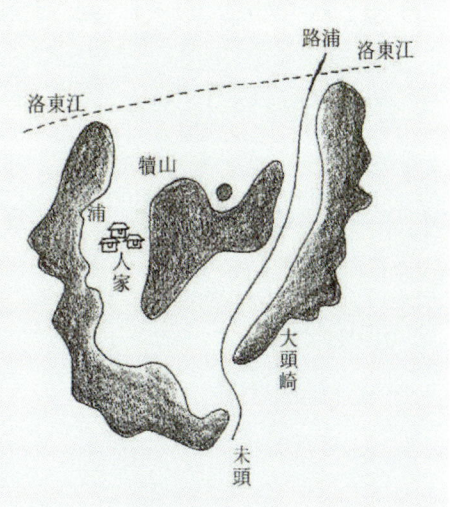

초계(합천)·草溪(陜川)

모우유독형·母牛乳犢形

초계(草溪) 독산(犢山)에 모우유독형(母牛乳犢形)이 술래간작(戌來艮作)에 미파(未破)로 되어 있구나. 이 자리는 거부(巨富)에 백자천손지지(百子千孫之地)로다. 주인은 윤·박(尹·朴)씨.

3. 답사도

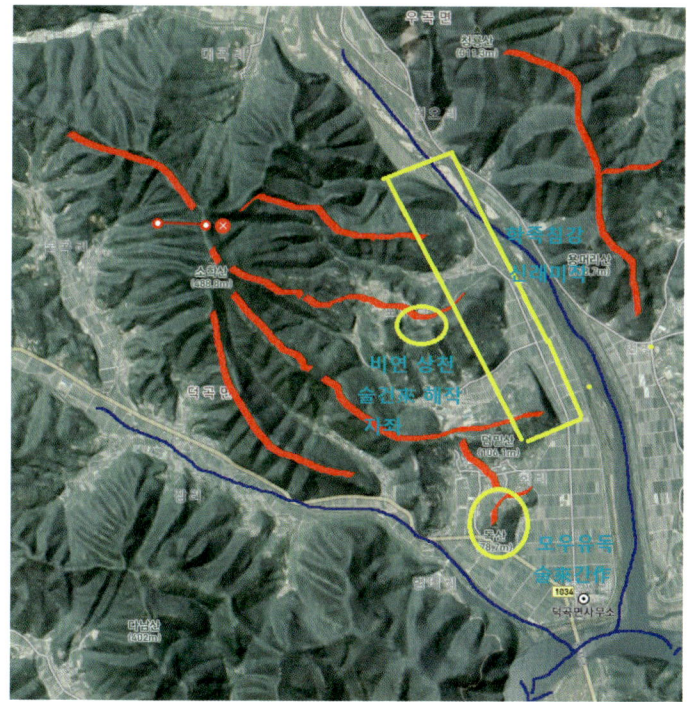

사진출처 : 카카오맵 스카이뷰(https://map.kakao.com)

경남 합천군 삼가 일이승 4혈

1, 삼가에 있는 일이승 결록

매화낙성, 노계봉월, 금계전혈, 비봉귀소, 우유의 5개혈이 무학대사 지리전도서에 게재되어 있다. 노계봉월은 위치를 모르겠다.

2. 일이승 산도

* 매화낙성과 비봉

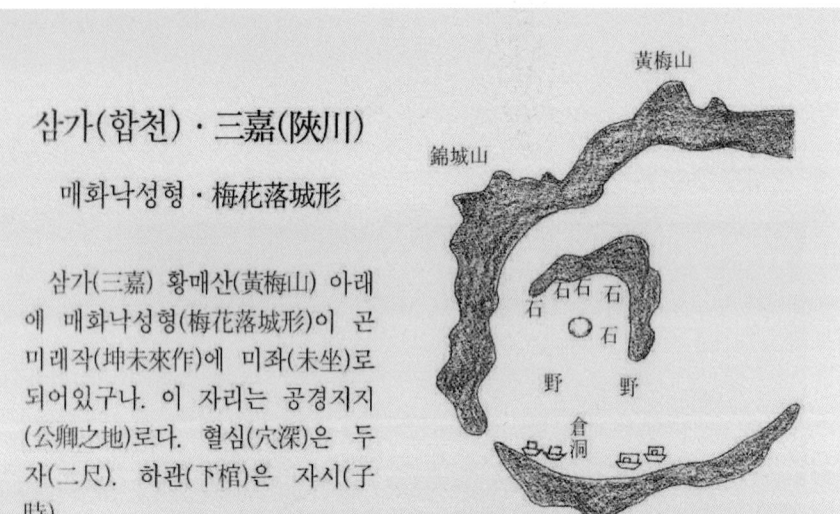

삼가(합천)·三嘉(陜川)

비봉귀소형
飛鳳歸巢形

삼가(三嘉) 봉두산(鳳頭山) 아래에 비봉귀소형(飛鳳歸巢形)이 건래해작(乾來亥作)으로 되어있구나. 이 자리는 천년에 걸쳐 장상(將相)이 날 문현지지(文賢之地)로다.

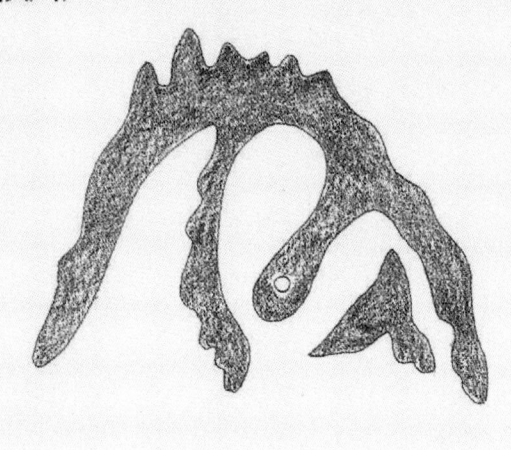

鳳頭山

* 금계와 우유

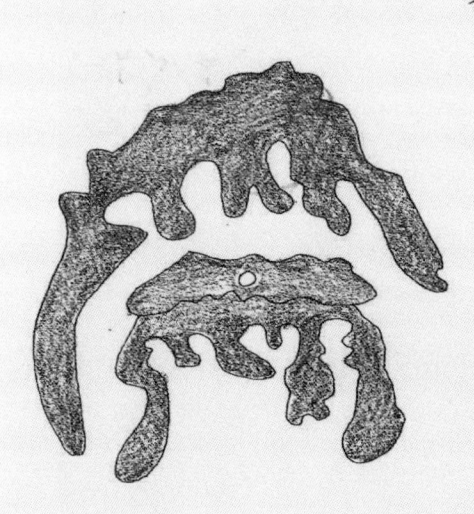

삼가(합천)·三嘉(陜川)

금계전혈형·金鷄展翅形

삼가(三嘉) 노곡(蘆谷)에 금계전혈형(金鷄展翅形)이 경래유작(庚來酉作)으로 되어있구나. 이 자리는 방백(方伯) 3인에, 현인(賢人) 2인으로, 문무겸전할 땅이로다.

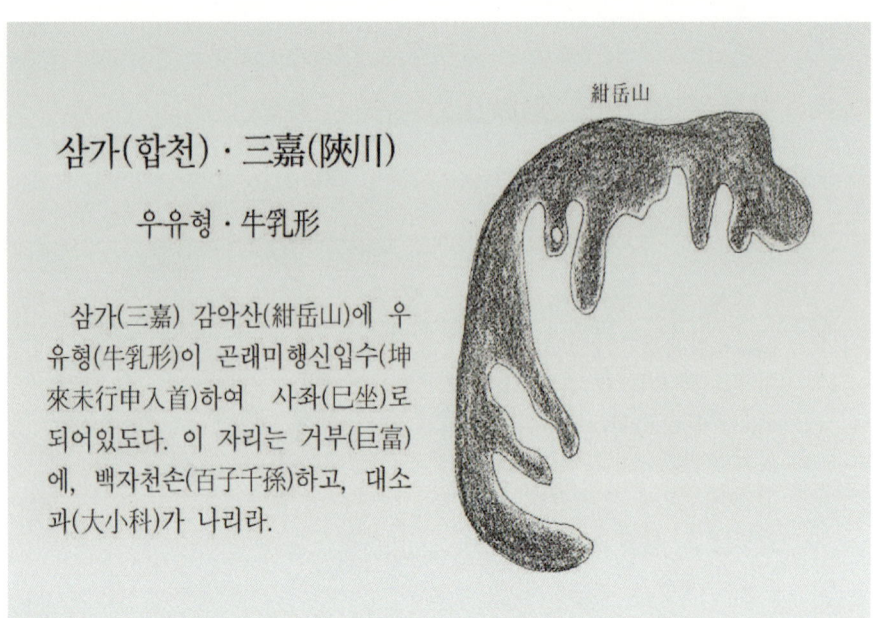

3. 답사

* 답사 지도

사진출처 : 카카오맵 스카이뷰(https://map.kakao.com)

＊매화낙성은 삼가면 소오리 441 일원에 있다. 묘를 쓰면서 절토한 탓으로 파손되었다.

＊비봉귀소는 삼가면 외토리 남쪽(북쪽은 조식 선생 생가) 산중에 있는데 밤밭 개간으로 일부가 훼손되었다. 황매산 말락지 중 최대혈이다

＊금계전혈형은 학리산에 있는데 황매산 말락지이다. 은은한 와형이고 오랜기간 富를 누리고 백자천손할 것이다.

＊우유형은 삼가면 일부리 산42에 있다. 고모 한 쌍이 잡목을 봉분에 업고 있는데 한 걸음 옆에 있다. 허접하지만 청룡쪽에서 한 가닥 줄기가 혈 앞으로 휘감아 안산이 되었다. 속발 巨富地.(2022.9.)

경남 합천군 상현리 장군대좌

＊상현리 안골마을(옛날엔 거창군이다)에 일이승 산도의 장군출동형이 있다. 요즈음에도 전국 풍수들이 간혹 찾아온다고 한다.(2019.3)

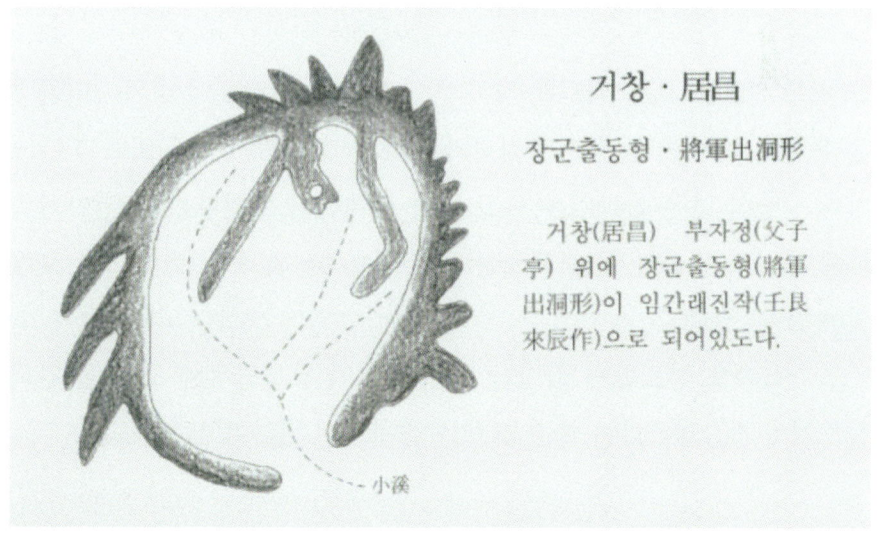

경남 합천군 쌍백면 산성산 아래 외초리 금계추란형(金鷄墜卵形)

* 일이승 산도

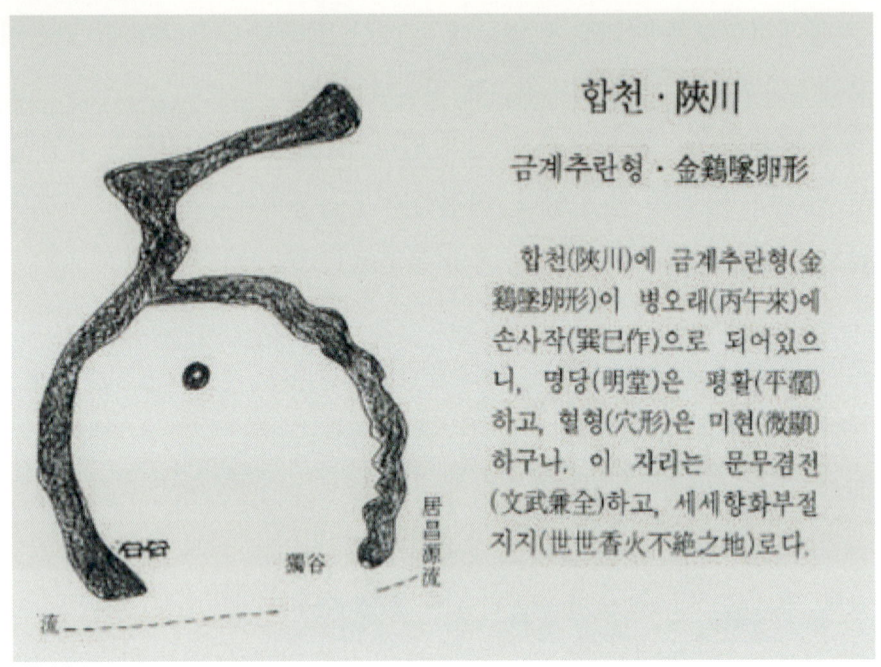

　* 처음 산도를 보면 위치를 찾기가 난감하다. 인터넷에서 독곡이란 지명을 독골로 쳐보면 삼가면 양정리가 나오는데 골짜기 안쪽으로 찾아 들어가면 상당히 넓은 들판이 나오고 험한 금계산이 보인다. 중출맥에서 활발하게 내려오는 산가지(枝)가 보이고 힘기를 다 털고 닭 알이 떨어져 있는 것을 볼 수 있다.

　그 다음에도 산도없이 좌향을 잡는 사람이 있으면 사부로 모실 만하다. 산도에서 거창원류라는 물길 표시는 잘못되어 있다.(2018.10.)

경남 합천군 용주면 월평리 연소형

* 일이승 산도

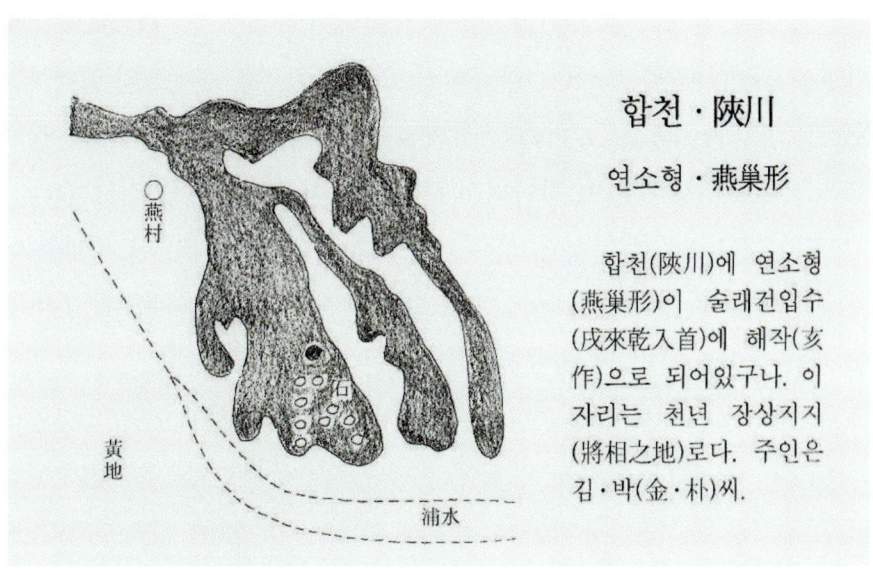

*산도에 표시된 연촌이란 월평리 연촌마을 일대를 말한다. 산도 표시는 현장과 조금 다르다. 산도에 의존하지 말고 연소혈이란 형상과 술래건 입

수라는 점을 염두에 두고 골짜기 안으로 한참 들어가야 된다. 혈처에서 해작이 생각하기 어렵다. 인근에 무연고총이 있는데 해작을 놓쳤다. 전면에 제비가 날아오는 봉우리들이 한줄로 연이어 보인다. 천년 장상지란 과찬이고 중등초급.(2018.9.)

경남 합천군 오도산 선인독서
(선인독서형 중 키가 제일 큰 선인)

1. 오도산

오도산(1120m, 합천군 묘산면 반포리)은 원래 이름은 천촉산(하늘의 촛불) 또는 머리가 까마귀처럼 검다는 뜻에서 오두산이라 하다가 김굉필 선생과 정여창 선생이 오도산 계곡을 소요하면서 유교적 명칭인 오도산(烏道山)으로 개명하였다고 한다. 한국통신(KT)이 정상에 중계소를 설치하면서 도로를 개설한 덕택으로 차가 정상까지 갈 수 있다. 일출과 雲海가 장관이고 사진 동호인들이 많이 찾아와서 사진을 찍어 인터넷에 올리고 있다.

보통 1,000m가 넘는 높은 산은 비슷한 높이의 봉우리가 한 무리를 이루거나 덩치가 큰 경우가 많은데, 오도산은 혼자 선인체로 우뚝 서있어서 합천 경내로 들어서면 먼 곳에서도 잘 보인다. 선인독서형으로는 공주선인독서, 고산선인독서가 유명한데 선인의 몸체만 본다면 오도산 선인독서가 최고일 것 같다. 오도산 영역에는 선인독서 주사함로(이규상의 천하명당-- 두사충 曰, 영남대지이나 하원갑 1984년 用之地) 상리부서가 있고 이들은 생지로는 경남 십대혈에 들겠지만, 부근에 고총이 있으므로 감상하는 것으로 만족해야 한다.

2. 선인독서형

* 일이승 산도

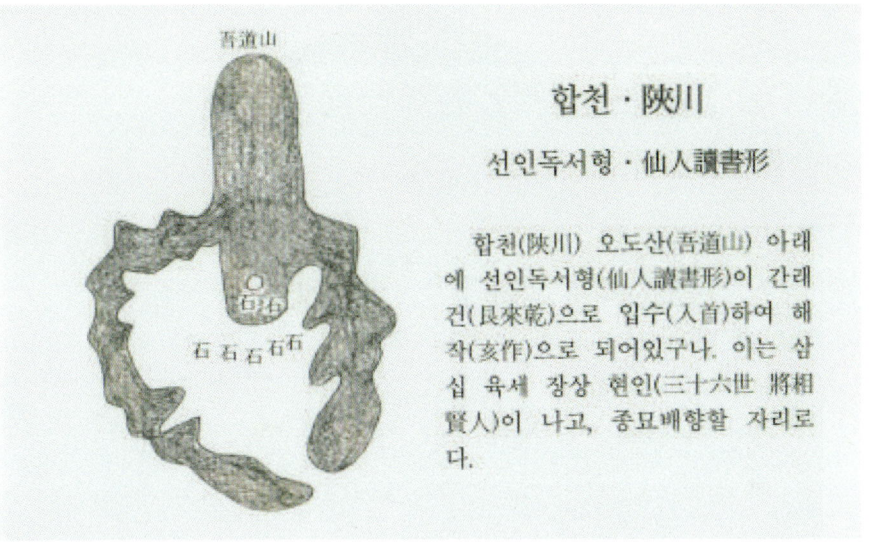

3. 오도산 南편 사진

오도산 북편은 미녀산이 붙어 있는데 답사한 즉 문씨들 종산이고 옥녀산 발의 소혈이 있더라. 선인독서는 오도산 남쪽에 있다.

* 남편-- 선인이 잘 보인다.

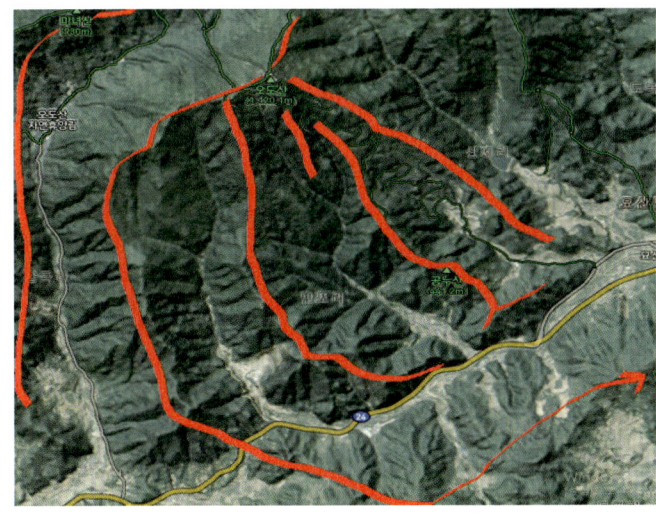

사진출처 :
카카오맵 스카이뷰
(https://map.kakao.com)

*사진-- 여름

*사진-- 가을, 다수가 찾는 허혈이다.

* 오도산 운해

4. 진혈은 고총 밑에 있고 선인이 보이며 앞에 책상이 있다.(2022.2.)

경남 합천군 율곡면 소학산 학두혈

* 일이승 산도-- 현장과 달라서 산도로는 찾기 어렵다.

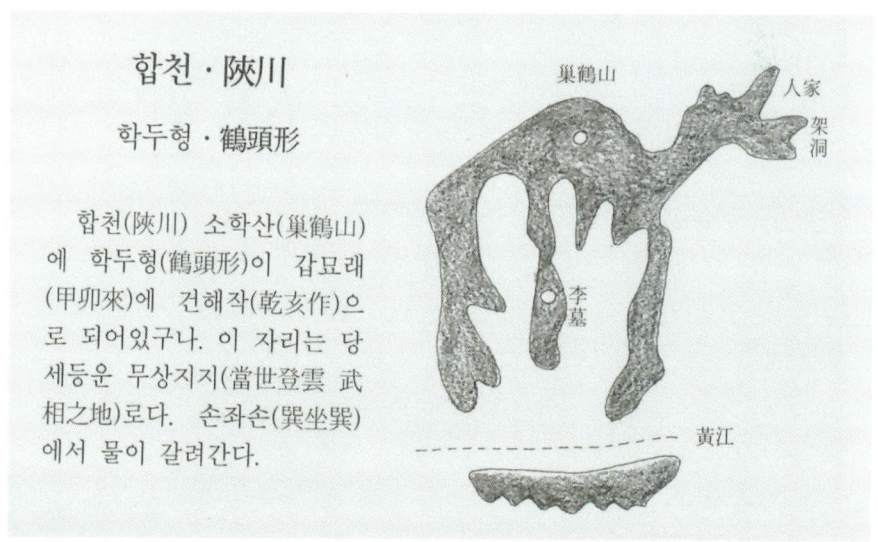

＊현장에 가서 보면 소학산이 개면한 곳은 합천군 공설 공안담쪽 뿐이고 다른 면은 개면한 곳이 없다. 그러나 공안담쪽은 정상가는 길이 없고 제내리 마을에서 임도 비슷한 2.6km 길을 한시간 넘게 걸어야 한다.

정상이 곧 학머리인데 그 곳에는 혈이 없다. 정상으로 과협처 올라오는 방향이 갑묘래이고 정상에서 건해로 내려가면 大窩가 있고, 한단 아래 동래정씨묘가 좌판도 있고 잘 관리되고 있더라. 안산은 저 멀리 높고 커다란 대암산이고 혈은 대암산을 향하여 날아가는 학의 눈에 있다. 산도에 있는 이씨 묘는 학부리이다. 혈처 부근에 고묘가 있고 혈처 위에 가묘가 있다. 누군가 욕심을 내어 수십 년 전에 가묘를 쓴 것 같으나 포기한 지 오래되었더라. 당세 등운이라 하나 래룡(來龍)이 은혈이고 안산이 멀어서 3대쯤 발복하려나? 발복도 武相이라 하니 요즘 같은 황금만능 세상에 좋아할 사람이 있을까.(2019.4.)

＊혈처-- 정상에 있다.

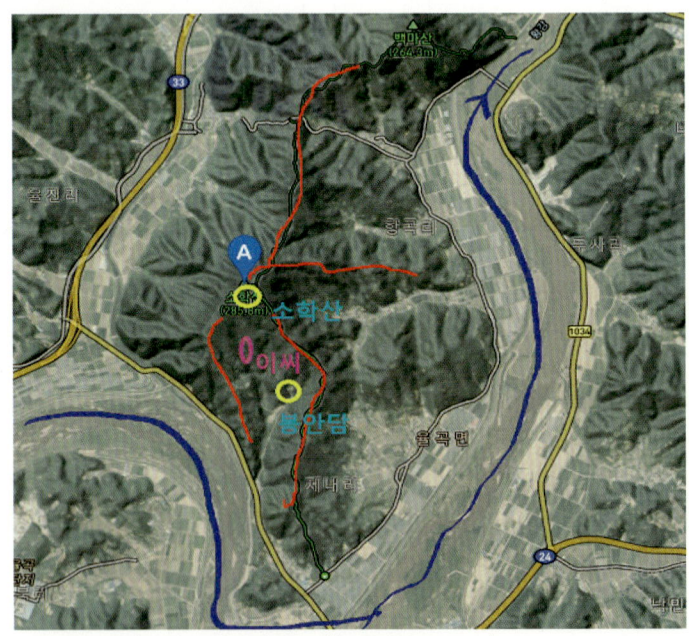

사진출처 : 카카오맵 스카이뷰(https://map.kakao.com)

경남 합천 초계 황우도강(黃牛渡江)

* 일이승 산도

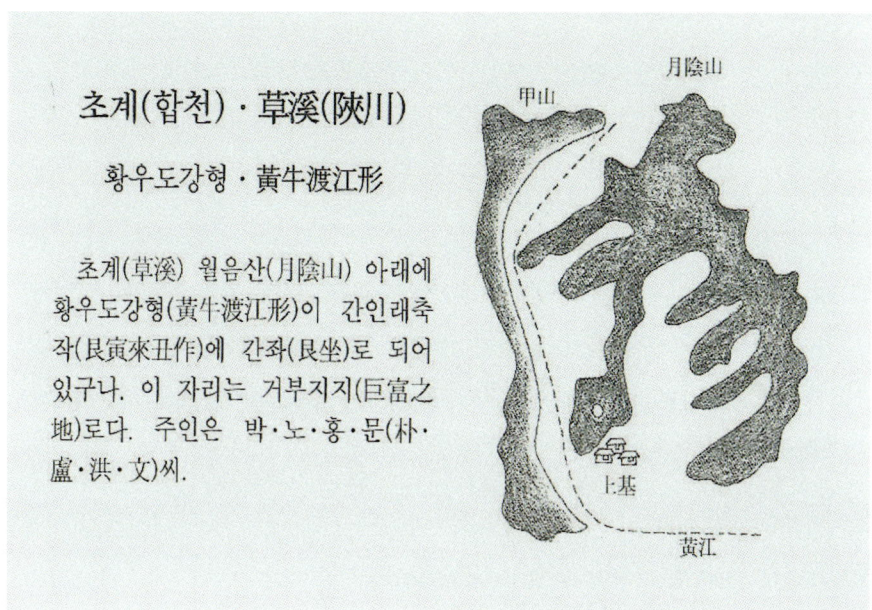

* 답사

산도는 중촌마을 뒷산을 지적하고 있으나 그곳에는 없고 진정마을에는 중등 초급혈이 있을 뿐이다. 황소가 강은 건너는 모양새인 만큼 강가에 있다. 간좌. 진혈은 어떤 묘 아래 있는데 최근 묘역정비 작업을 하면서 원형을 흩트렸다.(2023.3.)

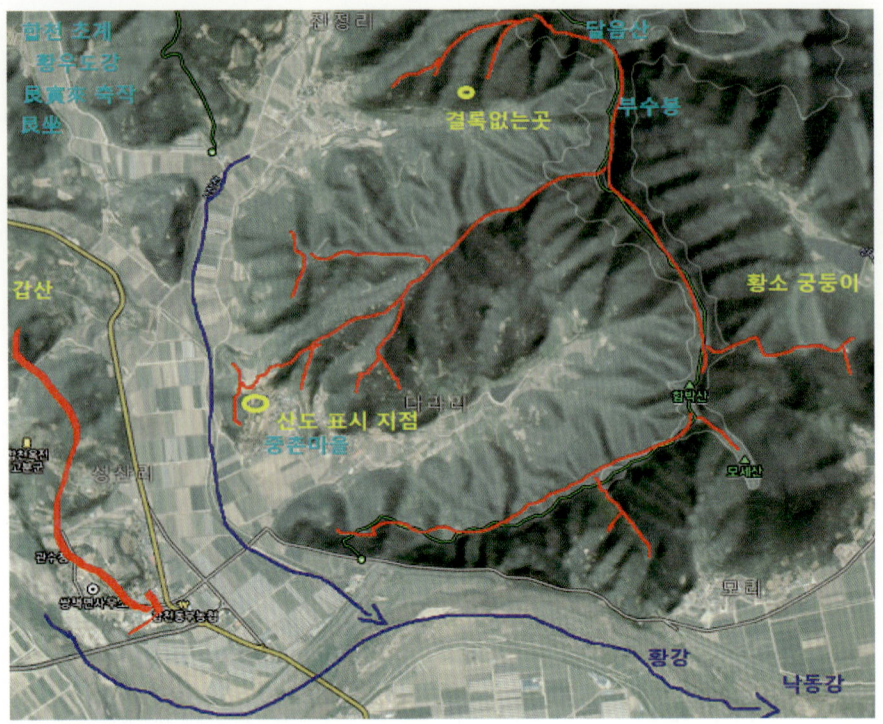

사진출처 : 카카오맵 스카이뷰(https://map.kakao.com)

경남 합천읍 이룡농주

1. 일이승 산도

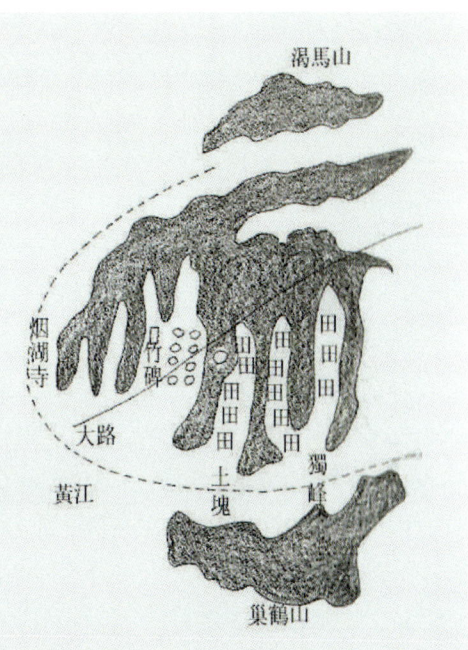

2. 답사

＊이룡(驪龍여룡)농주형은 검은 용이 구슬을 갖고 노는 형상이다. 산도에 표시된 갈마산과 연호사가 합천읍에 존재한다. 혈처는 영창리 태양광발전소 위에 있다. 크다란 검은 바위가 혈처를 받치고 있고 구슬이 가까이에 있다. 결록은 경좌라고 하였으나 유좌이다. 몇 년 전에 용사하였는데 최대한 깊이 파야될 듯.(2023.3.)

* 현장 지도

사진출처 : 카카오맵 스카이뷰(https://map.kakao.com)

부산시 다대포 3혈
(한 동네에 양택, 충신, 역적의 삼혈이 있다)

1. 부산 다대포

 부산 다대포는 태백산맥의 말락지이다. 몰운대 방면에 어옹투망형이 있다는데 몰운대를 어망으로 보고 다대고등학교 부근에 결혈되었다고 추측된다. 국세가 큰 대혈이겠으나 일대가 아파드단지로 변하여 혈처를 알 수 없다. 2백m 거리 내에 삼각형으로 일이승 결록의 양택, 윤공단, 박영호 묘등 3혈이 있다. 양택은 생지로 남아 있고 박영호 묘는 파묘되어 건물이 들어 섰다. 역사를 되새기고 혈지를 공부할 좋은 곳이다.

2. 연화형(蓮花形)

* 일이승 산도

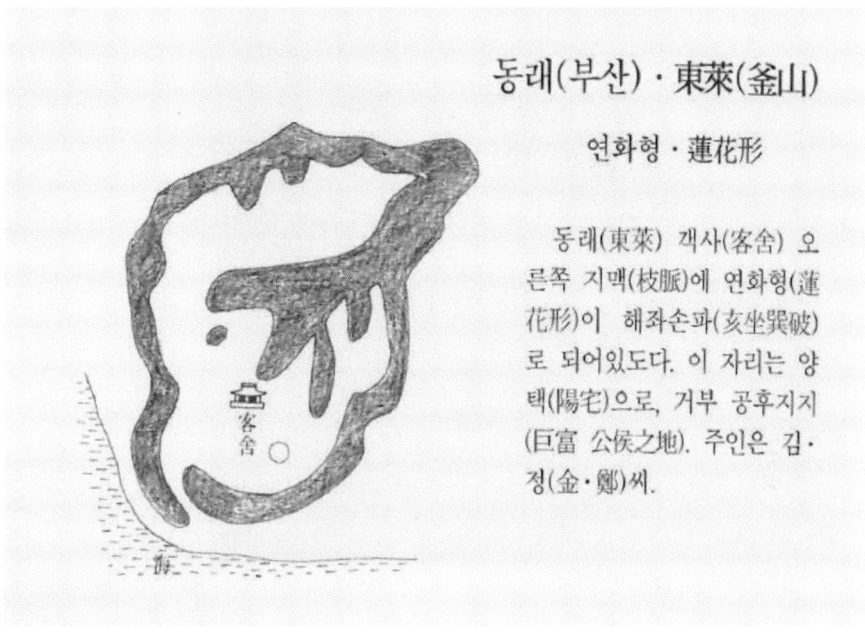

* 산도의 객사는 현재 다대포초등학교이다. 혈처는 꽃술인데 사방 연잎이 둘러싸고 있다. 생지로 남아 있으나 주변이 피난민 판자촌이고 김해공항에 착륙하는 비행기 항로이므로 시끄러워서 돈 있는 사람은 살 수 없다. 복있는 가난한 자가 살다가 부자 되어 이사 가고 또 가난한 자가 들어오고를 반복하겠다.

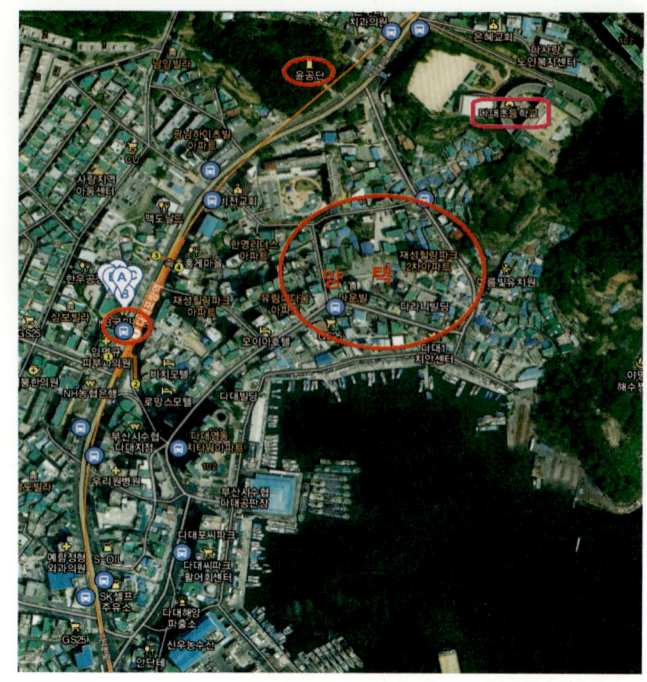

사진출처 :
카카오맵 스카이뷰
(https://map.kakao.com)

3. 윤공단(개선장군 행렬형)

 * 왜적은 1592.5.23.(음력 4.13)에 윤흥신 첨사가 지키는 다대포와 정발 장군이 지키는 부산진성을 공격하였다. 윤장군은 군사 8백 명으로 첫날은 유인 기습하여 승리하였으나 이튿날 왜병 1만 명을 감당치 못하고 윤장군 형제와 병사가 전부 전사했다. 정발장군도 반나절만에 전사하고 그 왜병이 동래부사 송상현이 지키는 동래성을 공격했는데 하루를 버티지 못하고 군사 3천 명과 백성 2만 명이 참사당하였다. 이때 왜병이 명나라를 침공하겠다고 길을 빌려달라고 하자 송장군은 싸워 죽기는 쉬우나 길을 빌려주기는 어렵다는 戰死易 假道難이라는 말을 남겼다. 길을 빌려달라는 요구는 핑계이겠지만 진의이었다면 우리도 왜병을 뒤따라 북경까지 진격하여 천년 동안 속국으로 바친 피해를 회수할 절호의 기회이었다. 당시 우리는 文弱에 흘러 전쟁을 겁내고 당파 싸움질이나 하였지만 효종이라면 어땠을까?

＊윤장군은 다대객관 동쪽에서 전사하였고 동민들이 전사한 날에 제사를 모셔오던 것을 1970년 다대동 1234인 지금의 자리로 옮겨 제사를 지낸다. 장군의 12대 손이 윤봉길 의사이다.

＊윤장군 제단-- 윤공단소 자리는 개선장군이 풍악잡히고 아름다운 행렬을 지어 나아가는 형상 즉 개선장군 행렬형이다. 어떤 풍수가 잡아주지 않아도 명당에 모셔진 것이다.

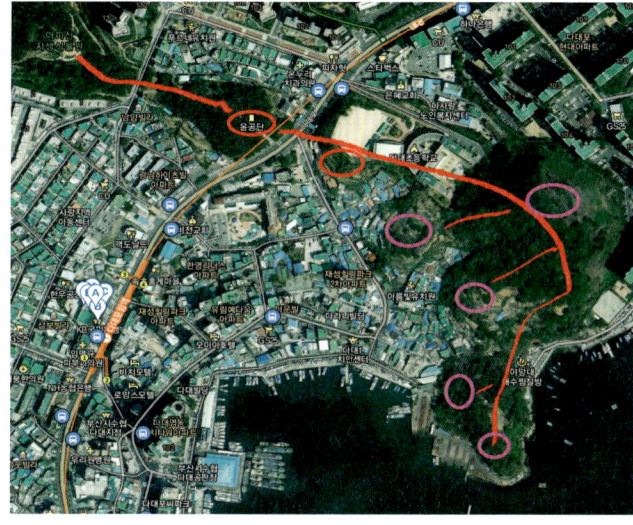

사진출처 :
카카오맵 스카이뷰
(https://map.kakao.com)

＊윤장군 형제석상-- 부산 초량에 있다.

4. 친일 역적 박영효의 묘

＊박영효(1861~1939)는 양반집 출신, 1872년 열두살 때 철종의 딸 옹혜옹주와 결혼하였으나 곧 사별, 1882년 일본 사신으로 가는 배 안에서 태극기 제작(1883.1 정식 국기로 인정), 1884년 김옥균과 함께 갑신정변의 주역, 일본에 장기 망명하면서 개혁파로 활동, 이완용의 뒤를 이어 내부대신, 일제강점 때 친일파로 변신하여 여러 친일단체의 임원을 맡아 폭넓게 활동. 일본 후작, 중추원 고문.

＊박영효는 지관을 시켜 천하명당을 찾게 하여 이곳(양택명당 서쪽 약 200m 거리)을 신후지로 정했다. 묘터는 1958년 손자가 팔았는데 지금의 지하철 다대포역 부근의 진요빌딩 자리(다대동 1074)라고 한다. 유명한 지관을 동원하여 한양에서 천리 떨어진 곳(박영호가 부산 마산 등지에 살았던 연고인 듯)에 명혈이라고 잡았음에 틀림없으나 개발로 변형되어 판별할 수 없다. 설령 명혈이라 하더라도 친일매국노라는 손가락질을 감당할 수 없을 것이다. 이완용의 묘와 같은 운명의 길을 갔다.

옛날에는 왕권에 도전할 수 없어서 정권을 잡는 최고의 수단이 왕비를 입궁시키는 것이었다. 딸을 왕비로 만들고 국구로서 실세가 되었다. 왕비 간택은 권력다툼의 소산이었는데도 불구하고 어떤 가문에서 왕비 몇 명이 탄생하였다고 가문의 영광으로 자랑하고 이에 대하여 풍수가 어떤 조상묘의 음덕이라고 공치사하는 작태는 역겹다. 충신 열사를 중시하고 반역자의 출생원인을 풍수적으로 탐구하는 연구가 필요하다.(2018.5.)

부산시 연산동 배산 옥배형

* 일이승 산도

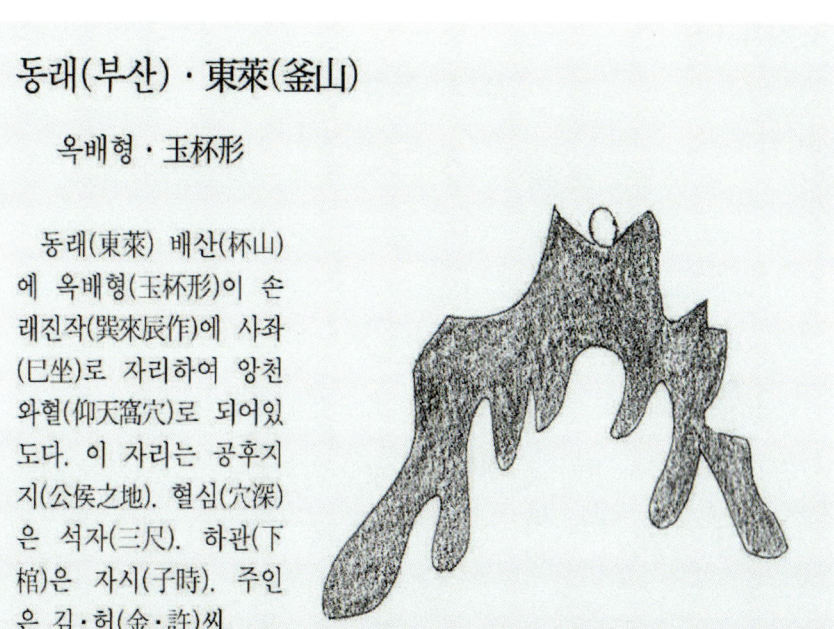

 *산도는 頂上에 혈이 있다고 표시하였으나 연산동 고분 3, 5, 7호가 진혈이다. 술잔을 기울려 술을 따르는 모양에서 술방울에 진혈이 맺히었다. 지금도 생기가 있으나 유골이 삭아 없을 것이므로 후손에게 발복 효력은 없을 것이다.(2018.5.)

부산시 온천장 금강공원 선인독서형
(2천 년 장상지, 매일 지나 다녀도 모른다)

1. 작자 미상

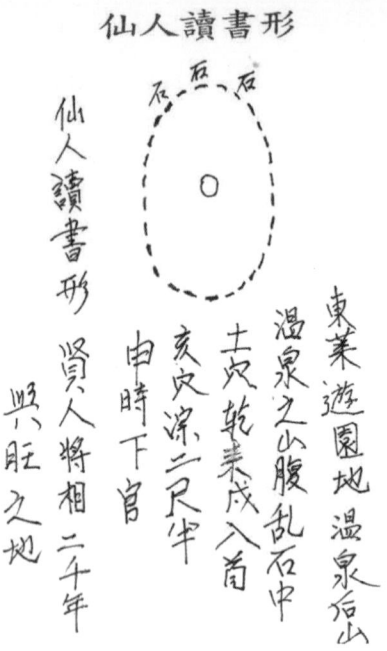

2. 혈처

기혈이다. 매일 수많은 사람들이 산책하는 길에 있으나 아무도 모르고 지나다닌다. 케이블카 아래 길을 따라 15분쯤 올라가면 전면에 4m정도 높이로 우뚝 선 선인이 있고, 앞을 보니 커다란 통바위 책상이 안이 되고 좌청, 우백이 바위로 이루어져 있었다. 위쪽 결인처는 바위 몇 개로 연결되어 있다. 결인처와 책상바위가 대단하다.(2020.1.)

부산의 양택 6혈

1. 북구 만덕로 63 만덕사지

 옛날 큰 사찰이 있던 곳인데 어떤 이는 명당이라고 하나 앞산이 돌아 앉았고 백호 쪽 수구가 형성되지 못하였다. 시대상황에 따라 큰 사찰이 생겼다가 소실된 후 명당이 아니어서 재건되지 못한 듯하다.

2. 금정산 삼계봉 아래 금계포란

 만덕동일아파트 입구에 육관 손석우가 금계포란이라 감정하였다는 사유로 금계포란이란 돌비석이 서 있다. 그러나 금계포란은 그 골목 빌라에 있다.

3. 구덕산 내원 정사

 청룡이 90도 이상으로 휘감아 도는 소쿠리 터이다. 거부에 구두쇠.

4. 구덕산 상제봉조

 앞에는 구덕운동장, 왼쪽은 동대신동, 오른쪽은 서대신동 전면에 부민동, 부평동, 영도와 천마산, 안산이 아미산이다. 현재 빌라가 서 있다.

5. 해운대 장산마을 아파트 부근

 해운대 중에서 주택지로는 갑지(甲地)

6. 동래 경찰서 옆 금구몰니

 먼 사격으로 금정산 병풍암이 보이고 배산이 좋게 보였는데 지금은 아파트 건축으로 좋은 사격이 가려졌다. 동일 고무벨트공장 부근이다.(2018.4.)

제2장

장익호 재혈

전남 무안군 일로읍 인의산 매화낙지
(장선생님 재혈지 1)

1. 유산록

유산록 전편 381p, 世人이 근천년(近千年)을 찾아 헤매었으나 찾지 못한 곳이다. 인의산은 노령산맥이 래용(來龍)하여 마친(盡頭) 곳, 월출산이 조산(祖山), 반룡형이 낙평(洛平)하여 결혈. 유좌에 건해 간인득 병파이다. 고결(古訣)에 "천만세 향화지지"라 하였으니 부귀장원지지이다. 1982.7. 친우 박모 씨의 조부모 산소를 이장하였다.

2. 진혈처

* 노령산맥은 소백산이 추풍령에서 남서로 뻗은 산맥으로 남단은 무안반도이다. 산이 낮고 퇴적층이어서 맥로를 찾기가 어렵다. 방장산, 모악산, 매봉산, 노승산, 영태산, 감방산, 무안CC, 승달산과 갈라져 봉명리, 일로읍, 인의산인 것 같다. 승달산 쪽이 힘차고 대혈이 많다.

* 결록만 보면 어마어마한 대혈인 데다가, 장 선생님의 재혈 솜씨를 보고 싶어 2018.3. 탐방하였다. 인의산 자체는 후장을 보면 제법 덩치가 크다 할 수 있으나 농촌 야산이다보니 환경이 허접하였다.

우선 인의산은 래용(來龍) 쪽은 낮고 중봉이 가장 높으며 말봉은 산의 기운이 더 흘러가지 않고 중봉에서 평지로 내려가도록 받침(노도) 역할을 하니까 혈은 중봉 출맥에 있다. 중봉의 후장이 가장 잘 발달되어 있고 중봉의 전면 용맥이 가장 또렷하고 두툼하게 마을을 거쳐 나가다가 동산을 만들었다. 진혈처는 조씨 할머니 유택 부근인데 옛날엔 기탐지봉 같은 도구가 없었기에 혈처를 찾기 어려웠던지 진혈을 놓쳤다.

박 선생님 조부 묘에는 비석이나 상석이 있으리라 생각하고 동네 야산을 뒤졌으나 그런 묘는 없더라. 진혈처 아래 단락된 곳에 비석이 없어 묘주를 알 수 없는 묘 2기가 있는데 좌향과 득수파구는 맞으나 기운이 전혀 잡히지 않았다. 이곳 묘 2기가 유력하나 혈장의 테두리가 흐리고 입수와 전순 그리고 선익이 분명치 않아 허혈이다.

　원래 매화낙지는 시원한 산들바람이 불고 식당이나 정자와 같이 사람이 많이 모이는 곳이므로, 조씨 할머니는 사람 래방이 많은 것을 꺼려하지 않을 것 같아서 공개하는 것이다. 천만세 香火之地란 너무 바람(風)이 센 말이다. 원래 조씨 할머니 허락 없이는 쓸 수 없는 곳이니 장선생님 재혈지는 다른 곳인 듯하다. 중등중급 거부지지.(2018.3.)

　＊ 인의산 매화낙지

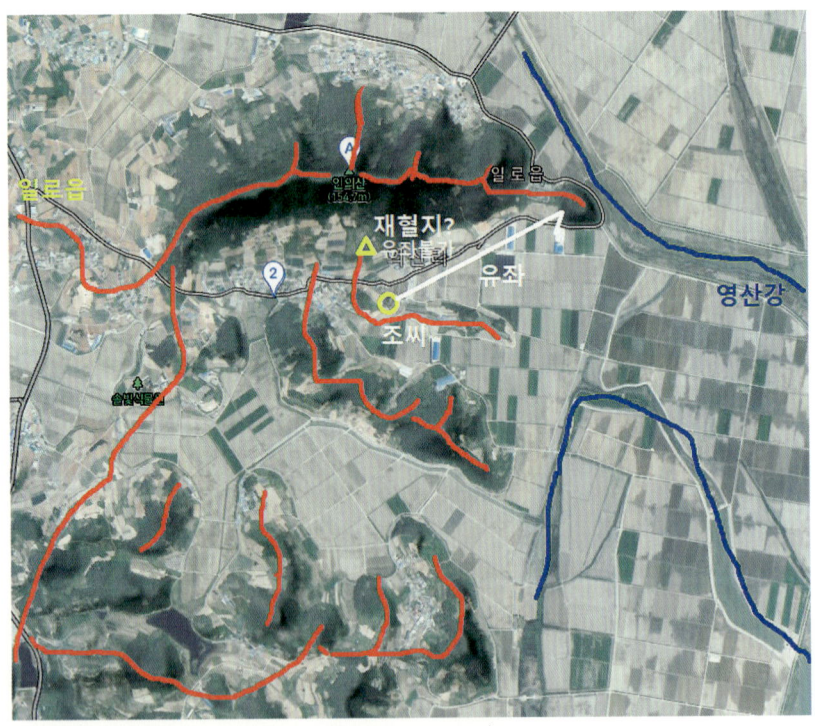

사진출처 : 카카오맵 스카이뷰(https://map.kakao.com)

울산시 치술령 아래 옥녀금반혈
(장선생님 재혈지 2)

1. 유산록 후편 49p

인의산 매화낙지에서 장선생님의 재혈에 실망하고 다음 재혈지를 찾아 나섰다. 치술령(울주군 두동면 월평리 산156, 해발765m) 아래 장군대좌형 외 3혈이 있다. 그 중 석계지(石溪池) 上 동북 五里에 금반혈이 맺혔는데 부귀 속발 百子千孫之地, 효심이 지극한 장○○씨 증조부모와 조부모의 유해를 1989년 이장하였다.

2. 옥녀금반 대혈

석계못의 동북 5리라고 하는데 밑에서는 잘 보이지 않는다. 산 위 편평한 곳(경주시 외동읍 석계리 산76의2)이다. 옥녀가 선인을 위하여 상(床)을 차려 오른손으로 잡고 앞으로 내어 놓는 형상이다. 보통 금반형은 옥녀가 상을 차려 놓은 형상이 많은데, 옥녀 옆에 모양새 좋은 선인이 있으니 대단한 貴格이다. 중등상급 대혈이다.

* 석계저수지 동북 오리

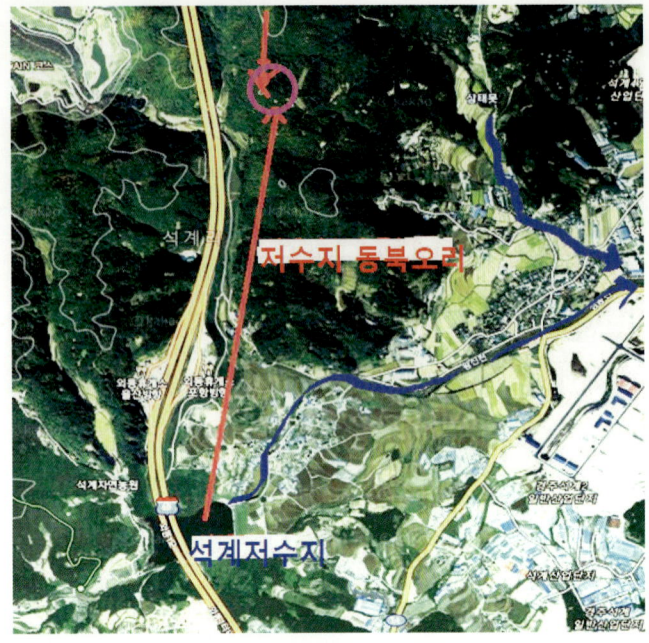

사진출처 :
카카오맵 스카이뷰
(https://map.kakao.com)

* 선녀와 선인

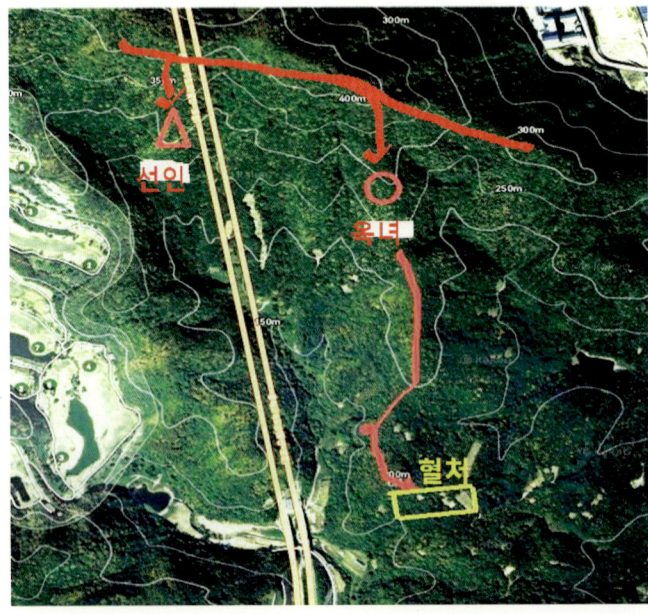

사진출처 :
카카오맵 스카이뷰
(https://map.kakao.com)

3. 못 찾겠다

 혈처 부근에서 장씨 묘는 보이지 않아 온 산을 찾아다녀도 장씨 비석이나 상석을 찾을 수 없었다.(장선생님에게 구산해 받았다면 상석쯤 있을 텐데…) 진혈처에 쓴 묘라면 찾을 수 있으나, 혈 아닌 곳에 쓴 묘는 비석이나 상석이 없으면 찾을 수 없다. 혈처는 최씨 종산이므로 애초에 외인이 쓰기 어려워 장선생님이 진혈을 찾았다 해도 쓸 수 없었을 것이다. 장선생님 제자 김이중 씨도 이 묘에 대하여 근황을 알지 못하더라.(2019.3.)

경주시 강동면 유금리 도음산 비봉포란
(장선생님 재혈지 3)

1. 유산록 후편 30p

 태백산에서 비학산이 나누어 나온 뒤 건해낙맥하여 도음산을 세우고 다시 건해낙맥 20리 안계저수지가 있다. 그 동편 용호 四五重 백리개국 주산 존엄한 가운데, 태백산 90리 행룡 말락에 비봉포란이 결혈되었다. 적덕인이 아니면 이런 인간보물을 얻을 수 없다. 형산과 제산이 사상(獅象)한문(捍門)격이다. 부귀영화 49대 文千武萬. 1985년 有德君子 장(蔣)○○ 양친의 묘를 섰다.

* 유산록 산도

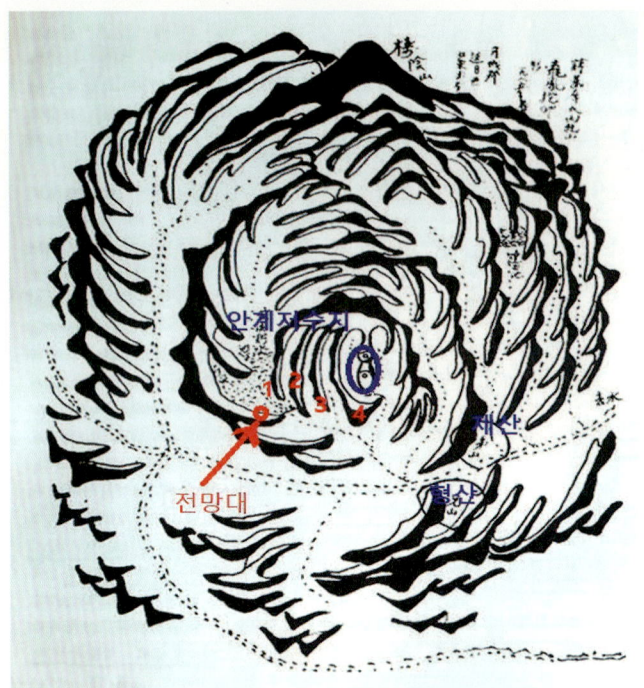

* 현장 지도

사진출처 :
카카오맵 스카이뷰
(https://map.kakao.com)

2. 답사

산도를 보면, 안계저수지(강동면 안계리) 동편 도음산의 4 또는 5 산줄기에 상하 2개혈이 표시되어 있고, 제산과 형산이 형산강의 수구로 우뚝 서 있다. 지도에도 그대로 나타나 있으니 혈 찾기는 땅 짚고 헤엄치기다.(출처에 대하여 옛 결록을 명시하지 않았으니, 장선생님 발견지로 보인다)

첫날, 4 산등에 올라가니 땅바닥이 거칠고 래룡에 생기가 없는 死龍이었고, 옆산도 마찬가지로 작은 혈 하나라도 생길 여지가 없었다. 두 번째 방문하여 안계저수지 관람대에 올라가서 관망하니, 1번과 2번 산줄기가 조금 생기가 있고 혈이 맺힐 여지가 있었다. 의산과 주산봉우리 가까이 갔으나 혈을 찾을 수 없었다. 그제서야 두 번째는 오지 말아야 하는데 장선생님의 위명에 현혹되어 헛고생했다는 걸 깨달았다. 국세 상 비봉포란은 결혈될 수 없고, 사룡이니 다른 혈도 맺힐 수 없다.

그 이유는, 첫째로 山圖 상의 주산은 매봉(해발 2백m)이고 도음산으로부터 6km 거리인데, 49대 발복할 기운이 없고 주산 아래 산가지들은 수체이고 표면이 누추하여 전부 死龍이다.

둘째, 비봉포란이 되려면 알의 물형이 있어야 하는데 알이 없다.

셋째, 안산(대미산)이 균형을 잡지 못하고 삐딱하다.

넷째, 형제산이 수구라고 하지만 강동구 전체의 물을 모은 형산강의 수구이고 안계저수지의 수구로 볼 수 없을 뿐만 아니라 안계저수지 물은 관쇄없이 형산강으로 들어간다. 이런 국세는 단번에 파악해야 되는데 장선생님을 맹신하여 두 번이나 찾아간 것이 참 한심한 일이었다.

3. 못 찾았다

김이중 씨에게 물으니 인의산 매화낙지, 도음산 비봉포란은 유족들이 한 곳에 묘를 모은다는 이유로 이장하였다 하더라.(2019.3.)

경북 경주 양남면 조양산 아래 장군대좌
(장선생님 재혈지 4)

1. 유산록 후편 50p

치술령 좌편 북행—토함산 목장—南轉5리—오정산 좌우개장—중축낙맥—수봉삼립(數峰森立)한 곳에 장군대좌. 경태기두, 건해(乾亥) 형제봉 첨수(尖秀), 건해작 해좌, 건해득, 내당 을진파(외당 갑파). 子孫科甲연대부절, 부여 석숭, 부귀장상 30대, 효성이 지극한 최○○국장 어머니 유택으로 선정했다.

2. 답사

오정산은 조양산이고 건해 형제봉은 조항산이다. 득수 파구를 잘 보아야 된다. 토함산이 水体여서 장군대좌인가 판별하기 어렵다.

유산록의 발복추산은 과찬이고 중등 중급 대혈이다.

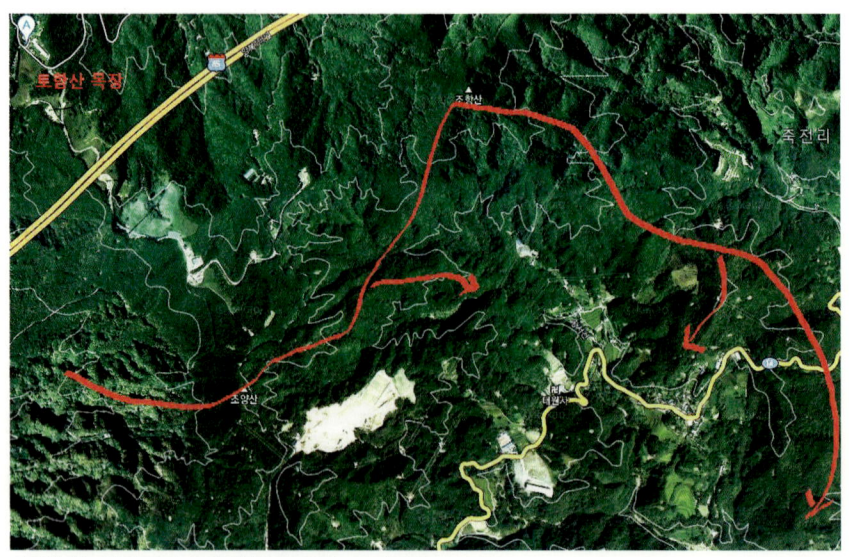

사진출처 : 카카오맵 스카이뷰(https://map.kakao.com)

3. 재혈지를 못찾다

 최국장 어머니 묘는 이 곳에 없고 어디 있는지 알 길 없더라. 김이중씨도 최국장 어머니 묘의 근황은 모르더라.(2019.3.)

구미시 해평면(옛 선산) 배틀봉 산하 매화낙지
(장선생님 재혈지 5)

1. 유산록 후편 18p

 구미시 산동면 배틀봉에서 매밀재를 지나 고봉(高峰)산하(山下) 매화낙지가 결혈되었다. 손사방에서 소조산격인 배틀봉 수봉이 문필봉격으로 탁립하였고, 이에 대응하여 신술봉 태조산 연봉(連峯)이 운소하였고, 건해 병오봉이 상응하니 문무과갑(文武科甲) 부지기수. 건해봉이 높았으니 장상부지기수. 을좌신향. 경유방에 낙동강이 조공한다. 1988년 대학교수 김의○ 선친 안장.

2. 답사

 손사방 배틀봉 탁립하고 신술 연봉이 운소(배틀봉이 소조산인데 거기서 내려온 연봉이 태조산이란 표현도 이상하다) 을좌신향이라는 요건을 맞출 곳이 없었다. 있다 하더라도 산이 쪼개지고 기운찬 곳이 없다. 두 번에 걸쳐 해평면 창림리 일대를 다 뒤졌으나 매화낙지를 찾지 못했다.

 배틀봉 연산(옛 지명은 선산이나 현 지명은 구미시 해평면이다)과 주산(고봉산, 이름은 부근 동네사람들도 모르더라. 매밀재도 나밀재인 듯하다)을 보고 입구쪽 창림저수지를 보면 이곳에 명혈이 맺힐 국세가 분명하다.

매화낙지 대신에 우씨 집장지(창림리 산14-7, 8)에서 상제봉조형의 중등 중급의 대혈을 찾았다. 국세의 중심되는 곳이고 자좌오향이다. 특히 배틀봉 연봉이 혈을 만들려고 뛰어오는 모습이 아름답다. 禹씨들이 거금을 투입하여 굉장히 넓게 묘원을 조성하였는데, 너무 이기적인 자연훼손이 아닌가. 애석하게도 묘원 조성시에 상제봉조가 절반 파손되었다. 물론 우씨들도 차지하지 못하게 조성되어 있다. 이번에도 선생님 재혈지를 찾지 못했다.(2019.2.)

사진출처 : 카카오맵 스카이뷰(https://map.kakao.com)

전남 나주시 동강면 곡천리 백련산 비룡망운
(장선생님 재혈지 6)

1. 유산록 전편 383p

 기어이 한 곳이라도 찾겠다는 오기로 나주 백운산을 찾아갔다. 유산록은 광주 무등산, 망해산, 백련산 행룡이고 飛龍望雲形. 주산은 金水星이며 혈성은 풍후하다. 대강은 은하수가 되어 遠遠來朝하여 천문방(註; 건방)에 서기를 뿜고 천모방(註; 곤방)에서 은하안이 되었다. 양사(兩砂)는 二重 三重으로 둘러 싸고 다정하다. 병오방에 두른 요대가 아름답다. 부귀는 말로 다 할 수 없다.(註; 필자가 쉽게 옮겨 적었다) 선철의 비결에는 없다. 친우 박영○의 선친을 영장했다.

 2. 지적지는 대강이 래조하여 건방에서 서기를 뿜고, 곤방 은하안, 병오방에 요대가 있는 사실, 그리고 훗날 김이중 씨로부터 들은 바에 의하면, 묘 뒤로 도로가 개설되자 유족의 요청에 따라 장선생님이 다른 곳으로 이장해 주었다는 사실을 힌트로 삼는다.

* 나주 백련산 비룡망운

사진출처 : 카카오맵 스카이뷰(https://map.kakao.com)

위의 지도에서 노란색 화살표 방면에는 산줄기가 산만하여 혈이 생기지 않는다. 빨강 직사각은 유산록의 조건에 맞고 혈이 생길 가능성이 높다. 그러나 현장에 가보면 빨강 동그라미의 신라산에 기운이 옹축되고 빨강 직사각은 과협같다. 신라산에는 선녀 단좌형의 중등 초급혈이 있다. 백련산에서 비룡체를 찾기 어렵고 곡천리 산36에 있는 김씨 종산이 비봉망운처럼 보인다.(2019.3.)

전남 고창읍 방장산 동락 군신봉조
(장선생님 재혈지 7)

1. 유산록 전편 413p
方丈山上峯 동록 一枝는 군신봉조형이 되었다. 문천무만, 富貴地. 혈전기 암괴석, 穴後亂石散在.

2. 장익호 학회의 임총무 안내로 구경했다
방장산 최고봉(743m)은 고창군 신림면에 있으나 혈처는 장성군 북이면 백암리 산16-1@이라고 한다. 어떤 사업가가 몇 달에 걸쳐 장선생님에게 공을 들여 이 혈을 점지받았는데, 증권에 투자하여 실패하였다는 이유로 1년이 안 되어 이장하였다 하더라. 임총무의 안내로 현장에 갔는데 맨 위쪽에 파묘자리가 평탄되어 있고, 그 아래에 장선생님 학회의 점지로 어떤 스님의 부모 묘가 上下로 쓰여 있었다.

파묘자리는 기운이 조금 있었다. 청룡 방면이 없고 고지대로 관리하기도 어려울 것이다. 파묘 자리는 초등명당 정도? 처음 묘를 썼던 사업가는 음덕으로 일확천금을 할 것을 기도하였다가 실패하자 홧김에 묘를 이장한 것이다. 흑심을 품으면 망신하는 본보기가 된다.(2019.3.)

* 방장산 동락-- 산정이다.

사진출처 : 카카오맵 스카이뷰(https://map.kakao.com)

전남 담양군 삼인산 아독실모(兒犢失母)
(장선생님 재혈지 8)

1. 장익호 동호회를 찾아 가다

 인의산 매화낙지를 보고는 실망하여 치술령 옥녀금반, 경주 조양산 아래 장군대좌, 경주 도음산 비봉포란, 선산 배틀봉 아래 매화낙지, 나주 백련산 비봉망운으로 계속 찾았으나 진혈을 벗어났다고 생각되었다. 하는 수 없어 장선생님의 유일 제자인 김이중 씨를 찾아갔더니 그는 호걸풍으로 스스럼 없이 맞이해 주더라.

김선생의 말에 의하면 인의산, 군유산, 도음산은 유족이 묘를 한 곳으로 모으기 위하여 이장하였고, 백련산은 묘 뒤로 도로가 확장되어 이장하였고 치술령과 조양산은 근황을 모른다고 하였다. 광주 부근에 장선생님이 재혈한 곳으로 방장산과 삼인산을 구경시켜 주었는데 방장산 동록 혈은 묘주가 묘 쓴 뒤 발복을 믿고 주식에 투자하였다가 실패하자 이장하였고, 삼인산은 한 사람은 살린다는 설화가 있었으므로 위암 수술한 사람에게 주어 부친 묘를 쓰게 하였다고 하더라. 장선생님 재혈지로 좋은 혈은 경기도 일원에 있다고 했다. 이로써 전라·경상에 있는 장선생님 재혈지는 군유산을 제외하고는 전부 찾아 본 셈이다.(군유산도 뒤에 찾아 보았다)

2. 三人山 아독실묘

* 옥룡자 결록은, "삼각산 서북록에 양대혈(兩大穴)이 또 있구나. 하나는 회룡고조, 다른 하나는 아독실모. 죽어가는 사람 있어 어렵사리 살려내려면 이 혈을 찾아줄 것이니 적덕수선(積德修善)하였어라. 三代贈職 먼저 하고 문무겸전 하리로다." 兒犢失母란 어미 잃은 송아지가 어미 찾는 형상이다. 옥룡자 결에는 삼각산에 혈처가 있다고 하였는데 장선생님은 삼인산을 삼각산이라 보았던 것이다. 산모양이 사람人字 세 개를 겹쳐 놓은 것 같다 하여 三人山이라 부른다.

3. 명혈인가?

이 혈은 장선생님이 김선생 신후지로 잡아 준 것인데 동호회 회원이 위장암 수술을 받자 김선생은 죽은 사람도 살린다는 결록의 효험을 기대하고 환자 아버지 묘를 이장시켰고 환자는 2년 간 잘 살았다고 한다. 적덕해야 되는데 산주와 시비가 있었고, 그 탓인지 생명 연장이 2년에 그쳤다고 하더라)

삼인산의 4부 능선쯤에 있는데 혈장이 척박하게 보였다. 풍후한 곳을 좋아하는 사람은 외면할 것 같고, 호걸풍의 듬직한 체구를 가진 김선생에게는 혈장이 좁을 것이다. 보여준 곳은 의문이 있다.(2019.3.)

＊삼인산 전면에서는 광주 무등산이 멀리 보인다.

＊삼인산 모양

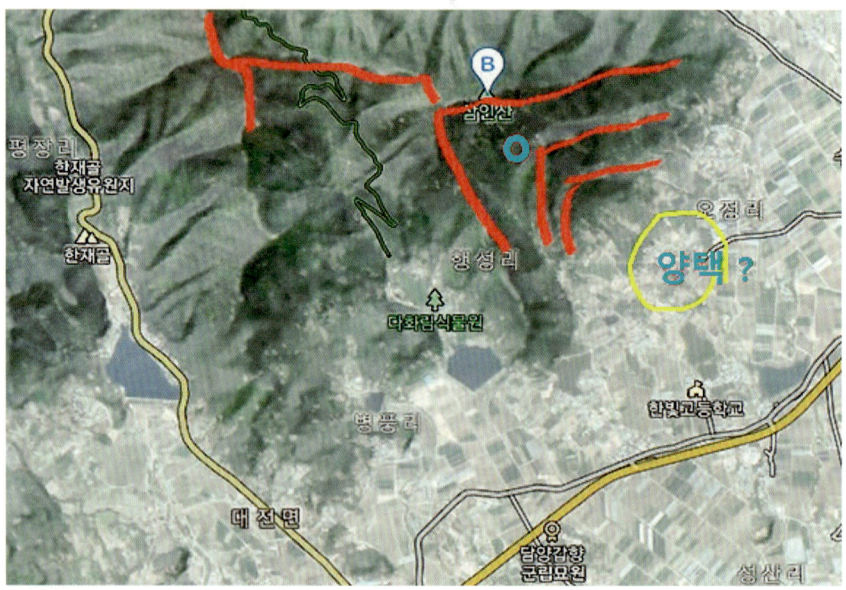

사진출처 : 카카오맵 스카이뷰(https://map.kakao.com)

어미 잃은 송아지는 담양 삼인산에 있는가, 광주 삼각산에 있는가?
(장선생님 재혈지 9)

1. 삼인산의 아독실모(兒犢失母)를 구경하다

장선생님의 재혈지를 찾기에 계속 실패하자 장선생님의 유일 제자라는 김이중 씨를 집적 찾아가서 여러 가지 이야기를 들었다. 김선생은 삼인산 (575m 담양면 대전리)에서 장선생님의 재혈지로 옥룡자 결에 있는 아독실모라는 묘를 보여주고 또한 유명한 명당으로 자기 고향 마을인 담양면 평장리 광산김씨 시조 제각을 보여 주었다. 당시 필자는 사전 지식이 없어서 옥룡자 결에 아독실모가 있는지도 몰랐기에 그대로 믿고 간산기를 작성한 바 있다. 장선생님 동호회는 결록지가 말하는 삼각산을 삼인산으로 알고 있었다.

2. 삼각산과 설화

어떤 고수가 옥룡자 결에서 말하는 삼각산은 삼인산이 아니고 광주 북구에 있는 삼각산이고, 광산김씨 유허비 자리는 지창룡국풍이 비봉포란이라 하였다고 지적하고, 또 다른 고수는 와우리에 명사들이 찾지 못한 아독실모를 대여섯 살 먹은 소년이 찾아 주었다는 설화가 있다고 귀띔해 주었다.

현장 답사에 앞서 지도로 검토하니 삼인산은 내장산 래룡이고 삼각산은 무등산 래룡이며, 두 산은 들판을 사이에 두고 서로 10km 거리에 있었다. 삼각산 아래의 삼각동과 일곡동 그리고 와우리가 유력한 것 같이 보인다.

아직 삼각산을 답사하지 않았으나 삼인산의 4부 능선의 묘는 진혈이 아닌 것, 다시 말해 장선생님이 오점한 것이 거의 확실하다. 그 이유인 즉, 삼인산은 옥룡자 결에서 말하는 삼각산과 지명이 다르고, 혈장이 척박하여 살기가 남아 있고, 송아지 母子의 물형이 없다. 삼각산에 숨은 송아지는 도시개발로 찾기 어려웠고 대신 와우리 와우형은 찾았다.(별도 간산기 참조)

3. 유허비 자리는 비봉포란형인가 연소형인가?

  광산김씨 유허비 자리는 대단한 명당이다. 급한 경사지를 몇 단의 계단으로 만들어 건물을 몇 동 지었으므로 음양택을 따질 수 없다. 지창룡 국풍이 비봉포란형이라 하였다고 하나 주변에 봉체가 없고 급경사지에는 연소혈이 제격이다. 일대는 마을도 있으나 기운이 좋은 곳은 유허비자리 뿐이다. 뒤에 불태산의 험한 암봉이 매처럼 살기를 띠고 있어서 암봉(岩峯)이 보이지 않는 곳을 찾아야 된다. 제비가 절묘하게 매를 피하여 집을 지었다. 마을 백호 쪽에 쭉 뻗은 산줄기가 제비가 앉는 장대이다.(2019.9.)

  * 불태산 등줄기는 험준한 암봉으로 봉체가 아니고 매의 형상이다.

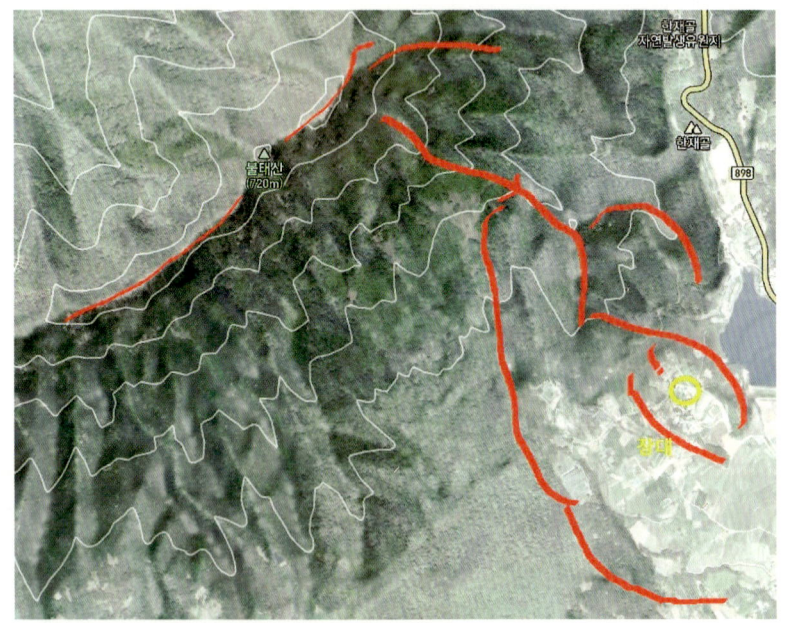

사진출처 : 카카오맵 스카이뷰(https://map.kakao.com)

전남 함평군 군유산 손승배조격
(장선생님 재혈지 10)

＊유산록 하권 208p-- 방장산, 불갑산, 모악산을 거쳐 군유산(君遊山)이 우뚝하고, 홀연 낙맥잠적, 요대 옥인등 귀사중중(貴砂重重), 孫僧拜祖格. 1986년 친우 박사장 부친 묘를 모시었다.

＊이 혈은 찾기 어렵던 중 장선생님 제자 김이중 씨를 만나 물어보니 유족이 파묘 이장하였다고 한다. 과연 장선생님이 진혈을 찾았는지 알 수 없으나 지금은 비어 있을 것이다. 장선생님 산도를 보면 혈처는 군유산과 불갑산을 일직선으로 연결한 선상에 있고, 좌측에 삼각산이 우측에 노승봉이 있다고 그려져 있다. 다시 말하면 군유산의 동면에 있다는 것이다. 답사하여 본 바, 군유산 갓봉에서 낙맥하여 평지에 숨었다가 기운을 집결하였다. 떠나가는 조부산이 안산이다.

＊次穴은 송사리 667에 있고 부근 동네에 사는 묘주가 발복하였다. 주혈은 아래에 있는데 파묘 흔적이 없으므로 장선생님 재혈지는 아니다. 현재 일대가 모두 한우축산 연구단지로 수용되고 있어서 사용 불가하다.(2023.6.)

장선생님의 재혈지 간산기 후기
(不可思議하다)

1. 재혈지의 근황

유산록 전후편에 있는 선생님의 재혈지 중 영호남에 있는 것은 인의산 매화낙지, 치술령 옥녀금반, 경주 토함산 장군대좌, 경주 도음산 비봉포란, 선산 배틀봉 매화낙지, 나주 백련산 비룡망운, 방장산 동록 군신봉조, 함평 군유산 손승배조, 김해 불모산 반룡 등 9개가 있다.

그 중 김해 불모산은 도시개발되고 군유산은 이장하였다고 하므로 답사하지 않았고(몇 년 뒤 답산) 그 대신 김이중 씨가 삼인산 아독실모를 보여 주었으므로 총 8개를 점검한 셈이다.

8곳 중 방장산 군신봉조는 정혈에 재혈하였고 나머지 6곳은 오점하였고 (인의산과 치술령은 기존 묘역이므로 당초에 쓸 수 없는 곳이다) 1곳(군유산)은 확인하지 못했으나 이장한 걸로 보아 오점하였을 것이다. 이장이 확인된 것만 쳐도 인의산, 도음산, 백련산, 방장산, 군유산 등 5개에 이른다.

치술령과 토함산의 묘는 동호회가 소재를 알지 못하였고 근황이 확인되는 현존 묘는 삼인산 밖에 없는데 오점이고 당초에 적중한 묘는 방장산 하나밖에 없다. 이렇게 허무한 소점에 대하여 김이중 씨는 경기 서울지역 소점지는 좋은 곳이 많다면서 사진을 보여주었다.

2. 범안(凡眼)인가 신안(神眼)인가?

김이중 씨의 말에 의하면 장선생님(1913~2000.평북)은 일제 때 할머니 장례를 지내고 느낀 바 있어 와세다 대학 2학년을 중퇴하고 한평생을 풍수지리에 매몰된 삶을 살았고 한학과 주역에 능하였다고 한다. 이론서인 용수정경(龍水正經) (1989.12.)과 현장 답사기인 유산록 전편(1983.10.)

후편(1990.9.)을 저술하였고 추종하는 후학들은 선사(禪師)로 부른다. 필자는 글공부는 딱 질색이어서 용수정경은 보지 않았으나 유산록은 탐혈에 꼭 참조한다.

유산록은 많은 결록을 발굴하였는데 자신이 기존에 없는 곳을 찾으면 고결(古訣)에 없는 혈이라고 밝혔고 많은 결록지를 등재한 일이승 산도와의 중복을 피하여 어림잡아 2,000개(전편 457p×2, 후편 237p×5)의 결록을 수록하였으며, 지금도 찾는 수요가 있는 베스트셀러이다.

유산록은 체제상으로는, 태조에서부터 혈처에 이르기까지의 행룡 경로를 밝혀서 혈을 이해하고 찾는데 많은 도움을 준다. 이러한 기법은 지도의 발달로 가능했겠지만 선철(先哲)도 취하지 못한 기법이다. 어떤 이는 장선생님이 현장에 가보지 않고 방안에서 저술하였다고 비난하는데 물론 그런 곳도 있겠지만(예컨대 고흥 암소교태형) 오히려 과잉 답사한 곳도 있다.

예컨대 경남 창녕 호암산 장군대좌는 부근에서 하룻밤 묵고 600m 정상까지 등정한 것 같고 양평 백운봉 대혈은 軍주둔으로 올라가지 못하자 심혈을 미루었는데, 사실은 두 곳 모두 산정까지 가지 않고 밑에서 행룡 따라 찾을 수 있는 혈이다.

또 사상적으로는, 적덕선인(積德善人)을 강조하였고, 내용상으로는, 무안 운중반월형에 대하여 혈처에서 보이지 않는 백암이 있다든지, 영광 아룡도강에서 라성에 쌍엽이 춤춘다는 등의 설명은 운치있고 정확한 표현이고, 비인 복종은 문수산에 주혈이 있다고 정확하게 지적함에도 불구하고 어떤 학회는 반박 간산기 하나 없이 월명산에 있다고 떼를 쓴다.(필자의 '예산 해복형 공개토론을 보다' 참조)

물론 필자도 승달산 호승예불, 고흥 팔영산 운중선좌 등 의견이 다른 곳도 있으나, 적어도 60% 이상 신뢰할 수 있다. 다만 어려운 풍수용어와 한문을 사용하여 요즈음 세대들에게 접근할 수 없게 만든 흠이 있으나, 감히

불후의 명작이라 할 수 있다. 취사선택은 독자의 몫이다. 함부로 사기꾼으로 매도하는 사람들은, 눈 먼 심봉사 제 눈 탓은 않고 발에 걸리는 산천(山川) 나무라는 격이다.

  장선생님은 이와 같이 당대의 명사인데도 어찌하여 재혈은 신뢰하기가 어려운가? 不可思議한 일이다. 장선생님은 한 곳을 재혈하는데에 당시로는 거액인 3~4천만 원 이상의 보수를 받았다고 한다. 아마도 산신(山神)이 영업적 심혈에는 눈을 가리고 학구적 심혈에는 눈을 열어 주었지 않았겠나 생각한다.(2020.3.)

저자 하남촌장은 변호사,
보조자 의산은 고등학교 교사.

제2권
결록지 350선 간산기

초판 1쇄 발행 2024년 8월 10일

저 자/ 하남촌장
보조자/ 의산
　　　　010-7565-3949(주문)
　　　　ardo03@hanmail.net

펴낸이/ 남기수
펴낸곳/ 도깨비
　　　　출판등록. 제 1989-3호(1989년 5월 8일)
　　　　부산시 북구 양달로 9번길 21(벽산강변타운 103-1302)
　　　　전화. 051-747-0621

ISBN 978-89-88104-78-1　　93180

* 책값은 뒤표지에 있습니다.
* 잘못 만들어진 책은 구입처에서 교환해 드립니다.